戎光祥研究叢書 3

室町期島津氏領国の政治構造

新名一仁
Niina Kazuhito

戎光祥出版

目次

第2部　一五世紀中期の領国内争乱とその影響

第3部　室町期島津氏「家中」の変遷と島津氏領国の解体過程

《凡例》

・参考文献は巻末に一括して掲載し、本文中は執筆者名と発行年のみを記した。

・参照・引用史料の出典については、次のように略した。

・『鹿児島県史料 旧記雑録前編』一・二所収史料
『旧記前』と略し、巻数と史料番号を記す。

・『鹿児島県史料 旧記雑録拾遺 諸氏系譜』一～三所収史料
『諸氏系譜』と略し、巻数と史料番号もしくは頁数を記す。

・『鹿児島県史料 旧記雑録拾遺 家わけ』一～十一所収史料
『家わけ』と略し、巻数と文書群名、史料番号を記す。

・『鹿児島県史料 旧記雑録拾遺 伊地知季安著作史料集』一～九
『伊地知季安著作史料集』と略し、史料名と資料番号もしくは頁数を記す。

・『大日本古文書 家わけ第十六　島津家文書』一～四所収史料
『島津家文書』と略し、文書番号を記す。

・『大日本古文書 家わけ第五　相良家文書』

・朝河貫一著『入来文書』（日本学術振興会、一九五五年）所収史料
『入来文書』と略し、文書群名と史料番号を記す。

序章　本書の目的と諸前提

一、中世後期研究史上の島津氏領国

（1）大名領国制論の「辺境」・九州大名観

近世において薩摩・大隅両国と日向国の一部を領国とした薩摩藩（島津家）に対しては、古くから「封建制の極北」（遠山茂樹一九五一）、「幕藩制の極北」（原昭午一九七五）といった評価がなされ、かつて唯物史観が主流であった日本史学界においては、異端視されてきた嫌いがある。それは、中世後期の大名領国制、大名権力研究においても同様であり、〝辺境の特殊事例〟として考察の対象から外される時代が長く続き、それは現在においても基本的に変わっていない。

荘園制に続く中世後期の社会体制概念として「大名領国制」を提唱した永原慶二氏は、佐々木潤之介氏による一六世紀の社会発展の地域差を「畿内先進地域・中間地帯・後進地帯」の三つに区分した図式（佐々木潤之介一九七〇）を批判的に継承し、戦国大名は中間地域にこそ典型的な姿を現したとの理解を示した（永原慶二一九七五）。こうした地域的偏差・段階差は、一六世紀段階の戦国大名領国を対象とした理解であったが、それは室町期の守護大名にまでさかのぼると考えていたようである。

かつて、『歴史公論』という、学術雑誌と一般歴史愛好家向けの中間的位置の雑誌があった。その通巻八一号（雄山閣、一九八三年）は「守護大名」の特集号であり、永原慶二・熱田公・福田豊彦の三氏による座談会「守護領国制をめぐって」が掲載されている。そこでの永原氏の発言、福田氏との議論は、当時の「辺境」・九州守護への中央学界の評価を知る上で示唆的である。

まず、永原氏はいわゆる「室町殿御分国」の守護、すなわち在京原則が適用されている「畿内先進地帯」と「中間地帯」の守護こそが「守護大名」の典型であるとの理解を示し、「九州と鎌倉公方管下の国々の守護にはこの規定（筆者注―在京原則）はありませんから、そういう意味で九州と東国は別」とした上で、次のようにも述べる。

それでは東国・九州はどうかというと、ある意味ではもっと進んでいる。もともと荘園体制の浸透の弱い地帯ですから、そうしたこととの関係でいえば進む可能性はあるわけです。しかし、別の面からみれば、国人たちの割拠性が強くて守護による一国の統合ができにくいともいえる。だから、そのへんはもっと具体的に吟味する必要がある。でも東国の上杉とか、九州の大友など、ある意味では守護領国制の代表的なものといっていい面ももっていると思います。

ここで述べられる「進んでいる」というのが、荘園侵略を指すのか、在地支配の深度を指すのかはっきりしないが、九州や東国の守護は「守護大名」の典型ではないものの、ある意味「守護領国制」の代表的なものでもあるという矛盾した見解を示している。さらに話題は、東国・九州のあり方に移り、次のような議論が交わされる。

永原　東国は寺社勢力の支配力が弱いですから、地頭クラスや荘官級の武士、御家人などが割拠的に発展していった。その意味では守護領国制の典型的な地帯ではない。（中略）けっきょく、国人を守護に結集させるインパクトが弱いんですね。だから守護領国制としては後進地帯といえるように思えます。（中略）その点九州は、いまの関東との対比でいうと、守護領国の典型地帯のようにもみえる。しかし、実際はどうだったかという疑問は大友や島津にもあるようですが…。

福田　九州のばあい、なにも守護領国といわなくても直接戦国大名にしていいのじゃないでしょうか。

永原　そうじゃなくて、戦国大名らしくなる前の段階で、守護が大名的な性質をもっていたかどうかということですね。

福田　被官形成はすでに鎌倉期にあるいていどありますね。（中略）しかし、九州などでも職権にもとづく段銭賦課権などの関係から領国が形成されるかどうか、中央との関係が薄いですから、よくわかりませんね。

永原　島津などのばあい、三国守護で一見守護権力が強力にみえるけれども、実際は国内の国人割拠が強かったと思われる。だから、のちの秀吉の朝鮮軍役のときでも、一万人割り当てられてもなかなかそれだけ動員できないでしょう。やはり守護領国制も戦国大名領国制もここでは弱体なんですね。逆にいえば、守護は鎌倉以来の職権はあったかもしれないが、国人を統合するだけの実力はなく、領国大名の方向は概して未熟だったのじゃないでしょうか。

福田　守護権が媒介になって領国化する段階は弱いということですか。九州探題がしっかりしていればできたかもしれないけど…。

永原　だから、今川了俊は島津を牽制するために逆に国人たちを一揆させたわけでしょう。

福田　だとすると九州のばあい守護領国の段階をおく必要はないことにはならないでしょうか。

永原　かもしれませんね。そのかわり、戦国大名領国も未熟だったということになる。
福田　たしかになしくずし的にいきますね。
永原　逆に、西は周防、東は駿河までのような、在地で被官関係が発展し、経済的にもすすんでいる地帯では、室町幕府体制特有の条件、あるいは荘園制特有の条件が守護領国制をつくりだすバネになっていると思いますね。

「守護領国制」への理解そのものについて永原氏と福田氏の間にズレがあり、議論がかみ合っていないところもあるが、島津氏など九州守護は、守護職権に基づく国人統制という意味での「守護領国制」は弱体であり、その結果、その後に続く「戦国大名領国制」も「未熟」であるとの結論に至っている。

一九八三年といえば、豊後大友氏の領国形成を分析した外山幹夫氏の著書（外山幹夫一九八三）が刊行された年であり、島津氏に関しても福島金治氏の一連の研究（福島金治一九七七〜八〇）がすでに出そろっていた時期である。永原氏らがどこまでこれらの研究を把握していたかは不明だが、結局、室町期島津氏の領国支配の深度、国人掌握状況を語るのに、豊臣政権期の朝鮮侵略における軍役不履行状況を根拠にするという、随分乱暴な議論になってしまっている。座談会という性格上、根拠・典拠が明示されないのはやむを得ないのであろうが、当時の中央学界における「辺境」・九州守護への認識は、この程度のものだったのである。

〔池享一九九五〕は、「大名領国制」を「地域封建権力による一国人領を越えた独自の公的領域支配制度」と限定的に定義するが、その地域的偏差・段階差については永原氏の理解を継承している。つまり、「大名領国制が典型的に成立したのは、東海・中国地方などの中間地帯であった。遠国では、国人割拠的状況が長く続いた。それは、小農民経営の自立が遅れ、各国人領主の家支配が依然強固であったことによる」と明言している。さらに、〔池享一九八五〕では、天皇家・幕府への財政的貢献の分析から、全国の地域権力を「遠国型：奥羽・四国・九州」、「中間地域型：関東甲信越・東海・中国」、「近国型：畿内近国および赤松・大内両氏」の三つに分類し、偏諱授与の分析から、「典型的戦国大名が成立したと考えられている「中間地域」では、統一の進行によって偏諱授与対象者は限定されるようになる」一方で、「「遠国型」の群小権力に対する官位叙任・偏諱授与が多いのは、地域統一が進行していないことの反映」と指摘する。こうした指摘からも、「大名領国制」分析は、あくまでもこれが典型的に成立する中間地域を主軸とすべきとの考えがうかがえ、実際、池氏の検討対象も毛利氏など中間地域に集中する。

こうした封建制の深度によって地域を三分する手法は、「大名領国制」そのものの相対化が進む一方で、無意識に継承されていった。たとえば、戦国期の政治権力論の研究史整理をおこなった〔平出真宣二〇〇七〕は、冒頭で「本論で検討する地域は、関東・中部・北陸・東海・中国・四国地方である。東北・九州地方には限定的に触れたい」とし、「辺境」を議論の対象から外している。また、本文中では「九州の島津氏など領国形成が遅れた戦国大名を、水上交通などによる経済的権益を重視した点に着目して、再評価しようとする議論も出される」と、九州大名の領国形成は遅れているとの理解が所与の前提となっている。

（2）辺境分地論と「室町幕府―守護体制」、海域アジア史

大名領国制論者が、「後進地帯」・「遠国」を例外として検討対象から外す傾向にあったのとは別に、室町幕府そのものが「辺境」・「遠国」統治に消極的、あるいはこれを放棄していたとの見方もある。

古いところでは、〔杉山博一九六七〕が室町幕府の支配地域について、「室町幕府が直接支配した国々は、鎌倉公方管下の十カ国と、九州探題管下の十一カ国、および奥羽二カ国、計二十三カ国を除いた四十五カ国であった」とし、その四十五カ国＝「室町殿御分国」の守護は、在京と幕政への参加を原則としていたことを指摘している。

〔佐藤進一一九八三〕は、建武政権の地方支配が国司制によって中央集権の統治方式を貫徹しようとしたのに対し、室町幕府は、当初から奥州管領・鎌倉公方（鎌倉府）・九州探題などを置いて「辺境分治」政策をとったとする。そして、『満済准后日記』永享四年（一四三二）三月一六日条にみえる前管領畠山満家の、「遠国事ヲバ、少々事雖不如上意候、ヨキ程ニテ被閣之事ハ、非当御代計候、等持寺殿（足利尊氏）以来、代々此御計ニテ候ケル由伝承様候」との発言を挙げ、幕府重臣層がもつ伝統的な遠国融和政策を指摘している。

佐藤説を継承する〔今谷明一九九四〕は、足利義持期の特徴として、辺疆分治と遠国融和を原則とし、東国と九州へは派兵せず不干渉を貫くのが宿老間の基本方針であったとし、足利義教期にそれが崩れたとみている。

さらに、〔本郷和人一九九八〕は、『満済准后日記』に頻出する「都鄙」の用法・語義を分析して、京都の治めるべき領域が「都」、それ以外の地が「鄙」を意味するとし、東北、関東、九州地方は「鄙」であり、政治的遠国、辺境なのであって、幕府が実際に掌握すべき地域は「畿内近国」、「瀬戸内」、「中部」の三ブロックであるとの認識があったと指摘する。その上で、室町幕府の「公儀」とは、せいぜい「都」での公儀であり、遠国では当初から、また幕府の衰退とともに「都」エリアにも、別の「公儀」が生起してくると、戦国期の割拠状況を見通している。

こうした研究状況をふまえてであろうか、〔新田一郎二〇〇二〕は、前出の『満済准后日記』永享四年三月一六日条を引いて、一五世紀前半の室町幕府中枢が、「中央からの政治的統制は、東国や九州のような遠隔地にはそのままにおよぶものではないとの認識」を持っていたとする。そして、「東国・九州については守護の在京原則が適用されていなかったこともあり、これらの地域は、早期に幕府の実質的な統制下を脱したとみられる」と突っ込んだ認識を示している。

本郷・新田両氏の「遠国」への認識は、「九州のばあい、なにも守護領国といわなくても直接戦国大名にしていい」との、前出福田豊彦氏の発言に通じるものがあろう。

一方、永原氏の「守護領国制」論・「大名領国制」論を批判する形で登場し、現時点で室町期における政治体制理解において通説的位置を占めているのが、川岡勉氏の「室町幕府―守護体制」論である。

同論の最大の特徴は、守護在京制を「重要な特質」として重視し、室町期の政治体制を将軍権力と守護家の相互補完関係と捉えた点にあろう。〔川岡勉一九九三〕では、「守護による領域支配の特質は、何よりもまず守護職を幕府から認定され、これに伴う諸権限を行使していく点にある」とし、必然的に守護は「中央国家への求心性」をもつと指摘した。さらに、〔川岡勉二〇〇二〕では、「上意（将軍権力）を中核に有力大名が結集することで武家権力の安定が確保されていた」ことを重視し、「在京守護が中央政権に参画し幕府権力の構成員」となることで、「自身の分国支配を国家的に保証されていた」としている。

これが「室町幕府―守護体制」の本質とするならば、同体制は守護在京制が適用される「室町殿御分国」のみを対象とする政治体制ということになろう。実際、川岡氏は、主たる検討対象を畿内近国および中国・四国地方に限定しており、この点が批判の対象ともなっている。

〔古野貢二〇〇三〕は、「川岡氏は明言されていないが、室町幕府―守護体制を一応中世後期段階における全国的な政治体制と位置づけていると考えられる」と、同体制を全国的政治体制概念と理解し、「そうであるならば、議論の俎上にあげた守護権力が畠山氏を除けば中国・四国に分国を持つ守護権力に限定して検討されたのはなぜか」と疑問を呈する。そして、〔須田牧子二〇〇五〕は、「九州・東国・奥羽をどのように捉えるべきか、また室町幕府―守護体制をこのように限定された地域のなかで考える必然性は何かという疑問が湧く」と、同体制は「室町殿御分国」を対象とする政治体制概念と理解している。また、〔吉田賢治二〇一〇〕も、「室町幕府―守護体制を、全国的な政治体制として位置づけるのは困難であり、奥州・関東・九州との関係が捨象されている」と批判する。

川岡勉氏の〝守護の領国支配は幕府から認定された諸権限の行使に基づいており、必然的に幕府への求心性をもつ〟という理解を前提とする場合、ふたつの見方ができよう。ひとつは、（それを「室町幕府―守護体制」と捉えるべきかどうかはともかく）あくまでも室町幕府（将軍家）を中心とする全国支配体制が存在し、九州もこの体制になんらかの形で包摂されるという見方。もうひとつは、「室町幕府―守護体制」は「室町殿御分国」に限定されるものであり、九州はその周縁部あるいは枠外の存在として理解すべきという考え方である。おそらく古野氏は前者の立場にたち、「室町幕府―守護体制」を全国的政治体制として普遍化すべきと考え、須田氏や吉田氏は後者の理解にたち、「室町幕府―守護体制」に代わる政治体制概念の構築を求めているのであろう。

本郷和人氏や新田一郎氏が到達した結論をふまえるならば、そもそも室町期において、北は東北から南は九州・南西諸島までをひとつの政治体制概念で統一的に理解する必要があるのかという、素朴な疑問が生じる。川岡勉氏提唱の「室町幕府―守護体制」も、同氏の真意はともかく、立論の検討対象からも、幕府との相互依存関係を重視する点からみても、「室町殿御分国」を対象とする政治体制概念であることは疑いようがない。また、南北朝・室町期の領主の一揆を分析した〔呉座勇一二〇一四c〕は、南北朝期における非常時対応のための一揆が、守護在京制の確立を軸とする「室町の平和」の出現により、戦争目的から訴訟目的に転換していったことを指摘すると同時に、「室町幕府―守護体制」が貫徹せず、「室町の平和」が確立しなかった遠国（奥州、九州）では、地域紛争が継続し、本書でも分析する室町期島津氏領国内の一揆を、「非常時」を想定した一揆と位置づけている。呉座氏も、守護在京制を原則とする「室町幕府―守護体制」を「室町殿御分国」に限定して使用しており、幕府が積極的な支配をおこなわなかったため、遠国では地域紛争が継続すると理解している。

遠国のうち、鎌倉公方管轄下の関東については、一四世紀中期から一五世紀中期にかけてを「鎌倉府体制」として理解するのが一般的となったが、本書が対象とする室町期島津氏領国をふくむ九州については、どのような政治体制と理解すべきか、九州守護と幕府との関係はいかなる関係とみるべきか、未だ定説を見ていない。

そもそも、東北・九州は、「遠国」・「辺境」とみなされることで、政治体制論・大名権力論の研究対象から切り離されたまま、長きにわたり研究史上放置されてきたというのが実態である。〔市村高男二〇〇五〕は、「これまでの戦国期権力論が、列島周縁（というより「日本」と外国との境界）に位置する北東北・道南や、南九州・琉球諸島、倭寇的世界をほとんど念頭に置か」なかったことを批判している。これは戦国期権力論に限定されるものではなく、室町期の政治体制・権力論においても同様であることは、ここまでの整理から明らかであろう。

近年こうした状況をふまえ、「遠国」・「辺境」との関係もふまえた室町幕府の権力編成、全国的な政治・社会構造を模索する研究も出現つつある。その代表が、前出の吉田賢司氏と黒嶋敏氏の研究であろう。

〔吉田賢治二〇一〇〕は、川岡勉氏の「室町幕府―守護体制」論が、「将軍権力と在京守護の相互依存関係」に固執している点を批判し、「京都と地域の結びつきは、全国規模でみれば、守護制度のみに依拠した硬直したものではなく、多様な形で柔軟に保たれていた」と、幕府に結びつく複数のルート（在京大名の仲介や幕府との直結）の存在を明らかにし、幕府による全国的な権力編成を包括的に理解しようと試みている。

〔黒嶋敏二〇一二〕は、「十五・十六世紀について、武士政権の中心である室町幕府将軍権力と日本列島各地との関係性を分析することから、当該期の政治社会構造を多角的に探る」ことを課題とし、遠隔地（奥羽・九州）と中央の接点として探題（奥州探題・九州探題）を重視する。このうち九州については、従来一五世紀中期以降「東肥前の局地勢力」（川添昭二一九七八）とみなされてきた九州探題渋川氏(1)について、幕府の政策転換により九州統治の主軸からは外されるものの、十六世紀に至るまで幕府から「九州地域を治める秩序の核」と位置づけられていたとする。その上で、奥州・九州両探題を比較し、幕府重臣斯波氏の一族、すなわち「幕閣の分身」として出発した探題が、徐々に権限を縮小されながらも一六世紀半ばまで軍事指揮権と権威を保持し続け、「足利の秩序」の要として機能していたと高く評価する(2)。

吉田・黒嶋両氏に共通するのは、「室町幕府―守護体制」の相対化を意識するあまり、「守護」の役割を過小評価しすぎる点にある。幕府との接点という意味では存在感の薄い九州の守護が、九州における政治体制・権力秩序という意味においては、戦国期に至るまで大きな存在であったことを無視することはできない。

戦国末期、薩摩・大隅・日向三か国を統一した島津氏が、肥後南部を制圧し、肥前・筑後に進出しようとしていた天正一一年（一五八三）九月、筑前の秋月種実は、龍造寺隆信と和睦し共同で豊後大友氏を「退治」するよう島津側に提案するとともに、島津氏を「九州之守護」として仰ぎたいと申し出ている（『上井覚兼日記』天正一一年九月二七日条）。この「九州之守護」について〔伊集守道二〇一〇〕は、「島津氏を九州各国の守護職として認めることを意味する」とし、九州の領主層に「九州を支配する根拠がある者は、各国の守護職を持つ者である」という共通認識があったことを指摘している。

もちろんこの時期の九州における「守護」が、「室町幕府―守護体制」下の「守護」と同質のものであったはずはない。しかし、「守護」という存在が、九州においては戦国末に至るまで支配の根拠となり得たことは確かである。こうした「守護」認識がどのような過程で生まれていったのか、そして九州において「守護」がいかなる意味をもつのかを、南北朝期にさかのぼって明らかにしていく必要があろう。

また、前出の〔市村高男二〇〇五〕の指摘とも関連するが、近年、「一国主義・国民国家史観」への疑問から、「海域アジア史」という新たな枠組みが提唱されている。[3]「海域アジア史」は、東・東南アジア海域を対象とし、人的・物的・文化的交流や関係、自己認識等を明らかにしようとするものであり、おのずと「特定地域の中心性・先進性を過度に強調する傾向」を相対化することになる。「日本」という一国史観、「室町幕府―守護体制」を前提とすると「遠国」・「辺境」ということになる九州、特に島津氏領国の南九州（薩摩・大隅・日向三か国）は、東シナ海と太平洋（黒潮）に面し、その南端であるトカラ列島は、一五世紀に琉球王国も進出を果たした「境界」地域でもあった（村井章介一九九七）。こうした視点から見ると、南九州は、「室町幕府―守護体制」を基軸とする「日本」と「東・東南アジア海域」の接点のひとつであり、この地を領国とする島津氏は、この海域を行き来する諸勢力と絶えず接触し、その交流にともなう権益を享受し、奪い合う立場にあったはずである。そうした立場が、地域公権力としての「守護」という地位と、周辺諸勢力の「守護」認識に与えた影響も考慮していく必要があろう。

二、室町期島津氏研究の課題と本書の目的

(1) 室町期島津氏研究の傾向と課題

室町期島津氏の領国形成、権力論に関する研究は、一九六〇年代末から本格的に開始された。その基礎を築いたのが、稲本紀昭氏、三木靖氏、福島金治氏の三氏であることは、議論を待たないところであろう。この三氏の研究の概要は、すでに〔拙稿二〇一四b〕で整理しているので詳細はそちらに譲り、ここでは三氏の研究の共通点から、室町期島津氏研究の課題を浮き彫りにしておきたい。

共通点のまず一点目は、室町期島津氏（島津奥州家）と戦国期島津氏（島津相州家）を連続した家、すなわち「守護大名」から「戦国大名」への転換と捉え、前者を「戦国大名」化の前段階、「未熟」な段階と理解している点である（**共通点①**）。

〔稲本紀昭一九六八〕は、その冒頭で、「島津氏は、周知のように、南九州にあって鎌倉幕府より守護に補任されてより、守護大名・戦国大名とその権力を変質させながら、近世大名に至った特異な存在である。この島津氏の研究は、最近提唱されている守護大名権力と、戦国大名のそれとの連続性という問題に対し、重要な素材を提供しうる」と述べており、連続面を重視していることは明らかである。

〔三木靖一九七二〕は、戦国大名島津氏の祖としての島津相州家（伊作家）忠良の役割を重視する立場をとり、「（伊作島津氏が）守護大名家の家督をそのまま継承して、自らその中興の主となる」という点を特徴的とも捉えている

（同書七四頁）。そして、戦国期の「家臣団」編成、あるいは「地頭衆中制」（三木氏は「地頭衆人制」と呼ぶ）の成立を、室町期の課題を克服した結果として理解している。

（福島金治一九八八）は、冒頭で「戦国大名への領主への転換は、国人一揆からの場合と守護からの場合とに大別」され、「島津氏への戦国大名への成長は、後者の場合の代表的例の一つ」と述べている。また、一見戦国期の島津氏を研究対象としているようなタイトルであるが、収録する四つの論文は、すべて室町期と戦国期をそれぞれ検討し、後者への「発展」過程を明らかにするという形式をとっている。山口隼正氏の同書に対する書評も、「室町・戦国期の島津氏権力を対比的に考察することにより、両期に於ける異同点を明示し、その連続性・非連続性を事細かに実証した」と評価している[4]。特に「家臣団」編成に関し、「島津本宗家の支配体制は戦国的権力形態としては未成熟のまま崩壊するにいたった」（同書一三六頁）としており、「未成熟」な室町期島津氏に比べ、戦国期島津氏の家臣団編成が「成熟」した段階であったと理解していることは確かである。

戦国期島津氏が、室町期の島津奥州家を継承した正統な島津本宗家という立場をとったのは確かであるが、室町期島津氏の領国支配を、戦国期の未熟な前段階とみなす傾向が、室町期そのものの評価にとって足枷になり、室町期の独自研究を阻んできた観は否めない。

共通点の二点目は、老名・老中制、「家臣団」編成といった領国支配制度の解明に偏重している点である（共通点②）。

（稲本紀昭一九六八）は、守護島津氏の家政機関・官僚機構の形成と「家臣団」編成、そして知行制に焦点をあて、各時代ごとにその発展過程を明らかにした。（三木靖一九七二）も、（桑波田興一九五八・同一九六〇）の「地頭衆中制」論をふまえ、文明六年（一四七四）成立とされる「行脚僧雑録[5]」の分析から、室町期にはすでにのちの地頭につながる存在と直臣団としての「衆」の形成を指摘するなど、「家臣団」編成の分析に力を入れている。福島金治氏の一連の研究も、家臣団編成・官僚機構の形成・知行制の三つを主たる検討対象としており、特に〔福島金治一九八八b〕では、室町期島津氏の「老名」・「奉行」の職掌と人的構成、〔同一九八八c〕では、南北朝期から戦国期にかけての「家臣団」構成の変遷について明らかにしている。

これらの研究は、室町期島津氏の基礎的研究として不可欠なものであり、その後の研究の前提として大きな成果であったが、制度そのものの分析に偏重しすぎて、領国支配制度に影響を与えたはずの政治史の検討が不十分であることは否めない。

この点、〔郡山良光一九六八〕は、島津氏による領国形成の課題を、政治史的課題・経済的諸問題・文化的諸問題の三つに分けて分析し、特に政治史的課題を重視した。それに基づき執筆された『鹿児島市史Ⅰ』第三章「室町時代の鹿児島」（一九六九年）は、当時としては高いレベルの内容であったが、その研究視角・手法は、その後の島津氏研究には十分継承されなかった。室町期島津氏の領国支配を考える上で画期となるであろう諸紛争・政治的事件の分析は必ずしも重視されず、史料批判も不十分なままに、近世成立の家譜や『島津国史』といった史書に基づく政治史叙述が横行する結果となった。

領国外勢力との関係も含め、内的・外的要因あっての領国形成、支配機構・制度の構築であり、良質な史料に基づく政治史分析が欠落した領国支配研究は説得力を欠く。領国形成過程、解体過程を、しっかりとした政治史叙述を基礎に裏づけし、その原因・背景を明らかにしていく作業が求められているのではないか。

三点目の共通点は、領国内の自立した存在（御一家・国衆）の政治的位置、守護権力との関係が不分明な点である（**共通点③**）。

前出の〔郡山良光一九六八〕は、島津氏の権力構造が、守護領の給人を直臣団として組織し、「御一家」と「国方」（国衆）の支持によって構成される、室町幕府と全く相似の構造と性格をもつと指摘した。日露関係史が専門である郡山氏が、短期間に守護領国の特質を見抜いたことには驚かされるが、こうした理解もその後の研究には活かされなかった。共通点②のように、守護島津氏による領国支配機構の整備や「家臣団」編成に研究が偏重した結果、独自の「家」支配権を有し自立的傾向の強い国人領主家を、領国内に複数含み込むという、室町期守護領国最大の特質にはなかなか目が向けられなかったのである。

前出の「行脚僧雑録」には、「御一家」・「国衆」（国之面々）といった自立した国人が守護被官（御内）とともに列挙されているが、彼らは島津氏「家臣団」の一類型としてしか把握されなかった。〔福島金治一九七八〕は、日向国人野辺氏を事例として、国人の動向と守護との関係を分析した論文であるが、「御一家」と「国衆」を同じ「国人」と一括して考察しており、各国人と守護権力との関係・距離感といった細かな分析までには至っていない。さらに、守護と国人の関係を守護島津氏の知行制の問題に収斂してしまったため、守護との距離感（守護による国人領不掌握）を強調するのみにとどまった。

〔福島金治一九八八ａ〕では、守護島津氏と「御一家」・「国衆」の関係について、より踏み込んだ記述がなされている。文明一二年（一四八〇）一〇月の守護島津忠昌と島津氏一族が交わした契状[6]から、「この時期の守護は一族の一揆体制の承認の上に成り立つ状態になっている」と指摘している。また、〔福島金治一九八八ｃ〕でも、同じ史料を根拠に「守護家の直轄領支配の進展と庶家の領域的支配の進展のなかで、守護家は、守護家と遠心的な関係にある庶家との一揆契諾によって権威の安定がはかられた」と指摘している。

ただ、こうした守護と一族の関係は、どのような政治的背景、政治情勢下で生じたのか、そしてこれは一五世紀後半特有の関係なのか、これ以前にさかのぼり得るものではないのかといった、突っ込んだ考察は見られない。そもそも、室町期島津氏研究においては、この一揆契状の分析にしても、前出の「行脚僧雑録」に基づく「家臣団」分析にしても、特定の一時期の史料を基に室町期全体の状況を説明しようとする傾向が強い。支配領域や政治情勢が時代ごとに変化する中で、当然、支配領域や守護権力を支える被官や支配機構、領国内で一定の自立を保つ国人との関係も大きく変化していったと考えるのが自然であろう。共通点②で指摘したこととも重なるが、南北朝期から戦国期にかけての大きな政治情勢の変化を大局的に理解し、その変化の中で、守護権力と「御一家」・「国衆」といった自立した国人との関係、領国内における政治的位置を動態的に把握していく必要があるのではないだろうか。

（２）本書の目的と構成

前項で明らかとなった室町期島津氏研究の課題をふまえ、本書の目的と研究視角を示してしておく。

①良質な史料に基づいて室町期島津氏領国の政治史を再構築し、同領国内の政治的画期を明らかにする。

前項、共通点②で指摘したように、これまでの室町期島津氏研究は制度史の解明に偏重しており、政治史的視点が欠如していた。室町期島津氏＝島津奥州家による領国形成が開始される南北朝期中期（一四世紀中期）から、その領国支配が崩壊する一六世紀前半にかけての事象を、近世成立の家譜や史書のバイアスを極力排除して、同時代史料によって検証し、室町期島津氏領国の政治史を再構築する。それにより、領国支配体制の構築・変遷にも影響する政治的画期を見いだしていく。

②室町期島津氏領国内の自立した勢力である有力庶子家（御一家）と守護権力の関係を明らかにするとともに、守護家直臣層も含めた島津氏領国内の政治構造を包括的に捉え直す。

前項、共通点③で指摘したように、これまでの室町期島津氏研究では、同氏の「家臣団」編成のみに焦点があり、守護島津氏と遠心的な「御一家」・「国衆」の位置づけが不明確であった。特定の史料の分析に止まらず、再構築した政治史の流れの中で、特に「御一家」とよばれる有力島津氏庶子家と守護権力との距離感、領国内の政治的位置・役割がどのように変遷していったのかを検証していく。そして、こうした領国内の政治構造を明らかにしていくなかで、「御一家」・「国衆」にとっての「守護」の存在意義を明らかにしていきたい。

こうした検証が、守護島津氏による領国形成やその崩壊、戦国期島津氏誕生の原因・背景を探る上での基礎的作業となり、また最終的には、全国的に位置づけがなされていない室町期の九州守護の存在意義、「室町幕府―守護体制」との関係を考える上での材料を提供することになるだろう。

以上のような目的のもとに、本書では次のような構成で論を進めていく。

まず、第1部「島津奥州家による領国形成とその特質」では、南北朝期中期（観応擾乱期）から始まる室町期島津氏（島津奥州家）の領国形成が、いかなる政治的背景のもと、いかなる論理でおこなわれたのか、特に九州探題今川了俊との抗争に注目して検討する。その上で、応永年間（一三九四～一四二八）に島津奥州家が、根本領国である大隅国から薩摩国、そして日向国庄内（都城盆地）・山東[7]（宮崎平野）へと進出し、薩摩・大隅・日向三か国守護職を統一するとともに、島津本宗家としての地位を確立していく過程についても明らかにしていく。

第2部「一五世紀中期の領国内争乱とその影響」では、一五世紀中期に勃発した、薩摩国を中心とする「国一揆」とよばれる反島津方国人の蜂起と、その鎮圧過程で生じた守護島津忠国・持久兄弟の内訌、そしてこの内訌に影響を与えた大覚寺義昭事件、また、内訌の最中に日向国南部で〝第三極〟形成を目指した国人一揆について検討し、各事案の原因と結果、島津氏の領国支配に与えた影響について明らかにする。

第3部「室町期島津氏「家中」の変遷と島津氏領国の解体過程」では、第1部・第2部の考察をふまえ、守護島津氏権力を時には支え、あるいは守護家当主の改替を図った「御一家」（島津氏庶子家）の特質を明らかにするとともに、この「御一家」と「御内」（守護被官）の集合体を室町期「家中」と捉え、その形成から一五世紀後半の再編に至る過程を明らかにする。その上で、文明年間（一四六九～八七）以降頻発する紛争・争乱と、その過程で結成される島津氏「一家中」一揆の背景と目的を明らかにし、守護家「家中」を中心とする室町期島津氏権力の解体過程を、同権力を相対化する新たな地域秩序の形成をふまえつつ検討する。

三、島津氏の系譜と身分呼称

一般市民、そして研究者の多くは、島津氏がひとつの家系＝島津本宗家によって成り立っており、この島津本宗家が、鎌倉期から幕末維新期に至るまで、南九州を支配し続けたという理解を前提としている。戦国初頭における島津本宗家の移動、すなわち島津奥州家から島津相州家忠良の系統への家系・政権交代も、〝島津貴久が奥州家勝久の養嗣子となることでの本宗家継承〟という、近世の名分論的歴史叙述に引きずられており、先述のように室町期島津氏（守護大名島津氏）と戦国期島津氏（戦国大名島津氏）を同一線上に捉えて、島津貴久の家督継承と戦国大名化が必然であり、前者から後者へと領国支配が進展していくと捉えてきたのが、これまでの中世後期島津氏研究の主流であった。南北朝・室町期における島津本宗家の系譜について、整理しておく必要があろう。また、あわせて、本章で説明無しに使用してきた「御一家」・「御内」といった島津氏領国内の身分呼称についても解説しておく。

（1）南北朝期の守護家分裂

島津氏の祖惟宗忠久は、建久八年（一一九七）に薩摩・大隅両国守護職、まもなく日向国守護職に補任されるが、建仁三年（一二〇三）、比企能員の乱に縁座して守護職等あらゆる所職を没収され、承久の乱後にその功績により薩摩国守護職と島津荘薩摩方地頭職のみ還補される。以後、島津本宗家は薩摩国守護家として鎌倉末まで続いていく（佐藤進一一九七一）。

五代島津貞久は、後醍醐天皇・足利高氏（のちの尊氏）から大隅国守護職補任と引き替えに倒幕への協力を依頼され[8]、元弘三年（一三三三）五月二五日、少弐氏・大友氏とともに鎮西探題を襲撃し、これを滅ぼす[9]。その功により、後醍醐天皇から日向・大隅両国守護職に補任されるが[10]、建武二年（一三三五）一一月、鎌倉で足利尊氏・直義兄弟が建武政権に反旗を翻すと、貞久は尊氏追討軍の東山道軍侍大将となり（「太平記」巻一四）、おそらく同年一二月の竹下合戦直後に日向国守護職は大友氏に改替される（吉井功兒一九九三）。同年冬までに貞久は武家方となっているが、

【島津氏略系図】※太字は、「島津氏正統系図」に基づく本宗家家督継承者

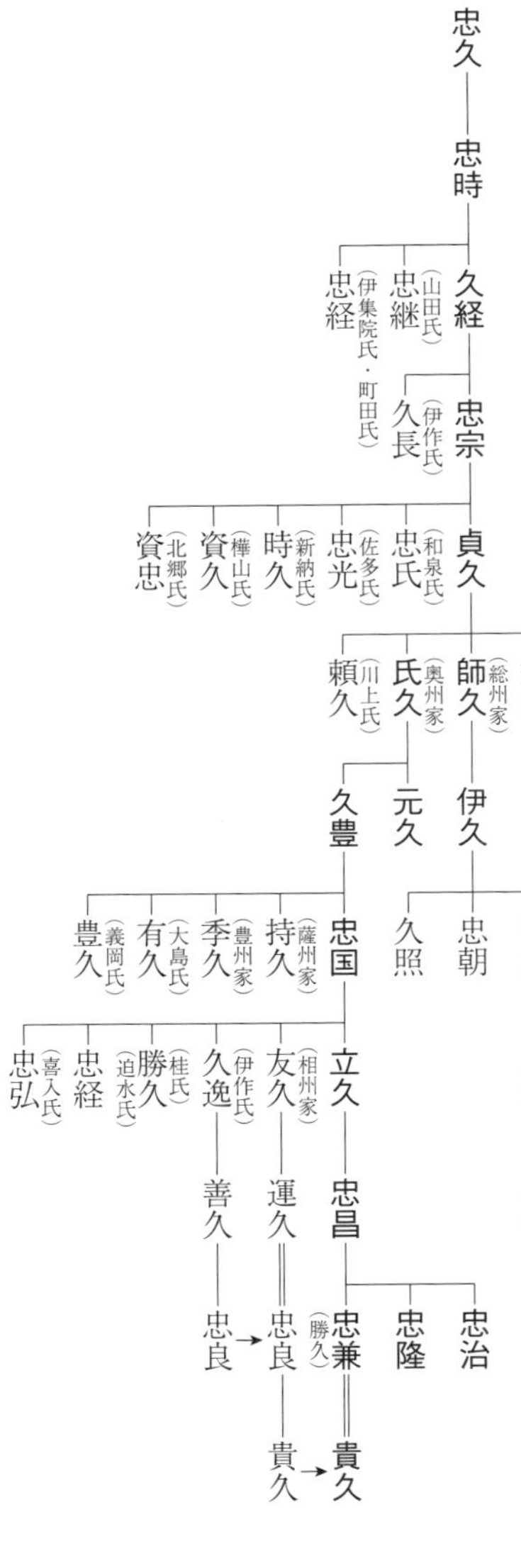

南北朝期初頭においては、薩摩・大隅両国守護職のみを保持していた。

観応三年（一三五二）九月までに、老齢の島津貞久は、薩摩国は二男師久、大隅国は三男氏久に軍事指揮権を委ね、[11]両氏が事実上の「守護人」と理解されていた[12]（長男宗久は暦応三年（一三四〇）に早世）。そして、延文四年（一三五九）四月、貞久は、薩摩国守護職とこれに付随する所職を師久に、大隅国守護職とこれに付随する所職を氏久に譲与し、[13]貞治二年（一三六三）七月に没する。[14]なお、惣領で薩摩国守護家である師久の系統を、その官途上総介から「総州家」、大隅国守護家である氏久の系統を、その官途陸奥守から「奥州家」と呼んでいる。室町期に薩隅日三か国守

護職を統一し、相伝していくのは惣領家である総州家ではなく、大隅国守護家の奥州家である。

永和元年（一三七五）八月、肥後水島陣における九州探題今川了俊による少弐冬資謀殺を契機として、島津奥州家氏久は南朝方に寝返り、総州家伊久もこれに同調する。以後、応永二年（一三九五）に今川了俊が九州探題を解任されるまで、両島津家と今川方との抗争が続き、この間、両国守護職も没収され、一時了俊が兼任している。[15]

（2）薩隅日三か国守護職の統一と本宗家の確立

明徳二年（一三九一）八月以前に大隅国守護職に補任されていたとみられる島津奥州家氏久の長男元久は（佐藤進一一九八八）、一五世紀初頭には日向国南半分を支配下に収める。そして、応永一一年（一四〇四）六月二九日、足利義満から日向・大隅両国守護職を安堵され、[16]領国支配を公認されている。

元久の山東進出が始まる応永六年（一三九九）には、元久が養嗣子に迎えていた島津久照（総州家伊久三男）が廃嫡となり、[17]薩摩国守護家である総州家との関係が悪化する。同一一年六月、足利義満は両家の調停を図るが不調に終わったようであり、同一四年には元久が薩摩国衙近隣の総州家拠点であった平佐城（鹿児島県薩摩川内市）を制圧し、奥州家による薩摩国支配が進んでいった（五味克夫二〇一四ａ）。そして、応永一六年（一四〇九）九月、足利義持は元久を薩摩国守護職に補任し、[18]ここに薩摩・大隅・日向三か国守護職は、島津奥州家によって統一され、三か国守護職は戦国期に至るまで同家によって相伝されていく。

本来、総州家当主であったはずの島津氏「惣領」の地位は、薩隅日三か国守護職を統一した元久に継承されたようである。「山田聖栄自記」によると、明徳四年（一三九三）、総州家伊久・守久父子の関係が悪化した際、その仲介にあたった元久に対し、伊久が先祖伝来の重宝や小十文字太刀などを譲与したという。これをもって〔五味克夫二〇一四a〕は、「ここに惣領は実質的には奥州家の元久の許に移ったといってよいであろう」としている。ただ、総州家自体はその後も続き、初代忠久以来の重代の相伝文書（現在の国宝「島津家文書」の中核部分）の多くは、総州家伊久の二男忠朝のもとに保持されていた。しかし、島津元久の跡を継いだ弟久豊は、応永二八年（一四二一）、嫡男忠国を派遣して忠朝の居城隈之城を包囲し、開城した総州家忠朝は、同家相伝文書を忠国に譲渡したと見られる〔五味克夫二〇一四a〕。

実質的な惣領家の地位は、元久の代に奥州家に移ったとみられるが、その後、元久の弟久豊・忠国の二代にわたって、執拗に総州家領の攻略と同家嫡流の断絶を図り[19]、その過程で相伝文書を接収するなどして、名目的にも徐々に惣領家（本宗家）としての地位を確立していったのであろう。

以後、島津本宗家は、島津奥州家が相伝していくことになるが、本書では便宜上、「室町期島津氏」、「島津本宗家」という場合、この島津奥州家を指すこととする。

（3）奥州家から相州家への本宗家移動

一五世紀後半の島津忠国期からその嫡男立久期にかけて、在地名を名字としない、島津名字の庶子家が誕生する。忠国期には、忠国の同母弟持久を祖とする「薩州家」（代々「薩摩守」を官途とする）と、異母弟季久を祖とする「豊州家」（代々「豊後守」を官途とする）、続く立久期には、立久の異母兄友久を祖とする「相州家」（代々「相模守」を官途とする）が分出する。また、立久の弟久逸は、男子の絶えた鎌倉期分出の庶子家伊作氏の養嗣子となり、その孫にあたるのが伊作忠良である。忠良（日新斎）は、相州家二代運久（一瓢斎）の養嗣子となり、相州家を継承している。

大永六年（一五二六）、島津本宗家忠兼の養子となった島津相州家忠良の嫡男貴久（虎寿丸）は、翌年忠兼の譲りを受けて本宗家家督を継承するも、直後に忠兼はこれを悔い返して勝久と名乗り、以後、天文一四年（一五四五）に至るまで、島津相州家忠良・貴久父子、同薩州家実久、同奥州家勝久による本宗家家督をめぐる三つ巴の抗争が続いていった。大永七年の奥州家勝久から相州家貴久への家督継承については、近世の編纂物が平和裏におこなわれた「禅譲」としているが、実際は事実上の「簒奪」であったことが〔山口研一一九八六〕によって指摘されている。

このように、鎌倉期から近世に至るまでひとつの家系であったように語られる島津本宗家は、南北朝期に一度分裂し、室町期に総州家から奥州家、そして戦国初頭に奥州家から相州家へと移動している。そしてその移動は、後世の記録にあるような「禅譲」ではなく、武力を伴う血なまぐさい「簒奪」であったことを留意しておく必要があろう。

（4）室町期島津氏領国の身分呼称

室町期島津氏領国における諸領主の身分・分類については、前出の文明六年（一四七四）成立とされる「行脚僧雑録」に見え、その呼称は、応永年間（一三九四〜一四二八）に原型が作られ、永享年間（一四二九〜四二）に成立した「酒匂安国寺申状」[20]でも確認できる。また、「山田聖栄自記」[21]には、「天下ニ無隠名和尚石屋御下候、元久ニ禅事を進御申候ニ依而御寺を召立、御一家・御内・国方をも催し、（中略）福昌寺当御代毎々御繁昌と云々」とある。石屋真梁を開山として島津奥州家菩提寺である福昌寺が建立されるのは、応永元年（一三九四）のことであり、「御一家・

御内・国方」の三区分が、一四世紀末から一五世紀初頭には一般化していたとみられる。

「御一家」とは、島津氏一族・庶子家のうち、ある程度の所領と城を持つものである。前出「酒匂安国寺申状」によると、本来は後述の「御内」と明確な身分差があったことが指摘されている。

「御内」とは、守護島津氏の譜代被官・直臣のことである。その出自は、初代島津忠久以来の譜代のほか、鎌倉末から南北朝期にかけて被官化された南九州の中小在地領主、「御一家」・「国衆」の庶子家など多様である（稲本紀昭一九六八、福島金治一九八八c）。なお、坪付打渡状などへの連署等をおこなう家産官僚機構トップの「老名」（戦国期には「老中」とよばれる）も、この「御内」から選ばれた。「酒匂安国寺申状」には、「元久《島津》牛屎花北の合戦ニ御勝候て大隅に御帰候時、正八幡の御前にて御内ニ老名を御定候時」とあり、応永三年（一三九六）とみられる合戦の後に「老名」が定められたことが知られる。

「国衆」とは、前出「山田聖栄自記」には「国方」、「行脚僧雑録」には「国之面〻」と記され、戦国末期の『上井覚兼日記』では「国衆」が一般化している。（稲本紀昭一九六八）は、「鎌倉期以来の、郡司・地頭の系譜を引く伝統的豪族であり、（中略）未だ本貫地にあって独立した支配を依持《ママ》しつづけている国人領主」、（三木靖一九七二）は、「島津氏とは別の系譜をもち、郡司または地頭に任ぜられ、入部定着以来二百年以上経た者が大半」、（福島金治一九八八c）は、「鎌倉期の郡司・地頭の系譜をひく国人領主」と指摘している。近年定着しつつある、戦国期において一定地域を独自に支配する地域的領主を意味する「国衆[22]」とは、全く異なるものであることを強調しておきたい。

註

（1）〔吉田賢司二〇一〇〕も、「応永三二年（一四二五）に探題渋川義俊が少弐満貞と戦って敗れたのが転機となり、九州探題は幕府の九州支配の出先機関としての実体を喪失」したと理解している。

（2）こうした九州探題への評価に対しては、拙稿「書評と紹介 黒嶋敏著『中世の権力と列島』」（『日本歴史』七八九、二〇一四年）にて若干の批判を行っている。

（3）「海域アジア史」についての概説書としては、桃木至朗編『海域アジア史研究入門』（岩波書店、二〇〇八年）がある。

（4）山口隼正「書評と紹介 福島金治著『戦国大名島津氏の領国形成』」（『日本歴史』四九九、一九八九年）。

（5）『旧記前』二―一四九六号、『伊地知季安著作史料集』四「諸旧記」六九号の一。なお、本史料に伊地知季安が独自考証を加えたものが、「雲遊雑記伝」（『鹿児島県史料集Ⅺ』および『伊地知季安著作史料集』六所収）である。

（6）『島津家文書』一四一二号、『旧記前』二―一五三六号。

（7）宮崎県宮崎市と北諸県郡三股町の境にそびえる鰐塚山より東の意で、現在の宮崎平野一帯を指す地域呼称。

（8）『旧記前』一―一六三三、一六三四号。

（9）『旧記前』一―一六三七、一六四九、一六六五号。

（10）元弘三年六月一五日に日向国守護職（『島津家文書』三〇一号）、翌建武元年四月二八日に大隅国守護職（『島津家文書』三〇三号）に補任。

（11）『旧記前』一―二四四五・二四四六号。

（12）『旧記前』一―二四四七号。

（13）『島津家文書』一四九・一五〇号。

（14）本宗家当主の没年は、「島津家正統系図」に拠る。同系図の尚古集成館本は、『島津家資料 島津氏正統系図』（島津家資料刊行会、一九八五年）として全文翻刻されている。

（15）『家わけ一』「祢寝文書」三九三号。

(16)『島津家文書』六九号。『大日本古文書』編者は、この文書を「足利義満安堵下文」としている。両国守護職が「安堵」という形をとったのは、(佐藤進一一九八八)が指摘するように、明徳二年(一三九一)八月以前、いったん元久が日向・大隅両国守護職に補任され、その後、応永元年(一三九四)八月に治罰の御教書が発布されたのにともない、今川了俊に改替されたという経緯をふまえたためであろう。

(17)「応永記」、「山田聖栄自記」。

(18)『島津家文書』七〇号。

(19)総州家嫡流は、守久の嫡男久世(一三八七〜一四一七)が、応永二四年正月、謀略により鹿児島千手堂にて自害に追い込まれている(『諸氏系譜』三—四二三頁)。久世の嫡男久林(一四一三〜三〇)は、居城である山門院(鹿児島県出水市高尾野町)から肥前国高来に出奔していたが、永享二年一一月、日向国真幸院徳満城(宮崎県えびの市大字東川北)滞在中に、島津忠国によって殺害されている(『諸氏系譜』三—四二四頁)。

(20)本史料には、島津家編輯所旧蔵本、島津家文書本、山田家文書本、「旧典類聚」所収本など複数写本が知られる。このうち島津家文書「四番箱」所収「酒匂安国寺申状」は、全文(五味克夫二〇一四b)に翻刻されている。

(21)文明八年(一四七六)〜同一四年(一四八二)の成立。山田家本、鹿児島県立図書館本、玉里島津家本、「旧典類聚」所収本、島津家編輯所旧蔵本などがあるが、鹿児島県立図書館本と山田家本は、『鹿児島県史料集Ⅶ』で翻刻されている。詳細は、五味克夫氏執筆の同書改題を参照のこと。

(22)この「国衆」の定義については、さしあたり黒田基樹「戦国期外様国衆論」(同著『戦国大名と外様国衆』文献出版、一九九七年)を挙げておく。

第1部　島津奥州家による領国形成とその特質

第一章　南北朝期島津奥州家の大隅・日向進出とその論理
―奥州家独自の領有観形成―

はじめに―問題の所在―

都城市制四〇周年を記念して作成された『都城市史』は、島津氏初代忠久に関して「日薩隅は平季基以来平氏ゆかりの地であった関係で、平氏没落の影響は非常に大きかった。そこへ島津氏が守護および惣地頭に任ぜられ、三州七〇〇年の基礎を築いた」と記す(1)。こうした記述に代表されるように、〝島津氏は鎌倉幕府成立以来中世を通して薩摩・大隅・日向三か国守護職を相伝し、七〇〇年にわたって三か国を領有していた〟という誤解は、一般市民の間では現在に至るまで比較的広く信じられている。

島津氏の祖惟宗忠久は、建久八年（一一九七）一二月三日、源頼朝から薩摩・大隅両国守護職に補任され(2)、まもなく日向国守護職にも補任されたとみられている（佐藤進一一九七一）。しかしながら忠久は、建仁三年（一二〇三）九月、比企能員の乱に縁座して三か国守護職等南九州におけるあらゆる所職を没収される(3)。その後、元久二年（一二〇五）以前に忠久は薩摩国守護に復帰するが、島津氏が大隅・日向両国守護に復帰することは鎌倉期を通してなかったのであり(4)、鎌倉期に島津氏が大隅・日向両国守護職を保持していたのは、わずか六年にすぎない。

島津氏が大隅・日向両国守護に復帰するのは南北朝期のことである。配流先の隠岐島から伯耆国に逃れ、倒幕の旗を揚げた後醍醐天皇は、元弘三年（一三三三）四月二八日、薩摩国守護島津貞久（初代忠久の玄孫）を大隅国守護職に補任する。(5) 翌日、貞久は足利高氏からも挙兵を促されており、(6) 翌月貞久はこれに応じて、少弐貞経・大友貞宗らとともに鎮西探題北条英時を攻め滅ぼしている。そして帰京した後醍醐天皇は、同年六月一五日、貞久を日向国守護職に補任している。(7) これによって島津本宗家は、薩摩・大隅・日向三か国守護職を一三〇年ぶりに回復したのであるが、建武四年（一三三七）一〇月までに、日向国守護は豊後の大友氏泰に改替されている（佐藤進一一九八八）。島津氏による日向国守護在職は、建武政権期のわずか三年ほどに過ぎないのである。

このように、島津氏の根本領国のように理解されがちな薩摩・大隅・日向の三か国であるが、その領国化の端緒である南北朝期の段階においては、支配の深度に差違があって当然と考えられる。しかし、島津氏の領国形成・支配研究においては、南北朝期の大隅・日向両国支配が特に区別されることなく積極的に評価されている。中世後期における島津氏の権力構造の変遷を通観した〔稲本紀昭一九六八〕は、島津氏が南北朝期初頭から「最終的権限は幕府にあると自ら認めながらも、給恩・本領安堵・闕所地預置という形態をとりながら、独自の知行制を打ち立てていこうとしている」と、領国形成への動きを積極的に評価。文和年間（一三五二～一三五六）以降「安堵・預置・給恩を幕府の意向とは無関係に独自に発行している」とし、これをもって島津氏の知行制成立とみている。また、南北朝期の守護職変遷・守護支配の実態解明をおこなった〔山口隼正一九八九〕は、島津奥州家の祖島津氏久（貞久三男）の発給文書を分析し、「一般守護と違って、氏久が初めから領国形成に熱心だった」と指摘している。(8) このように、一九六〇年代から八〇年代にかけては、南北朝期の島津奥州家は他の守護家とくらべて早い段階から領国形成が進んでいると指摘されてきた。

これに対し、近年、島津氏の権限に対する疑念が相次いで呈されている。〔松本一夫二〇〇四〕は、島津氏発給の預ヶ状に、幕府への報告を約する文言や「公方之御計」であることを付言したものがあることから、「幕府は成立当初から島津氏の闕所地処分権に対し、一定の制約を行っていた」と指摘する。また、〔中島丈晴二〇〇七〕は、島津氏と激しく対立・抗争を繰り広げた、南北朝後期の九州探題今川了俊をとりあげ、「吹挙状や注進状を梃子にして浮動層の軍事動員を有利に展開し」南九州経営に成功したと、先行研究〔服部英雄一九八三、本書第１部第二章初出論文〕とは全く逆の見解を示している。どちらの研究も、国人領主に対する所領安堵・給与システムにおける幕府・九州探題の優位性を説いたものであり、前出のような、南北朝期を島津氏の領国形成の画期とみる研究とはあきらかに矛盾をきたすのであり、守護が領国形成をおこなう上での最初の契機となる闕所地処分権や、主従制の根幹となる本領安堵・恩賞給与システムを幕府・九州探題が牛耳り、島津氏の権限に制限を加えていたとなれば、島津氏による領国形成がいかなる大義名分のもとに成し遂げられていったのか、大きな疑問が残る。

本稿ではこうした研究状況をふまえ、建武政権期に守護職に補任された大隅国、そして南北朝期にほとんど守護職を保持し得なかった日向国に、島津氏が進出していった経緯とその論理を明らかにするとともに、〈南北朝期における島津氏の領国支配の確立〉と〈所領安堵・給与システムにおける幕府・九州探題の優位性〉という、一件矛盾する見解をどう整合的に理解すべきか試論を提示したい。

第一節　島津氏の薩摩・大隅両国支配

一、島津氏の薩摩国支配

薩摩国は、唯一鎌倉時代を通して島津氏が守護職を相伝していた国である。当然、大隅・日向両国より領国形成は比較的容易であったとも推測されるが、実態はかなり違っていた。延元二年＝建武四年（一三三七）三月、南朝方の公家三条泰季が薩摩に下向すると、薩摩国南部の国人を中心に泰季の麾下に入るものが続出し、薩摩半島は南朝方の一大拠点となっていった。そして、同年三月二二日、同国南朝方は島津氏の「守護町」（薩摩国衙周辺、鹿児島県薩摩川内市付近カ）を襲撃している。(9)この戦いには島津氏庶流の伊集院忠国も南朝方として参戦しており、島津氏一族内部でも南朝方に荷担するものがあったことは注目される。(10)彼ら南朝方は、大隅・日向を拠点とする肝付《きもつき》兼重と連携しつつ、薩摩半島の武家方の拠点にしばしば進攻し、守護島津貞久とも激戦を重ねた。

南朝方の勢力は強大であったと思われ、暦応二年（一三三九）六月には、守護所である碇山《いかりやま》城（同県薩摩川内市天辰町）を一〇日間も包囲している。(11)この籠城戦において、守護方の指揮を執ったのは島津貞久ではなく、守護代酒匂《さこう》久景であった。この時、碇山城に馳せ参じた権執印俊正・椎原惟種・和泉保末らの軍忠状には、この酒匂久景の証判が据えられている。(12)島津貞久が在城していれば、当然証判は貞久自身が据えたはずであり、この時貞久は碇山城に在城しておらず、分国である薩摩・大隅にも在国していなかったと思われる。(13)

そして、この籠城戦の最中からその直後にかけて、守護代酒匂久景は籠城した権執印俊正・延時忠種に対して、おそらく南朝方と思われる近隣の宮里氏・竹内氏らの所領を闕所地化して預け置いている[14]。これらの預ヶ状・宛行状には、「且此子細可令注進京都候」、「且此子細可被仰達候」、「可令披露候」といった上級権力への注進文言がみられる。これらの文言を指して〔稲本紀昭一九六八〕は、「最終的権限は幕府にあると自ら認め」ているとし、〔松本一夫二〇〇四〕は、「幕府は守護島津氏の国内配下武士に対する闕所地処分権行使を基本的には認めながらも、その内容を上申させることによって、一定の影響力を及ぼしていた」と指摘した。

前述のように、この合戦時、島津貞久は分国を離れていた。こうした状況下、圧倒的に優勢な南朝方に守護所を包囲されるという非常時に、やむを得ず守護代酒匂氏が発行したのが一連の預ヶ状・宛行状である。特に権執印氏は薩摩国一宮である新田宮の社家であると同時に、鎌倉幕府の御家人でもあった有力国人であり、島津氏の譜代被官ではない。これらの預ヶ状は、こうした国人を守護方に引き留めておくために発給したものであり、上級権力への注進文言は、幕府からの指示・強制によるものというより、守護代発給文書への権威保証・担保として付記したと考えるべきであろう。「最終的な権限が幕府にある」という認識はともかく、幕府が主体的に「一定の影響力を及ぼしていた」との理解は到底首肯できない。

その後、島津貞久が薩摩に戻ると、暦応四年四月に南朝方の矢上氏が籠もる東福寺城（鹿児島市清水町）を攻略するなど、武家方は勢いを取り戻す。しかし、興国三年（一三四二）五月、後醍醐天皇の皇子征西将軍宮懐良親王が薩摩に下向すると、伊集院忠国ら同国南朝方は親王を盟主として再結集し、再度武家方を圧倒していく[15]。さらに貞和五年（一三四九）九月、足利直冬が九州に下向すると、薩摩・大隅両国の武家方も尊氏方と直冬方に分裂。南朝方（宮方）の躍進を許してしまい、薩摩守護所付近もたびたび南朝方の攻撃にさらされている。

こうした状況下、文和四年（一三五五）一一月五日、老齢の父貞久に代わって薩摩国守護職を代行していた島津師久は、幕府に薩摩国の戦況を注進している。[16] 前月には懐良親王が博多に入り、九州探題（鎮西管領）一色範氏が長門に退去するなど、最も武家方が苦戦を強いられていた時期である。具体的には、同年九月二日に三条泰季らが島津氏の属城である串木野城に攻め寄せた際の合戦、同年一〇月二二日に南朝方の和泉氏・牛屎氏・在国司氏らが師久の居城（木牟礼《きのむれ》城ヵ、鹿児島県出水市）に攻め寄せた際の合戦について記している。注目すべきは、最後の「仍両御所之御間、御発向御延引候者、師久捨国、可令参洛候、将又老父道鑒（貞久）中風之身難儀之上、合戦最中之間、不能委細、若此条偽申候者、可罷蒙八幡大菩薩御罰候」との悲痛な訴えである。これ以前から、足利直冬追討のため幕府が軍勢を九州に派遣する計画は上がってはいたが、畿内での戦闘激化のため実現できずにいた。[17] 薩摩国守護島津貞久は高齢（「島津氏正統系図」[18] によれば八七歳）に加え中風を患っており、代わって指揮にあたる師久も居城が攻撃に曝され疵三か所を負うなど、守護所周辺を確保するのがやっとの状況にあった。これ以上、幕府の支援が延引すれば分国を捨てて上洛するしかないと訴えているのである。これに対する返答とみられる同年一二月二八日付足利義詮御判御教書は、「凡鎮西事、厳密沙汰最中也、其間全要害、可相待左右」と素っ気ないものであった。[19] 観応の擾乱期、島津氏は辺境の地にあって要害にひたすら籠もり、幕府の援軍を待つしかない、そういう状況におかれていたのである。

これから一一年後の貞治五年（一三六六）八月、島津師久は薩摩国阿多郡の二階堂直行・直藤に対し、阿多郡内・知覧郡内の闕所地を預け置いている。[20] この二通の預ヶ状にも「公方御計之程、所預申候也」との文言がみられ、〔松本一夫二〇〇四〕は、「この時期に至っても、なお幕府の意向をうけた闕所地預置が続いている」とする。宛所である二階堂氏は、南朝方が圧倒的優勢を占める薩摩半島にあって数少ない武家方であり、名字からもわかるように、鎌倉幕府の評定衆・引付衆を歴任した二階堂氏の一族である。本来島津氏とは同格の御家人であり、そうした配慮と圧倒的劣勢のなかで、預け置き行為の効力を担保するためにこうした文言が付記されたと見るべきであり、松本氏の理解は首肯しがたい。

そもそも、守護所周辺を保つことすら困難となり分国の放棄を訴える島津氏に対し、幕府が主体的・積極的に差別的措置をとる意味はない。たとえそうだとしても、幕府の権威が及ばず軍事的支援が見込めない状況下で、島津氏が「幕府の意向」を遵守するはずもない。むしろ島津氏は、幕府の意向を無視してでも積極的施策に打って出る必要性に迫られていたのである。

二、島津氏久の大隅国進出

鎌倉期の大隅国守護職は、先述のように島津忠久から没収された後、一時期千葉氏が確認できる以外は、ほぼ一貫して北条氏一門によって相伝されていた（佐藤進一一九七一）。このため、北条氏の影響力が強く残っており、建武元年（一三三四）七月には、同氏によって被官化されていた大隅国衙在庁や島津荘荘官・弁済使を中心に、建武政権への反乱が起きている[21]。これは建武政権への反乱であると同時に、同政権から大隅国守護職と島津荘大隅方寄郡預所職[22]に任じられた島津貞久への反乱であるともいえ、島津氏による大隅国支配は当初から困難を極めたと推察される。加えて、同国中部から南部にかけては島津荘荘官を代々つとめた伴氏が盤踞しており、なかでも最も力をもっていたと思われる肝付兼重が、建武二年末以降、南朝方を標榜して武家方所領への進攻を大規模におこなっていた。島津氏は大隅国衙周辺と中・南部両方に敵対勢力を抱えていたのである。

建武三年（一三三六）五月、島津貞久は大隅国守護代森行重に命じて大隅国人を動員し、日向国大将畠山義顕（のち直顕に改名）と呼応して、肝付兼重の拠点の一つである日向国三俣院王子城（宮崎県都城市山之口町）・同国姫木城（同市姫城町）を攻略し(23)、翌六月には、同じく肝付兼重の拠点である大隅国加瀬田城（鹿児島県鹿屋市輝北町）を攻略している(24)。しかし、建武四年に三条泰季が薩摩に下向すると再び肝付氏の活動は活発化し、同年一一月から同五年三月にかけて、日向国櫛間院《くしま》（宮崎県串間市）の野辺盛忠らとともにたびたび大隅国衙周辺に進攻している(25)。この頃までは、大隅には貞久の守護代森行重がおり、周辺国人の動員にも成功しているようであるが、前節で述べたように興国三年（一三四二）、懐良親王の薩摩下向を契機として武家方が劣勢となると、島津貞久・師久父子は薩摩の守護所周辺に釘付けとなり、大隅国支配は後退していった。

そうしたなか、観応の擾乱がはじまると、大隅国内の軍事指揮権・統治権は貞久の三男氏久へと移行していく(26)。島津氏による大隅国進出、支配権確立は、奥州家の祖であるこの氏久によっておこなわれたといってよい。

島津氏久が守護の権限を代行するようになった観応の擾乱期、大隅国衙周辺の国人は反島津方となっていた。南北朝期前半、大隅国内の軍事指揮権は、守護である島津貞久と隣国日向の守護畠山直顕によって担われていた（山口隼正一九八九）。しかし、貞和五年（一三四九）九月に足利直義の養子直冬が九州に下向すると、まもなく畠山直顕は直冬方となり、尊氏方の島津氏と対立するようになる。島津貞久は正平六年（一三五一）のいわゆる「正平一統」にともない、征西将軍宮懐良親王の指揮下に入ったようであり、翌正平七年七月、貞久（実際の指揮は氏久）は親王の命により大隅国隈本城・栗野北里城に進攻している(27)。これに対し直冬方の畠山直顕は、同月二四日に大隅国に進攻。これによって「税所介已下国中為宗仁等、太略為佐殿《（足利直冬）》方、属于彼手候畢」という状況となり、氏久は翌八月に薩摩への撤退を余儀なくされている。[28]

翌年、氏久が幕府に提出した敵味方の交名をみると、税所氏・修理所氏といった同国在庁官人、正八幡宮先社務・弥勒寺執当房といった同国一宮大隅正八幡宮社家・別当寺、加治木氏・祢寝氏といった大隅正八幡宮系郡司、肝付兼重跡（秋兼ヵ）・野辺盛忠跡ら有力国人の多くが直冬方＝畠山直顕の指揮下に入っていたことが確認でき、島津氏方の国人は、国衙から比較的離れた位置の一部のものにとどまっている。[29]大隅支配の要である国衙周辺一帯が島津氏の手の届かない地域となっていたのであり、島津氏久は同国に入ることすらできず、隣接する薩摩国鹿児島郡（鹿児島市）に逼塞せざるを得なかったのである。

こうした状況が変化するのは、文和四年（一三五五）ごろからである。同年四月、氏久は錦江湾を渡って、畠山方となった肥後種顕らの大隅国下大隅郡崎山城（鹿児島県垂水市海潟）を攻略するが、この際、薩摩国の伊集院久孝・谷山良香らが島津方として参戦している。[30]伊集院氏・谷山氏は、前項で指摘したように一貫して南朝方として活動してきた薩摩半島の有力国人であるが、この頃までに氏久は彼らと和睦し、その協力を得られるようになっていたようである。[31]そして翌延文元年＝正平一一年（一三五六）一〇月、宮方に帰順した氏久は、懐良親王麾下の指揮官三条泰季とともに大隅国に進攻し、加治木岩屋城（同県姶良市加治木町）を攻撃、翌正平一二年三月にも畠山方と合戦に及んでいる。[32]氏久の目的が大隅国衙周辺の正八幡宮領制圧にあったことは明らかであり、まもなくこれを達成したと思われる。

貞治元年（一三六二）一〇月、大隅正八幡宮の本家である石清水八幡宮寺の所司層とみられる沙弥観宗[33]から大隅正八幡宮所司神官等に宛てられた文書には、「修理亮氏久押妨間事、如注進者、被驚思食候」あるいは「延文以来神領押妨間、将軍家之御教書以下雖被下遣、尚以不承引、氏久弥令違乱候之条、言語道断次第候」とあり(34)、延文年間（一三五六～六一）に島津氏久が大隅正八幡宮領を押領している事実がうかがえる。これは、直冬方を標榜する正八幡宮社家および正八幡宮系郡司が領有する国衙周辺から加治木・帖佐（鹿児島県姶良市）にかけての正八幡宮領を氏久が軍事制圧したことを意味するのであり、対応に窮した社家側が、北朝方の善法寺家に注進して事態打開を図ったのであろう。

　このように島津氏久は、一時的に南朝方＝宮方になることで薩摩半島の国人との連携に成功し、大隅進出を果たしていったのであり、これにともない氏久の居所も、鹿児島郡の東福寺城（鹿児島市清水町）から、大隅国祢寝《ねじめ》院北俣の大姶良《おおあいら》城（鹿児島県鹿屋市大姶良町）、さらには日向国救仁《くに》院の志布志《しぶし》城（同県志布志市志布志町）へと変遷している(35)。氏久の移動時期は明確ではないが、貞治二年（一三六三）五月二〇日、氏久の嫡男元久は大姶良城内で誕生したと伝えられており(36)、これより先に大隅半島中部への進出を果たしていたことがうかがえる。

　多くの守護がまず掌握を目指した国衙近辺を居所とせず、あえて大隅半島に進出していったのには守護領の問題があったと思われる。島津氏久の父貞久は、大隅国内にいくつかの所領・所職を獲得していた。まず建武二年（一三三五）一〇月には、建武政権から島津荘大隅方寄郡預所職に任じられ(37)、建武三年三月には、足利尊氏から大隅国本荘（島津荘本荘＝一円荘の意ヵ）を宛行われている(38)。延文元年（一三五六）八月には、足利義詮から薩摩・大隅両国守護職をはじめとする所領所職を安堵されており(39)、この安堵下文から、当時大隅国内に有する所職の内訳がうかがえる。すなわち、島津本荘は多祢嶋《たねがしま》（種子島）・深河院（鹿児島県曽於市）・岩河村（同上）・財部《たからべ》院（同上）・筒羽野《つつはの》村（同県姶良郡湧水町）、寄郡は下大隅郡（同県垂水市）・鹿屋《かのや》院（同県鹿屋市）・串良《くしら》院（同市串良町・肝属郡東串良町）・大祢寝院

（鹿屋市）・曾小河《そおがわ》院（霧島市）・西俣村（鹿屋市）である。主に大隅国中部に分布する島津荘を領有していたことがうかがえ、国衙周辺に分布する大隅正八幡宮領に関しては何らの所職も有していなかった(40)。島津氏久が大隅国に進出する際、大隅半島を目指し、居所を大姶良城に移したのもこうした背景があるのだろう。島津氏久の大隅進出が本格化するにともない、氏久発給の寄進状・宛行状・安堵状も急増していったが(41)、その対象はやはり前記の島津荘本荘・寄郡が中心であった。氏久は年貢の収納権や弁済使職の補任権を有する預所職の地位を利用して、島津荘荘官系の中小在地領主を被官化していったとみられる（稲本紀昭一九六八）。

　このように、島津氏久の大隅国支配の基軸は島津荘に対する支配権にあったとみられるが、一件注目すべき事例が存在する。

　　大隅国肝付郡木志良村地頭弁分并羽見村地頭職事、為兵粮料所ゝ宛行也、令分配一族等、任先例、知行之、弥可
　　被抽軍功之状如件、
　　　　正平十二年四月廿八日　　　左衛門尉（島津氏久）（花押）
　　　比志嶋太郎（範平）殿(42)

　島津氏久による大隅進出が本格化していた正平一二年（一三五七）四月、氏久から被官の比志島範平に対し、木志良（岸良）村地頭弁分と羽見（波見）村地頭職を兵粮料所として宛行ったものである。岸良《きしら》村（鹿児島県肝属郡肝付町岸良）・波見《はみ》村（同町波見）はともに島津荘大隅方肝付郡に属し、それぞれ肝付氏庶流の岸良氏・波見氏の支配地であったと思われる。当時肝付氏は直冬方に属しており(43)、このため闕所地化され比志島氏に配分されたのであろう。つまり実態は闕所地処分状（預ヶ状）であるが、「預置」との文言は見られず、ましてや薩摩国で見られる上級機関への担保文言も確

認できない。書止文言も直状形式であり、まるで自らの所領を被官に宛行っているかのようにみえる。しかし、実は島津荘大隅方肝付郡は氏久の所領ではなく、当地になんらの所職も有していない。島津貞久が亡くなる貞治二年（一三六三）以前のものとみられる「島津庄大隅方寄郡田数注文」[44]には、肝付郡は「同寄郡内他人拝領分」として、「肝付郡　百卅町二段三丈　一色入道殿拝領 貞和二年五月　日」と記されている。この注文冒頭には「道鑑（貞久）当知行分」が記されており、ここでいう「他人」とは島津氏以外の意であろう。そして田数の下の割書から、肝付郡が貞和二年（一三四六）に鎮西管領一色道猷（範氏）の所領となったことがうかがえる。前出の建武二年一〇月の島津貞久宛太政官符にも肝付郡は見えないのであり、氏久は幕府から安堵・給付されたもの以外の所領を独自の判断で闕所地化し、自領である島津荘大隅方寄郡であるかのように偽装して宛行っていたことになる。

ここに、薩摩国守護家である島津総州家との大きな違いが見て取れよう。すなわち、島津氏久は幕府の意向とは無関係に独自の判断で、征西将軍宮懐良親王、そしてこれを支える薩摩半島の南朝方と和睦することで大隅国進出を実現し、幕府の所領政策を無視して鎮西管領領を自領であるかのように処分していたのである。当然のことながら、氏久の発給安堵・宛行状には幕府への担保文言などは確認できないのであり、〔稲本紀昭一九六八〕が指摘するように、氏久は幕府の知行政策とは無関係に独自の知行制を確立しつつあったといえよう。氏久の発給文書を分析した〔山口隼正一九八九〕が、「氏久には書下が多いが、施行状は全く見えない」、「氏久は斯様に多くの文書をのこしながら、「沙汰付」＝遵行文書が見当たらない」と指摘しているのも（四三三頁）、こうした事情によるものと判断できる。

島津奥州家の領国形成は、氏久の父貞久の大隅国守護職補任を契機とするものの、それのみでは何の意味も持たず、幕府から付与（あるいは制限）された権限に依存しない形で開始されたことをふまえておく必要があろう。

第二節　島津奥州家の日向国進出とその論理

一、島津氏久の日向国南部進出

正平一四年＝延文四年（一三五九）四月、島津氏久は「柏原保東方」（鹿児島県肝付郡東串良町）を「兵粮料所」として肝付氏庶流野崎氏に預け置いている[45]。柏原保（柏原別符）は当時日向国に属しており[46]、これが日向国内を対象とした島津氏久発給知行関係文書の初見である。以後、氏久は同国諸県郡に属する救仁院・救仁郷を対象とした寄進・知行宛行を盛んにおこなっている（山口隼正一九八九〕三九六・四四〇・四四一頁）。先述のように、この時期氏久は大隅半島への進出を果たしており、四年後の正平一八年＝貞治二年（一三六三）五月には、氏久の嫡男元久が大姶良城（鹿児島県鹿屋市大姶良町）で誕生している。また、正平一四年一二月二日、懐良親王を支えた宮方の重鎮である菊池武光が、日向国救仁院の大慈寺《だいじじ》（同県志布志市志布志町）に対し「当手軍勢」の乱暴狼藉を禁じた禁制を発している[47]。これより先、大慈寺は日向国守護にして直冬方を標榜し、島津氏と抗争を続けていた畠山直顕の保護下にあった。それが一転して宮方の中心人物から禁制を受けたことは、大慈寺ひいては日向南部屈指の要港である志布志津の支配者が、武家方から宮方に移ったことを意味する。つまり、この時期、宮方を標榜していた島津氏久の軍勢が志布志津に迫りつつあったのであろう[48]。そして、一次史料では確認できないが、同じく正平一四年一〇月、島津氏久は日向国南郷の国合《くにごう》（鹿児島県曽於市末吉町二之方・南之郷）において相良・北原両氏の軍勢と交戦し、敗北を喫したという[49]（国合原合戦）。これが事実であれば、島津奥州家の勢力圏は都城盆地南端にまで及んでいたことになる。少なくとも、この時期までに日向国諸県郡南部（救仁院・救仁郷）が奥州家の支配下に入ったと見るべきであろう。

翌延文五年（一三六〇）二月、氏久は再び北朝年号を使用しており、これ以前に武家方に復帰したようである。懸案の大隅半島制圧に成功し、宮方との連携の必要性が薄くなったためであろうか。そして同年六月一三日、日向国守護畠山直顕は島津氏久に対し、「兼公私成同心之思、可退治凶徒候、此段不可存異儀候」との契状を送っている。[50]これによって氏久と畠山直顕との間で和睦が成立したようであり、これはすなわち、氏久による日向国南部支配を守護畠山直顕が容認したものに他ならない。

薩摩国鹿児島郡から錦江湾を渡って大隅国に進出していった島津氏久は、下大隅郡（鹿児島県垂水市）、大祢寝院（鹿屋市）、肝付郡（鹿屋市・肝付町）と大隅半島を横断するように勢力を拡大していった。日向国諸県郡南部の救仁院・救仁郷は、大隅半島の付け根東側に位置しており、一見氏久がこの地域に進出していったのも自然のことのようにも思える。〔山口隼正一九八九〕も、「以前の日向は、直顕の勢力が強いため島津氏の支配は一向に及ばなかったが、ここに氏久の時期になって、大隅国に隣接した両地域（筆者注—救仁院・救仁郷）からの食い込みが試みられている」とし、日向進出そのものに不自然さを感じてはいない（四四二頁）。

しかし根本的な問題として、日向進出を開始した当時、島津氏久は宮方に属していた。つまり、氏久は日向国守護ではなく（同国守護は畠山直顕）[51]、日向国内への軍事指揮権も認められておらず、ましてや日向国諸県郡になんらの所領所職も得ていないのである。当時の一般的な領国形成の契機を守護職補任とそれにともなう幕府からの権限付与に求めるのであれば、氏久の日向進出とその領国化は極めて不自然なものといわざるを得ない。しかしながら、実態として氏久は救仁院・救仁郷を対象とする寄進・宛行行為を活発化させており、日向南部において領国形成を進めていたのは間違いない。つまり、日向国内の所領所職に対する寄進・安堵・宛行行為は幕府の承認下でおこなわれたものではなく、氏久独自の判断によるものなのである。こうした行為そのものは守護公権に属するものではないが、日向への進出が幕府からの公権付与や所領宛行とは無関係に開始されたという事実は、幕府と島津氏の関係、そして島津氏の領国形成の論理を考える上で極めて重要と考える。

二、島津奥州家による日向国進出の論理

康安二年（一三六二）六月、薩摩・大隅両国守護島津貞久は、次のような申状を幕府に提出している。(52)

進上　御奉行所
嶋津上総入道〻鑑(貞久)謹言上
欲早被除畠山礼部(直顕)、太宰(少弐)筑後守頼尚今者出家、大友刑部大輔氏時拝任国〻闕所并寺社本所領、於道鑑分国、被経用捨御沙汰條、失面目上者、且任先例、且依抽無二軍忠実、不可有□□由、預御教書、次本領讃岐国櫛無保、中国大将細河典(頼之)□(厩)近年押領段被停止、全知行、弥成軍忠勇間事、

副進
一通　右大将家(源頼朝)御下文文治三年九月九日数通雖有之、依繁略也、
二通　鎮西警固御教書案弘安九年十二月卅日正応六年三月廿一日
一通　讃岐国櫛無保御下文貞応二年九月七日

右、〻大将家御代文治三年九月九日、先祖豊後守忠久、日向・大隅・薩摩三ヶ国令拝領、其後建久年中、太宰筑

後守頼尚之曩祖武藤小次郎資頼、筑前・肥前・豊前三ヶ国被宛行、大友刑部大輔氏時先祖豊前〻司能直、豊後・肥後・筑後三ヶ国同年給之、如此自被宛行九州於三人以来、守護職面〻管領無相違之處、中比遷(先)代一族鎮西管領下向之刻、各二ヶ国津〻被借召之時母三人用捨之儀無之、①就中日向・大隅・薩摩三ヶ国者、為島津庄内国〻之條、御下文明鏡之間、名字之庄内国〻也、次一統時分、大宰筑後入道妙恵(貞経)、大友近江入道具簡(貞宗)并道鑑面〻、一ヶ国津〻被返付時母、以同前之處、於當御代爭及用捨御沙汰、可失面目哉、爰頼尚雖罷成御敵、依参御方、本領新恩悉令安堵、結句被任国訖、次畠山礼部、是又去観応三年以来、迄于文和四年、就于被成御敵、可誅伐之由、度〻雖被成御教書、延文元年以来、為御方之旨依被申、数ヶ所恩賞并日向国守護職被任訖、而道鑑自最初、父子共於御方致忠節、今者及八旬之間、仰付愚息師久・氏久両国事、抽不断合戦大功之處、於畠山礼部、頼尚、氏時等分国者、無相違被任之、②至于道鑑守護職闕所以下、被経用捨御沙汰之條、余命不幾、及老後失面目之段、歎中愁訴也、凡以有忠輩被任国者、古今傍例、不可勝計、何況道鑑、云先例、云當御代忠、尤可有忠賞者哉、次讃岐国櫛無保地頭職者、曾祖父左衛門少尉藤原忠義、去貞応三年九月七日、為勲功之賞、令拝領、知行無相違之處、近年中国大将細河厩(典厩)典押領之條、歎勘(難堪カ)次第也、如載先段、道鑑於御方数十ヶ度之軍功抜群之間、可預恩賞之由、令言上〻者、爭於本領可有違乱哉、就中九州合戦最中、抽軍忠時分也、然則、彼両条厳蜜(密)被経御沙汰、預御教書、弥為致忠節、言上如件、

康安二年六月　日

この文書は、新たに九州探題（鎮西管領）となった斯波氏経に対し、島津貞久が守護職をもつ薩摩・大隅両国内の寺社本所領半済給付権・闕所地処分権が与えられたことへの抗議とその撤回、そして中国大将細川頼之による島津貞

久領讃岐国櫛無保（香川県仲多度郡琴平町、同県善通寺市）への押領を訴えたものである。

貞久は右大将（源頼朝）以来の由緒から説き起こし、少弐・大友・島津の三家が対等・同格であることを強調した上で、少弐頼尚（筑前・肥前）・大友氏時（豊前・豊後・肥後）・畠山直顕（日向）の分国を除外した、三か国（筑後・薩摩・大隅）に対する九州探題への権限付与がいかに差別的な措置であるかを主張し、「及老後失面目」と愁訴したのである（傍線部②）。これに対し将軍足利義詮は、同年一〇月一七日に斯波氏経・島津貞久両者に対して御判御教書を発し、斯波氏経に対しては「道鑒分国為随一間、難及京都之沙汰」と、許否の判断を丸投げし、島津貞久に対しては「定不可有子細歟」と曖昧な返答をしている。(54)

この一連のやりとりや前章でも触れた事例をふまえ〔松本一夫二〇〇四〕は、実際に幕府が島津氏に対し差別的政策を取っていた証左としている。一方、〔川添昭二一九八一〕は、「斯波氏経が前記権限を島津貞久に譲渡したかどうかは分からない」としながらも、「譲渡しなかったにせよ島津氏の姿勢、斯波氏経をめぐる情勢、その在九州期間の短かさからして実効性はさほどなかった」としている。(55)さらに川添氏は、「貞久の提訴に対する幕府の無責任な対応は、島津貞久の不満をつのらせ、斯波氏経を一層苦しい立場に追いやった」、「これはやはり九州の情勢に対する幕府の認識不足―より根源的には九州宮方の平定についての熱意の低さに由来するもの」とも指摘しており、関東育ちの足利義詮の九州情勢への無理解によりこうした施策がとられ、貞久の抗議によりあわてて判断を斯波氏に丸投げする措置に出たことは間違いない。これをもって、幕府が意図的・主体的に島津氏の権限に制限を加えようとしていたとの〔松本一夫二〇〇四〕の理解は到底首肯できない。

そして注目すべきは、貞久の南九州三か国に対する認識、領有観とでもいうべきものである。傍線部①で貞久は、

「就レ中日向・大隅・薩摩三ヶ国者、為二嶋津庄内国〻一之條、御下文明鏡之間、名字之庄内国〻也」と述べている。つまり、貞久の認識では、島津荘は島津氏の名字の地、すなわち本領・本貫地であり、日向・大隅・薩摩三か国はこの名字の地である島津荘内に含まれる。よってこの三か国は島津氏の本領である、ということになる。この前段の「中比先代一族鎮西管領下向之刻、各二ヶ国津〻被借召之時」との表現も考え合わせると、日向・大隅両国守護職は北条氏が鎮西管領を相伝していた際、一時的に借り召されただけであり、本来的には島津氏が本領として排他的支配権を有するとの認識がうかがえよう。

貞久は本文中にもあるように齢八〇を超え（「島津氏正統系図」によれば九四歳）、本状作成翌年の貞治二年（一三六三）七月三日に没している。死期を悟った歴戦の老将が、右大将家以来の由緒をもつ島津本宗家と自分自身のアイデンティティーとプライドを懸けて訴えたのが、この申状であったといえる。死を目前にして記された彼の薩隅日三か国に対する領有観は、師久・氏久二人の息子へ大きな影響を与えたことは想像に難くない。加えて、将軍足利義詮の「定不可有子細歟」との言質は、本来、薩摩・大隅両国に対する寺社本所領半済給付権・闕所地処分権に対するものであるはずだが、これが三か国に対する排他的支配権を容認するものと都合よく解釈された可能性は高い。そしてこの貞久の領有観は、本状作成以前から島津本宗家内部では共有されていたと見るべきであり、一三五〇年代末から本格化する、島津奥州家祖氏久による日向国進出の大義名分となっていたのであろう。

永和元年（一三七五）、九州探題今川了俊と奥州家・総州家両島津家との間で対立が表面化し、以後、応永二年（一三九五）に了俊が九州探題を解任されるまで、断続的に抗争が続いた（川添昭二一九六四、服部英雄一九八三、本書第1部第二章）。この抗争において、今川了俊は剥奪された両島津家の守護職を兼帯することで安堵申請・訴訟取次等を梃子に反島津方国人の組織化を図り、翌永和二年には薩隅日肥四か国の国人六一名が参加する今川方＝反島津方国人一揆の結成に成功する。この面を重視して、了俊の南九州政策は成功したとみるむきもあるが（川添昭二一九六四、中島丈晴二〇〇七）、島津氏久は守護職剥奪後も独自に知行宛行・安堵を領国内国人に対しておこなっており（山口隼正一九八九〕四五六頁）、了俊の守護公権を楯にした圧力が功を奏したとはいいがたい。そもそも、これまで明らかにしてきたように、氏久の大隅・日向両国支配は守護公権を前提としたものというより、独自の領有観に基づく〝島津荘の支配者〟との立場に拠るものと考えられる。つまり、この抗争は〈幕府―探題を基軸とする知行保証システム〉と〈島津氏独自の論理に基づく三か国支配権〉の衝突ということになる。

この抗争は、永和五年（一三七九）三月の都城（蓑原）合戦で島津氏久が今川了俊子息満範率いる一揆勢に勝利を収めて以降、軍事的には島津氏優勢のうちに進んでおり、今川了俊の南九州政策が破綻していたことは明白である（本書第1部第二章参照）。島津氏久は、嘉慶元年（一三八七）閏五月、守護に復帰することなく没するが（「島津氏正統系図」）、それから四年後の明徳二年（一三九一）八月、九州探題との対決姿勢を崩さないままの氏久嫡男元久に対し、幕府は相国寺領の日向国穆佐《むかさ》院・三俣院等の押領人排除を命じている。これは島津元久の日向国守護徴証の初見史料とされており（佐藤進一一九八八〕二八八頁）、ここに島津氏は、五十数年ぶりに同国守護職復帰を果たしたのである。これは島津氏独自の領有観に基づく領国支配を、幕府が追認したことに他ならない。

むすびにかえて―室町期への展望

島津奥州家による日向国進出は、南北朝期においては大隅半島の付け根に位置する救仁院・救仁郷、そして庄内とよばれる都城盆地一帯に限られたが、応永年間に入ると「山東」(56)、すなわち宮崎平野への進出を試みていく。ただ、島津氏久の子元久は、明徳二年（一三九一）八月から応永元年（一三九四）まで日向国守護職の在職徴証が確認できるが、同年八月幕府から追討命令を受けており、同時に同国守護職を剥奪されたと見られる（〔佐藤進一一九八八〕二八八頁）。その後、同国守護職は九州探題兼務となり、応永七年（一四〇〇）七月には将軍家料国という特殊な形態をとることとなった（山口隼正一九八三）。つまり、室町初頭の島津奥州家による「山東」への進出も、日向国守護職を前提とせず実施されたことになる。

当初、島津元久による山東進出は、庄内（都城盆地）三俣院の東側に隣接する島津荘日向方穆佐院（宮崎市高岡町一帯）に対しておこなわれ、その時期は応永六年（一三九九）頃と思われる（本書第1部第三章）。これより先の明徳二年（一三九一）八月、幕府は相国寺雑掌の訴えにより「日向国穆佐院・三俣院事、退押領人等、沙汰付寺家雑掌、可被全知行」と元久に命じており(57)、応安六年（一三七三）一一月には、九州探題今川了俊が島津氏庶流樺山氏の祖島津資久（奥州家氏久の叔父）に対し「日向国嶋津庄内穆佐院領家職南都一乗院領半済」を預け置いている(58)。こうした事実を大義名分として穆佐院への進出を果たしたと思われ、さらに奥州家は穆佐院からさらに「山東河南」（大淀川下流域南岸）全域に勢力を拡大していく。

穆佐院南側のこの地域には、天龍寺領国富《くどみ》荘が広がっていた。建久八年（一一九七）の「日向国図田帳[59]」によると、国富荘は八条院（鳥羽上皇皇女の暲子内親王）領であったが、その後、鎌倉後期に北条氏領となり、鎌倉幕府滅亡後は後醍醐天皇から足利尊氏に恩賞として与えられた。さらに、尊氏は暦応三年（一三四〇）に当荘を天龍寺に寄進し、以後同寺によって相伝されたようであり、将軍家御台所領である島津荘日向方穆佐院とともに、準幕府領という扱いであった[60]。至徳元年（一三八四）四月、管領斯波義将は、島津総州家伊久、島津奥州家氏久・元久父子の三人に対し、日向国守護大友親世に合力して天龍寺領国富荘を寺家雑掌に遵行するよう命じており[61]、おそらくこれが当荘進出の大義名分となっているのであろう。ただ、次に掲げるように、この地域への進出直後に出された島津氏の宛行状は特殊なものであった。

　嶋津庄日向方大田郷内十町事、為給分所相計也、早任先例可領知之状如件、

　　応永七年八月三日　　　元久（花押）

　嶋津美濃守殿[62]（樺山音久）

島津奥州家元久が樺山音久に対し、「大田郷」（宮崎市太田・中村・淀川付近）内の所領を給分として与えたものであり、同家の支配圏が大淀川河口付近にまで及んだことをうかがわせる史料である。同年二月には、同じく島津元久から樺山音久に対し、「嶋津庄日向方穆佐院倉岡名内森跡十町」等が宛行われており[63]、「島津荘日向方〇〇」という形式での知行宛行・安堵は、この時期以降よく見られるものである。

しかし、重要な点は、「大田郷」は天龍寺領国富荘の一部であり、島津荘ではないということである。元久は、天龍寺領大田郷を島津荘の一部であるかのように偽装して宛行ったことになる。これについてはすでに「島津氏領国へ

編入する意識によるもの」[64]、あるいは「島津庄の支配者である島津氏のレトリックであり、島津方の支配に入ったことを意識的に示したもの」[65]との指摘がなされている。つまり、島津元久は、「島津荘は島津氏の名字の地、すなわち本領・本貫地であり、日向・大隅・薩摩三か国はこの名字の地である島津荘内に含まれる」との父祖以来の独自の領有観を前提とし、非島津荘域を島津荘に偽装することによりその地域への支配権を正当化させ、「本領」を給与する形で知行宛行を実施していたことになろう[66]。守護職を持たない島津奥州家による日向国進出が、〝本領・本貫地である島津荘への支配権とその拡大〟によって実現していったことを改めて確認しておきたい。

こうした独自の領有観に基づく山東の準幕府領への進出を、天龍寺側が提訴したり、幕府が排除しようとした形跡は無い。そして、応永一一年（一四〇四）六月二九日、足利義満は、島津奥州家元久に対し日向・大隅両国守護職を〝安堵〟する[67]。五年後の応永一六年九月には、足利義持によって元久が薩摩国守護職に「補任」されるが[68]、これと比べると、日向・大隅両国守護職は「領掌不可有相違」と、〝安堵〟の形式をとっているのが特徴的である。文字通り、室町幕府は島津奥州家元久による日向・大隅両国に対する公権力行使の実態を〝安堵〟せざるを得なかったのであり、この安堵下文によって、島津奥州家独自の領有観とそれに基づく薩隅日三か国支配の論理は、公的に承認され、正当化されたのである。

なお、こうした論理の端緒となる、島津貞久独自の領有観がつづられた康安元年（一三六一）四月の島津道鑑（貞久）代貫得申状案（前出引用文書の草稿[69]）は、文明一四年（一四八二）に島津奥州家の被官山田忠尚（入道名聖栄）によってまとめられた「山田聖栄自記」[70]にも引用されている。同書は島津忠久の源頼朝落胤説など、近世薩摩藩における歴史叙述に大きな影響を与え、何度も写本が作成されたことが指摘されており（五味克夫一九八三）、一五世紀以降、こうした認識が、守護家＝島津本宗家だけでなく、島津氏一族や被官といった島津氏権力の構成員全体の共通認識となっていたことは想像に難くない。最終的にこの領有観・領国観は、〝薩隅日三か国は頼朝以来の島津氏の領国〟という、近世そして現在にまで脈々とつながる認識に昇華していったとは考えられまいか。

註

（1）都城市制四十周年記念都城市史編さん委員会編『都城市史』（都城市、一九七〇年）。
（2）『島津家文書』一一号。
（3）『吾妻鏡』建仁三年九月四日条。
（4）〔佐藤進一一九七一〕。なお、栗田寛「守護地頭略表」（國學院『法制論纂』大日本図書、一九〇三年）には、「建仁三年九月四日、坐比企義員《（ママ）》事、褫日隅薩三国守護、後復任（東鑑）自是世襲三国守護」とあるが、これについて〔佐藤進一一九七一〕は、「復任のことは吾妻鏡に見えず、またその後島津氏世襲云々は栗田博士の独断にすぎない」と断じている（同書二三一頁）。
（5）『島津家文書』四二号。
（6）『島津家文書』四三号。
（7）『島津家文書』三〇一号。
（8）薩摩・大隅両国守護島津貞久は、老衰のため観応年間（一三五〇〜一三五二）ごろから薩摩国支配を次男師久、大隅国支配を三男氏久にゆだねるようになり、延文四年（一三五九）には譲状を作成して両国守護職とこれに付随する所職を二人に分割譲与する（『島津家文書』一四九・一五〇号）。薩摩国守護家である師久の系統をその官途上総介から「総州家」、大隅国守護家である氏久の系統をその官途陸奥守から「奥州家」とよんでいる。
（9）『旧記前』一—一九一三号。
（10）鎌倉期の伊集院氏の領主的性格については〔五味克夫一九六九〕に、南朝方となった背景については、〔水上一久一九六九〕に詳しい。

(11)『旧記前』一―二〇五二号等。

(12)『旧記前』一―二〇五二号・二〇五三号・二〇五四号。

(13)〔松本一夫二〇〇四〕は、この時、島津貞久が畿内を転戦中であったと推測している。

(14)『旧記前』一―二〇四六号・二〇五〇号・二〇五六号。

(15)興国三年（一三四二）のものと思われる「御感綸旨所望輩注文」（『旧記前』一―二五八三号）は、薩摩に下向した懐良親王の麾下に入り感状を申請した国人・祈祷僧の交名と思われ、伊集院忠国・谷山隆信ら有力国人とその被官等一八三名と祈祷僧六名の名が列挙されている。

(16)『旧記前』一―二六〇〇号。なお、島津師久・氏久が父である守護島津貞久の薩摩・大隅両国に対する軍事指揮権を代行していたことは、観応三年（一三五二）九月一八日付足利義詮御判御教書によって確認でき（『旧記前』一―二四四五号・二四四六号）、同月二八日付九州探題一色範氏挙状では「大隅国守護人氏久」とも称されている（『旧記前』一―二四四七号）。

(17)文和二年七月九日付島津師久・氏久宛足利義詮御判御教書には「且帰洛之時、可着下討手」（『旧記前』一―二四八八号・二四八九号）、文和三年二月六日付島津貞久・氏久宛足利尊氏御判御教書には「中国并鎮西討手事、所有其沙汰也」（『旧記前』一―二五〇六号・二五〇七号）とあり、文和四年一一月七日付島津貞久・島津一族中宛足利尊氏御判御教書には「且東国無為之間、召上官軍等、近日既可進発、其子細連〻可被仰下也」（『旧記前』一―二六〇一号・二六〇二号）とあるが、結局幕府軍の九州派遣も尊氏による親征も実現することはなかった。

(18)尚古集成館編『島津家資料　島津氏正統系図（全）』（島津家資料刊行会、一九八五年）所収。

(19)『旧記前』一―二六〇九号。

(20)『家わけ二』「二階堂文書」九〇号『旧記前』二―一六三号。

(21)この反乱については、〔水上一久一九六九〕、〔島田宏三一九六二〕に詳しい。

(22)『島津家文書』五〇号。

(23)『旧記前』一―一八五四号・一八五五号、「郡司文書」八号（『宮崎県史 史料編 中世』一所収）。
(24)『旧記前』一―一八四六号・一八五四号など。
(25)『旧記前』一―二〇一〇号など。
(26) 前註（17）。
(27)『旧記前』一―二四三一号など。
(28)『旧記前』一―二四六九号。
(29)『旧記前』一―二四九八号・二四九九号・二五〇八号・二五〇九号。
(30)『旧記前』一―二五八〇号。
(31) 島津氏久の嫡男元久は、貞治二年（一三六三）伊集院頼久の姉を母として誕生している。伊集院氏と島津氏久の縁組は、この和睦を契機として結ばれたものである可能性があろう。
(32)『旧記前』二―一〇・一一・一四・一五・一六号等。
(33) 沙弥観宗は、正八幡宮検校を兼ねる石清水八幡宮別当の善法寺家当主永清の被官的存在とみられ、この時期、永清が袖判を据えた文書の奉者となっている（『旧記前』二―一〇二号・一三三号・一三四号）。なお、沙弥観宗の人物像については、栗林文夫氏（鹿児島県歴史資料センター黎明館主任学芸専門員）から御教示いただいた。
(34)『旧記前』二―一一〇号。
(35)『山田聖栄自記』（『鹿児島県史料集Ⅶ』〈鹿児島県立図書館、一九六七年〉所収）。
(36)「島津氏正統系図」。尚古集成館蔵のものが、尚古集成館編『島津家資料 島津氏正統系図（全）』〈島津家資料刊行会、一九八五年〉として刊行されている。以下、本史料は同書に拠る。
(37)『島津家文書』五〇号。
(38)『島津家文書』二九九号。
(39)『島津家文書』六四号。

(40) 建武五年（一三三八）正月、足利尊氏は島津氏久の庶兄頼久に対し「大隅国桑郷東西」を「勲功之賞」として宛行っている（『島津家文書』二九九号）。桑東郷・桑西郷（鹿児島県霧島市）は大隅国衙所在地に近いが、その大部分が大隅正八幡宮領である。守護支配を展開するには重要な地であったが、当知行には至らなかったようであり、文和元年（一三五二）一二月、足利尊氏は島津頼久に「桑郷東西替」として「薩摩国嶋津庄内加世田別符半分地頭職」を宛行っている（『島津家文書』二九九号）。
(41)（山口隼正一九八九）四四〇・四四一頁所収表七。
(42)『諸氏系譜三』「比志島文書」二二〇号。
(43)『旧記前』一―二四九九・二五〇九号。
(44)『家わけ一』「祢寝文書」四五一号。
(45)『旧記前』二―五五号。
(46)『串良町郷土誌』第四編 中世（栗林文夫氏執筆、串良町、二〇〇五年）二七七頁。
(47)『家わけ六』「大慈寺文書」一〇号。
(48)『太平記』巻三十三に、延文二年（一三五七）一一月、菊池武光が畠山直顕子息が籠もる日向国三俣城を攻略したとの記述があり、それとこの禁制を結びつける向きもある。しかし、菊池武光の日向遠征を実証する一次史料はなく、この禁制は本文のように宮方の島津氏進出に備えて発給されたと理解すべきであろう。
(49)『旧記前』二―六四・六五号。「山田聖栄自記」（『鹿児島県史料集Ⅶ』、鹿児島県立図書館、一九六七年）
(50)『島津家文書』二九九号。
(51)（佐藤進一一九八八）二八五頁。
(52)『島津家文書』三二二号。なお、本状作成前年の康安元年（一三六一）四月一〇日付で、島津道鑑（貞久）代貴得申状案が作成されている（『島津家文書』三二一号）。これは、翌年の申状に比べて字句や文言の訂正が多く、草稿レベルのものと思われ、実際に幕府に提出されたかどうかは不明である。なお、貞久の代官「貴得」は、本状を引用した「山田聖栄自記」県立図書館本に「酒匂左エ門久景入道貴得ヵ」との伊地知季安の朱書きが付されている。

(53) 貞久の鎌倉初頭の事実認識に誤解があることは、〔佐藤進一一九七一〕二一二頁に詳しい。
(54) 『島津家文書』三一三号。
(55) なお、〔笠松宏至一九七九〕は、史料Ｃの「定不可有子細歟」を貞久にも半済給付権・闕所地処分権が認められたと解釈している。これに対し〔松本一夫二〇〇四〕は、「これは明らかに誤り」だと断言している。本文でも述べたように、確かに足利義詮は許否の判断を斯波氏経に一任している。しかし、「定不可有子細歟」は、素直に読めば「島津氏の権限行使におそらく問題はないだろう」と解釈されるのであり、島津氏の立場に立てば、事実上将軍からの黙認と理解してもおかしくないだろう。
(56) 宮崎市田野町と北諸県郡三股町の境にそびえる鰐塚山《わにつか》（標高一一一八・一ｍ）より東を指す地域呼称。
(57) 『家わけ五』「樺山文書」三五一号。
(58) 『家わけ五』「樺山文書」二一号。
(59) 『島津家文書』一六五号。なお、現存するのは、応永二八年（一四二一）の写である。
(60) 〔山口隼正一九八三〕、〔山口隼正一九八九〕、（『宮崎県史 通史編 中世』四五八～四六二頁）。
(61) 『宮崎県史 史料編 中世二』所収『天竜寺重書目録』所収文書。
(62) 『家わけ五』「樺山文書」四七号。
(63) 『家わけ五』「樺山文書」四五号。
(64) 〔福島金治一九八八ｄ〕二五一頁。
(65) 『日本歴史地名大系四六 宮崎県の地名』（平凡社、一九九七年）三七五・三七六頁。
(66) 日向国内の非島津荘領域を、「島津荘日向方」として宛行った事例としては、前出のもの以外に、応永一七年（一四一〇）二月一五日付の島津元久宛行状（国富荘隈野郷を対象、『家わけ五』「樺山文書」五五号）、同一九年三月二〇日付の島津久豊宛行状（国富荘隈野郷・大田郷を対象、『家わけ五』「樺山文書」七二号）、永享五年（一四三三）七月八日付の島津忠国宛行状（宇佐宮領諸県荘を対象、『家わけ五』「樺山文書」一〇五号）が確認できる。
(67) 『島津家文書』六九号。『大日本古文書』編者は、この文書を「足利義満安堵下文」としている。

(68)『島津家文書』七〇号。
(69)『島津家文書』三一一号、前註(52)。
(70)『鹿児島県史料集Ⅶ』所収(鹿児島県立図書館所蔵本)。

第二章　康暦・永徳期の南九州情勢

はじめに

南北朝後期における南九州の政治情勢は、永和元年（一三七五）に始まる島津氏と九州探題今川了俊の抗争を軸に展開しており、旧来の在地領主層の多くが今川方＝反島津方として行動していたことが知られる[1]。今川方の南九州における軍事行動は、当初、その与党（相良氏、和田氏、高木氏、税所氏ら）が島津方と直接対峙する、大隅国衙と日向国庄内（島津本荘、現在の都城盆地一帯）を中心に展開していた。

今川方・島津方両派の動向の多くは、文明年間（一四六九～八七）に成立した「山田聖栄自記[2]」のほか、祢寝文書、入来院文書、『旧記雑録前編』に収録される今川方諸将の往復書簡・軍忠状・感状によって把握されるが、その多くは無年号文書であり、その年代比定が重要になってくる[3]。本稿は、史料集・論者によって年代比定に幅の見られる康暦・永徳期（一三七九～八四）に絞って無年号文書の再検討を試み、「都城」攻防戦を中心とする島津・今川両派の動向を明らかにすることを目的とする。なお、本稿では、「都城」は現在の宮崎県都城市都島町に所在した城郭名としてのみ使用し、現在の都城盆地一帯の広域名称としては「庄内」を用いる。

第一節　蓑原《みのばる》合戦と都城《みやこのじょう》合戦

今川方と島津方の「都城」をめぐる最初の大規模な衝突として知られる合戦がふたつある。永和三年（一三七七）三月に起こったとされる「蓑原合戦」と、永和五年＝康暦元年（一三七九）春（三月一一日に永和から康暦に改元）に起こったとされる「都城合戦」がそれである。前者の合戦は、近世以降の多くの家譜・地誌・編纂物に記載があり、地元の自治体史・地名辞典でも必ず取り上げられ、広く知られている(5)。ただ、同時代でこの合戦について記した史料は、百年程下った文明年間成立の「山田聖栄自記」のみであり、一次史料にこの合戦名を見つけることはできない。おそらく近世の家譜・編纂物類も「山田聖栄自記」の記述に改編・脚色を加えたものであろう(6)。

一方、後者は前者と違い一次史料に見える合戦であり、島津側が記した近世の家譜・編纂物類には全く見られず、地元の自治体史・地名辞典でも全く取り上げられていない(7)。

本節では、島津氏が今川方勢力の攻勢をくい止め、同氏による庄内支配を確定的なものにしていく大きな契機となった、この時期の「都城」をめぐる攻防戦に注目し、関係史料を再検証してみたい。

まずは、永和五年＝康暦元年におこったとされる「都城合戦」の関係史料である。

【史料①】康暦元年（一三七九）一〇月七日付今川満範感状写（『旧記前』二―四〇六号）

日向国都之城之合戦之時、致忠節候条、尤以神妙、可注進之此旨状之如件、

康暦元年十月七日　兵部大輔（今川満範）判

土持大塚左近（栄勝）将監

【史料②】年欠閏四月三日付今川了俊書状案（『家わけ一』「祢寝文書」六二四号）

一今度於都城合戦事、依面〻油断及難儀候、為公私無念候、殊更御一揆中数輩打死御生界無念此事候、於今者、氏久とても永代不可為御方上者、面〻御運を此時ひらかれ候歟、不然者、我〻か可失本意にて候へく候間、就是非今一度、御発向可然候、其子細山東人〻方にも、かたく申遣候、此時無自身合力之儀者、自今以後、此人〻自訴以下事、京都ニさゝえ申へく候、且ハ氏久同心と可存候間、参陳の有無、又志の浅深を、以起請文を可注進候由、兵部大輔（今川満範）方ニ以事書申遣候也、定面〻にも、ふれ申へく候歟、氏久か事ハ、御一揆中者、殊更ニいすふ（意趣）かき御事ともにて候、このたひ油断人〻候て、或ハ帰宅、或ハ不同ゆへニ氏久得勝利ハ、無念候、

（中略）

一京都御事、土岐御不審事、御免候間、去月四日子共参落候云〻、佐々木京極一人御不審由云〻、氏久事此仁一躰候へく候か、如此成行候間、悦入候、めん〱の御ためニも、定御悦喜候哉、恐〻謹言、

壬四月三日　了俊（今川）御判

一揆人〱御中

史料①の「都之城之合戦」と史料②の「於都城合戦」は同じ合戦を示す可能性が高い。そしてこの合戦は、史料①から康暦元年一〇月以前に起きたことは確実である。また、史料②は、最後の箇条でいわゆる「康暦の政変」についての記載があり、閏月から見ても康暦元年（一三七九）であることは間違いなく、「今度」とあることから、合戦からまもなく書かれたものであろう。よって、「都城合戦」は〔佐藤進一一九八八〕が指摘するように、同年春のこと

と考えて間違いない。また、今川方は「一揆中」に数名の戦死者を出すほどの大敗を喫していたことがうかがえる。

次に「蓑原合戦」である。この合戦について、島津側から記された唯一の同時代史料である「山田聖栄自記」が記す本合戦の概要は、次のとおりである。

正安二（ママ）年頃、相良氏に「同意」した「三カ国御家人一揆」六三人—今川方国人が結成した、〔服部英雄一九八三〕がいうところの「第二次南九州国人一揆」を指すと思われる—が、京都より下向した大将「新野殿」＝今川満範（8）の指揮のもと、島津方の北郷《ほんごう》誼久・樺山《かばやま》音久らの籠もる「庄内南郷之内都之城」を包囲するに至る。日向国志布志《しぶし》（鹿児島県志布志市）を本拠としていた島津氏久は、「後巻」のため「南郷之内西城（生）寺之上、天下峰」（都城市梅北町字西生寺南方に位置する天ヶ峯）に出陣し、今川勢と対峙する。そして翌年二月二八日、氏久率いる後詰勢は天下峰から「平波瀬」（都城市平塚町字平長谷付近）に下り、三月一日に「都城」西側の「本の原」（都城市南鷹尾町周辺）で今川勢と交戦するに至る。この日の合戦で今川方は、相良氏頼・伊東六郎左衛門・「薩州一揆ノ大将」渋谷典厩らが戦死するなど大敗を喫し、二日後の三月三日にも「蓑原」（都城市蓑原町周辺）において敗れ、「下財部《しもたからべ》」（鹿児島県曽於市財部町下財部から都城市横市町・南横市町一帯）方面へ敗走したという。

ちなみに「正安二年」は、西暦一三〇〇年にあたり、山田聖栄の誤解か誤写であろう。加えて、鹿児島県立図書館本には、一揆勢の出陣に関する部分に「永和二年ノ冬ナラン」、氏久勢が天下峰を下山した二月二八日の部分には「永和三年」との朱書きの傍注が記されている。この傍注の記載時期は不明であるが、島津側で編纂された近世の家譜・史書の年代と一致している。一方、この合戦に今川方として参戦した伊東氏側の編纂物である『日向記』卜翁本（9）は、康暦元年＝永和五年（一三七九）三月一日に島津氏久と合戦した旨を記しているが、日付や合戦の経過は前出の

「山田聖栄自記」の記述に近く、「蓑原合戦」と「都城合戦」を同じ合戦として捉えているようであり[10]、島津側の記録にも『日向記』の年代を併記するものや、応安六年（一三七三）説を採るものもある[11]。「蓑原合戦」が本当に永和三年三月におきたのか、一次史料によって検証する必要があろう。そこで注目されるのが次の二通の文書である。

【史料③】年月日欠土持《つちもち》栄勝軍忠状写（『旧記前』二―三七六号）

　土持左近将監栄勝申軍忠之事

一去〻年都城御陣致宿直之處、去年三月朔日、嶋津越後入道（氏久）後巻仕御合戦之時、大将（今川満範）御供仕致散〻合戦、其日者三組引退、爰大将未御陣御踏之由、依有其聞、同三日、諸軍勢同心致後巻、無子細御陣御開候、

一去年九月之比、姫木城没落之時分、嶋津蜂起之間、彼城為合力大将真幸院御出之時、御供仕致忠節候、

一自去春之頃、飫肥・櫛間致在陣、大将庄内仁御出御供仕、至于今致忠節候、

　右、軍忠之段、大将御見知之上者、無其隠者也、然者早御判下給、為備後代亀鏡、恐惶言上如件、

【史料④】年欠十二月二日今川満範書状写（『旧記前』二―三八〇号）

土持左近将監此春、飫肥・志布志・都城以下所〻、十二月二日にいたるまて、諸方同心申之間、難有御忠にて候間、其子細探題方注進可申候、尚〻被致忠節候者、公私可然候、恐惶謹言、

　十二月二日　兵部卿（今川満範）

　土持左近将監殿

史料③は「大将御見知之上者」とあることから、今川方国人の土持栄勝―史料①の受給者と同一人物―が探題今川了俊に宛てた軍忠状であり、史料④はこれを探題に取り次ぐ旨を約した「大将」今川満範の書状と判断される。また、

史料③の「去春」と史料④の「此春」は同年と思われ、史料③は史料④が作成された年の夏以降、一二月二日以前に作成されたと推測される。

　史料③の一箇条目は、都城での合戦を記したものであるが、日付・内容共に先に見た「山田聖栄自記」の記述と一致しており、ふたつの史料は全く同じ合戦、すなわち「蓑原合戦」について、今川方・島津方双方の立場から記されたものと判断できよう。つまり、本書状の年代比定ができれば、「蓑原合戦」の時期が明確になろう。なお、これらを収録する『旧記雑録前編』には、史料③の「去々年」に「永和二年」、「去年」・「去春」に「永和三年」との朱書きの傍注が、史料④には「永和三年ヵ」と傍注があるが、ここではこれらの年号にとらわれず、独自に年代比定を試みたい。

　ポイントとなるのは一箇条目の「島津越後入道」という表現である。永和二年（一三七六）八月四日付で島津伊久・氏久の追討を命じた足利義満御判御教書[12]は、「島津越後守」と記しており、「蓑原合戦」前後に氏久が出家したことがわかる。まずは氏久の出家時期を確定する必要があろう。氏久自身は出家後「玄久」と名乗っており、自身の発給文書における「氏久」の終見は永和四年（一三七八）三月日付の大慈寺龍護庵宛寄進状[13]、「玄久」の初見は康暦三年（一三八一）五月二〇日付の弟子丸若徳宛安堵状[14]である。一方、今川方による「氏久」の呼称は、年代が確実なものに限定すれば、「氏久」の終見が康暦元年閏四月三日付の今川了俊書状案（史料②）・同事書案[15]、「氏久入道」の初見が康暦二年に比定される年欠七月一四日付の今川了俊書状[16]（次節史料1）。また、確実ではないが、おそらく康暦元年のものと思われる年欠一〇月五日付今川了俊書状[17]には、「玄久」という表現が見える。以上を整理すると、氏久の出家時期は、康暦元年（一三七九）閏四月以降、同年一〇月以前ということになる。

これをふまえて「蓑原合戦」の年代比定を試みたい。近世の家譜・編纂物類の永和三年説をとると、史料③は永和四年の作成となるが、氏久出家以前ということになり矛盾が生じる。史料③の成立は、早くても康暦元年夏以降である。康暦元年の場合、その「去年」、すなわち永和四年三月が「蓑原合戦」となるが、その翌年に「都城合戦」がおきており、二年連続の大規模な合戦は不自然である。整合的に理解するには、史料③の成立を康暦二年とし、「蓑原合戦」を永和五年三月とするのが最も妥当であろう。つまり、「蓑原合戦」と「都城合戦」は全く同じ合戦を示すのではなかろうか。大胆な結論ではあるが、先述のように、一次史料によって「蓑原合戦」永和三年説を裏付けることは出来ない。すべて近世以降の家譜・編纂物類の記載である。「山田聖栄自記」の「正安二年」にしても、「永和二年」の誤写では強引すぎる。そもそも、これだけ大規模の戦闘が全く一次史料に現れないこと自体が不自然であり、永和三・四年に比定されている多数の今川了俊・満範発給文書にも全く「蓑原合戦」敗北に関する記載が見られない。やはり、永和三年三月には「都城」をめぐる大規模な合戦は勃発しなかったと判断すべきであろう。

もう一度整理しておこう。「蓑原合戦」は永和三年（一三七七）三月一～三日ではなく、永和五年（一三七九）三月一～三日に勃発したのであり、一次史料における「都之城之合戦」（史料①）・「於都城合戦」（史料②）と同一の合戦と考えられる。ふたつの名称の違いは、島津方・今川方双方の呼称の違いと考えるべきであろう。なお、史料③の作成者である土持栄勝は、史料①によってこの合戦そのものの感状はすでに受給しているが、その前後の長期にわたる従軍・在陣に対する感状、しかも探題からの「御判」を求めて改めて軍忠状を作成したのであろう。史料④が「飫肥・志布志・都城以下所々」での従軍・在陣のみを対象としているのもこのためと考えられる。

また、これによって、史料③の二条目に見られる姫木城（鹿児島県霧島市国分姫城）をめぐる攻防戦も年代が確定できる。この姫木城攻防戦は、「蓑原合戦」と同じく「山田聖栄自記」に記載があり、近世の家譜・編纂物類に永和三年のこととして記録されているものである。大隅国衙周辺での今川方と島津方の攻防は、永和二年（一三七六）頃から続いているようであるが、(18)本史料からうかがえるように、康暦元年（一三七九）九月頃、島津勢が今川方の姫木城を落とし、これを奪回しようとする今川勢との間で合戦になったと見るべきである。(19)

この蓑原合戦（都城合戦）、姫木城攻防戦での今川方の大敗は、了俊の対南九州政策に大きな打撃を与えたと思われる。「一揆人々」に宛てた史料②において了俊は、大敗の原因を「このたひ油断人々候て、或ハ帰宅、或ハ不同ゆへニ氏久得勝利」と分析し、「依面々油断及難儀候」と一方的に責任を一揆側に転嫁している。了俊の一揆側への不信感は根深く、「此時無自身合力之儀者、（中略）氏久同心と可存候」と、氏久との内通を疑い、「参陣の有無、又志の浅深を、以起請文」注進するよう命じている。

この不信感の背景には、永和三年〜同四年にかけて一時的に島津氏久が武家方に帰参した際の影響があろう。彼の有名な永和三年一〇月二八日付一揆契状案は、(20)（服部英雄一九八三）が明らかにしたように、氏久帰順をうけてその対応を約したものであった。彼らにとっての最重要事項は、あくまでも島津氏帰順後における自分たちの所領の確保であり、今川了俊・満範への協力ではなかった。そのためには、「公方御意」＝了俊の意向とは無関係に一揆として島津勢と戦うことが契状の第一条目でうたわれており、こうした姿勢に了俊は苦慮していたのである。(21)その一方で、島津氏久は今川方国人の切り崩しを試みていたと思われ、了俊は「此一揆の人々の中ニも、若氏久以下参候上ハ、なにとて立帰候て、氏久ニ同心なとせられ候人候ハヽ、此間の忠ハ、無成へく候(22)」、「若御一揆中ニ一人も氏久なとに又御同心なとも候てハ、此間の御忠無ニなるへく候(23)」、「今度氏久をはなれて、御方仕国の人々の事、近日氏久とかく籌策云々」[24]と、再三注意をうながしている。

一揆を結んだ反島津方国人の「公方」への忠誠心に大きく依存する了俊の対南九州政策は、短期間の氏久帰順によって動揺したのであり、再度の氏久敵対後に起きた蓑原合戦（都城合戦）にも大きな影を落としていたのである。了俊の対南九州政策において一揆側の協力が不可欠であることは、その後も変わらなかったであろうが、島津氏攻略については今川方一揆のみに依存しない、より多様な戦略が求められていたといえよう。

第二節　康暦二年～永徳元年における無年号文書の検討

（1）今川了俊の対南九州戦略の転換

この期間は、九州探題今川了俊の戦略が大きな転機を迎えた時期である。北部九州においては、永徳元年（一三八一）六月、征西将軍宮良成親王を奉ずる菊池武朝の拠点隈府《わいふ》（熊本県菊池市）が陥落し、今川方の優勢が確定的となる[25]。その一方、南九州においては前節で明らかにしたように、永和五年（一三七九）三月の蓑原合戦（都城合戦）において今川方が大敗を喫し、態勢の建て直しを迫られていた。了俊は、肥後国内における宮方最後の拠点である八代（熊本県八代市）の攻略に全力を注ぎ、南九州においては、志布志からの補給線を絶つことによる対「都城」持久戦、四国海賊の南九州派遣による制海権確保と野辺・祢寝両氏支援、それを実効たらしめるための「薩摩国南方」国人への籌策と新たな指揮官・名和慈冬派遣など、多様な策を講じることになる。

これら了俊の方策のほとんどは、祢寝文書に収める了俊をはじめとする今川方諸将の書状によって知られるが、その多くが無年号文書であり、その年代比定は極めて重要である。しかし、冒頭でも指摘したように史料集・論文によって年代比定に違いが見られ、より厳密な検討が必要である。本節では、今川方の対南九州政策、そして島津氏の動向を知りうる無年号文書の年代比定を再検討し、この時期の南九州政治史を再構築していきたい。なお、本節の史料番号は付表の番号に対応している。

（２）康暦二年夏から冬

【史料１】年欠七月一四日付（祢寝氏宛）今川了俊書状

年代比定のポイントは、尚々書の「御安堵并御預状二通進之候」という部分である。本文中の「将又大隅国始良事御申候、如此所〻多分先立て御方人〻あつかりて候ほとゝ、任先預状候へきにて候間、いかゝと存候へとも御申候間、まつ預申候へきにて候也」とあることから、「預状」が大隅国始良庄（鹿児島県鹿屋市吾平町）を対象としたものであると判断できる。よって、本書状と同日の康暦二年（一三八〇）七月一四日付で本領安堵を確認した今川了俊安堵状[26]と、同年同月同日付で「大隅国始良庄」を「為兵粮料所〻預置」いた今川了俊預ヶ状[27]が、「御安堵并御預状二通」に当たり、本書状は康暦二年に比定できる[28]。

また、本文書中の「舟勢事これもそのために一途さた候」は、南九州への「舟勢」派遣計画の初見、「薩摩国の本宮方の人〻めし出たく存候、よく〱御ちうさく候ハ、しかるへく候」は、薩摩半島宮方国人[29]に対する籌策依頼の初見と思われる。

宛先	主な記載内容										
	大内内紛	舟勢派遣	海賊派遣	義範派遣	薩摩籌策	鷹栖攻略	佐多攻略	隈府攻略	八代攻撃	南方合戦	氏久赦免
祢寝久清		○			○						
祢寝久清	○		△ ＊2								
祢寝殿		○			○						
祢寝殿		○			○	○					
薩摩国南郡人々				○				△ ＊3			
祢寝氏ヵ			○	○							
祢寝氏ヵ					○						
祢寝久清	○		○		○			△ ＊3			
祢寝殿							○				
祢寝氏ヵ			○	○							
祢寝殿					○		○				
祢寝久清			○		○						
祢寝殿								○			
祢寝殿				○							
祢寝殿			○		○		○				
祢寝殿					○						
祢寝久清								○	△ ＊4		
祢寝殿					○					○	

表　康暦２年～永徳２年の無年号文書

	収録先			年代比定				文書名
	鹿児島県史料	南北朝遺文	その他	私見	鹿児島県史料	南北朝遺文	その他	
1	祢寝 164	5611		康暦二年	康暦２年	康暦２年		年欠７月14日今川了俊書状
2	祢寝 356	5667	都史 203			永徳元年	都城市史永徳元年	年欠７月25日名和慈冬書状
3	祢寝 377	6685						年欠10月10日今川了俊書状
4	祢寝 186	5621	都史 196		康暦２年	康暦２年		年欠10月16日今川満範書状
5	祢寝 149	5441		康暦三年・永徳元年（二月二四日改元）	永和４年	永和４年		年欠正月27日今川了俊書状
6	祢寝 318	6330						年欠正月27日名和慈冬書状
7	祢寝 338	5601				康暦２年		年欠５月27日名和慈冬書状
8	祢寝 157	5604				康暦２年		年欠６月２日今川了俊書状
9	祢寝 159	5661			永徳元年	永徳元年		年欠６月７日今川了俊感状
10	祢寝 342	5605	都史 197			康暦２年	都城市史永徳元年	年欠６月14日名和慈冬書状
11	祢寝 160	5662	都史 198		永徳元年	永徳元年		年欠６月17日名和慈冬書状
12	祢寝 345	5663	都史 199			永徳元年		年欠６月29日名和慈冬書状
13	祢寝 348	5664				永徳元年		年欠７月10日今川満範書状
14	祢寝 352	6552						年欠７月19日今川満範書状
15	祢寝 353	5665	都史 201		永徳元年	永徳元年		年欠７月21日今川満範書状
16	祢寝 354	5666	都史 202			永徳元年	福島論文＊1永徳２年	年欠７月21日野辺盛久書状
17	祢寝 179	5681			永徳元年	永徳元年		年欠９月３日斎藤明真書状
18	祢寝 187	5625			康暦２年	康暦２年		年欠11月15日今川了俊書状

宛先	主な記載内容										
	大内内紛	舟勢派遣	海賊派遣	義範派遣	薩摩籌策	鷹栖攻略	佐多攻略	隈府攻略	八代攻撃	南方合戦	氏久赦免
祢寝殿					○				○	○	
祢寝殿										○	
祢寝殿											
祢寝殿										○	
祢寝殿									○		
祢寝殿											
祢寝殿											
祢寝殿									○	○	
入来院重頼									○		
祢寝殿									○	○	○
祢寝殿									○		○
											○

【史料2】年欠七月二五日付（祢寝久清宛）名和慈冬書状

差出人の名和慈冬は、康暦元年夏に南九州に派遣された今川方の「大将」であり、今川満範共々島津方の攻略に当たった人物である。(30)

年代比定のポイントは、最後に記された中国地方の情勢である。「中国の事も不思議ニ

	収録先			年代比定				文書名
	鹿児島県史料	南北朝遺文	その他	私見	鹿児島県史料	南北朝遺文	その他	
19	祢寝 191	5626			康暦 2 年	康暦 2 年		年欠 11 月 26 日今川了俊書状
20	祢寝 150	5701		永徳二年	永徳 2 年	永徳 2 年		年欠閏正月 18 日今川了俊書状
21	祢寝 319	5702				永徳 2 年		年欠閏正月 18 日今川満範書状
22	祢寝 327	6368						年欠 2 月 25 日紹喜書状
23	祢寝 279	5589				康暦 2 年		年欠 3 月 3 日今川了俊書状
24	祢寝 330	5590				康暦 2 年		年欠 3 月 3 日斎藤明真書状
25	祢寝 154	5717			永徳 2 年	永徳 2 年		年欠 4 月 23 日今川満範書状
26	祢寝 156							年欠 5 月 18 日今川了俊書状
27		5731	入来院 171			永徳 2 年	入来文書永徳 2 年	年欠 8 月 12 日今川了俊書状
28	祢寝 178	5733			永徳 2 年	永徳 2 年		年欠 9 月 3 日今川了俊書状
29	祢寝 180	5734			永徳 2 年	永徳 2 年		年欠 9 月 4 日今川了俊書状
30	祢寝 399	5744				永徳 2 年		年月日欠某事書案

祢寝：『鹿児島県史料 旧記雑録拾遺 家わけ一』所収「祢寝文書」
都史・都城市史：『都城市史 史料編 古代・中世』（都城市史編纂委員会、2001 年）
入来文書：『入来文書』（朝河貫一著書刊行会、1955 年）、入来院：『入来文書』所収「入来院家文書」
＊1　〔福島金治 1978〕
＊2　瀬戸内海の海賊ではない模様
＊3　菊池氏（肥後）攻略がまもなく成功するとの観測を示したもの
＊4　今川了俊が「南郡」攻略のため出発したとの記述。「南郡」は薩摩半島南部ではなく、肥後南部＝益城郡のことと判断した

大内の大夫《（義弘）》合戦ニかち候て、三郎《（満弘）》ハ石見のふくや《（福屋）》と申候物おたのミて候也」とあり、周防・長門の守護大内氏の家督相続をめぐる内訌（康暦の内戦）について記したものであろう。〔松岡久人一九六六〕・〔同一九七三〕によると、この内訌は前管領細川頼之討伐の御教書が出された康暦元年九月前後に

始まったとされ、「大内の大夫（義弘）合戦ニかち候」とは、康暦二年五月二八日の安芸国内郡合戦での大内義弘の勝利を示しているとわれる。[31] また、この戦いに敗れた「三郎」満弘が、石見国人福屋氏のもとにかくまわれたことも一次史料で確認できる。[32] よって、本書状も康暦二年に比定できよう。

この時期の慈冬発給文書には、端裏上書に「自三俣　慈冬」との記載があることから、今川満範と同じく三俣院を拠点として「都城」攻略に当たっていたと思われる。前節で見た蓑原合戦の敗戦に学んでか、「先日末吉陣取之事者、則申候了、其後七日ニ当陣池平を取候て、土持城衆にて早踏静了」とあるように、まず「都城」南部に位置する枝城を攻略し、遠巻きに「都城」に圧力を加えているようである。[33] その上で「都城近所作毛等、先立早田等少〻枯候處ニ、猶も相残候つる程、去十七日・八日ニかり陣お取候て、作毛悉苅払候了、随而十八日ニ引退候之時、敵野臥等付送候間、野ニ引出候て、馬にて散〻に縣付候て、野臥等十四人討捕候了」とあるように、城周辺の作毛を刈り取り、それにつられて出てきた敵勢を討ち取るという持久戦に持ち込んでいる様子がうかがえる。その理由は「なにさま志布志向の事ハ、下勢を待候て可被致沙汰候歟」とあるように、長期にわたる攻城戦で軍勢不足に陥っていたためであろう。また、前年八～九月頃、姫木城を島津方に落とされた大隅国衙周辺では、相良氏・税所氏らが島津氏譜代被官本田氏の持城である「おんとりの城」（現在地不明）を攻略したことを記しており、庄内・大隅国衙の二方面同時攻略の方針は継続されていることが確認できる。

なお、史料１で表明された「舟勢」派遣計画は、より具体的な話になりつつあった。「自肥後陣此僧玄貞上人、為海賊舩勢之案内者、のほせ申て候へハ、海賊船西海の船ハしおひきも不隠候よし被申候て、豊後国ゑ越のりつけて候船を二・三十そうまわし候也」と、肥後陣から使僧を案内者として派遣したところ、西海（九州西海岸）の海賊船は潮の問題から南九州には派遣できず、豊後国に派遣されている船の内二・三〇艘を南九州に派遣するとのことであった。

そして、「其間ニ本宮方のめん〳〵の申事趣を、御中より尋きこしめし候へきよし、被仰下候程ニ、煩敷存候へ共、此僧をそれゑ進候」と、依然として薩摩半島の宮方国人への調略はうまくいっていないようであるが、探題が彼らへの籌策を急がせているのは、「薩摩にハ、何處ニ船をつけへきとも可有仰候」とあるように、「西海」から薩摩半島を経由して大隅・日向沿海に抜ける航路の確保を図りたいためであろう。

【史料3】年欠一〇月一〇日付（祢寝氏宛）今川了俊書状

冒頭に「其方合力事治定候間、委大将申へく候、御待候へく候、目出候〳〵」とある。康暦二年一〇月二日、祢寝氏は鷹栖城前合戦で今川方として戦っており、こうした行動を受けての発言と思われる。また了俊は、康暦二年一〇月一〇日付で祢寝氏の「左衛門尉」任官を吹挙しているが[34]、祢寝氏の「合力」に報いるためのものであろう。よって、本書状は康暦二年と推測される。

なお、本状では「本宮方人〻事、尚御籌策候へく候」と、重ねて薩摩半島宮方国人への調略を依頼するとともに、「舟勢事ハ身か手物を可進候間、それにて御指南候へく候」とあり、了俊配下の水軍が派遣される計画であることが示されている。【史料2】からあまり事態は進展していない。

【史料4】年欠一〇月一六日付（祢寝氏宛）今川満範書状

本文冒頭の「鷹栖之敵城被打落候事大幸事候」がポイントとなる。前年一一月一一日の西俣合戦―大隅国姶良西俣での合戦―で今川方として本格的に参戦、すなわち島津氏と敵対するに至った祢寝氏が、その後鷹栖《たかす》城（鹿児島県鹿屋市高須町）を攻略したことがわかる。その時期は、康暦二年（一三八〇）一〇月二日の「鷹栖城前合戦(35)」前後と思われ、本書状も康暦二年に比定できる。

なお、本書状には庄内情勢が細かく記されており、今川満範が再び「都城」攻略を目指し、「北郷城か崎」に出陣中であることがわかる。しかし、「やかて〳〵都城ニ可差寄候、若又延引之子細も候ハヽ、年内者少〻勢共をやすめ候て、正月十五日過候者、無遁避山東勢・一揆中之勢打寄候て、都城お可取巻之由、固治定候了」とあり、山東・一揆勢の遅参により、包囲するまでには至っていないことがわかる。了俊が蓑原合戦（都城合戦）の敗因と分析した山東・一揆勢のモチベーションの低さがここでも大きな影を落としており、史料2の段階と状況の変化はないと見られる。

（3）永徳元年正月

【史料5】年欠正月二七日付（薩摩国南郡人々宛）今川了俊書状

了俊から直接薩摩半島宮方国人へ宛てられた、現存する数少ない文書のひとつである。これが祢寝文書中にあるのは、前年夏以降、了俊の意をうけて祢寝氏が彼らへの籌策を担当したためであろう。

了俊の目的は、「然者氏久入道事、即時可加治罰候、以別儀預御合力ニ者、所詮於御知行所〻者、皆以御安堵を可申成候、永代面〻の御愁訴ハ我〻か愁訴として、あひたかひに、とり申候へく候、又守護人方事、向後御同道あるましく候ハヽ、我〻於一所可同心申候、今度御参ニ者、以薩州闕所以下、為料所面〻ニ可預申候」とあるように、彼らと島津氏久・「守護人」（伊久ヵ）との関係を断つことにあり、そのために本領安堵・幕府への愁訴の取り次ぎ・薩摩国闕所（島津方の所領を闕所地化したものであろう）の預け置きを約束している。加えて、了俊は「近日愚息治部少輔を薩州ニ可遣候間、就此御左右可憑申候」と、子息義範の薩摩派遣計画を表明しており、これまで日向・大隅に偏重していた対南九州政策を改め、薩摩への全面的てこ入れを図ろうとしていることがうかがえよう。なお、「氏久入道」とあることから、本書状が康暦二年以降のものであることが判明する。

また、冒頭で「日本国事於今者、将軍家御世候處、九州計相残候、雖然肥後事、今春多分可落居候歟」と述べているが、これは永徳元年（一三八一）六月二二日の隈府陥落[36]を予測したものであろう。そして、後述のように、薩摩半島宮方国人への籌策成功は永徳元年一一月以前に確認されており（史料18・19）、本書状は永徳元年に比定される。

【史料6】年欠正月二七日付名和慈冬書状

日付・内容から見て史料5の副状と思われ、永徳元年に比定されるが、了俊子息義範の派遣に関して、より詳細な記述が見られる。「周防大内より船をしたて候て海賊等同道候て、近日其堺可罷下候、其子細探題よりも被申候哉、就其者、大将治部少輔《（義範）》殿三ヶ国為合力可有下向候」と、義範の派遣と「海賊」の派遣はセットになっているようである。しかもその「海賊」は大内義弘が仕立てた船に同道するとあり、瀬戸内水軍であることをうかがわせる。なお、前年まで「舟勢」と抽象的に表現されていた南九州への水軍派遣計画は、これ以後「海賊」の派遣へと具体化していく。

（4）永徳元年五～九月

【史料7】年欠五月二七日付名和慈冬書状

【史料8】年欠六月二日付（祢寝久清宛）今川了俊書状

まず年代比定であるが、史料8の「菊池事、今四・五日中ニ可落居候」との表記は、永徳元年六月二二日の隈府陥落を指していると思われること、同じく史料8の「御知行所ゝ并御同心の人ゝの所領注文一見候了」は、永徳元年六月一日・二日に了俊の陣所に到着し、了俊が外題を加えた「祢寝久清与党交名注文」(37)・「祢寝久清等所領注文」(38)のことを指すと判断されることから(39)、永徳元年に比定できる。

その上で内容を検討すると、史料7では「又薩摩方の事、被懸御意、急ゝ御籌策候者、可為恐悦候、自是も近日可申遣候」と、史料8では「舟以下事さたし候時分ニて候、それニ付候てハ薩摩の本宮方の人ゝの事いそき〳〵御ちうさく候て、御方ニめしたく候」と、薩摩半島宮方国人への籌策を強く急がせており、ふたつの史料が同じ時期の史料であることも判明する。ちなみに、この籌策が急がれている理由は、史料7に「大将子息近明日之間、当所可被着候」とあり、史料5・6で伝えられた今川義範派遣が目前に迫っていたためであろう。

また、史料8には「伊久ハ又毎事事と心不相応事等申候間、於身無念候間、今度条ゝ申遣候き、かたきこと〳〵可参御方候ほとニ、そのためニ吉弘入道をつかハして候、近日此仁可来候、其時御手洗・薬師等に勢をそへて御申候在所ニつかハし候へく候、御待候へく候」とあり、南九州に派遣される武将の具体名が明かされている。吉弘入道（王賢カ）・御手洗・薬師がいかなる人物かは、史料10でより明確になる。

なお、史料7には「山東人ゝ内海大略罷着候、池尻兄弟等も身同道候了」と、久しぶりに日向国の情勢が記されている。史料2・4で明らかなように、前年の段階では山東国人の動員が思うに任せない状況にあったが、再び徐々に結集しつつあったことを示そう。ただ、その集結地は庄内ではなく、宮崎平野南端の沿岸部・内海《うちうみ》（宮崎県宮崎市内海）であった。内海の地理的条件、日向国救仁郷（鹿児島県曽於郡大崎町）を本貫地とする救仁郷三河守が名和氏に情報をもたらしていること（「諸事国郷（救仁）三河殿より承候」）からして、海上から一気に日向国南部の島津氏支配領域を攻略する方針であったと思われ、これも史料10から裏付けられる。

【史料9】年欠六月七日付（祢寝氏宛）今川了俊感状

冒頭に「佐多城御対治事其聞候、殊以目出候」とあり、永徳元年（一三八一）六月一日の祢寝氏による佐多合戦[40]に対する感状と思われ、永徳元年に比定できる。なお、佐多城（鹿児島県肝属郡南大隅町佐多伊佐敷）は、大隅半島南端部に位置し、大隅半島南岸の制海権確保にとって大きな意味を持つ。

【史料10】年欠六月一四日付名和慈冬書状

内容からみて史料7・8と同時期、すなわち永徳元年（一三八一）のものとみて間違いない。そして、「治部少輔殿、大将として高来・天草〆四国海賊吉弘勢代つれ罷向之間、其方にハ御敵一人もなく候間、海賊御手洗・薬師ニ大将お相添られ候て、薩（摩カ）うかた〆可渡候」とあり、史料8の吉弘入道が「大将」今川義範とともに「四国海賊」を指揮して島原半島の高来、天草方面に向かっていること、同じく史料8の御手洗・薬師は「四国海賊」の一員―おそらく海賊の首領クラスの人物であろう―であることが判明する。[41]

また、本書状には史料7に続く日向情勢が、「兼又今月林鐘の初より、志布志殿三ヶ国の大将子息此方の大将として、山東軍勢伊東・土持、相良越州いとこ田中与、和田土佐・高木将監・肝付出羽其外三俣軍勢、当所野辺一族・飫肥・櫛間、今者御方ニ参無二の致忠馳舞候之間、志布志城も幾程候ハしと存候」と記されている。「志布志殿三ヶ国の大将子息」が誰を指すかは不明であるが、この人物が内海に集結した山東勢に加えて、三俣勢、飫肥・櫛間勢を率い、島津氏久の居城・志布志を攻略する方針であったことがうかがえる。

おそらく、天草方面からの西海岸ルートと日向灘からの東海岸ルート両方面から、水軍力をもって同時進攻する作戦だったのであろう。今川方の祢寝氏が、前年一〇月の鷹栖城確保（史料4）に続き佐多城を確保したことは、了俊が目指していた九州東海岸から西海岸への航路確保に大きく寄与したであろう。六月一日の佐多合戦に対する感状がわずか六日後の同月七日に発給されていることからも、安定した海上ルートの確保がうかがえよう。

【史料11】年欠六月一七日名和慈冬書状

「佐多退治事、無比類御忠にて候乎」とあり、史料9と同じく永徳元年（一三八一）に比定できる。

本文書では再び庄内の情勢がうかがえる。「尚〻庄内向ニ申子細候間、先あなたへと存候、やかて候、山東伊東・土持の勢共、可調候、彼在所の早田蹴払候て、無遁避志布志へ可差寄候、当座志布志向事差置人ハ、御定にも可違候へ共、聊相計子細候」と、結局全軍を志布志方面に振り向けることは出来ず、山東勢は庄内方面、具体的には「都城」包囲戦に振り向けざるを得ない状況にあったと思われる。そして、その軍勢が揃うまでは史料2のような持久戦が続けられていたようである。その模様は、次の史料12に詳しい。

【史料12】年欠六月二九日付（祢寝久清宛）名和慈冬書状

「海賊」の南九州派遣に関して、「自探題も申下されて候へ共、自是も申候、先四国海賊御手洗・薬師ニ高来・天草の勢をさしそゑられ候て、可下よし承候間」とあり、史料10とほぼ内容が一致する。よって、本書状も永徳元年（一三八一）に比定できる。そして、「此海賊船下候ハんする以前ニ、薩摩の御宮方の方〻御方のしせうをしいたされ候やうに、御申御沙汰候者、為天下可然存候」と、依然として薩摩半島の宮方国人への籌策は成功していない。

また、本書状では史料11に引き続き「都城」包囲戦の模様が詳しく述べられている。「当所ゟ廿三日ニ罷越、やかて同廿六日勢仕候て、宮古（都）城の辺やき払、又早田共かりとり、少〻なきすて候也、やかて其日陣ニのり候へきよし存候處ニ、以外雨ふり候し間、三股（俣）ひき帰候、今月廿八日やかてつめ陣とり候へきよし存候處、あまりに雨ふり候間、来月廿二日陣をとり候へく候」と、前年と同じく、三俣院を拠点としつつ「都城」城下を焼き払ったり、稲を薙ぎ捨てるなどしていたようであるが、梅雨の長雨で攻めあぐねているようである。加えて、「梅北とつれあい候て、あなたこなた此辺を荒候へく候、少〻けおとし候へき城をハけ落候へく候」、「今月廿七日の夜、迫田六郎左衛門御方の御志候ニよりて、岩河城ゟ被入候也、此辺にもあまた内〻申候人〻おゝく候」と、これも前年と同じく「都城」南方の梅北（都城市梅北町）・岩河（鹿児島県曽於市大隅町岩川）の支城を落としつつ、周辺国人の懐柔に当たっている。

その一方で、志布志方面での作戦は思うようにいかず、「志布志向之勢仕候ハす候へハ、無念なと候へ共、いまの時分御方の勢すくなく候へハ、（中略）山東の不参の人〻も近日可着よし申候て、飛脚をたひて候、勢かすかさなり候へく候」と、結局軍勢不足に陥り、史料10に見える作戦は絵に描いた餅に終わったようである。

【史料13】年欠七月一〇日付（祢寝氏宛）今川満範書状

「此堺不審・菊池没落之子細等、御使申含候了」とあり、永徳元年（一三八一）六月二二日の隈府陥落を知らせたものと判断される。よって、本書状も永徳元年に比定される。

【史料14】年欠七月一九日付（祢寝氏宛）今川満範書状

尚々書に「治部少輔（今川義範）八月中可有下国」とあり、今川義範の南九州派遣計画が史料10の時点に比べてより具体化しつつある状況がうかがえる。よって、本書状は永徳元年（一三八一）に比定される。また、本書状には「一揆なんとの儀ハ、公方向ニ不可有正体候、御一身先可有御現形候」と、満範の本音が吐露されている。この「一揆」とは、もちろん永和年間に成立した今川方の南九州国人一揆のことを指しているのだが、史料11・12からうかがえるように、この時期、その動員が思うようにいかない状況にあり、志布志・庄内両方面とも戦線は膠着状態にあった。当初は満範一人が「大将」として派遣されていたのであるが、康暦元年には同じく「大将」として名和慈冬が、そして新たに今川義範が派遣されるに至り、満範自身の「大将」としての能力・存在価値が問われる状況にあったのであり、彼の焦りをうかがわせる。

【史料15】年欠七月二一日今川満範書状

冒頭の「今度さた《（佐多）》の城以下、心地よく御振舞、探題ゟ申上候により候て、委細状進候よし、被申候」から、史料9・11と同じ時期、すなわち永徳元年（一三八一）のものと推測される。

本書状は、この時期の「都城」包囲戦の基本方針を知りうる好史料である。「抑大将七月二日自大隅被越て候、軈同四日末よし《（吉）》の古城二日ニとりかため候て、其辺のきう《（給）》人御方ニ尋て候人〻こめおかれ候ニ申、岩河城とひきあいて、志布志・宮《（都）》古城の通路かたくさしふたかれ候」と、「都城」南方に位置する末吉・岩河両所を抑え、志布志―「都城」間の通路を塞ぐ作戦であったことがうかがえる。蓑原合戦（都城合戦）の敗因が志布志からの島津氏久の援軍到来にあったことをふまえ、それと当時に「都城」への補給路を断つのが狙いであろう。そしてその狙いどおり、「此十四・五日の比、志布志より宮古城ゟ入候塩・兵粮かた〳〵の具足共、城の用意の物共及度々候、おいをとしとり《（追落）》」と、補給物資の奪取に成功している。そして史料12と同じく、「自六月廿六日至七月十一日、五度まて宮古城の麓ゟよせかけ、城のきわに候家共せう〳〵《（少々）》やき払、作毛の候程城ゟおいこめ候て苅、いか〻し候へきと歎敷候つるニ、今者心安罷成候」と、断続的に「都城」に押し寄せ、焼き討ち・作毛の刈り取りをおこなっている。

また、満範は「岩河・財部両方之間ニ一両日之程ニ可有勢仕候」と、「都城」南方の岩河から西方の財部《たからべ》（鹿児島県曽於市財部町）への近日中の出陣を示唆している。南部から「都城」への通路を断たれた島津方が、大きく迂回して西方から包囲網を突破する可能性があったのであろうか。

また、満範は「海賊」派遣計画の続報も伝えている。筑後瀬高から今月五日に下って来た「三俣道場之時衆」の話として、南九州派遣のための「兵船八十艘計」が瀬高に停泊していたとの情報を伝えており、「今者彼船勢も近付候覧と存候、定て其堺ニ此勢着岸候ぬと存候」と、近日中の南九州到着を予想しており、「尚〻船勢のつき候ハんする在所をも、南こおり《（郡）》の方〻と御談合候て、可然やうに御注進候へく候、此御注進ハあまくさ《（天草）》辺ニゆき合候へく候」とも述べている。気になるのは、「南こおりの方〻」、すなわち薩摩半島の宮方国人がすでに今川方であり、「船勢」の着岸地点を談合できうるような状況にあると認識している点であるが、彼らが今川方の「御方」と確認されるのは、後述のようにこの年一一月のことである。

【史料16】年欠七月二一日付（祢寝氏宛）野辺盛久書状

「抑当陣隅州西方之不審、自　大将御方被仰候間、不能重言候、返〻隅州之事目出候」とあるが、「大将」とは今川満範を指し、日付からみて史料15の副状と判断される。また、「隅州之事」とは佐多城攻略のことを示すと思われ、本書状も永徳元年（一三八一）に比定される。

本書状で野辺氏は、「救仁郷殿・内浦殿」[42]との共同作戦を提案し、祢寝氏の協力を依頼している。その作戦とは、「救仁院堺目の山縁ニきりよせやうのことをもつかまつり、在家をも放火し候て、志布志勢を搦候様ニ計度候」というものであり――「救仁院」は現在の志布志市志布志町・松山町、同市有田町の菱田川以東、曽於市大隅町月野に比定され、末吉・岩河の南側に位地する――、史料15にも見える岩河・財部方面への出陣に呼応して島津勢の背後を突こうとするものであろうか。また、同氏は「今之時分南方之御籌策可然候」と改めて籌策依頼をおこなっており、史料15で今川満範が述べるような状況には至っていないようである。

【史料17】年欠九月三日付（祢寝久清宛）斎藤明真書状

今川了俊の被官斎藤氏から、北部九州の情勢を知らせたものである。「抑菊池御対治事、誠目出候」とは隈府陥落を示すと思われ、永徳元年（一三八一）に比定できる。なお、「南郡為御対治御発向候」とは、「薩摩国南郡」ではなく肥後国南部＝八代方面を差すと思われ、八代の宮方攻撃の本格化を示唆するものであろう。そして、この主戦場の南下が南九州の情勢にも大きな影響を与えることになる。

（５）永徳元年一〇月～永徳二年

【史料18】年欠一一月一五日付（祢寝氏宛）今川了俊書状

【史料19】年欠一一月二六日付（祢寝氏宛）今川了俊書状

史料19に「就中昨日自京都御教書成下候、三ヶ国人ゝ八代発向事にて候」との記述がある。「自京都御教書」とは、永徳元年一〇月一一日付室町幕府御教書[43]（管領斯波義将奉書）のことであり、薩摩・大隅・日向三カ国の「地頭御家人中」に対し、「島津越後入道（氏久）参御方候、当国定令静謐歟、不日肥後国八代可致忠節」と、氏久の武家方帰順を伝え、宮方の拠点である八代への出陣を命じたものである。よって、史料19は永徳元年（一三八一）年に比定できる。

また、史料19の冒頭では「薩州南方人〻被参御方候間、目出候」とあり、康暦二年以来の懸案であった薩摩半島宮方国人の籌策が漸く成功したことがうかがえる。そして史料18にも「薩摩南方一揆人〻参御方候間」とあり、こちらも同じ時期のものとわかる。

隈府の陥落とそれにともなう今川方主力の南下が、島津氏久・薩摩半島宮方国人両方の態度を変化させたのであろう。幕府・了俊にとっては、宮方最後の拠点である八代攻撃に全力をそそげる状況になったのであり、歓迎すべき事態となったはずだが、幕府の「当国定令静謐歟」との期待とは裏腹に、南九州情勢はより混迷を極めることになる。

了俊は薩摩半島国人の帰順を「目出」ると同時に、史料18では「思外ニ伊久致合戦候、言語同断事候、重ていましめつかハし候也、若猶伊久不退候ハヽ、これより一揆中を可合力候」、史料19では「伊久・玄久（氏久）等及合戦候云々、仍御合力候之由、此人〻方より注進候」と述べており、今川方であったはずの島津総州家伊久が[44]、幕府から帰参を許されたばかりの奥州家氏久と連携して薩摩半島に進攻し、同じく「御方」となった薩摩半島の国人と合戦に及んでいることがわかる。こうした両島津家の動向を了俊は、「凡島津人〻造意、もとより将軍家をハ我身の力ニし候ハんためニ、御方のよし申ハかりにてよりそえ、内心ハミなく〳〵凶徒にて候」と看破しているが、こうした混乱は必然的なものであった。

これより先に了俊は、薩摩半島の宮方国人に対して所領の安堵や「薩州闕所以下」の預け置きを約束していたが（史料5）、彼らが安堵・宛行を期待していたであろう薩摩半島南部の所領の多く――例えば河辺郡・加世田別符・知覧院――は、建武年間および観応擾乱期に幕府自身の手で闕所地化され、島津氏に宛行われたものであり[45]、両者の間で所領争論が起きるのは自明の理であった。また、国人に対して所領の安堵・闕所地預け置きを餌に散々島津氏への抵抗を煽っておきながら、ひとたび島津氏が帰順すれば彼らの要求を制限するという了俊の姿勢は、永和三年（一三七七）秋の両島津家帰順時によく現れており[46]、このような姿勢に対する不信感が、康暦年間における山東勢・一揆勢のモチベーションの低さに繋がっていったことは明らかであろう。祢寝氏に対して了俊が、「玄久・伊久等か進退ハ今年中の振舞ニよりてさた候へく候」（史料18）、あるいは「此とし月、宮方の時ハさた候ハてさしおき候て、今御方として成候時如此さたし候間、弥内心の不忠あらハれ候間、今一左右きゝ切候て、此輩事かたく可致沙汰候、相構〳〵御堪忍候て、御本望を可被達候」（史料19）と氏久への厳しい姿勢を強調し、祢寝氏の八代出陣を免除しているのは、同氏の離反だけは避けたいという意志の現れであろう。

【史料20】年欠閏正月一八日付（祢寝氏宛）今川了俊書状

【史料21】年欠閏正月一八日付（祢寝氏宛）今川満範書状

史料20に「薩州南方人〻事、御方候間目出候處、伊久及合戦候」とあることや、閏月から考えると、両史料ともに永徳二年（一三八二）に比定できる。

また、史料20には「今ハ玄久御方之由申候へとも、此輩事如何様子細候哉、如此振舞候間、可加了簡候」とあり、前年一一月から氏久の敵対行動は続いていることがうかがえる。これに対し了俊は、「それの御事ハ始中終これより合力申へく候間、可御心安候」と述べ、満範も「其辺式痛敷存候」と、祢寝氏に対し一定の配慮は見せているが、徐々にその配慮も失われていくことになる。

【史料22】年欠二月二五日付（祢寝氏宛）紹喜書状

「嶋津今度南方合戦不被止候者、又本の物にて候へく候」とあるが、史料18〜21に見える薩摩半島への両島津家の進攻を指すものであろう。よって、本書状は永徳二年（一三八二）に比定できる。

本書状の差出人である紹喜については、「両国地頭御家人又守護方為使罷下て候、嶋津返事急速可注進候間、先御教書案文を書進候」とあることや、「愚身ハ和泉と申所ニ暫可有候」と、和泉（鹿児島県出水市）に滞在する予定であること、そして奥に「加治木より」とあることから、幕府あるいは探題の使者として、薩摩・大隅両国の国人・両島津家に対して「御教書」―先述の永徳元年一〇月一一日付室町幕府御教書のことか―の内容を知らせ、八代への軍勢催促をおこなうため下向してきた人物と推測される。和泉に滞在するのは、薩隅から八代への出陣を見届けるためであろう。

また、「南方合戦」については、「此合戦ニ合力せられて候ハんする人〻ハ、嶋津か家人たるへきよし候、京都へ注進可被申候よし申せと候」と述べているが、「申せ」と命じているのはおそらく今川了俊であろう。八代攻略に全力を注ぐため、何としてでも停戦させたいという了俊の強い意向を感じる。

【史料23】年欠三月三日付（祢寝氏宛）今川了俊書状

【史料24】年欠三月三日付斎藤明真書状

日付・内容、そして「公方御状入見参候」（史料24）との文言から、史料24は23の副状と思われる。また、史料23に「兼又比井郷内五町分事、聊不可有子細候」、史料24に「将又比井郷内五町分事申入候了、不可有子細候、可有御遵行候」とあるが、永徳二年（一三八二）九月二二日付今川了俊書下(47)において、「筑前国比伊郷内水田五町同屋敷二ヶ所」が他の所領と共に「大隅国祢寝右馬助(久清)本知行分」として安堵されており、両書状もそれ以前のものであろう。さらに、史料23には「八代対治事不可有幾候」とあり、八代攻撃が始まるのが永徳元年六月の隈府陥落以後であることを考え合わせると、両書状は永徳二年に比定できる。

なお、史料24には「三ヶ国事厳密御沙汰候、探題天草辺まて御越候、三ヶ国勢可被召候、可有御心得候」とあり、了俊自らが八代攻略のため天草まで出陣していることを伝えると共に、三ヶ国＝薩摩・大隅・日向の支配権が未だ了俊にあることを強調している。本書状の前に、祢寝氏側から比井郷をはじめとする所領の安堵・遵行要請があったと思われ、その背景として、今川方の南九州への影響力低下と「御方」となった島津氏からの圧力増大を見て取れよう。祢寝氏が置かれた苦しい立場は、次の史料25からもうかがえる。

【史料25】年欠四月二三日付（祢寝氏宛）今川満範書状

冒頭に「其堺不審之義候委細承候事、喜入候」とあり、祢寝氏から状況説明の使者か書状が届いたことに対する返書であることがわかる。そして、「抑玄久（氏久）可参御方由事、大友方取申候上、御方人〻軍役無沙汰候間、降参之事御免之由、探題より被仰也」と、豊後守護大友親世の仲介があったことと、島津氏との合戦で今川方国人の「軍役」＝八代への出陣がままならないことを理由に、氏久の帰参を了俊が承認したことを説明している。史料18〜20において強く氏久を非難し、強い態度で臨む姿勢を示していた了俊だが、直接使者を下向させて軍勢催促をしたにもかかわらず、八代出陣が進まない現状をふまえ（史料22）、島津氏懐柔に方針転換したと思われる。おそらく祢寝氏はこの処置に対する不満を「大将」今川満範に訴えたのであろうが、これに対する満範の返答は前記の釈明と、「兼亦多祢嶋殿、其外御一族迄御辛労事、奉察候、相構〻如此時分、可有御堪忍候者、遂御本意候様ニ申沙汰候了」との慰労と「堪忍」を求める言葉だけであった。

【史料26】年欠五月一八日付（祢寝氏宛）今川了俊書状

冒頭に「於三ヶ国者、凶徒無之時分候、其上八代対治時刻到来候間、面〻御参陣候歟」とあり、島津氏久と薩摩半島の宮方国人が武家方に帰順した永徳元年一一月以降のものとわかる。また、「伊久ハ南方に向候き」とあるが、伊久の「南方合戦」に関する史料は永徳三年以降見られない。よって、本書状は永徳二年（一三八二）に比定できる。

了俊は、「三ヶ国」＝薩摩・大隅・日向国人等の八代動員がままならない状況に対し、「嶋津両人をはじめて、三ヶ国人〻一人も不及是非候、すてに二ヶ年ニ及候間、此上者御方の号いかゝあるへく候哉」と怒りをあらわにしている。「御方」の動員が出来ない原因について了俊は、「定三ヶ国中ニ、就所務事不参人〻候めと存候つるに、如案、今ハ玄久ハ梅北ニ寄来候、伊久ハ南方に向候き」と、両島津家による今川方国人領押領にあると見ている。梅北は永徳元年六月の段階で今川方の勢力下にあった地域であり（史料12）、氏久が「都城」周辺地域の失地回復を進めつつある状況がうかがえる。武家方復帰により「都城」包囲網を解き、その隙に周辺地域を奪回する。これこそが氏久の真の狙いであったのだろう。

これに対し了俊は、「不参陣候者、大隅・薩摩守護職事ハ自元了俊拝領候間、猶玄久如此自由狼藉仕候者、云国事、云其身事、堅可沙汰候」と、厳しい態度で臨むことを表明している。しかし、これ以後了俊の九州探題在任中、二度ほど幕府による島津氏追討令が出されているが―嘉慶元年（一三八七）九月と応永元年（一三九四）八月―、今川方国人の大規模動員による「都城」包囲どころか、庄内に進攻することすら難しくなっていった。この時期、了俊による反島津方国人動員方針は破綻しつつあったといえよう。

【史料27】年欠八月一二日付（入来院重頼宛）今川了俊書状

冒頭に「河邊庄事、谷山・鮫島等不用候云〻」とあるが、これは「薩摩国河邊庄地頭職」を島津伊久代官に遵行するよう命じた、永徳二年（一三八二）五月三〇日付（入来院重頼宛）今川了俊書下[48]に対する、谷山・鮫島両氏等の反発を示すものと思われ、本書状も永徳二年に比定できる。

この了俊書下によると、これより先、了俊は薩摩半島の宮方国人籌策のため「薩摩国河邊庄地頭職」を谷山・鮫島両氏等に対し預け置いていたようである。しかし、同庄地頭職は「為恩賞地、守護人代々安堵」されており、「任御下文旨」せて島津伊久代官に遵行するよう渋谷氏に命じられたのである—ちなみに「御下文」とは、建武三年（一三三六）三月一七日付足利尊氏袖判下文[49]のことであろう—。そして、谷山・鮫島両氏等に対しては、「以替地可申行上者、先可去退之由」命じられたのである。史料5において了俊は、彼らに対して本領安堵・「薩摩国闕所」の預け置きを約していたが、両島津家の帰順が実現した途端にこの対応である。了俊の完全なる裏切り行為といえよう。

また、本書状では「守護人重発向事不可然候、折節京都御教書成下候時分、八代発向は無其沙汰候て、猶以私合戦張行候事、如何候へく候哉」と、島津伊久の行動に疑問を呈しつつも、「於今者、守護人事ハ中〻申かたく候、国の人〻又御一族達御事ハ、相構〳〵公方の御用に御立候へく候」と、伊久への追求をおこなうつもりはなく、それどころか「守護人」と認定している。ここにも、了俊の方針転換—反島津方国人の組織化・動員から島津氏懐柔政策へ—が見て取れよう。

【史料28】年欠九月三日付（祢寝氏宛）今川了俊書状

【史料29】年欠九月四日付（祢寝氏宛）今川了俊書状

史料28には、「そのほとも、もし玄久（氏久）よせ申事など候ハヽ、相構合力申候へと、薩摩のさミ（鮫）嶋かもとへの状、かさねてまいらせ候、つかわさるへく候」とあり、薩摩半島における「南方合戦」に近い時期と思われる。また、「御所望候北俣事、此間御知行ニまかせて、重て城安堵申候也」とあるが、「北俣」とは祢寝院北俣のことと思われ、永徳二年（一三八二）九月二二日、了俊によって安堵されている。[50] そして史料29は、「玄久御免事」について縷々述べている。永徳二年一〇月一七日付で両島津家赦免の室町幕府御教書が発布されており、[51] これも同じ時期のものであろう。よって、両書状とも永徳二年に比定できる。

史料25以降、了俊は氏久・伊久両島津家の今川方国人に対する不法行為に対し、一応厳しい態度で臨むとしつつも、八代出陣が進まないことへ遺憾の意を示してきた。しかし、ここにきてより強く八代出陣を優先する方針に転換したことを示すのが両書状である。史料28では、「三ヶ国の人〻ニも事書をもて申つかハして候、所詮今度玄久是非をさしをき候て、あいたかいの知行分の事ハ、公方の御成敗を待申候て、まつ八代ニ発向候歟、さ候ハすハ、この陣ニ玄久父子の間ニ参候て後ニ、めん〳〵知行分の理非お申候ハヽ、糾明候てさた候へく候よしを、くれ〳〵申て候」と、史料29では、「玄久御免事、先立て及三ヶ度、大将方并ニ一揆中ニ条々事書・御教書、同内書等にて申遣候き、定て其旨を被存候者、云玄久云一揆中、まつ私の宿意、又ハ所領等の相論をとゝめて、此間の両方の対陣をしりそきて、不日ニ八代ニ発向候て、宮方を対治候へきよし、堅申遣候了」とあり、両島津家と今川方国人の衝突原因となっている所領相論は、幕府法廷、あるいは了俊の裁定で解決すべきであり、まずは八代に参陣すべしと強く求めている。

ただ何度も述べるように、この所領相論は了俊による反島津方国人の組織化政策の結果として生じたものであり、了俊自らが出した「空手形」が直接的原因である。なお、これとよく似た状況が、すでに永和三年（一三七七）最初の氏久帰順の際に現出していた。同年一一月二二日、了俊は「三ヶ国大将」今川満範に対し、一揆中の要求について「人〻本領事、かつて煩候ましく候、このたひの新恩預所等事ハ、闕所にて候ハんする所ハ預状に任せて、もたせ候へく候、嶋津か跡ともに給て候人〻ハ、替を京ニ注進申候て、はからひ候へく候、降参の法にて候之間、本領・当御代の恩賞の地なとハ、可返付候、この間押領して候つる所〻の事ハ、此次ニあらためるへく候間、それも嶋津人〻参陣候て後、これにて堅申定へく候を、国にてとかく両方仰られ候ハんにハ、又事ミたりに成へく候、所詮参陣を待申候へと、此人〻ニ仰候へく候」と指示している。(52) 島津氏久帰順後、すでに闕所地化して「一揆中」に預け置いてしまった島津領が問題となっていたのであり、このうち「本領・当御代の恩賞の地」は「降参の法」により島津氏に還付し、当該地を預け置かれていた人々については、京都に注進の上で替地を宛行う方針のようであるが、全ては氏久の「参陣」が実現してからとのことであった。この時、氏久の「参陣」は実現せず、また「凶徒」に戻ってしまい、前節で明らかにした蓑原合戦へと至るのであり、再度の氏久帰順により再び同じ問題が表面化したに過ぎないのである。しかも、あろうことか了俊は、この問題を単なる領主間相論として処理しようとしているのであり、いくら「条々事書御教書、同内書等」を示したとしても、もはや「一揆中」に受け入れられるものではなかったであろう。(53)

了俊は、「今のことくハたゝ此間のまゝニ玄久もふるまい候上ハ、いかてか一揆の人々も、玄久ニ同心合体せられ候へき候やと存候」（史料二八）と、一揆方が氏久に同心する可能性を憂慮し、「いそき〳〵玄久かふるまいをミ定候て、これより京ニ申候て、治罰の御教書をとり候て、やかてもとのことく対治し候へく候」（史料二八）と述べているが、現実には史料30のように島津氏に対する「治罰の御教書」発布は見送られた。その結果、了俊の予測どおり、氏久の切り崩し工作は進み、今川方国人一揆は崩壊していく。翌永徳三年四月、長年「大将」今川満範を支えてきた相良前頼が、(54) 二年後の至徳元年（一三八四）正月には北薩の牛屎《うしくそ》氏が、(55) 三年後の至徳二年二月には祢寝氏が(56)宮方に寝返っている。史料27に見られるような了俊の対応を考えれば、当然の帰結といえよう。

【史料30】年月日欠某事書案

冒頭に「鎮西八代凶徒等退治事、嶋津上総介并同陸奥(氏久カ)入(道脱カ)等、不応催促、及異儀之間、雖被向治罰、就寛宥之篇被執申之間、所被仰也」とあり、両島津家の赦免を伝えるものであろう。おそらく、永徳二年（一三八二）一〇月一七日付室町幕府御教書[57]（管領斯波義将奉書）に見える「事書一通」にあたるのが本史料であろう。なお、同御教書には「嶋津上総介并陸奥入道等事、以寛宥之篇被執申之間、所被仰也」とあり、本事書と文言がほぼ一致している。そして、「鎮西八代」という表現は九州以外の者の表現であり、おそらく本事書も管領斯波義将発給のものと推測される[58]。

史料29で了俊は、幕府に対し「治罰の御教書」の発布を求めると表明しているが、実際に幕府が出した結論は、本事書からうかがえるように両島津家の赦免であった。了俊が祢寝氏に対して氏久への強硬姿勢を強調したのは、彼らへの配慮からの単なるパフォーマンスであった可能性もあるが、幕府の方針が了俊の意向に反するものであった可能性も高い。永和三年（一三七七）の最初の島津氏久帰順の際は、京都から派遣された使者・久庵主が氏久と結託して直接幕府に所領安堵を吹挙し、了俊の不興を買っており[59]、いわゆる「康暦の政変」の際は、了俊を起用した管領細川頼之に敵対する勢力が氏久と結託しているのではないかとの観測を示している（前節史料②）。今回の御教書・事書を出した斯波義将は、その細川頼之に代わって管領となった人物である。氏久赦免の幕府の方針が、島津側と京都の直接交渉で決定された可能性は高い。

これから二年後の至徳元年（一三八四）四月、管領斯波義将は、総州家伊久と奥州家氏久・元久父子に対し、守護大友親世に「同心合力」して「天竜寺領日向国国富庄」を寺家雑掌へ遵行するよう命じている[60]。「守護人」はあくまでも大友氏であるが、日向国内の準幕府領の遵行に島津氏の強制力が不可欠であることを幕府は認識しており、了俊を通さず直接氏久に指示しているのである。さらに、明徳二年（一三九一）八月には、管領細川頼元が相国寺雑掌の訴えに基づき、「日向国穆佐院・三俣院等事、退押領人等、沙汰付寺家雑掌、可被令知行」と、奥州家元久に対して命じている。(61) ちなみにここにいう「押領人」とは、庄内三俣院の高木氏のことである。高木氏は満範側近としての立場を利用してか、「号半済」して「押妨」を繰り返していたようである。(62) 日向国内の五山領・将軍家領の保護を最優先に考えた幕府は、一貫して探題方として忠節を尽くしてきた高木氏を「押領人」と断じ、反探題方の島津氏に対し幕府領の遵行を命じたのである。「将軍への直の忠」を一貫して国人らに説いてきた今川了俊父子にとっては、まさに青天の霹靂であったろう。なお、〔山口隼正一九八九〕や〔佐藤進一一九八八〕は、この幕府からの遵行命令を、島津元久の日向国における守護徴証としている。

了俊が長年続けてきた、反島津方国人の組織化による島津氏牽制という戦略は、準幕府領の確保を優先する幕府の意向によって否定されていったのである。

おわりに

永和元年（一三七五）八月の水島事件―九州探題今川了俊による少弐冬資謀殺―と、それにともなう島津氏久の離反は、比較的安定していた南九州情勢を再び混乱に陥れた。薩摩・大隅・日向・肥後四か国の反島津方国人の組織化（第二次南九州国人一揆）に成功した了俊は、今川満範を指揮官として島津氏攻略にあたらせ、今川方の最初の攻撃目標となったのが日向国庄内（都城盆地）と大隅国衙であった。この内、庄内での戦況は今川方有利に進み、永和二年末の段階で、島津方の防衛拠点は同氏庶流北郷・樺山両氏の籠もる「都城」のみになっていたと推測される。その「都城」をめぐる最初の大規模な攻防戦である「蓑原合戦」について、本章では再検討を加え、従来永和三年三月に比定されていたこの合戦が、一次史料で確認できる「都城合戦」と同一の合戦であり、年代も永和五年（一三七九）の三月であることが明らかとなった。

蓑原（都城）合戦大敗の報に接した今川了俊は、敗因を氏久の切り崩し工作を受けた一揆勢―特に山東国人―の非協力的姿勢にあると分析し、反島津方国人一揆の動員に依存する対南九州政策の転換を余儀なくされる。具体的には、①「舟勢」「海賊」の南九州派遣による今川方支援、②「海賊」の寄港地確保と島津氏を背後から突くための「薩摩国南方」（薩摩半島）宮方国人への籌策、このふたつが計画された。

①については康暦二年（一三八〇）夏頃から計画され、永徳元年（一三八一）正月頃には、より具体的に瀬戸内海の「海賊」―「四国海賊」とも表現―を「大将」今川義範に同行させる形で派遣する方針が示されている。これにともない、②についても康暦二年夏から進められ、具体的には祢寝氏を通じて説得が続けられたようであるが、両計画ともなかなか実現には至っていない。①については最終的に実現したのか甚だ疑問であるが、②については永徳元年（一三八一）冬までに実現したようである。その背景には、同年六月の隈府陥落とそれにともなう征西将軍府勢力の退潮があったと思われるが、これとほぼ同時期に島津氏久も宮方から帰参したため、状況は複雑化していく。

了俊は薩摩国南方国人の籌策にあたり、本領安堵のほか、島津氏領の闕所地預け置きを約していたが、彼らが安堵・給与を希望する薩摩半島の所領は、永和三年秋以降、今川方となっていた島津総州家伊久が幕府から直接宛行われていたものであった。当然のことながら薩摩半島は両者の競合地となり、永徳元年一一月までに伊久が薩摩半島に侵攻して「南方合戦」が勃発するに至っている。

一方、「都城」をめぐる攻防戦は、蓑原合戦前後から一揆勢のモチベーションの低下による戦力不足に陥り、「大将」今川満範・名和慈冬は持久戦を余儀なくされていた。彼らは、「都城」南方から西方の梅北・岩河・末吉・財部の諸城を攻略し、島津氏久の本拠・志布志からの補給路を断つ作戦をとり、「都城」周辺の焼き討ちや作毛の刈り取りにより揺さぶりをかけていた。しかし、この包囲網も永徳元年冬の氏久自身の武家方復帰により解除され、氏久の切り崩し工作、そして了俊自身の一揆方に対する不誠実な対応も相まって、反島津方国人一揆の崩壊を招いてしまう。今川方による宮方最後の拠点である八代の攻略が、永徳元年秋から明徳二年（一三九一）九月まで約一〇年もの歳月を要しているのも、こうした対南九州政策の破綻が大きな影響を与えたと見るべきであろう。

長年今川方と戦ってきた島津氏久は、守護復帰を果たさぬまま、嘉慶元年（一三八七）閏五月に没する（「島津氏正統系図」）[63]。しかし幕府は、島津氏を日向国内の五山領の確保のために必要不可欠な存在と認めざるを得ない状況にあり、至徳元年（一三八四）四月以降たびたび、五山領の遵行・押領人の排除を氏久とその嫡子元久に命じている。その一方で、幕府は了俊の求めに応じてたびたび「島津以下凶徒」退治を命じる御教書を発布するが[64]、島津奥州家による大隅国支配は揺るがず、日向国についても幕府から遵行命令を受け、同国進出の大義名分となっていった。

島津氏は九州探題今川了俊の包囲網を巧みな戦略で切り抜け、自己の「領国」を守り抜いたのであり、幕府は同氏を大隅・日向両国守護として認めざるを得ない状況に追い込まれていったと見るべきであろう。康暦・永徳期は、今川了俊の対南九州政策が転換・破綻していく時期であると同時に、島津氏が自らの力で地域公権力としての地位を確立していく時期として評価すべきであろう。

註

（1）南北朝後期の南九州情勢を論じた研究としては、〔川添昭二一九六四〕、〔川添昭二一九八八〕、〔服部英雄一九八三〕、〔山口隼正一九八九〕の第七章・第八章、『宮崎県史 通史編 中世』第二章―第一節・第二節（山口隼正・福島金治両氏執筆、一九八九年）などがある。

（2）『鹿児島県史料集Ⅶ』所収（鹿児島県立図書館所蔵本）。島津氏庶流の山田忠尚（聖栄）が晩年に記した記録・覚書。文明二年（一四七〇）～同一四年（一四八二）の成立。

（3）『南北朝遺文 九州編』の編者瀬野精一郎氏は、「万一年号比定を誤った場合、大きな禍根を将来に残すことになる。それだけに年号比定には慎重な態度が望まれる」と指摘するとともに、「南北朝遺文―九州編―の編纂完了後、無年号文書の総合的処理について、何等かの方途を考えねばならぬと考えているが、既刊分についてもお気付きの無年号文書があれば、御指摘、御教示をお願いしたい」と要望している（瀬野精一郎「無年号文書の年号比定」『南北朝遺文 九州編月報』五、一九八八年）。

（4）代表的なものとしては、「新編島津氏世録支流系図」（東京大学史料編纂所蔵、『鹿児島県史料 旧記雑録拾遺 諸氏系譜』一～三に収録）、『島津国史』、『庄内地理志』（『都城市史 史料編 近世』一～五に収録）がある。

（5）『都城市史』（都城市、一九五四年）、『都城市史』（都城市史編さん委員会、一九七〇年）、『宮崎県史 別編 年表』（宮崎県、二〇〇〇年）

（6）近世の家譜・編纂物類が「山田聖栄自記」の強い影響を受けていることについては、〔五味克夫一九八三〕に詳しい。なお、「山田聖栄自記」そのものには「蓑原合戦」という表現は出てこないが、本稿では便宜上この合戦名を使用する。

（7）この合戦に言及のある研究としては、〔川添昭二一九六四〕一五二頁、〔佐藤進一一九八八〕二九六頁がある。

（8）「新野殿」が今川満範を指すことについては、〔川添昭二一九八八〕を参照のこと。

（9）『宮崎県史叢書』三（宮崎県、一九九九年）所収。伊東氏を中心とする日向国の編年史。永禄年間（一五五八～七〇）の初めに編纂されたのち、近世初頭にかけて増補・修正が加えられた。
（10）ただ、「大将」を「畠山治部大輔」（直顕ヵ）とするなど混乱が見え、史料的価値はかなり劣る。
（11）「殉国名藪」永和三年三月朔日条（『旧記前』二―三七一号）、史料③の傍注、「新編島津氏世録正統系図」（東京大学史料編纂所蔵）。
（12）『家わけ二』「祢寝文書」三九二号。
（13）『家わけ六』「大慈寺文書」三七号。
（14）『旧記前』二―四一四号。
（15）『家わけ二』「祢寝文書」六二五号。
（16）『家わけ二』「祢寝文書」一六四号。
（17）「垂水氏旧蔵伊東文書」一三号（『宮崎県史　史料編　中世』二）。年代比定は、①「当国人々面々御帰国之後」とあることから、永和五年（一三七九）春の「都城合戦」以降のものと判断されること、②「薩州并玖摩芦北郡等の御方人々の力をも合わされ候へく候」とあり、後述の薩摩国南方一揆への籌策が始まる時期であること、③「大将名和七月廿七日又渡海了」とあり、康暦二年夏に三俣での活動が確認できる名和慈冬の南九州下向を知らせた書状であること、以上三点から判断した。
（18）『入来文書』「入来院家文書」一九七号。
（19）これにともない、これまで永和三年（一三七七）に比定されてきた、今川満範の姫木出陣に関する一連の史料（「垂水氏旧蔵伊東文書」一八、『家わけ一』「祢寝文書」一六七・一七四・三七三号）も康暦元年に訂正する必要があろう。なお、「山田聖栄自記」にはこの時の合戦で「税所子息討死ス」とあるが、有名な永和三年一〇月二八日の南九州国人一揆参加メンバーである「税所但馬守祐平」（「祢寝文書」三一四号）、あるいは年欠三月六日付書状において探題に「当所さん〳〵の躰に罷成候」と窮状を訴えた「税所介祐義」（『家わけ一』「祢寝文書」三三一号）に近い人物であろう。
（20）『家わけ一』「祢寝文書」三一四号。

(21)（永和三年ヵ）一二月一五日付の一揆人々宛了俊書状には、「氏久参陣事故ニ、面々身か事御恨之由、伝承候、驚歎入候〳〵」（『家わけ一』「祢寝文書」六二〇号）、同じ頃の了俊事書には、「氏久事、自京都めし出さるゝを、一揆人々の方ニハ、をの〳〵かくし申て面を作候了、人〳〵不審をなす云々」とあり（『家わけ一』「祢寝文書」四二六号）、一揆側からの不信感もかなり強かったようである。
(22)『家わけ一』「祢寝文書」六二一号。
(23)『家わけ一』「祢寝文書」六二〇号。
(24)『家わけ一』「祢寝文書」四二六号。
(25)『南北朝遺文 九州編』五六七二号文書。
(26)『家わけ一』「祢寝文書」一三一号。
(27)『家わけ一』「祢寝文書」一三二号。
(28)なお、本文書中には「氏久入道対治入眼候ハヽ、とりわけたのミ申へく候間」とあり、氏久出家後のものであることがわかる。前節で指摘したように、これによって氏久の出家が、康暦二年（一三八〇）七月以前に絞りこめる。
(29)「薩摩国本宮方の人々」は、「薩摩国南方一揆」・「薩摩の御宮方」・「薩州南郡」・「薩州南方人々」とも記され、薩摩半島南部で一揆的結合をもった宮方国人の総称と思われる。
(30)「垂水氏旧蔵伊東文書」一三（前註17）。また、この人物については、〔川添昭二 一九八八〕に詳しい。
(31)『花営三代記』康暦二年五月二八日条（『群書類従』所収）。「大夫」は「左京権大夫」。
(32)（康暦二年ヵ）六月二四日付（周布兼氏宛）大内義弘書状（『萩藩閥閲録』巻一二一ノ一「周布吉兵衛」七二号文書）。
(33)なお、この作戦に従事していたのは、蓑原合戦（都城合戦）にも今川方として従軍していた山東（鰐塚山より東を意味する宮崎平野の地域呼称）の土持氏である。康暦二年（一三八〇）春まで「大将」今川満範に従って庄内に出陣していたことは先の史料で確認済みだが（第一節史料③・④）、おそらくそれ以降も断続的に庄内への出陣を余儀なくされていたのであろう。
(34)『家わけ一』「祢寝文書」三九五号。

(35)『家わけ一』「祢寝文書」一三四号。

(36)『南北朝遺文 九州編』五六七二号。

(37)『家わけ一』「祢寝文書」一三三号。

(38)『家わけ一』「祢寝文書」一三六号。

(39)『鹿児島県史料』では「祢寝久清等所領注文」（『家わけ一』「祢寝文書」一三六号）を、「今川了俊書下」としているが、「以上、此所々事、京都安堵可申下也　永徳元六月二日」の部分は、「祢寝久清与党交名注文」（『家わけ一』「祢寝文書」一三三号）と同じく了俊による外題であろう。

(40)『家わけ一』「祢寝文書」一三五号。

(41)これと同月同日付の名和慈冬書状（『家わけ一』「祢寝文書」四一一号）の端裏書には、「御両《御手洗 薬師》□　慈冬」とあり、御手洗と薬師は別人の可能性が高い。なお、御手洗とは瀬戸内海の大崎下島（広島県呉市豊町）のことであろうか。詳細は不明である。

(42)「救仁郷殿」とは、史料7に見える「国郷三河守」と同一人物であろう。「内浦殿」とは、大隅半島南西部に位置する内之浦（鹿児島県肝付町内之浦）を本拠とする国人と思われるが、詳細は不明である。

(43)『家わけ一』「祢寝文書」三九七号。

(44)永和四年（一三七八）春に島津氏久の武家方帰順が反故となった後も、総州家伊久（氏久の兄師久の子息）は今川方にとどまったと思われ、同年八月二八日、了俊は豊後国守護大友親世に対し、豊後国井田郷を伊久代官に打渡すよう命じており（『島津家文書』二九九号）、翌康暦元年三月二三日には筑前国須江庄半分を伊久代官に「沙汰付」するよう両使に命じている（『島津家文書』二六二号）。また、同年閏四月の時点では伊久が了俊の陣にあることが確認できる（『家わけ一』「祢寝文書」六二四号）。康暦二年七月には、了俊から氏久との内通を疑われているが（「島津上総介も氏久同事ニふるまひ候」〈「祢寝文書」一六四号〉、「其国の守護人かつさのかミ《(上総守、伊久)》も内通へうりのミおゝく候」〈「祢寝文書」三五六号〉）、永徳元年の室町幕府御教書に伊久の名が見えないことから、少なくともこの時点までは武家方（今川方）を標榜していたのであろう。

(45)『島津家文書』二九九号。

(46)『家わけ一』「祢寝文書」六二〇号等。
(47)『家わけ一』「祢寝文書」一三八号。
(48)『入来文書』「入来院家文書」一九六号。
(49)『島津家文書』二九九号。
(50)『家わけ一』「祢寝文書」一三八号。
(51)『家わけ一』「祢寝文書」三九八号。
(52)『家わけ一』「祢寝文書」六二二号。
(53)〔川添昭二一九六四〕も、「国人一揆間の利害関係の不一致、公方に対する忠を強調する割に実際的保証・給付の点で不確かな探題権力等、複雑な情勢の中で、強固な一揆団結を示す筈はなかった」としている（一五二頁）。
(54)『相良家文書』一七六号。
(55)『家わけ六』「太秦文書」七号。
(56)『家わけ一』「祢寝文書」一四〇号。
(57)『家わけ一』「祢寝文書」三九八号。
(58)『鹿児島県史料』が本史料を「将軍足利義満家御教書」としているのも、こうした判断によるものであろう。
(59)『家わけ一』「祢寝文書」六二六号。
(60)『宮崎県史 史料編 中世二』所収「『天竜寺重書目録』所収文書」二～四号。
(61)『家わけ五』「樺山文書」三五一号。
(62)明徳三年（一三九二）九月一七日付管領細川頼元奉書（『島津家文書』二七三号）。
(63)尚古集成館編『島津家資料 島津氏正統系図（全）』（島津家資料刊行会、一九八五年）所収。
(64)『家わけ一』「祢寝文書」四〇〇～四〇三号。

第三章　応永期における島津奥州家の領国拡大と政治構造

はじめに

応永年間（一三九四〜一四二八）は、室町期島津氏＝島津奥州家にとって、大躍進の時期であった。まず、応永二年（一三九五）、それまで島津氏の領国形成にとって最大の障壁となっていた今川了俊が失脚し、九州探題を解任された結果、大隅国守護家としての地位が安定化するとともに、薩摩・日向両国への進出が活発化する。その結果、惣領家でもある薩摩国守護家の島津総州家や、日向国山東（宮崎平野）の伊東氏との対立・抗争が生じたが、奥州家の実効支配は室町幕府が追認するところとなり、応永一一年（一四〇四）六月には、奥州家二代島津元久が日向・大隅両国守護職を安堵され[1]、応永一六年（一四〇九）九月には、薩摩国守護職に補任される[2]。

薩摩・大隅・日向三か国守護職を統一した島津元久であったが、応永一八年（一四一一）八月に没すると、その後継をめぐって元久の養子伊集院初犬千代丸と、元久異母弟久豊との間で抗争が勃発する。この抗争は、伊集院氏と島津総州家が手を結んだことで複雑化・長期化し、伊集院頼久（初犬千代丸の実父）が応永二四年（一四一七）に帰順し、島津総州家の拠点薩摩国山門《やまと》院（鹿児島県出水市）が陥落する同二九年（一四二二）まで、約一〇年間続いた。この間、日向国山東の地を伊東氏に奪われるなどの誤算もあったが、この抗争を乗り切った島津久豊は、薩摩・大隅両国と日向国のほぼ半国を勢力下におき、室町期島津氏最大の版図を築いている。

本章では、この島津元久・久豊二代にわたる領国拡大過程を明らかにしつつ、この時期の島津奥州家を支えた諸勢力を分析し、領国内の政治構造を明らかにしていく。

第一節　島津元久の薩摩国進出と総州家との対立

一、薩摩国山北への進出

応永二年（一三九五）、宿敵今川了俊の京都召還・九州探題解任という朗報をうけ、総州・奥州両島津家がまず着手したのが、薩摩国山北[3]の国衆渋谷一族の追討であった。

渋谷五族、渋谷五氏ともよばれる、東郷・祁答院《けどういん》・鶴田・入来院《いりきいん》・高城《たき》の五氏は、相模国高座郡渋谷荘を本貫地とする西遷御家人の系譜を持つ。宝治元年（一二四七）の宝治合戦の恩賞として、渋谷光重が薩摩国高城郡・薩摩郡の島津荘寄郡地頭職を与えられ、その光重の五人の子息が、渋谷五族それぞれの祖とされている[4]。

南北朝期においてはおおむね武家方ではあったが、守護島津氏とは是々非々の関係にあった（新名一仁二〇一一）。永和元年（一三七五）八月以降、両島津家が九州探題今川了俊と対立するようになると、肥後・日向・大隅・薩摩の反島津方国人らが一揆を結成する―（服部英雄一九八三）のいうところの「第二次南九州国人一揆」―。この一揆には、渋谷一族の一部が加わり、今川了俊もたびたび入来院氏らに協力を要請している。本書第1部第二章で検討した永和五年（一三七九）三月の都城（蓑原）合戦では、「薩州一揆ノ大将」の渋谷典厩（詳細不明）が今川方として参戦し、島津方に討ち取られている（「山田聖栄自記」[5]）。

第二次南九州国人一揆は、至徳二年（一三八五）正月に肥後人吉の相良前頼が宮方に寝返ったことで崩壊するが、入来院氏は最後まで今川方として活動する。同年正月二八日に入来院重頼に宛てた今川了俊書状には、「今ハ前頼等ニすてられ候て失面目候」と率直な気持ちが語られると共に、「面〻の御合力候ハてハ、伊久（島津）何ほとの事候ましく候ニ付ても、弥たのミ申て候」と、総州家伊久への対抗勢力として期待されている[6]。実際、翌月には肥後国葦北郡佐敷（熊本県葦北郡芦北町）で孤立した今川方の大将宮内大輔三雄の救出に尽力しており、これを受けて三雄と了俊は、入来院氏の本領安堵を幕府管領斯波義将と幕府奉行人に吹挙している[7]。

このように、渋谷一族、特に入来院氏は、南北朝末期において最後まで今川方＝反島津方の立場を貫いた国人であった。九州探題解任直前の今川了俊は、九州の有力国人三十人余を足利義持に在国のまま奉公する「小番之衆」に吹挙するが、薩摩国では「渋谷・牛屎・和泉・谷山・阿多・ゑ（穎娃カ）」の六氏が選抜されている[8]。渋谷氏をはじめ牛屎氏・和泉氏といった同国山北の国人が選ばれており、この地域が反島津方の巣窟になっていたことがうかがえる。今川了俊解任後、総州・奥州両島津家が真っ先にこの地域の制圧に乗り出したのは当然であろう。

応永二年（一三九五）八月、了俊召還を伝えた豊後国守護大友親世への島津総州家伊久の返書には、「以此首途入来発向之事、定テ可達本意候哉[9]」と、入来院への出陣が明記されている。そして、「応永記[10]」によると、翌応永三年正月には、奥州家元久も総州家に合力し、入来院氏領の樋脇《ひわき》城（薩摩川内市樋脇町塔之原）・前田城（同上）・市比野《いちひの》城（同町市比野）を攻略し、同四年四月下旬には、入来院氏の居城清色《きよしき》城（薩摩川内市入来町）を包囲し、落城させ、「国中属無為」したという(11)。

このように、総州・奥州両島津家は、連携して薩摩国最大の反島津方勢力である入来院氏を弱体化させることに成功したが、この両家の連携は、単に両家が同族で惣庶関係にあったからではない。「山田聖栄自記」文明一四年（一四八二）八月執筆分によると、時期は明記していないが、ある時総州家伊久・守久父子が対立し、河辺城（平山城、鹿児島県南さつま市川辺町平山）で対陣する事態となった。これを奥州家元久が仲裁したところ、総州家伊久が次のように申し出たという。

総州より奥州江被仰出ハ題目嶋津之家ハ必〻元久之所ニ可有可然候、忠久より以来代〻伝候小十文字太刀、同鎧可進之由被仰遣、

元久は伊久に実子があることから、この申し出をいったん断るが、結局この重宝を譲り受けたという(12)。近世の家譜類は、この一件を明徳四年（一三九三）のこととし、〔五味克夫二〇一四ａ〕は、「これらは本来家督相続者に与えられるべきもので、ここに惣領は実質的には奥州家の元久の許に移ったといってよいであろう」としている。ただ、五味氏は「伊久は三子生黒丸（久照）を元久の養子に入れてあり、元久の室も総州家の出であったから、将来は伊久の統が元久の跡も併せて惣領の座につくとみこんだであろう」とも推測している。

この推測が正しければ、伊久は島津本宗家の再統合を意図していたことになり、元久もこれを受け入れて室に総州家の女性(13)を、久照を養子に迎えたのであろう。こうした蜜月関係を前提に、応永三・四年の薩摩国山北遠征は実施され、同四年には総州家伊久の次男忠朝と、奥州家元久の異母弟久豊が一緒に肥前国まで出向き、了俊に代わる九州探題渋川満頼への見参を果たしたのである（「応永記」）。

二、総州・奥州両島津家の抗争とその背景

総州・奥州両島津家の蜜月関係は、わずか数年で破綻してしまう。「応永記」によると、応永六年（一三九九）に奥州家元久と養子久照の関係が悪化し、この年一二月に大隅国下大隅（鹿児島県垂水市）にて、肥後氏・石井氏・伊地知《いじち》氏が討たれたという━この三氏が久照派だったということか。詳細不明━。その結果、翌年総州家出身の元久室が山北に戻り、養子久照も鹿児島から退去したという。

これにより両家の対立は決定的となり、応永八年四月、奥州家元久は薩摩国市来（鹿児島県いちき串木野市）に進攻。これに対し総州家伊久は、元久方の渋谷一族鶴田氏の本拠とみられる鶴田城（鹿児島県薩摩郡さつま町鶴田）を包囲するに至る。同年九月、奥州家元久も鶴田に出陣し、軍事衝突となる。総州家方には、ほかの渋谷一族（入来院・祁答院・東郷・高城の各氏）、薩摩国山北の和泉氏・牛屎《うしくそ》氏、大隅国の菱刈《ひしかり》氏、さらには肥後国人吉の相良氏まで荷担し、同年一〇月の鶴田合戦で奥州家元久勢は大敗を喫している（「応永記」、「山田聖栄自記」）。

さらに「山田聖栄自記」によると、元久の鶴田出陣の隙を突き、先に鹿児島を退去していた総州家久照を擁立して老名本田忠親が挙兵し、日向国櫛間（宮崎県串間市）から志布志に進攻したという。これは志布志城主新納実久によって撃退されたようであるが、両島津家の抗争が広域化していったことがうかがえる。

この唐突な両島津家の対立・抗争は、いかなる原因で生じたのであろうか。これを明示する史料はないが、背景のひとつとして、伊集院氏の存在を考慮する必要がある。

伊集院氏は、島津本宗家二代忠時の七男忠経の子俊忠を祖とし(14)、薩摩国伊集院（鹿児島県日置市伊集院町）を名字の地とする島津氏庶子家である。ただ、伊集院の地は本宗家から譲与されたものではなく、本宗家の代官として当地に

入部し、郡司であった紀姓伊集院氏の権益を押領するなどして領主権を確立していったことが指摘されている（五味克夫一九六九）。このため、南北朝内乱期においては当初南朝方・宮方として活動し、当主伊集院忠国は、薩摩に下向した懐良親王・三条泰季の麾下として、守護島津貞久らと戦闘を繰り返していた[15]。

しかし、島津貞久は正平六年（一三五一）のいわゆる「正平一統」にともない、懐良親王の指揮下に入る。本書第1部第一章第一節で指摘したように、これを契機として島津本宗家と伊集院氏の連携が進んだのである。大隅国守護職を継承した島津奥州家初代氏久は、伊集院氏と連携して大隅半島進出を果たし、同時に伊集院忠国の娘を室に迎え、貞治二年（一三六三）には二人の間に長男元久が誕生している（「島津氏正統系図」[16]）。これにより、伊集院氏は島津奥州家元久の外戚として、同家と密接な関係を持つようになったのである。伊集院氏は軍事面で奥州家を支え続け、永和五年（一三七九）の都城（蓑原）合戦には伊集院大隅守（久氏）の参戦が確認でき（「山田聖栄自記」）、応永八年（一四〇一）の鶴田合戦にも伊集院勢の参戦が確認できる（「応永記」）。

【総州・奥州両家略系図】　※点線は推測

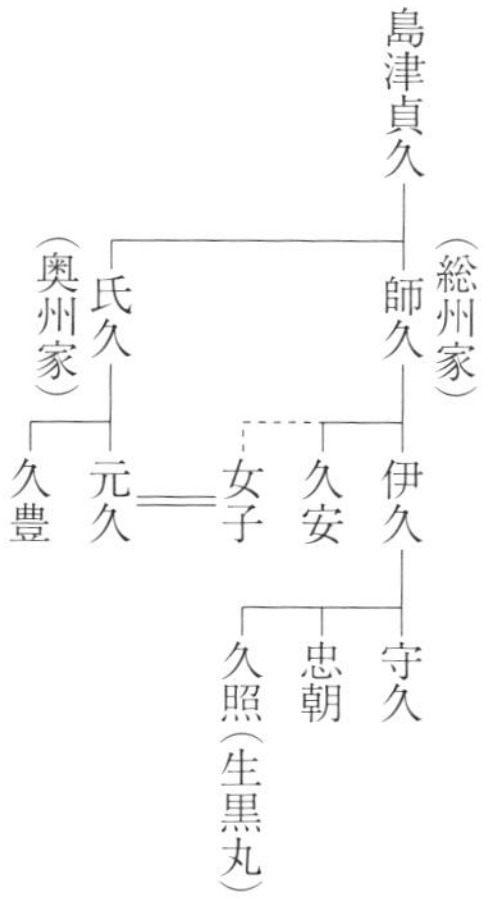

当然、伊集院氏の影響力は軍事面に止まらなかった。父氏久の没後、居城を鹿児島の清水《しみず》城（鹿児島市稲荷町）に置いた元久は、その近隣に島津本宗家の菩提寺となる玉龍山福昌寺を建立する（鹿児島市池之上町）。それは応永元年（一三九四）のこととされ、開山は伊集院久氏の弟石屋《せきおく》真梁《しんりょう》（一三四五～一四二三）、元久の叔父にあたる人物であった[17]。元久の石屋に対する帰依は厚く、それは伊集院氏の影響力拡大にもつながったであろう。

【奥州家・伊集院氏関係図】

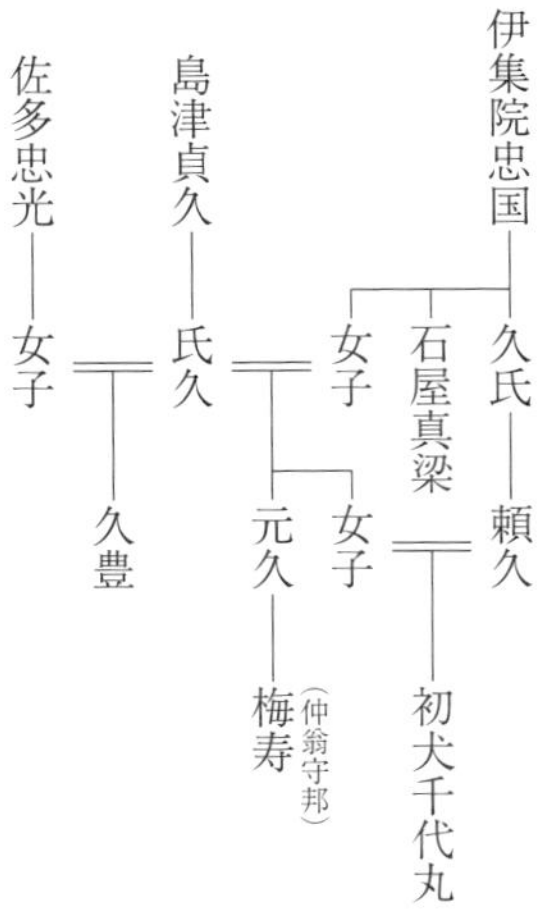

元久には康暦元年（一三七九）生まれの嫡男があったが（梅寿、のちの福昌寺三代住持仲翁守邦）、一五歳で出家して石屋の法弟となり、応永二年（一三九五）には関東に修行に出ている。このため元久は先述のように、養嗣子を総州家から迎えざるを得なかったのである。しかし、既述のように、同六年に久照は鹿児島を退去し、廃嫡になったとみられる。そして、同年一二月には、伊集院久氏の嫡男頼久が島津氏と相互扶助を内容とする契状を交わしており[18]、久照廃嫡後、元久の養嗣子となったのは、その伊集院頼久と元久の妹との間に生まれた初犬千代丸であった（「山田聖栄自記」）。

計画的なものであったかどうかはともかく、結果的に、奥州家の嫡男は伊集院氏によって出家させられ国外に出され、島津久照によって総州・奥州両家が統合されるはずが、いつの間にか伊集院氏によって奥州家家督が簒奪される流れになっていたのである。偶然にしてはあまりに出来過ぎではないだろうか。

また、奥州家元久の薩摩国進出に影響を与えた一族として伊集院氏とともに挙げられるのが、伊作《いざく》氏である。伊作氏は、島津本宗家三代久経の二男久長を祖とし、父から譲与された薩摩国伊作荘（鹿児島県日置市吹上町）を本拠とした（「島津氏正統系図」、「新編島津氏世録支流系図 伊作氏一流」）。

応永四年（一三九七）一二月、伊作久義が、別府氏の所領である同国加世田別符（鹿児島県南さつま市）に進攻する[19]（「応永記」、「山田聖栄自記」）。総州家伊久は、市来・吉田両氏と協議し、奥州家元久に諫言を加えるよう依頼している[20]。

この前年の応永三年六月、奥州家元久と伊作久義は「一味同心」を誓う契状を交わしており[21]、同盟関係にあったことを前提としたものであろうが、薩摩国守護家である総州家が薩摩半島南部の紛争を自ら解決できていないことは注目に値しよう。そして、総州家との関係が悪化する応永六年一二月には、元久が伊作氏に対し、加世田別符について「彼地事、加退治可進一円候」と約しており[22]、薩摩半島への軍事介入・知行宛行権行使を明言している。

薩摩国山北での戦いでは、渋谷四氏と連携した総州家伊久に敗れた奥州家元久であったが、薩摩半島においては、伊集院頼久・伊作久義との同盟を前提として強固な基盤を築きつつあったといえよう。

第二節　島津元久の日向国山東進出と三か国守護職統一

一、奥州家元久と島津氏御一家による山東進出

戦国末から近世初頭に成立した日向伊東氏（日向国飫肥藩主）の史書『日向記』[23]には、「応永二年乙亥十月比（頃）ヨリ日向国人等今河ヲ令違背者共多カリケリ、然共明ル丙子年迄在国、六月穆佐高城ヲ開キ登リ玉フナリ、同八月廿九日島津陸奥守氏久山東ニ発向セラル、同四年丁丑清武城ヲ薩州ヨリ被攻ト云トモ其功難成引退」とある[24]。これによると、応永三年（一三九六）六月に今川氏が穆佐《むかさ》高城から退去し、八月には島津勢が進攻してきたということになる。もちろん、陸奥守氏久とは元久の誤認であろう。この応永三年の山東（宮崎平野）進攻は、島津側の史料では一切確認できないが、元久の命と称して日向国庄内の樺山氏・北郷氏といった御一家が山東進出を図った可能性はあろう。

島津側で確認できる本格的な山東進出は、応永六年（一三九九）のことである。「山田聖栄自記」によると、時期を明記していないが、日向国志布志を本拠とする御一家新納《にいろ》実久が、「加江田倉そこノ城」（宮崎市学園木花台南にあった加江田車坂城のことカ）を攻め落とし、以後「加江田本城」に元久被官とみられる阿多加賀守（時成カ）を配置したという。その結果、「河南之旁一味ニ元久方を依被申、先守護領なれハ穆佐三百町并池尻・白糸・細江御知行有」という状況になったとも記す。「河南」とは、宮崎平野を流れる大淀川南岸を意味し、「穆佐《むかさ》」は島津荘日向方寄郡のひとつで、現在の宮崎市高岡町一帯、「池尻」は穆佐から大淀川を少し下った宮崎市大字糸原、「白糸」は池尻の大淀川を挟んだ南側、現在の宮崎市大字有田、「細江」は穆佐の南東側内陸部で宇佐宮領細江別符、現在の宮崎市大字細江である。

この島津氏による「河南」制圧は、伊東側の『日向記』に、「応永六年己卯十二月十八日山東所々一揆起」と記されている[25]。同書によれば、応永八年にも島津勢が穆佐と加江田の中間地点である浮田《うきた》荘の高寺・高蟬（どちらも宮崎市大字浮田の字名）に出陣し、石塚城（宮崎市大字浮田）の伊東氏一族石塚祐武によって撃退されたという。応永七年二月、島津元久は庄内野々三谷《ののみたに》城（都城市野々美谷町）を本拠とする御一家樺山音久に対し、穆佐院内倉岡名の一部を宛行っている[26]。おそらく応永六から七年にかけて、日向国南部沿岸部からは新納氏、庄内からは樺山氏らが山東に進攻し、「河南」の与同勢力とともに沿岸部の国富《くどみ》荘域と、穆佐院を中心とする内陸部の大淀川流域を制圧したのであろう。なお、元久が大淀川南岸の天龍寺領国富荘域を「島津荘日向方」と偽装して宛行ったのも、応永七年の八月を初見とする[27]（本書第1部第一章「むすびにかえて」）。

前節で指摘したように、この時期、元久は総州家から養嗣子に迎えていた久照との関係が悪化しており、山東進攻の陣頭指揮にあたっていたとは考えにくい。山東進攻は、樺山氏・新納氏といった日向国の御一家主導で行われ、元久はそれを追認したのではないだろうか。応永七年二月五日、奥州家老名平田親宗は、樺山音久と「仰 公方」旨の契状を交わしている[28]。総州家との対立が深刻化するなか、元久やその側近たる老名らは、御一家とともに元久を「公方」=島津本宗家当主として仰ぐことで、支持を固めていったのである。元久を「公方」として支持する代わりに、彼ら御一家による山東権益の確保を、元久は支援・承認する必要があったのであろう。

二、島津元久の薩隅日三か国守護職補任

応永七年（一四〇〇）七月、九州探題渋川満頼は、「上総入道久哲《（伊久）》与確執事」について、足利義満が憂慮していることを伝え、和睦し「上裁」を仰ぐよう島津元久に命じている[29]。同月、義満は日向国を「料国」とし、「今河讃岐入道法世」に預け置く旨を命じており[30]、南九州支配に積極的に関与していく意向を義満がもっていたことがうかがえる。同九年八月、義満は総州家伊久に対し「鎮西辺賊船等、連〻令渡唐、以便宜在所及狼藉云〻、太招罪科歟」として、賊船（倭寇）の退治を命じている[31]。

この前年、義満は使者を明に派遣し、日明貿易の利益を狙って明の冊封を受けることを望んでいた。明側は倭寇禁圧を求めており、そうしたなかで出された命令であろう。日明貿易実現の前提となる倭寇禁圧のためには、両島津家の内訌を仲裁して両国を安定化させることが不可欠であった。そして、元久の父奥州家祖氏久は、応安七年=洪武七年（一三七四）六月、僧道幸を明に派遣し入貢しようとしたが、陪臣であることを理由に棄却されている[32]。また、〔佐久間重男一九九二〕・〔村井章介一九九九〕は、康暦元年=洪武一二年（一三七九）に「日本国王良懐」名義で入明に成功した使者も、九州探題今川了俊と対立し宮方だった島津氏が送ったものと推測している。島津奥州家は対明通

交・貿易にかなり積極的であり、それを可能とする条件を備えていた。足利義満が対明通交を実現するには、倭寇禁圧に加え、実質的外交権を保持しつつあった島津奥州家を、幕府の統制下に置くことが不可欠だったのである[33]。

応永一〇年、足利義満は正使を明に派遣する。翌応永一一年（一四〇四）五月に来航した明使が永楽帝の詔書、「日本国王之印」、永楽勘合等を持参し、義満は正式に冊封された（田中健夫一九七五）。その翌月、義満側近で連歌師としても知られる朝山師綱（梵灯）が上使となり（川添昭二二〇〇三）、次の二通の文書を島津元久にもたらす。

為一名字不断及合戦云云、何程（様事候）之事哉不可然、所詮止確執之儀令和睦、殊可致忠節之由、所被仰下也、仍執達如件、

応永十一年六月廿九日　　御判（畠山基国ヵ）有

島津陸奥守（元久）殿[34]

（花押）（足利義満）

日向・大隅両国守護職事、島津陸奥守元久、領掌不可有相違之状如件、

応永十一年六月二九日[35]

前者が管領畠山基国奉書、後者が足利義満御判御教書である。前者は、両島津家の抗争を停止するよう命じたものであり、後者は日向・大隅両国守護職を安堵したものである。大隅国はともかく、日向国守護職が新規の「補任」ではなく「安堵」であるのは、明徳二年八月以前に同国守護に補任されたことを前提に（本書第１部第二章）、応永六年以降、山東河南以南の日向国半国を実効支配してきた事実を承認したことにほかならない。義満は、元久の日向国実

効支配を認める代わりに両家の抗争を止めさせ、南九州の安定化・倭寇禁圧を図るとともに、島津氏を統制下に置くことで対明外交権の独占を図ったのである。

しかし、奥州家元久の勢力拡大は幕府の思惑以上に進んでいく。

応永六年（一三九九）に対立が生じて以降、総州家伊久、奥州家元久ともに、薩摩国内の有力国人に対し知行宛行状・安堵状を乱発して、しきりに自陣への取り込みを図っている。しかし、薩摩半島の有力御一家伊作氏と、一時は総州家と連携していた入来院氏が奥州家元久方となったことで、奥州家の薩摩国内での優勢は固まったとみられる。応永一〇年（一四〇三）九月、元久は、総州家と姻戚関係にある二階堂氏の本領である薩摩国阿多郡田布施《たぶせ》（鹿児島県南さつま市金峰町）の知行を伊作久義に認め[36]、同一三年、伊作氏は実際に田布施を制圧している（「応永記」）。「山田聖栄自記」によると、田布施制圧後に、元久の娘が伊作久義嫡男勝久の室となったという。また、応永一〇年一二月七日、入来院重頼は総州家守久から薩摩国山門院や薩摩郡内の地を宛行われる[37]。しかし、同月一三日に奥州家元久は、総州家守久が給与した所領をそのまま入来院重頼に安堵するとともに、「一味同心」と東郷・祁答院両氏との係争地安堵を約した契状を交わしている[38]。より好条件の提示で寝返らせたのであろう。

なお、近世成立の家譜である「元久公譜」によると、時期は不明であるが、総州家伊久領であった坊津・泊津の「両津」（鹿児島県南さつま市坊津町）を、伊集院氏が奪取したという[39]。一次史料では確認できないが、事実であれば、南薩でもっとも重要な海上交通と貿易の拠点であった坊津・泊津が、奥州家元久の外戚である伊集院氏の支配下に入ったことになる。年不詳ながら、おそらく応永一〇〜一五年頃、元久は足利義満に対し、硫黄二万五千斤を献上している[40]。硫黄は日明貿易最大の輸出品として珍重され、その主たる産地は、当時薩摩国河辺郡に属していた硫黄島（鹿児島郡三島村）であった（小葉田淳一九七六、伊藤幸司二〇一〇）。この硫黄島最寄りの港が坊津・泊津であり、元久が大量の硫黄を献上できたのは、硫黄島と坊津・泊津を掌握できたためにほかならない[41]。正確には、元久を支える外戚伊集院氏が両津を掌握したことにより実現したのであろう。

　このように奥州家元久が薩摩半島を固め、山北国人の切り崩しに成功していくなか、応永一四年（一四〇七）五月、総州家伊久が没する（「島津氏正統系図」）。これを好機と見た奥州家元久は、総州家の拠点である薩摩国衙周辺に進攻し、総州家伊久の二男忠朝の籠もる平佐城（鹿児島県薩摩川内市）を攻撃し、忠朝を没落させている（「応永記」）。これにより、薩摩国における奥州家の覇権はほぼ確立したのであろう。同年、足利義満は元久に上洛を命じ、元久の義弟伊集院頼久が屋形造営のため上洛している（「山田聖栄自記」）。翌年五月六日に足利義満が没し、上洛は一時延期となったようであるが、応永一六年（一四〇九）九月一〇日、将軍足利義持は、島津元久を薩摩国守護職に補任する[42]。ここに薩隅日三か国守護職を兼帯した元久は、翌応永一七年六月、有力御一家・国衆・御内を率い、大量の麝香など「唐物」を携え、上洛を果たすのである[43]。

三、島津元久・久豊兄弟の不和

　先述のように、応永六年（一三九九）頃、島津奥州家は日向国南部の御一家主導で、同国山東河南進出を果たす。御一家主導ながら、沿岸部の拠点加江田城（宮崎市学園木花台南）には、奥州家御内の阿多加賀守（時成カ）が配置され、穆佐院周辺は「守護領」となり、元久の叔父で義父の伊集院久氏が配置された。しかし、「山田聖栄自記」によると、伊集院久氏はなぜか二・三年で「彼在所事を上表」し、代わりに穆佐院に派遣されたのが、「南殿」とよばれ薩摩半島の指宿・頴娃に配置されていた、元久の異母弟久豊であった。同史料によると、伊集院久氏の後任には「伊東・土持ニ対、山東くるむか程之器用之仁」が必要とされ、人選は難航したが「内々沙汰」と老名の後押しにより、難色をしめす久豊を説得したという。山東河南の地は、平安末期以来盤踞している土持氏一族があり、また、当時南下しつつあった日向国都於郡（宮崎県西都市鹿野田）を本拠とする伊東氏とも競合する統治困難な地域であった。

島津久豊は、島津本宗家四代忠宗の三男佐多忠光（本拠は大隅国佐多、鹿児島県肝付郡南大隅町）の娘を母とする。忠光の甥には、応永六年頃の山東進出を主導した樺山音久や新納実久がおり、彼らにとっては組みやすい相手が穆佐院に派遣されたことになる。[44] 久豊の穆佐院入部に際しては、佐多氏一族の若狭守舎弟弥二郎（佐多氏当主親久弟元忠カ）・讃岐守（同久信）兄弟のほか、樺山伊賀守（樺山氏当主教宗の弟惟音）、末弘氏舎弟（詳細不明）、御内からも本田氏一族、伊地知氏一族らが随ったという（「山田聖栄自記」）。薩摩国を基盤としていた伊集院氏と違い、島津久豊が入部当初から日向・大隅両国を基盤とする御一家・御内に支えられていたことは留意すべきである。

当初元久・久豊兄弟の関係は良好であったが、久豊が伊東祐安の娘を室としてからふたりの関係が悪化する。久豊と伊東祐安娘との間には、応永一〇年（一四〇三）五月に嫡男虎寿丸（のちの貴久・忠国）が誕生しており、前年までにはこの婚姻が成立しており、久豊の入部直後に伊東氏との和睦が成立していたことになろう。

「山田聖栄自記」によると、元久御内の加江田城在番阿多加賀守（時成カ）が久豊御内の後藤氏を調略したが、久豊は後藤氏の細江（宮崎市大字細江）を「忍落」し、後藤一家三十人余を皆殺しにしたという。山東で伊東氏も巻き込んで、元久・久豊兄弟の内訌が勃発したようである。その後同史料によると、「山東河北、宮崎、田島、木脇、河南悉、土持方三人阿県・岡富・財部此面々一味ニ成而」元久方となったという。一方、久豊方は、妻の実家である伊東本宗家と

「阿屋(綾)、本城(庄)、深利(年)、飯田、くつら、池尻、白糸、細工(江)」であり、山東の地が二分されることとなった。元久はみずから山東に出陣し、与同勢力とともに直接伊東氏の本拠都於郡を攻撃すべく、現在の一ツ瀬川をさかのぼり、岡富土持氏の本拠とみられる有峰城（西都市岡富）に布陣した。結局この対立は、久豊嫡男虎寿丸が元久と対面し、「開陣」となったという。全面抗争には至らなかったが、両氏の対立は尾を引くことになる。

先述のように、応永一七年（一四一〇）、島津元久は日向・大隅両国守護職安堵・薩摩国守護職補任御礼のため、初めての上洛を果たす。上洛の途上、日向国油津《あぶらつ》（宮崎県日南市）にて元久・久豊兄弟は面会し、和解したというが（「山田聖栄自記」）、その前年応永一六年三月二日、次のような一揆契状が作成されている(45)。

契約

一自然而上方御上洛之時者、此衆中一味同心而国ぉ堅く踏、不残聊所存、就大少事申談、御下向之間、諸事可相計事、

一匠作既御不忠現形之上者、此衆中如何様致方便、可退治仕申事、

一如此申定候上者、成無二之思、仰　公方申、於私者相互用ニ立被立可申候、若不慮喧嘩出来、又者有讒者、如何様虚説雖申候、各馳寄、任理非、無為可相計事、

右此条ゝ偽申候者、

伊勢天照大神　正八幡大菩薩　諏訪上下大明神　霧嶋六所大権現　天満大自在天神、御罰お各可罷蒙候、

仍契状如件、

応永十六年三月二日　　うハ井善了在判

ひらた玄親（親宗）在判
ほんた元親
やまた玄威（久興）同
かは山道春（音久）同
ちやうしう景仙（今給黎久俊ヵ）同
さた道三（氏義）同
にいろ久臣同
ほんかう道旦（誼久）

まず署判者であるが、上井・平田・本田は奥州家御内、山田玄威は山田聖栄（忠尚）の父で御内化した島津氏一族、長州景仙は伊集院忠国の弟今給黎長門守久俊、佐多・新納・北郷は御一家である。主たる目的は、一条目で明らかなように、元久の上洛時、この契状署判者が「一味同心」して領国の運営にあたっていくことを約したことにある。元久の上洛には、事前に上洛していた伊集院頼久のほか、御一家から北郷知久・樺山教宗、御内から阿多時成・平田重宗、国衆（国方）も加治木氏・野辺氏・北原氏・蒲生氏・飫肥氏・肝付氏が同行しており[46]、この署判者は留守を任された者たちである。このため、上洛予定の御一家・御内の父親が多い。

そしてこの契状でもっとも注目されるのは、二条目である。「匠作」＝修理亮久豊の「不忠」が明らかな上は、この衆中で「退治」すると誓っている。元久の上洛中、最大の懸念が山東穆佐院で敵対関係にあった弟久豊だったのである。加えて気付くのは、署判者のうち伊集院氏一族の今給黎氏以外は、すべて大隅・日向両国を本拠とするものたちということである。特に佐多・樺山・本田の各氏は、島津久豊入部に際して一族を随行させており、山東になんらかの権益を有していた。元久上洛中に久豊が蜂起した場合、もっとも寝返る可能性が高かったものたちである。実際、本契状作成二か月後の五月二五日、久豊は霧島六所大権現（現在の東霧島《つま》神社）に「修理亮久豊如念願、開弓箭之運、如所存令拝領国務候者、知行之在所十町可奉寄進」との願文を奉じており、(47) 元久を打倒して「国務」＝守護就任を目指していることは明らかであった。だからこそ元久は、主だった当主たちを上洛に同行させ、留守をあずかるものたちにもこのような契状に署判させ、元久を唯一の「公方」として仰ぐことを誓わせたのであろう。

先述のように、翌年の元久上洛途上、兄弟の対面が実現してひとまず全面抗争は回避される。しかし、元久の上洛中、今度は渋谷「四ヶ所」（入来院・祁答院・高城・東郷）が総州家久世・忠朝と結託して再び反旗を翻して挙兵に至る。帰国した元久は、義弟伊集院頼久らと共に早速山北に出陣するが、応永一八年（一四一一）八月六日、入来院の「清色鉾之尾」陣中で没してしまう。伊集院頼久は、応永四年以来確保してきた入来院清色城を放棄して鹿児島に撤退したという（「応永記」、「山田聖栄自記」）。この突然の元久死去により、南九州情勢は急展開を見せる。

第三節　島津久豊の家督継承と三か国の争乱

一、久豊の家督継承過程とその意義

島津元久は生前、自らの後継を妹と伊集院頼久との間に生まれた初犬千代丸に指名していたようである。元久が没

した直後とみられる応永一八年（一四一一）八月、御内平田玄親（親宗）が、元久と共に上洛していた御一家樺山教宗と契状を交わし(48)、また、日向国山東穆佐城の島津久豊も樺山教宗と契状を交わしている(49)。どちらの契状も一条目に、「今度屋形如仰置候、若御御座候時者、一味同心ニ可致忠節事」とあり、「屋形」＝元久が「若御」を後継にと言い残しており、元久死没直後は久豊や御内・御一家も「一味同心」してこれを支持していたことがわかる。

一方、元久の側近だったとみられる山田玄威（久興、山田聖栄の父）は、同年八月二八日、御内の伊地知氏宛に契状を作成し(50)、同日付で島津久豊も山田玄威に対して契状を作成している(51)。おそらく前者の伊地知氏は、久豊の穆佐入部に従った側近の伊地知氏と推測され、実質は久豊宛であろう。つまり、山田氏と久豊の間で契状が取り交わされたと考えてよい。その趣旨は、前者＝山田玄威契状の一条目に「右意趣者、若御御座時者、一身大綱存、可致奉公候事」、二条目に「若御御座候共、請御意、可致忠節事」とあり、後者＝久豊契状の一条目にも「右意趣者、若御御座時者、人々大綱存、可致忠節事」とあることから明白である。「若御」＝初犬千代丸が健在のうちはこれを支持することを誓う一方、山田氏は初犬千代丸の存在に関係なく久豊に忠節を尽くすことを誓っている。大隅国市成《いちなり》（鹿児島県鹿屋市輝北町市成）の御内山田氏が、初犬千代丸の家督継承を認めつつも、久豊を支持する動きをみせたのである。

こうした動きはさらに進んでいく。九月二日、日向国真幸《まさき》院（宮崎県えびの市・小林市）の国衆北原久兼は、樺山教宗と契状を交わす(52)。一条目では「若御御座候時者、身之一大事と存、前々不相替可致忠節事」と述べながら、二条目では「縦若御雖無御座候、至子々孫々無二心御用可罷立事」と、初犬千代丸の存在とは関係なく結束を誓っている。同月六日には、島津久豊（玄喜）が樺山教宗に契状を送っている(53)。これには、「椛山殿事者不及申候、過候つる方も取分別而憑存候、於自今後者成親子思、大小事無隔申承」とあり、明らかに亡兄元久（過候つる方）を意識し、自らへの支持を求めている。ここに久豊は明確に元久の後継を目指し、自らの支持層拡大を図っていると判断できよう。

同年閏一〇月、山田玄威（久興）は久豊と契状を取り交わす。閏一〇月二日付の山田玄威契状案[54]は、一条目で「背上（公カ）方就別人不可身持事」と久豊への忠誠を誓い、最後に「ひとへニ公方ならてたのミ存外無他候」と記している。明らかに久豊を「公方」とみなし、臣従を誓ったものといえよう。同月一一日付の久豊契状[55]は山田氏への返書であり、一条目で「今度一大事刻、取分御志候上者、身之於生涯無替篇、近付通し申へき事」とあり、山田氏の「取分御志」への感謝が表れている。それでは、ここにみえる「今度一大事」とは何であろうか。

元久没後、入来院から撤退した伊集院頼久は、守護所鹿児島を占拠していた。久豊と契状を交わした山田玄威の嫡男忠尚が記した「山田聖栄自記」によると、伊集院氏の鹿児島占拠を聞いた穆佐院の久豊は、「白夜を以鹿児島ニ御着」、すぐさま元久建立の菩提寺福昌寺に入り、元久の位牌を奪い取ったという。これで「不興之至」となった伊集院頼久は鹿児島から退去したという。この久豊の鹿児島奪取には、山東からは佐多讃岐守（久信）・若狭守と伊地知兄弟の一族、樺山伊賀（惟音）、御一家の佐多伯耆守（親久）、樺山・北郷両氏、御内の本田父子（元親・重恒カ）らが従ったといい、穆佐城の手勢に大隅・日向の御一家・御内の支持を受け、軍勢を率いて鹿児島を強引に占領したとみられる。クーデターによる政権奪取といっていいだろう。これこそが「今度一大事」であろう。鹿児島進攻後まず着手したのが、兄元久の位牌を奪うことだったのは象徴的である。おそらく、伊集院初犬千代丸ではなく自らが兄の法事を取り仕切ることで、元久の後継＝本宗家家督継承者であることを内外にアピールする狙いがあったのだろう。

同書は、この久豊による鹿児島奪取の時期を記していないが、応永一八年閏一〇月二二日、久豊は福昌寺への寄進状を確認・安堵しており[56]、この直前とみていいだろう。そしてこの直後から、久豊は島津本宗家当主＝薩隅日三か国守護として公権力行使を開始する。閏一〇月二五日には、「成親子思」と誓った樺山教宗に対し、本領である「日向国北郷三分之一并宮丸名」や「日向国北郷島津内并鹿児島・知覧見内所々買得之地」を安堵している[57]。これを皮切りに、薩摩・大隅・日向三か国の各地を対象に、久豊の安堵状・宛行状・寄進状が頻発されるようになる。

こうした実力での家督継承（奪取）と公権力行使により、徐々に久豊を「公方」として認める動きも広がっていく。同年一一月二日には庄内の御一家北郷知久、一二月五日には本田元親が、それぞれ樺山教宗と契状を交わし、「仰公方、一味同心可致忠節事」、「仰申　公方、可致忠節事」を誓っている[58]。また、応永一九年一一月二四日に、新納久臣（忠臣）と北郷知久・樺山教宗が交わした契状の冒頭には、「右意趣者、去春比如申談候、聊不可有違篇之事」とあり[59]、同年春（一～三月）には同様の契状が交わされた可能性が高い。つまり、応永一八年冬から翌年春にかけて、大隅・日向両国の御一家・御内相互間で、久豊を「公方」と仰ぐ旨の契状（（呉座勇一二〇一四ａ）いうところの「交換型一揆契状」）が取り交わされ、久豊擁立・支持一揆が成立したといえよう。また、国衆に対しては、直接久豊が支持を求めたようであり、応永一八年一二月二七日、久豊は国衆祢寝清平と、「此刻別而憑入候之處、御同前候上者、成親子之思、御大事お身之大綱と可存事」を旨とする契状を交わしている[60]。

ここで注意すべきは、この時点での久豊支持派が、大隅・日向両国の御一家・御内・国衆に限定されているという点である。先述のように、そもそも島津奥州家の日向国山東進攻は、庄内の樺山氏や志布志の新納氏といった同国御一家の主導でおこなわれ、同地域支配の拠点である穆佐城に入った伊集院久氏も短期間で上表し、その代わりに請われて入部したのが島津久豊であった。その久豊は、大隅の御一家佐多氏の娘婿であり、その入部には佐多氏や樺山氏、大隅を本拠とする本田氏や伊地知氏の一族が随行しており、島津久豊権力そのものが、穆佐院時代から大隅・日向両国の諸勢力によって支えられていたことは間違いないだろう。久豊と対立した兄元久が、上洛時に留守居衆と久豊の結託を恐れ、久豊退治を趣旨とする起請文を作成させたのも、こうした実態を理解していたからにほかならない。久豊によるクーデターといってよい家督・政権奪取は、大隅の山田玄威の動きに端を発するとみられ、久豊自身の家督継承意欲もさることながら、大隅・日向両国諸勢力による支持・擁立の動きがあってはじめて実現したといえよう。

これはすなわち、島津元久期における奥州家権力の政治構造の反映とみていいだろう。元久期の奥州家は、ふたつの大きな勢力が車の両輪のようにこれを支えていた。ひとつは、先代以来守護職を有していた大隅国とこれに隣接する日向国を基盤とする御一家・御内であり、もうひとつは、元久の外戚で薩摩半島で隠然たる勢力を誇る伊集院氏と伊作氏である。元久の父氏久が大隅半島進出を果たせたのは、伊集院氏との和睦・姻戚関係成立が大きな意味をもったのであり（本書第1部第一章）、九州探題今川了俊との長期にわたる抗争を乗り切れたのは、探題からの誘いにも応じず日向国庄内や志布志、大隅国佐多で反島津方国人一揆からの攻撃を耐え抜いた御一家・御内と奥州家の結束によるものであった（「酒匂安国寺申状」、本書第2部第三章・第3部第一章）。この両勢力の均衡が、元久の後継をめぐって破れた結果、久豊によるクーデターが生じたのである。つまり、伊集院初犬千代丸による奥州家家督継承は、事実上伊集院氏を中心とする〝薩摩閥〟による同家乗っ取りであり、奥州家権力の主導権が薩摩閥に移ることを意味する。これを嫌った〝大隅・日向閥〟が、彼らと関係が深く伊集院氏の血を引かない久豊を擁立することで、大隅・日向閥の主導権を確保しようとした。これが、久豊による奥州家家督奪取・クーデターの実態だったといえよう。

二、伊集院氏・総州家との抗争

島津久豊の家督奪取により奥州家権力が分裂すると、伊集院頼久は薩摩国北部に逼塞していた島津総州家や渋谷四氏、伊作氏と連携し、久豊に対抗した。総州家忠朝（守久弟）はかつて守護所をおいていた薩摩郡を制圧し、総州家久世（守久長男）は伊集院氏の持城であった河辺城（平山城ヵ、南九州市川辺町平山）に入り[61]、鹿児島郡周辺を除く薩摩国の大部分が反奥州家方となってしまう（「山田聖栄自記」）。島津氏領国は、「三ヶ国錯乱」[62]と久豊みずから称するほどの争乱状態に突入する。前項の考察を踏まえれば、伊集院氏を中心とする〝薩摩閥〟と、久豊を擁立した〝大隅・日向閥〟の地域間抗争が勃発したといえよう。

ただ、大隅国でも高山城（鹿児島県肝属郡肝付町）を本拠とする国衆肝付兼元が反久豊方となり、応永一八年（一四一一）一一月頃、久豊方の御内鹿屋周防介が守る鹿屋城（鹿児島県鹿屋市）を攻撃している。久豊は自ら大隅半島に渡り肝付勢を撃退すると[63]、今度は薩摩半島で伊集院・伊作氏・総州家勢と対峙した。両軍は応永二〇・二一年にかけて一進一退の攻防を繰り広げるが、応永二二年（一四一五）に大きな転機を迎える。河辺の総州家久世と伊作勝久が談合の上、久豊との和睦を模索するに至る。まず伊作勝久が鹿児島で久豊に見参し、同年末、義兄伊作勝久の仲介で総州家久世が鹿児島に入った。すると久豊は、久世の宿舎である千手堂坊を包囲し、河辺城を渡すか切腹するか迫り、翌応永二三年正月、久世は切腹して果てた。久豊は惣領家である総州家当主を死に追いやったことを悔いて出家し、以後「存忠」と名乗る（「応永記」、「山田聖栄自記」）。

翌応永二四年（一四一七）、総州家久世亡き後、河辺松尾城（南九州市川辺町野崎）を守っていた酒匂紀伊介が奥州家方に寝返る。ただちに、知覧上之木場の今給黎久俊、伊集院頼久・伊作勝久勢がこれを包囲するに至り、奥州家久豊は、松尾城救援のため河辺に出陣する。この時、久豊勢は、鹿児島周辺の御内や吉田・蒲生両氏だけでなく、大隅国北部・薩摩国北部の本田・栗野・菱刈・牛之山（鹿児島県伊佐市大口）、「坂より上」[64]からも、北郷・樺山・新納・飫肥・櫛間（野辺氏カ）・肝付・祢寝といった御一家・国衆と、御内平田・鹿屋両氏が参陣していた[65]。この時点で、久豊が大隅・日向南部をほぼ固め、薩摩国北部にまで勢力下に置いていたことがうかがえる（「山田聖栄自記」）。しかし、同年九月、松尾城下薙野原での合戦で大敗を喫し、御一家の和泉直氏・忠継兄弟など多くの戦死者を出した久豊は、谷山・給黎《きいれ》（いずれも鹿児島市）割譲を条件に伊集院頼久と和睦し、撤退を余儀なくされる。まもなく伊集院頼久は谷山に入ったとされ、九月二〇日には入来院重長に「谷山郡内山田村」などを宛行っている[66]。

ここで、久豊方諸将は鹿児島の諏訪社社頭にて一味神水をなし、伊集院勢に最後の決戦を挑んで勝利し、逆に伊集院頼久を谷山本城（鹿児島市上福元町）に追い詰める。たまらず頼久は、伊集院の内、石谷三〇町を割譲して和睦したという（「応永記」、「山田聖栄自記」）。この最終合戦の時期は明確ではないが、応永二四年一一月二日には、久豊が伊集院方であったはずの伊作勝久の本領を安堵しており[67]、同年一〇月頃であろう。その後も薩摩半島南部では、阿多家久と久豊方の伊作勝久の抗争が続くなどするが、伊集院頼久との抗争は終結し、主たる争乱の舞台は薩摩国山北に移る。

応永一八年の久豊家督奪取前後、入来院重長は本拠清色城を奪回し、総州家や伊集院氏と連携して久豊に対抗する姿勢を見せた[68]。しかし、応永二四年の伊集院氏敗退、久豊との和睦成立という事態をうけて、変化が起きる。「応永記」によると、応永二五年一二月、総州家忠朝への「遺恨」により市来氏が総州家領に進攻し、入来院氏もこれに同調して、翌年正月に総州家領山田（薩摩川内市永利町山田）を攻撃するに至ったという。入来院氏は久豊に援軍を求め、同年八月に久豊勢が山田城を包囲すると、総州家忠朝は開城し、隈之城（薩摩川内市隈之城町）に退去する。

これにより薩摩国山北の反久豊方の結束は崩れ、同年一〇月二八日、総州家忠朝は久豊方の樺山・北郷両氏らと契状を交わしている[69]。内容は不明確だが、「於于後日塩貢身上之間之事、可被懸御意之由承候」とあり、年貢としての塩と引き替えに、自身の身上保証を樺山氏ら久豊方から取り付けたのであろう。この二年後の応永二八年（一四二一）、総州家忠朝は、久豊の嫡男貴久（のちの忠国）から隈之城を包囲されると降伏し、鹿児島和泉崎に馬飼所を与えられ、遁世している（「応永記」、「山田聖栄自記」）。また、忠朝の兄守久も、この頃居住していた山門院《やまと》（鹿児島県出水市高尾野町・野田町）を貴久から攻撃され、肥前に逃れたという[70]。

この総州家忠朝の降伏、守久の出奔は、奥州家久豊・貴久父子にとって大きな意味があった。先に忠朝の甥久世を鹿児島で切腹させた際、久豊が「惣領をヶ様ニ計申上ハとて御落飾有」（「山田聖栄自記」）とあることから、〔五味克夫二〇一四ａ〕は「島津氏全体の惣領の形式的、名目的所在は伊久以後もなおしばらく総州家にあった」と指摘している。忠朝の降伏により、奥州家は、鎌倉期以来守護所が置かれていた薩摩郡を支配下に置くとともに、総州家忠朝が保持していた初代忠久以来の本宗家相伝文書―これが現在国宝に指定されている島津家文書の中核部分―を継承することに成功したのである（五味克夫二〇一四ａ）。これで名実共に奥州家が島津本宗家となり得たのである。

これにより、薩摩・大隅両国において久豊への抵抗勢力はほぼ消滅し、争乱の戦後処理がおこなわれていく。

三、戦後処理と久豊の守護職補任

応永二八年（一四二一）三月、久豊方の御一家樺山教宗、御内鹿屋玄兼・伊地知久阿ら五名は、伊作久義と「田布施之事一円ニ被去給候上者、依今度之儀、屋形之所存一切不可相残候」旨の契状を交わしている。[71] 伊集院頼久と共に総州家久世を擁して久豊と敵対していた伊作氏は、田布施《たぶせ》（鹿児島県南さつま市金峰町）を割譲することで奥州家と和睦したのである。これ以前、伊作氏は、田布施の領有をめぐって伊集院氏与党の町田氏庶流阿多氏と対立していたが（「山田聖栄自記」）、久豊は伊作氏との和睦により、この地を直轄化することに成功したのである。

久豊と伊集院氏・総州家の抗争が続く応永二〇年代、阿多氏の支配地域とみられる万之瀬《まのせ》川河口付近（鹿児島県南さつま市金峰町、同市加世田）には、応永二三年と同二六年の少なくとも二回、南蛮船が来航・着岸していることが指摘されている（黒嶋敏二〇一一b）。この南蛮船来航を九州探題渋川満頼に通報し、博多廻送に尽力したのが、伊作氏と対立していた阿多家久である。伊作氏の田布施領有と阿多氏との対立、島津久豊による調停と田布施直轄化は、南蛮船が恒常的に寄港していたこの地域の掌握を意図したものであったことは間違いない。

応永二八年九月には、伊集院頼久（道応）が樺山教宗と契状を交わして「可仰屋形之儀之事」を誓い、正式に伊集院氏が「屋形」＝久豊のもとに帰順する。[72] なお、伊集院頼久の娘は久豊の側室となっている（「島津氏正統系図」）。その時期は明確でないが、伊集院頼久の娘は応永三〇年（一四二三）に久豊四男有久（大島氏祖）を生んでおり、[73] この正式な帰順後まもなく縁組みも実現したのであろう。伊集院氏は本宗家当主の外戚という立場は失ったが、新たな姻戚関係成立により、本宗家に近い御一家という地位だけは確保したのである。

さらに、応永三〇年八月、久豊は入来院重長と契状を交わす。[74] 一条目に「広（荒）説共度〻候けるよし承及候、山田之陣之後、今日までにおゐて、失申候するたくミを仕たる事なく候事」とあり、ここに至っても両者の間に不穏な噂が流れていたようであるが、久豊は前出応永二六年の山田城攻撃以来、入来院氏攻撃の意図は無いと誓っており、薩摩国山北の安定化を望んでいたことがうかがえる。

十年におよぶ争乱の後、奥州家久豊の権力下に包摂された諸勢力をうかがえるのが、「福昌寺仏殿奉加帳」[75]である。この史料は、末尾に「永亨拾年之秋」とあるが、〔福島金治一九八八c〕が応永二九年（一四二二）前後のものと指摘したものである。長期にわたる争乱の終結により、島津本宗家当主としての地位を確立した久豊の主導で菩提寺福昌寺の仏殿造営が行われ、その権力下に包摂された各領主が寄進した銭・米・大豆の量を記録したものである。帰順した伊集院頼久や入来院重長をはじめとして、薩摩・大隅両国全域、日向国真幸院・庄内、同国山東より南の沿岸部まで、御一家・御内・国衆のほぼすべてが網羅されていると見られる。この争乱は、伊集院氏による奥州家権力の主導権奪取が頓挫しただけでなく、旧薩摩国守護家の総州家の衰退を早め、守護権力の奥州家への一本化、奥州家の求心力向上につながったのである。

なお、この争乱により、元久没後の幕府による薩隅日三か国守護職補任はしばらく留保されていた。応永二四年（一四一七）九月、将軍足利義持は、島津久豊に薩隅日三か国に対する宇佐弥勒寺造営の国役を課しており[76]、この時点で実質的守護と認めていることは確かである。さらに、年欠二月一一日付の管領畠山満家被官遊佐豊後守《助国》宛島津存忠（久豊）書状案には、「去年 上様三ヶ国安堵并官途、御釼・御鎧下給之条」とある[77]。畠山満家の管領就任は応永二八年八月なので、本状は翌二九年以降に比定され、足利義持は同三〇年三月に将軍を嫡男義量に譲っていることから、久豊への三か国守護職安堵は、応永二八年もしくは同二九年のことであろう。

〔福島金治一九八八ａ〕は、この正式な守護職補任を総州家排除の結果とみているが、ここで注目すべきは、先述の薩摩国阿多郡田布施をめぐる伊作久義と阿多家久の対立と、島津久豊による同地の接収である。総州家久世が切腹した直後の応永二三年（一四一六）四月、九州探題渋川氏の被官芥川愛阿は、伊集院頼久の叔父今給黎久俊と総州家被官石塚大和に対して書状を送り、「修理亮《（久豊）》不義之条、先度之目安、案文をうつしと、め候てのほせられ候、面目之至候」と記すとともに、「若又京都事大慶候ハ、、早々犬太郎殿御参可然存候」とも述べている。[78]〔黒嶋敏二〇一二ｂ〕は、この久豊の「不義」を総州家久世を自害に追いこんだ一件とし、総州家側が九州探題の取次によりこれを幕府に訴え、久世の遺児犬太郎（久林）の薩摩国守護職補任を目指したものと理解している。この総州家の訴えは、薩摩に来航した南蛮船の博多廻送とともに行われており、南蛮船の来航地＝万之瀬川河口付近が、伊集院氏・総州家勢力下にあったことを物語る。薩摩国守護職をめぐって紛争が起きていることを、幕府は知っていたことになろう。

応永二七年頃、ふたたび南蛮船が同地に来航したが、これを九州探題に通報した阿多家久の書状によると、「彼船《（南蛮船）》出津致用意候刻、匠作《（久豊）》大勢にて、去月廿三日此境寄来候あひた、馳向防戦仕候処、仍敵方数百艘以兵船、彼船可取之由、相工候事現形」と、島津久豊勢が南蛮船奪取のため攻め寄せ、結果として南蛮船は逃げてしまったと記している。[79]〔黒嶋敏二〇一二ｂ〕は、日明通交が断絶していた足利義持期、九州探題渋川氏を窓口とする琉球・南蛮ルートからの唐物流入を幕府が重視していたことを指摘するとともに、一連の流れから、島津久豊が南蛮船との交易を望んでいたこと、九州探題渋川氏と不和が生じていたことを指摘している。先述のように、応永二八年（一四二一）三月に伊作氏と和睦して阿多郡田布施を接収した久豊は、伊集院頼久の力も借りて、阿多郡・河辺郡全域を制圧する。総州家久林は河辺から山門院に退去し、今給黎久俊も知覧から退去、田布施を伊作氏と争った阿多家久は、久豊の御内になったという（「山田聖栄自記」）。幕府・九州探題にとって重要な南蛮船来航地である薩摩半島南部一帯は、それまで探題と連携していた総州家や伊集院氏ではなく、奥州家久豊の勢力下に組み込まれてしまったのである。

また、〔佐伯弘次二〇一〇〕は、応永二五年＝永楽一六年（一四一八）、明使呂淵が幕府から入京を拒否され帰国する際、島津久豊の支援を受け、久豊派遣の偽日本国王使も渡明したことを指摘するとともに、足利義持初期から島津氏と明使が関係を築いていたのではないかと想定している。

久豊が、実力で伊集院氏や入来院氏といった敵対勢力を帰順させたことに加え、当時の東アジア外交の生命線である薩摩半島南部を実効支配するに至り、日明通交の断絶時に明使と独自の関係をも築いていたという事実が、足利義持による正式な守護職補任につながったとみるべきであろう。

四、日向国山東の喪失と奪回への動き

島津久豊が鹿児島に入って奥州家家督を奪取し、伊集院氏らとの抗争が本格化する応永一九年（一四一二）九月、まるで伊集院氏と呼応しているかのように、伊東氏が日向国山東河南の島津領への進攻を開始する。伊東氏の記録である『日向記』によると、久豊の義兄にあたる伊東祐立《すけはる》（祐安長男）が土持氏と「同意」して、大淀川河口域南岸の拠点曽井《そい》城（宮崎市恒久）に立て籠もったという(80)。「山田聖栄自記」によると、曽井城主が久豊の聟であったといい、その曽井城を伊東氏が包囲したという。島津氏の山東支配の拠点穆佐城（宮崎市高岡町小山田）の留守を預かっていた樺山教宗・北郷知久の御内と高木・和田両氏らは、穆佐・白糸・細江・加江田の各衆を率いて曽井城救援（後巻）に出陣した。両軍は曽井城下の源藤《げんどう》（宮崎市源藤町）で交戦し、島津勢は大敗を喫する（曽井源藤合戦）。

伊東勢は、余勢を駆って穆佐城に攻め寄せ、その「西城」を焼き払ったという。ここに至り、山東の維持は困難と判断した樺山・北郷両氏は、久豊室とふたりの息子（のちの忠国・持久）を末吉（鹿児島県曽於市末吉町）に移し、穆佐院から撤退する。その結果、「夫より川北・河南一向伊東和州之計と成」ったといい（「山田聖栄自記」）、山東河南全域が伊東氏の支配下に入ったのである。

先述のように、応永二九年まで久豊は伊集院氏や総州家との抗争に明け暮れており、山東を救援する余裕はなかった。応永二五年正月、伊東祐立は「島津殿」と「一味同心」を誓っている[81]。『鹿児島県史料』は、この「島津殿」を久豊に比定する。これが正しければ、いったん久豊は、伊東氏との和睦を選択したことになろう。しかし、山東の地は久豊の家督継承を支えた樺山・北郷両氏らにとって重要な権益であり、久豊自身の基盤でもあった。山東撤退直後の応永一九年一一月二四日、久豊は樺山教宗と契状を交わし、「あるいハ御由緒、あるいハ於御本領而可被付御力事、不可有疎略」事を約し[82]、翌二五日には、「日向国於島津庄闕所出来候者、次第ニ可相計」ことを約している[83]。自らの妻子を救出した樺山氏への気遣いが感じられ、彼らに報いるためにも、久豊は山東を奪回する必要があった。

薩摩・大隅両国の安定化に成功した直後の応永三〇年（一四二三）、久豊は山東奪回に着手する。「山田聖栄自記」によると、久豊は、薩隅両国の軍勢をみずから率い、日向国櫛間・飫肥を領する野辺・飫肥両氏と連携して海上から日向灘沿いに北上するとともに、真幸の北原氏に命じて須木・野尻方面（宮崎県小林市）を調略させ、三俣両人（和田・高木両氏）には田野方面に出陣させた。同年年末、宮崎平野の南端加江田川河口に上陸した島津勢はそのまま駐屯し、翌応永三一年正月、山東河南南部の拠点加江田車坂城（宮崎市学園木花台南）を包囲する。加江田城救援（後巻）のため曽井・清武両城から出陣した伊東勢二・三千を、久豊はみずから隈野川（現在の清武川ヵ）で撃破し、たまらず加江田城の守将伊東安芸守は開城する。この結果、「近所ハ清武城より下北郷三百町、赤江川より此方ハ在家無ク候、加江田・隈野・木原辺寄々ハ田民とも方便を以被置候、何も先屋形之御断（料）所成」と、清武城《きよたけ》（宮崎市清武町加納）より南、赤江川（現在の大淀川）河口付近より南が再び島津領に転じたという。「応永記」によると、久豊は「山東ノ退治ハ可輙」と豪語して、いったん兵を引く。しかし、同年病を生じた久豊は、山東全域の奪回を果たさないまま、応永三二年（一四二五）正月二一日、鹿児島にて没する。

島津久豊自身、そして久豊を守護に擁立することに成功した日向国の御一家らにとっての悲願である山東全域の奪回は、穆佐城で誕生した久豊の嫡男貴久（忠国）に託されることとなった。

おわりに

本章では、今川了俊失脚後の島津奥州家の領国拡大過程を明らかにするとともに、奥州家権力の特質を分析した。

反島津方国人との抗争が続いた南北朝後期、薩摩国鹿児島郡から大隅半島に進出し、大隅国一国と日向国庄内・南部を領国化していた島津奥州家は、今川了俊の九州退去後、島津元久が薩摩国守護家島津総州家伊久と連携して、薩摩国山北の渋谷一族の追討を目指したが、まもなく奥州・総州両家の関係は悪化していく。島津元久期の奥州家は、大隅・日向両国に基盤をもつ御一家・御内と、薩摩半島を基盤とする伊集院・伊作両氏、このふたつの勢力が車の両輪のようにこれを支えていた。伊集院氏は元久の外戚であるとともに、当主頼久は元久の妹を室として重縁を結んでいた。奥州・総州両家の関係悪化により、伊集院氏は薩摩国河辺郡、伊作氏は同国阿多郡・加世田別符へと進出し、敵対していた渋谷一族の入来院氏も元久方となり、結果的に奥州家の薩摩国支配が進んでいく。一方、大隅・日向両国を基盤とする御一家は、日向国庄内の樺山氏らを中心に同国山東（宮崎平野）進出を主導して、山東河南（大淀川以南の宮崎平野）の大部分を勢力下に置き、元久もこれを追認した。こうして、応永六年（一三九九）ごろから同一〇年ごろにかけて、〝薩摩閥〟と〝大隅・日向閥〟それぞれの主導により、東西に奥州家領国は拡大していった。

折しも対明通交を目指していた足利義満は、倭寇禁圧と対明通交の実績のある島津氏を統制下におくため、応永一一年（一四〇四）、元久に大隅・日向両国守護職を安堵する。同一四年に総州家伊久が没すると、総州家の影響力は低下し、同一六年、元久は薩摩国守護職にも補任され、薩隅日三か国守護職は、奥州家元久のもとに統一される。

奥州家元久の養嗣子となっていた総州家伊久の子久照が応永七年に退去して以後、伊集院頼久の子初犬千代丸が元久の養嗣子となっていたようであるが、応永一八年（一四一一）に元久が没すると、その後継をめぐって奥州家を支えてきたふたつの派閥の対立が表面化する。大隅・日向両国を基盤とする御一家・御内は、伊集院氏ではなく御一家佐多氏を母とする元久の異母弟久豊を擁立し、伊集院初犬千代丸の家督相続を阻止する。総州家と連携した伊集院氏と久豊方の抗争は一〇年に及んだが、応永二九年（一四二二）までに抗争は久豊方の勝利に終わり、総州家は薩摩国から退去し、奥州家の島津本宗家としての地位が確立する。

ただ、島津久豊の政権基盤が元久期から大きく変化したわけではない。応永二八年三月には伊作勝久と、同年九月には伊集院頼久と和睦しており、久豊は頼久の娘を側室に迎えている（「島津氏正統系図」）。さらに、応永三〇年には入来院重長とも契状を交わしており、総州家を徹底して排除する一方で、薩摩半島の有力御一家・国衆とは盟約を結んだのであり、〝薩摩閥〟と〝大隅・日向閥〟の両方に基軸を置く政治構造はそのまま維持されたのである。

しかしその一方で、久豊擁立を図った日向国庄内の御一家にとって重要な経済基盤である同国山東が、薩摩での抗争が激化していた応永一九年、久豊の義兄伊東祐立によって奪われてしまう。奥州家久豊・貴久（忠国）父子にとって、山東奪回は最重要課題として残されたのである。

応永三二年（一四二五）正月に久豊は没するが、嫡男貴久への家督継承はスムーズに進んだようである。父の死没から七か月後の同年八月二八日、貴久は足利義持から薩隅日三か国守護職に補任される(84)。権力を継承した貴久には当然、父久豊の宿願である山東奪回が強く求められた。伊東氏の『日向記』によると、貴久は永享四年（一四三二）と同六年の二度にわたって大規模な山東進攻を実施している。しかし、こうした山東奪回への執着は領国統治のバランスを崩し、薩摩国「国一揆」勃発の遠因となってしまう。それは結果として、島津氏領国全域を巻き込む未曾有の争乱を招くこととなる。

註

（1）『島津家文書』六九号。
（2）『島津家文書』七〇号。
（3）「山北」とは、中世における薩摩国北部の地域呼称。薩摩山（鹿児島県いちき串木野市薩摩山）より北方を指す。
（4）朝河貫一著書刊行会編『入来文書』（日本学術振興会、一九五五年）所収「入来院氏系図」。
（5）『鹿児島県史料集Ⅶ』所収（鹿児島県立図書館本）。
（6）『入来文書』「入来院家文書」二〇二号。

(7)『入来文書』「入来院家文書」一五七・一九三号。

(8)「京都不審条々事書」(「祢寝文書」四〇五号)。

(9)『旧記前』二―五五〇の3号。

(10)鹿児島県立図書館所蔵本。同本は、天保一五年(一八四四)五月、伊地知季安が吉村九郎助所蔵本を底本に、諸本を校合して作成したもの。その奥書の前には、次のような記述がある。

此本書者、御当家十代御屋形竜雲寺殿立久様之為御重物与彼御寺被籠置事承伝令拝見候之處、私家者共別而致忠節之由文章依有之、末世之為備後鏡住持尊老混望申請致書写候者也

元和二年丙辰十一月大吉祥日　長谷場越前入道純斎

同十郎兵衛門尉殿参

もともと本史料は、島津本宗家十代立久(一四三二~七四)の重物として、その菩提寺竜雲寺に所蔵されていたものを、戦国末から近世初頭の島津氏家臣長谷場宗純(純斎、一五四七~一六二四)が書写し、元和二年(一六一六)に嫡男十郎兵衛尉実純に残したものであることがわかる。原本が島津立久の重物であったというのが事実ならば、その成立は一五世紀中期以前ということになり、応永年間からまもなく作成されたと推測される。なお、本史料は、『旧記雑録前編』にも分割収録されている。

(11)『旧記前』二―五五七号。なお、応永四年二月二八日、総州家伊久は二階堂行貞に対し「薩摩国入来院之内、渋谷刑部少輔入道定順跡本領地」を預け置き(『旧記前』二―五六三号)、同日付で伊作久義に対しては「薩摩国東郷之内、渋谷薩摩入道重佛(東郷重信ヵ)本領地」を預け置いている(『旧記前』二―五六四号)。この時期、入来院・東郷の渋谷一族領を制圧し、闕所地化していたのである。なお、翌応永五年のものとされる年欠正月一四日付の奥州家元久宛総州家伊久(久哲)書状写(『旧記前』二―五九八号の2)には、「渋谷一族多年挿野心候間、去年以御合力加退治候畢」とある。また、元久の合力については、応永二年(一三九五)八月二八日、元久が諏訪社に出した寄進状に「渋谷発向砌也、遂弓箭素懐加対治者、在国之跡田代貳丁可寄奉也」とあることから裏づけられる(『旧記前』二―五五一号)。

(12)この重宝が実際に奥州家に相伝されたことは、目録上確認されている(五味克夫二〇一四a)。

(13) この女性が総州家の誰の子なのか、現存する系図でははっきりしない。おそらく、伊久の妹か娘であろう。
(14) 島津忠経を祖とする伊集院・町田両氏の系図は、特に鎌倉期の部分について「後年の整備を経ている感が強」く、「信をおけぬ点が少なくない」と〔五味克夫一九六九〕が指摘している。
(15) 伊集院忠国の宮方としての軍事行動は、延元二年（一三三七）三月の「守護町」襲撃（『旧記前』一―一九一三・一九一四号）以来、多くの史料で確認できる。また、懐良親王が薩摩に下向した興国三年（一三四二）に作成された「御感綸旨所望輩交名」（『旧記前』一―二五八三号）にも、「持一城輩」として「島津長門入道道忍（忠国）」が見える。
(16) 尚古集成館本は、『島津家資料 島津氏正統系図』（島津家資料刊行会、一九八五年）として全文翻刻されている。
(17) 『三国名勝図会』巻之五、『旧記前』二―五三〇号。
(18) 『島津家文書』六一八号。
(19) これ以前から伊作氏は加世田別符に所領を有しており、永和元年（一三七五）一〇月と明徳四年（一三九三）一一月に「別符半分知行目録」が作成されている（『島津家文書』五七七・五七九号）。別府氏との紛争は、加世田別符内における所領境をめぐるものだった可能性もあろう。
(20) 『旧記前』二―五九八号の2。
(21) 『島津家文書』五八四号。
(22) 『島津家文書』五八五号。
(23) 『宮崎県史叢書三 日向記』（宮崎県、一九九九年）所収。伊東氏を中心とする日向国の編年史。永禄年間（一五五八～七〇）の初めに編纂されたのち、近世初頭に増補・修正が加えられた。
(24) なお、応永三年（一三九六）六月まで日向に在国していた「今河」とは、了俊召還後も足利義満から日向国人の「成敗」を命じられていた今川氏兼（『家わけ一』「祢寝文書」四一九・四二〇号）、もしくは同元年（一三九四）に庄内梶山城を攻略した了俊の四男今川貞兼であろう（「山田聖栄自記」）。
(25) 『宮崎県史叢書三 日向記』六一頁。

(26) 『家わけ五』「樺山文書」四五号。
(27) 『家わけ五』「樺山文書」四七号。
(28) 『家わけ五』「樺山文書」四四号。
(29) 『旧記前』二―六五八号。
(30) 『旧記前』二―六五七号。
(31) 『島津家文書』二七二号。
(32) 『太宗実録』巻九〇（『中国・朝鮮の史料における日本史料集成』明実録之部一、国書刊行会、一九七五年）。
(33) 〔村井章介二〇〇三〕一八八～一九二頁、〔橋本雄二〇一〇〕。
(34) 『旧記前』二―七二七号。同書には「写有之」とあるが、現在島津家文書にこの写は確認できない。
(35) 『島津家文書』六九号。大日本古文書は、なぜか本文書を「足利義満安堵下文」とする。
(36) 『旧記前』二―七〇七号。
(37) 『入来文書』「入来院家文書」三四号。
(38) 『入来文書』「入来院家文書」三六・二七号。
(39) 『旧記前』二―五一一号。
(40) 年欠九月日付島津陸奥守（元久）宛足利義満御内書（『島津家文書』六七号）。なお、元久の「陸奥守」自称は、応永三年（一三九六）一二月三日付島津元久定書（『旧記前』二―五七四号）を初見としている。
(41) なお、応永一五年（一四〇八）一〇月八日、元久（これ以前に出家して「玄仲」と名乗る）は、種子島清時に「薩摩国内屋久・恵良部両島」を給与するとともに、相互扶助を誓う契状を交わしている（『家わけ四』「種子島家譜」五・六号）。さらに同月一一日、今度は祢寝清平と「一味同心」を誓う契状を交わしている（『家わけ一』「祢寝文書」二〇六号）。硫黄島を含む薩摩半島と種子島・屋久島間の制海権をもつ種子島氏と、大隅半島南部海域の制海権をもつ祢寝氏を懐柔する目的があったことは間違いないだろう。

(42)『島津家文書』七〇号。
(43)『旧記前』二―八〇〇号、「山田聖栄自記」。なお、元久上洛時に持参した「唐物」については、〔関周一二〇〇二〕の詳細な分析がある。なお、上洛時の大量の「唐物」献上は、南九州が南海貿易の拠点であることをアピールし、日明通交への影響力をも示す一種の示威行動だったとも解される。
(44)このときの樺山氏当主教宗の異母妹は、「佐多大夫」（久豊に随行した佐多元忠ヵ）に嫁いでおり、佐多・樺山両氏は姻戚関係にあった。
(45)『家わけ五』「山田文書」一二九号。
(46)『旧記前』二―八〇〇号、「山田聖栄自記」。
(47)『宮崎県史 史料編 中世二』所収「東霧島神社文書」一号。
(48)『家わけ五』「樺山文書」五六号。
(49)『家わけ五』「樺山文書」五七号。
(50)『家わけ五』「山田文書」一三〇号。
(51)『家わけ五』「山田文書」一三一号。
(52)『家わけ五』「樺山文書」五八号。
(53)『家わけ五』「樺山文書」五九号。
(54)『家わけ五』「山田文書」三〇一号。
(55)『家わけ五』「山田文書」一三二号。
(56)『旧記前』二―八四九号。なお、〔福島金治一九八八a〕は、これをもって久豊家督継承の証としている（同書一五頁）。
(57)『家わけ五』「樺山文書」六七・六八号。
(58)『家わけ五』「樺山文書」六九・七〇号。
(59)『家わけ五』「樺山文書」七七号。

(60)『家わけ二』「祢寝文書」二二一号。
(61) 伊作久義の娘＝勝久の妹は、総州家久世の室となっている（「島津氏正統系図」）。
(62)『旧記前』二―八九四号。
(63)「山田聖栄自記」によると、山田玄威は久豊の鹿屋進攻で奮戦し、その功績により、市成と薩摩国山田之内上別府を安堵されたという。実際山田文書には、応永一八年一一月一八日付の二通の久豊安堵状が残されている（『家わけ五』「山田文書」一三三・一三四号）。よって、この鹿屋城をめぐる攻防は、この直前のことと判断される。
(64) 現在の鹿児島県霧島市福山町の「亀割坂」より北を指す地域呼称。大隅国中南部、日向国庄内を指す。
(65) 応永一八年一一月に敵対していた肝付兼元は、応永二三年二月には、久豊らと犬追物に興じている（『旧記前』二―九四六号）。これ以前に和睦したのであろう。
(66)『入来文書』「入来院家文書」一四二号。
(67)『島津家文書』五九八号。
(68) 応永一八年九月、総州家久世から「薩摩之国莫祢院一曲」を宛行われている（『入来文書』「入来院家文書」四一号）。
(69)『家わけ五』「樺山文書」八九号。
(70)「応永記」、『諸氏系譜』三所収「新編島津氏世録支流系図」伊久一流。
(71)『島津家文書』五九九号。なお、応永二八年に比定される年欠二月二三日付樺山教宗宛島津存忠（久豊）書状（『島津家文書』五九七号）は、「伊作殿へ身之意趣之事、如此申承候上ハ、取合後今度之意趣不可相残候」と、仲介者である樺山氏に伊作氏の身上保証を誓っている。ただ、このように誓った久豊であったが、翌年伊作久義が弟十忠に謀殺されると、伊作氏への「遺恨」により久義の嫡子勝久まで他国に追放している（『諸氏系譜三』八七頁）。
(72)『家わけ五』「樺山文書」九〇号。
(73)『諸氏系譜』三所収「新編島津氏世録支流系図」大島氏一流。
(74)『入来文書』「入来院家文書」三九号。

(75)『旧記前』二―一二二三号、『家わけ九』「志布志野辺文書」一一号。
(76)『旧記前』二―九六二号。
(77)『旧記附録』一―五八二号。なお、本状によると、久豊は「御礼計御太刀一腰」を進上しており、年欠九月二日付足利義持御内書（『島津家文書』七三号）にその御礼がみえることから、〔福島金治一九八八a〕は、「三ヶ国安堵并官途」も義持から下されたものと判断している。首肯すべきであろう。
(78)『島津家文書』六二二号。
(79)『家わけ七』「阿多文書」一二号。この戦いは、島津久豊の合力を受けて阿多家久と合戦に及んだ伊作久義が、田布施南方の貝柄崎（南さつま市金峰町宮崎）を攻めて敗北したと記す「山田聖栄自記」（文明一四年三月執筆分）の記述に対応するものであろう。なお、『島津国史』はこの戦いを応永二五年（一四一八）二月のこととしている。
(80)『宮崎県史叢書三 日向記』六一頁。
(81)『家わけ五』「樺山文書」八七号。
(82)『家わけ五』「樺山文書」七六号。
(83)『家わけ五』「樺山文書」七八号。
(84)『島津家文書』七二号。

第2部

一五世紀中期の領国内争乱とその影響

第一章　永享・文安の薩摩国「国一揆」
―薩摩国山北国人の反島津闘争―

はじめに

永享四年（一四三二）、島津忠国(1)（貴久）は父久豊の宿願であった山東制圧を目指して大軍を派遣し、同年六月、伊東祐立《すけはる》の居城都於郡《とのこおり》（宮崎県西都市鹿野田）と六野原（東諸県郡国富町八代北俣）の間に布陣する(2)。しかし、これとほぼ同時期、反島津方国人による「国一揆」が勃発する(3)。

当初、守護島津氏＝島津本宗家は、この「国一揆」に対して軍事的劣勢に追い込まれた上に、当主忠国とその弟持久(4)（好久）の間で主導権争いが起こるなど、その領国支配は危機を迎える。しかし、島津氏はこの争乱を幕府の支持等によって克服し、最終的には一揆方国人の多くを滅亡あるいは弱体化させることに成功して、領国支配を強化する上での大きな障害を克服したとされている（稲本紀昭一九六八、郡山良光一九六九）。すなわちこの「国一揆」と、それへの島津氏の対応は、室町期南九州政治史および当該期島津氏の領国支配における大きな画期となったといえよう。

しかしながら従来の研究では、「国一揆」そのものの実態について十分な検討がおこなわれず、その主体勢力・存続期間等の基本的事項についても未だ定説をみていない。

本章では、室町期南九州において、「国一揆」を契機とした一五世紀中期の政治的混乱がいかなる意味をもつのかという問題関心のもと、まず、この永享四年に始まる「国一揆」そのものの実態を明らかにしていく。

第一節では、「国一揆」の存続期間と主体勢力を検討し、第二節では、「国一揆」を南北朝期に始まる反守護島津氏方国人の抵抗活動のなかに位置づけ、その結集要因・蜂起の政治的背景を明らかにしていく。

第一節　「国一揆」の再検討

一、先行研究

まず、「国一揆」に関して言及のある先行研究を整理し、その問題点を明らかにしておく。

〔稲本紀昭一九六八〕は、「残念ながらこの国一揆についての史料は殆どない」と断じながらも、永享四年に島津氏（忠国・持久兄弟）が契状を交わした領主および知行宛行状を発給した領主を列挙し、「これらの在地領主は、南薩と大隅国に分布することからみて、薩摩中部・北部がその中心地であったと推測されるが、一揆の主体については不明である」としている。

〔郡山良光一九六九〕も、この「国一揆」について、「何ら具体的な史実を知ることはできない」としながらも、「国一揆」勃発の背景について、「忠国以後、守護の領国支配を徹底させるためには、在地領主層に久豊以上の圧力が加重され、当然彼らが国一揆を結んで反発したことは考えられる」と推測している。また、「国一揆」の終息時期についても言及しており、これを文安五年（一四四八）の島津忠国・持久兄弟の和睦時においている。

最後に、〔福島金治一九七七〕〔福島金治一九八八ａ〕の見解である。福島説の最大の特徴は、「国一揆」の主体と性格を『満済准后日記』の記事（史料②、次項で検討）を中心に検討した点にある。その主張を要約すれば、〝「国一揆」＝対外貿易権の獲得を主眼とした島津氏と伊集院氏の抗争〟ということになる。つまり、「国一揆」の主体は伊集院氏であり、当然「国一揆」終結の時期も伊集院氏が帰服した永享八年（一四三六）六月[5]と判断し、この一揆を「永享国一揆」と名づけている。また、伊集院氏以外の「国一揆」の構成員については、「山田聖栄自記」[6]文明二年三月五日執筆分の忠国期についての記述（史料①、次節で検討）に、「征伐せらるゝかた〳〵」として列挙してある国人こそ、伊集院氏の与同勢力であるとしている。

以上、研究史を概観してきたが、諸氏の見解には若干の食い違いが見られる。そのひとつが「国一揆」の終息時期であり、郡山良光氏が文安五年としているのに対し、福島金治氏は永享八年としている。この違いは、両氏の「国一揆」の主体・性格に対する見解の相違に基づくと考えられる。すなわち、郡山氏は、この時期の政治的混乱（「国一揆」および島津忠国・持久兄弟の内訌）が、いずれも守護支配に抵抗する国人を主体とするものであると認識し、島津忠国・持久兄弟の内訌を、「国一揆」と同一線上で捉えようとしたのである。一方、福島氏は、「国一揆」をあくまでも対外貿易権をめぐる島津氏と伊集院氏およびその与党との抗争であると認識しており、これと忠国・持久兄弟の内訌は区別して考えているようである。

また、「国一揆」の構成員という点では、稲本氏と福島氏との間にも違いが見られる。稲本氏は、「国一揆」の中心を薩摩国中部・北部に限定しているのに対し、福島氏は、「国一揆」の構成員＝「山田聖栄自記」の「征伐せらるゝ、かた〳〵」としている。その分布は薩摩国にとどまらず、大隅・日向両国にまで及んでおり、この中には稲本氏が島津氏与党と見なした高木氏も含まれているのである。

このように、永享四年に蜂起した島津領国内の「国一揆」については、主体勢力・存続期間といった基本的事項に関しても未だ定説をみていない。このような混乱に終止符を打つべく、次節においては関係史料を再検討していく。

二、「国一揆」関係史料の再検討

そもそも、近世成立の家譜・編纂物以降、永享四年（一四三二）に始まる反島津方国人の蜂起を「国一揆」と称しているが、同時代史料において「国一揆」という表現を用いているものは、「国一揆」終息からしばらく後のものと考えられる、年月日欠肝付河内守宛山田聖栄（忠尚）書状[7]と、島津立久の覚書とみられる史料[8]のみである。前者では、「国一揆」そのものについては何も語っていないが、差出人の山田聖栄自身がこの「国一揆」について記した記録が存在する。それが「山田聖栄自記」である。

本史料は、「島津氏一族であると共に、有力な家臣の一人」[9]でもあった山田忠尚（聖栄は入道名）の自筆の記録であり、次に抜粋した部分は文明二年（一四七〇）、聖栄七三歳の時に書かれたものであり、逆算すると「国一揆」が勃発した永享四年は聖栄三八歳の時ということになる。すなわち、忠国代はまさに聖栄が政権の中枢に参画し得た時期ということになり、この時期に関する記述はある程度の信憑性が認められよう。

【史料①】

一[A]忠国三ヶ国悉静謐す、[B]次国一揆之事も此代ニ有り、[C]征伐せらるゝかた〳〵一家ニは伊集院殿、国方ニおひてハ別府・和泉・平山一家不残牛山一族悉、坂より上に八和田・高木・飫肥・櫛間・南郷・梅北、いつれも此方之跡御料所として御一家御内に御配分有り、阿久根も此時失われ候、D難儀御合戦之次第、ミつへ・河田・指宿・鹿児島はやはか原、伊作合戦知覧大寺討死、てうさ《(帖佐)》、ひしかり《(菱刈)》自身太刀打候、三俣合戦之時、新納四郎三郎殿、同大崎方其外数十人打死、山東すた《(須田)》木之合戦ニは一家に北郷右京亮との、椛山次郎との打死候了、他国おひてハ肥州つなき《(津奈木)》合戦に菊池に対数十人宗徒之者打死ス、

この箇条は、傍線部Aで島津忠国代に「三ヶ国」＝薩摩・大隅・日向の政治的混乱が収まったこと、Bで忠国代に「国一揆」が勃発したことを述べ、Cで「征伐せらる、かた〳〵」を列挙、Dで「難儀御合戦」とその戦死者を列挙する、という構成になっている。

Bから、忠国代に「国一揆」が勃発したということは確実であるが、問題はC・Dが忠国期全体の事象を指すのか、あるいは「国一揆」存続期間のみの事象なのかという点である。福島氏は後者と解釈し、Cの「征伐せらる、かた〳〵」を「国一揆」の主体である伊集院氏の与同勢力と判断している。しかし、この解釈には疑問が生じる。先述のように、福島氏は「国一揆」終息時期を伊集院氏が帰順した永享八年六月としているが、「征伐せらる、かた〳〵」の内和田・高木の両氏は、永享七年一〇月一四日に島津忠国を支持する旨を約した起請文に樺山・北郷・新納といった御一家と共に連署しており[10]、明らかに島津方国衆と判断される。また、高木氏は「国一揆」勃発とほぼ同時期の永享四年七月一三日、忠国方として出陣中の樺山孝久から後事を託されており[11]、当初は島津忠国方であったことも確認できる。そして、福島氏の解釈によればDに列挙されている合戦も「国一揆」方とのものと判断されるが、「肥州つなき（津奈木）合戦」は後述のように、明らかに文安五年（一四四八）以降に起きた合戦である。

以上のように、C・Dの記述が永享年間のみの状況を記したものでないことは明らかである。では、C・Dの記述はどのように理解すべきか、これについては二つの想定ができる。一つは、C・Dは「国一揆」の主体勢力およびこれとの合戦を記したものではなく、忠国期全体で起きた合戦と、これによって「征伐」された国人を列挙したものである。もう一つは、「国一揆」の主体勢力およびこれとの合戦を記したものではあるが、それは永享年間で終結するものではなく、文安五年以降も存続していたという想定である。いずれの想定が正しいのかは、最後に結論を出したい。

続いて、〔福島金治一九八八ａ〕が重視する、『満済准后日記』[12]永享四年七月一二日条の記述を検討する。

【史料②】

（前略）次今度就唐船事A島津庶子惣領、自去比島津庶子伊集院卜合戦、B島津惣領大略及難儀、C仍唐へ可被渡硫黄、去年以来被仰島津十五萬斤用意處。及庶子惣領合戦之間、無覚束被思食間、禅僧号瑞書記ト此間自九州令参落也、重今明可被下遣、仍此僧申請旨島津庶子惣領方へ御教書硫黄令奉行可渡瑞書記云々事事等申、（後略）

本史料の記述が、「国一揆」方と島津氏との合戦についてのものであることは、時期からみて間違いないだろう。また、傍線部Ａ・Ｂから、島津惣領（忠国）と伊集院氏が合戦に及び、忠国方が不利な戦況となっていること、そしてＣから、この合戦により幕府が島津氏に対して命じておいた、遣明船載用の硫黄一五万斤の調進がおぼつかなくなっていることもうかがえる。

確かに、島津氏による硫黄の調進が滞っているのは、敵対した伊集院氏が硫黄の生産地である硫黄島《いおうじま》（鹿児島県鹿児島郡三島村）および、その流通拠点と考えられる河辺郡内の要港（坊津・泊津）を実効支配していたためであり[13]、硫黄の生産地および川辺郡内の要港を押さえたものが、対外貿易あるいは幕府との交渉で有利に立つことも明らかであろう。(14) しかしながら、これらの事実からは伊集院氏が「国一揆」に参加した目的は推測できても、この一揆が「国一揆」と称される程の広域的な反守護闘争に至った理由については、何の手掛かりも得られないのである。

第九次遣明船は、この年八月に出航をひかえていた。本史料からうかがえる幕府（三宝院満済）の関心は、「渡唐船用硫黄の調達」の一点のみであり、その障害となる伊集院氏と島津氏の対立・抗争だけがクローズアップされているのではないだろうか。当時の幕府の九州への関心は、永享三年（一四三一）六月、大内盛見討死以降の北部九州での争乱(15)と、この渡唐船用硫黄の調進のみであった。永享四年九月五日、幕府は「若有子細者、追就注進可被経御沙汰」という条件を付け、伊集院熙久・島津忠国双方に停戦を命じている。(16) 北部九州の安定化と硫黄確保のためには、南九州の争乱は好ましい状況ではなく、幕府は早期の収拾を図ろうとしたのであろう。

これをうけて伊集院熙久は、永享五年冬から幕府に提訴に及ぶ。しかし、これに対する三宝院満済の対応は、「島津庶子号イシウ院ト旧冬以来上僧事在之、何様可仰遣彼方、且此由等可有御披露云々」と、極めて消極的なものであった。(17)

このように考えると、本史料のみから「国一揆」の主体勢力や目的を推測するのは不可能と判断せざるを得ない。そこで注目したいのが、次に掲げる「酒匂安国寺申状」の記述である。

【史料③】

一 A先年御敵被申候国之めん〳〵の儀更ニくつろかす候之間、B若か様ニ御計候ハ、かハるへ(く)んもや候しと御了簡候てそ先国之事好久(持久)御計候へ、貴久(忠国)ハ暫御隠居にて事のやうを御らんせらるへきにて如此御計候処、C無幾程面々御方ニ被進候あひのこり候方にハ御勢を遣候間、南方より牛屎ひか(し脱カ)り四ヶ所の中まで御退治候、D武は急なれと申候、いかようの時節にてこそ候へ、なとや是程きほひ候時分五日さゝへ候て御もミしかハ四ヶ所皆々惣なミの事にて候之間走行へきにて候しをうちすてて御帰之間、事のひ候て今までさゝへ候、（後略）

「酒匂安国寺申状」は、かつて島津氏重臣であった「酒匂安国寺」なる人物が、永享年間に守護忠国の弟持久の求めに応じて島津家の歴史・家臣団の由緒、そして当時の政治情勢をふまえた上での政策提言をおこなったものであり[18]、永享年間の政治情勢を知りうる格好の史料といえよう。

傍線部Aの「先年御敵被申候国之めん〳〵の儀」とは、まさに「国一揆」のことを指すと考えられる。「国之めん〳〵《（面々）》」とは、「国衆」・「国方」とも呼ばれる島津氏領国内の身分呼称であり（本書序章）、「国一揆」の主体が、こうした勢力であったことが確認できるとともに、「更にくつろかす候之間」とあるのは、「大略及難儀」とした『満済准后日記』の記述（史料②―B）と一致する。

続いて傍線部Bは、「国一揆」対策に失敗した守護忠国が事態を打開するため隠居し、「国之事」を弟好久（持久）に委譲したことを記しており、そして傍線部Cのように、最終的に持久による軍事征討がおこなわれ、最後まで帰順しなかった「国一揆」勢力が「退治」されたとしている。

ここで注目したいのが、持久の軍事征討を受けた地域である。「南方」とは前出河辺郡を含む薩摩半島中・南部のことであり、伊集院氏の支配地域を指す。「牛屎」とは薩摩国北端の牛屎院《うしくそいん》（鹿児島県伊佐市大口）、「ひしかり」とは牛屎院に東隣する大隅国菱刈院（鹿児島県伊佐市菱刈）のこと、「四ヶ所」とは川内川流域に蟠踞する渋谷一族の四氏（入来院・祁答院《けどういん》・高城《たき》・東郷）を指している。これらの地域の「国之面々」と呼ばれた有力国人が、最終的に持久の軍事征討を受けたということは、まさに彼らこそが「国一揆」の主体勢力であったと判断されるのではないか。

永享四年に蜂起した「国一揆」の主体勢力は、薩摩国「南方」を支配する伊集院氏に加えて、同国「山北」の渋谷一族・牛屎氏、そしてこれに隣接する大隅国の菱刈氏が中心であったと考えられよう。また、この結論は、「国一揆」の中心を薩摩国中部・北部とみる〔稲本紀昭一九六八〕の見解とも一致する。史料③の記述と稲本説を合わせて考えれば、「国一揆」の主体が伊集院氏と薩摩国山北の有力国衆であることは、より明白となろう。[19]

本史料中もうひとつ注目されるのが、傍線部D、すなわち持久による軍事制圧の最終段階である渋谷四ヶ所への軍事侵攻について述べた部分である。地理的に考えると、持久の軍事侵攻はまず伊集院氏の支配地域（薩摩国南方）、次いで薩摩国「山北」へと進んでいったと考えられる。だとすれば、この部分は伊集院氏が帰順した永享八年（一四三六）六月以降の状況についての記述と考えられる。いささか難解ではあるが解釈すると、「『武は急なれ』と申します。どのような状況でもこれほど士気があがっているのであれば、五日間我慢して力押しすれば、渋谷四氏などは一挙に敗走するでありましょう。ところがあなた（持久）は、これを打ち捨て（鹿児島に）お帰りになってしまったので、事態は延引し、今に至るまで敵は持ちこたえております」といったところになろう。すなわち、島津持久は渋谷氏の支配地域に進攻しながらも、結局完全制圧できないままに帰陣してしまったのである。

前述のように、福島金治氏は、永享八年の伊集院氏帰順により「国一揆」は終結したと判断したのであるが、本史料から「国一揆」勢力の全てが制圧されたのではないことが明らかとなった。では、この残存勢力はその後どのような行動をとったのだろうか、次項で検討していきたい。

三、文安年間以降の「国一揆」

（1）康正元年の室町幕府御教書

永享「国一揆」の中心人物伊集院熙久の帰順から二〇年後、幕府は、日向国庄内の国衆和田氏に対し、次のような御教書（管領細川勝元奉書）を発給している。

【史料④】康正元年（一四五六）一〇月二六日付室町幕府御教書[20]

（封紙ウハ書）
「和田殿（正存カ）　右京大夫（細川）勝元」

島津陸奥守忠国有謀叛之企由、連〻被聞召処、分国中之国人等数輩令退治、剰乱入肥後国、仍加治罰訖、早令合力島津上総入道祐貞、而可討戮忠国也、戦功不可過之故、恩賞地可任望、依仰執達如件、

康昌（正）元年十月二十六日　右京大夫（細川勝元）（花押）

和田殿

内容は幕府に対して「謀反之企」があった島津忠国を退治するよう命じたものである。問題となるのは、「謀叛」とされた忠国の行動である。傍線部のように忠国は「分国」内の国人に対する大規模な軍事征討をおこない、さらに肥後国にまで「乱入」したとされ、この行動が「治罰」を加えられる理由となっている。

この時期、幕府が南九州の紛争に介入することは希であり、忠国の軍事行動が極めて大規模であり、且つ他地域への影響も甚大であったことがうかがえる。しかしながら、この時期の忠国の軍事行動については一次史料が皆無に近く、近世以降の編纂物においてもほとんど触れられていない。そこで、まず忠国による「分国中之国人等数輩」の

「退治」についてその実態を明らかにし、この御教書が出された意味を考えてみたい。

この問題を考える場合重要になるのが、幕府の支持する「島津上総入道祐貞」なる人物の存在である。この人物は他の一次史料では全く確認できず人物比定が難しいが、「上総入道」とあることから、かつて薩摩国守護職を相伝していた島津総州家（本書第１部第三章参照）の血筋のものと思われる。総州家の嫡流は、永享二年（一四三〇）一一月に久林（久世嫡男）が殺害されて断絶するが（「島津氏正統系図」[21]）、これ以降は忠朝を祖とする相馬氏の一流が主に上総介を称しているようである。まず、「新編島津氏世録支流系図」の「相馬氏一流」[22]の中から、永享～康正年間にかけて活動していたことが明らかな人物四人の系譜書きを列記する。

○忠氏（忠朝長男）

・鹽房丸　彦二郎　三郎兵衛尉『左衛門尉イ』

・明徳二年（一三九一）辛未、於大姶良八幡城誕生、佗腹、

・文安二年（一四四五）乙丑九月一日、於肥之後州山鹿荘死、年五十五、

　法号心翁了性、謚号瑞龍寺、

○忠長（忠朝三男）

・三郎左衛門尉　上総介　母二階堂某女

・初薙髪名繁蔵主、伊集院広済寺之為住持、後還俗如斯也、

・山北四个所一揆之時、渋谷党立忠長於大将、為謀略致合戦之際、我軍敗欲退渡祁答院虎居川、則櫓折楫摧、悉沈渡舟、與諸卒倶溺死也、

・法号了嶽常智、

○伊忠（忠朝四男）

・彦三郎　左衛門尉

・応永十年（一四〇三）癸未八月三日誕生、母與忠長同

・十有五歳之時、従兄久世為　太守所圍、而自殺、伊忠将殉、則上野加賀守強以諫之、故得全命、而遁身於求麻、其後赴洛陽歴年月、嘉吉元年（一四四一）辛酉六月廿四日、赤松満祐弑　大樹義教卿、越京師一乱、同七月十八日、於権大納言義嗣（義勝カ）公旗下、遂戦死矣、年卅九、法号義翁道忠、

○忠成（忠氏長男）

・彦二郎　山城守　初号相馬

・永享十一年（一四三九）己未十月二日誕生

・永正八年（一五一一）辛未四月四日死去、年七十三、法号久嶽良椿、

島津総州家は、応永六年（一三九九）から大隅国守護家である奥州家と対立、抗争を続けていたが、応永一六年（一四〇九）、奥州家元久が薩摩国守護職に補任されて以降劣勢となり、応永二九年（一四二二）守久の時に肥前国に出奔している。しかし、忠氏・伊忠の系譜中の傍線部から、没落した総州家の一部が肥後国に逃れ、菊池氏あるいは相良氏の庇護を受けていたことがうかがえる。総州家嫡流の久林が、相良氏と関係の深い北原氏領の日向国真幸院徳満城（宮崎県えびの市東川北）で討たれたこともこれを裏づけよう（「島津氏正統系図」）。

次に仮名・官位に着目したい。異説に従えば、忠氏は島津家惣領代々の仮名である「三郎左衛門尉」を名乗ってい

る。総州家の嫡流久林亡き後、肥後在住のままその名跡を継いだのだろう。そしてもうひとり「三郎左衛門尉」を名乗るのが、薩摩国伊集院広済寺の住持であった忠長である。おそらく忠長の還俗・「三郎左衛門尉」襲名は、兄忠氏が没した文安二年（一四四五）以降であろう。また、忠長は総州家惣領が世襲した「上総介」も称している。上記の該当者四人のうち「上総介」を称するのは忠長のみであり、史料④の「島津上総入道祐貞」とは、忠長の可能性が高い。

そこで注目されるのが、忠長系譜中傍線部の記述である。彼は「山北四个所一揆之時」に渋谷一族によって「大将」として擁立されたというのである。彼の還俗時期（文安二年以降ヵ）と、擁立したのが渋谷一族であるということを考え合わせると、永享期に蜂起し、いまだ鎮圧されていない「国一揆」との関係を考えざるを得ない。薩摩国にあって総州家再興を図る忠長と、島津氏に帰降した伊集院氏に代わる盟主を求めていた「国一揆」残党との利害が一致し、共闘するに至ったとは考えられまいか。

この島津忠長には、一通だけ発給文書が現存している。康正三年（一四五七）卯月二六日付二階堂氏宛の知行宛行状がそれである。[23] 母方の二階堂氏に対して当時不知行となっていた本領「薩摩国之内田布施」を安堵したもので、[24] 忠長が薩摩国における公権力であることを自認して発給したものと見なしうる。史料④が発給された時期、忠長は総州家惣領として何らかの影響力を薩摩国において保持していたのである。[25]

以上の考察をふまえると、康正元年の室町幕府御教書（史料④）の内容がより明確となる。幕府の支持する「島津上総入道祐貞」とは、総州家惣領を自認する人物であり、それは島津忠長である可能性が高い。少なくとも、薩摩国山北の国衆が総州家のながれをくむ人物を擁立して島津氏に抵抗していたことは確かであり、島津忠国が「退治」したとされる「分国中之国人等数輩」とは、まさに「山北四个所一揆」の構成員を指すと解釈できる。そして「山北四个所」は、先に検討した「国一揆」勢力の蟠踞する地域（史料③の傍線部C）と一致するのであり、永享末年に島津氏の軍事征討を受けた「国一揆」の残党が、総州家を新たな盟主として擁立し、再結集を図ったものと考えることができる。

また、「国一揆」残党による総州家擁立の裏には、それまで総州家を庇護してきた肥後の菊池氏・相良氏の支援が当然あったはずである。史料④に「早令合力島津上総入道祐貞、而可討戮忠国也」との文言が入ったのも、両氏の要請によるものであろう。総州家を盟主とする「山北四个所一揆」への支援、これこそが忠国が肥後に「乱入」するに至った理由であろう。

それでは、この島津忠国による肥後「乱入」について検討してみたい。島津側の史料で肥後「乱入」に関する記述があるのは「山田聖栄自記」（史料①）のみであるが、相良氏側に注目すべき史料が存在する。まず掲げるのは、〔服部英雄一九八〇〕が文明以降成立の「文安以来四〇年程の記録」と指摘した、「文安五年以来連々致忠節候目安□文案[26]」の一部である。

【史料⑤】

（前略）

一　島津忠国□取真幸之高野於陣候之時、忠国被官別符五郎□□楯籠薩州牛屎院内青木之城候之處ヲ、致夜詰、
討捕上浦石見守・同子息候之時、被疵候之事、高股射疵、
□□□《(一島津カ)》忠国被□《(発カ)》向津奈木候之事、涯分致辛労候之事、［　　］《(無カ)》其隠候焉、

（後略）

これによると、文安五年（一四四八）以降のある時期、相良氏が薩摩国牛屎院青木（鹿児島県伊佐市大口青木）および肥後国津奈木（熊本県葦北郡津奈木町）において、島津忠国の軍勢と交戦していることが確認される。この内、津奈木での戦いは「山田聖栄自記」（史料①）に見える「肥州つなき合戦」のことと考えられ、菊池氏とも合戦に及んだようである。文安五年以降のある時期、島津忠国の真幸院・牛屎院進攻に対して相良氏が応戦し、これを破った島津勢はさらに肥後国津奈木まで進攻し、菊池・相良連合軍と合戦するに至ったのである。これはまさに「分国中之国人等数輩令退治、剰乱入肥後国」とした史料④の状況とも近く、総州家忠長の還俗・「大将」としての擁立時期（文安二年以降）とも一致する。[27]

前述のように、「分国中之国人等数輩」とは「山北四个所一揆」の構成員を指すと考えられ、島津軍の肥後「乱入」とは、文安五年以降のある時期、島津総州家忠長を「大将」とする「山北四个所一揆」とこれを支援する菊池・相良両氏を「退治」する過程の中でおこなわれたと結論付けられる。

またこのように考えると、相良家文書所収「相良氏山門知行以下由緒書」[28]に見える「文安五年戊辰三月廿八日ニ堯頼（相良）御逝去之時、彼地薩州ヨリ押領候」という記述の解釈が問題となる。〔服部英雄一九八〇〕は、本史料の「薩州」を島津薩州家（持久）とし、当時、下相良惣領家と対立していた永富相良氏が、薩州家（持久）の協力を得るべく同氏に山門院を割譲した、との解釈を示した―この時期島津氏は守護忠国と弟持久が対立、領国内で抗争を繰り広げており、忠国側と下相良惣領家は協力関係にあったと服部氏はしている―。しかし、史料⑤の状況と考え合わせれば、文安五年三月頃、島津忠国は懸案の「山北四个所一揆」制圧に着手し、真幸院から牛屎院へと侵攻し、さらに相良氏の領有していた山門院を占領するに至った、と解釈するのが妥当ではないだろうか。つまり、「彼地薩州ヨリ押領」とは文字通り薩摩国守護島津氏による「押領」だったとみるべきであろう[29]。

島津氏が相良氏領である山門院を「押領」し、さらには肥後国内に「乱入」した理由としては、前述のように「山北四个所一揆」の「大将」として擁立された島津総州家と菊池・相良両氏との関係を断ち切る目的が考えられるが、これに加えて、一揆構成員自身と菊池・相良両氏との関係についても明らかにする必要があろう。これについては次節で詳しく検討していくが、その前提として指摘しておきたいのが、島津・相良両軍の交戦地となった薩摩国牛屎院の地理的条件である。

牛屎氏の本拠でもある牛屎院は、薩摩国の最北端に位置し、肥後・日向・大隅と境を接している。そして、西は和泉庄・山門院、北は肥後国水俣、東は日向国真幸院へと道が通じており[30]、特に真幸院─牛屎院─和泉庄・山門院の道は、日向国府・島津本荘と大宰府を結ぶメインルートであり、球磨盆地・牛屎院の大口盆地・真幸院の加久藤盆地が文化的・経済的に有機的関係を有していたことが指摘されている（服部英雄一九七八、江平望一九九六、工藤敬一一九九八）。当地が極めて重要な位置にあり、相良氏と薩摩国山北国人との日常的な交流がうかがえる。

また、相良氏は南北朝期以降、日向国真幸院に所領を有しており、応永年間以降は薩摩国山門院をも知行していた[31]。要衝牛屎院は、これらの権益を確保する上での生命線であったと推測され、島津氏が真幸院から牛屎院青木に侵攻した際、相良氏が早速攻撃を仕掛けているのも（史料⑤）、その地理的条件が大きく影響していたのである。

（2）「国一揆」の崩壊

永享年間の「国一揆」は、島津持久による軍事制圧および伊集院氏の帰順により崩壊するものの、薩摩国「山北」地域の国衆全てを制圧するまでには至らず、「山北四个所一揆」という形で「国一揆」の再結集を招く結果となった。ではなぜ、島津氏は「国一揆」残党に対する再攻撃をおこなわなかったのかという疑問が生じるが、これは島津氏内部の問題、すなわち忠国・持久の対立・抗争が大きな障害になっていたと考えられる。この内訌については本書第3部一章で詳細に検討するが、ここで概略を述べておく。

そもそも持久は、「酒匂安国寺申状」にあるように、「国一揆」の対応に苦慮して「隠居」した守護忠国に代わって「国之事」を取り仕切る存在であった（史料③の傍線部A・B）。この「国之事」の実態は不明であるが、島津氏の実質的な軍事指揮官であったことは確かであろう。しかし、この権限移譲は島津氏の内訌へとつながっていく。嘉吉元年夏～秋頃、忠国・持久両派の対立は直接的な軍事衝突に突入し、嘉吉元年（一四四一）一二月と同二年一〇月の二度にわたって島津持久とその与党に対する治罰の御教書が発布されている[32]。このうち嘉吉二年の御教書には「既陸奥守忠国及難儀云々」とあり、「山北」への遠征など出来る状況ではなかったことがうかがえる。この間の「山北」の情勢はほとんど明らかにし得ないが[33]、おそらく「国一揆」残党はこの間隙に乗じて勢力を盛り返し、文安年間の「山北四个所一揆」結成につながっていったのであろう。

このように不利な状況にあった忠国方であるが、徐々に持久方を圧倒していく。特に伊東・和田・高木といった日向の有力国人と一揆を結び、持久方を標榜していた樺山氏が、文安三年（一四四六）に帰順したことは、忠国方の優位を決定的なものにしたと考えられる（本書第2部第三章）。また、これより二年後の文安五年三月頃、忠国は真幸院から牛屎院・山門院へと侵攻することになるが、この作戦の実行には日向国内の安定が不可欠であったことはいうまでもない。

文安五年（一四四八）一〇月、この内訌は両者の和睦によって終結を迎えるが（本書第2部第二章）、問題はなぜ和睦の形をとったのかである。これについて〔服部英雄一九八〇〕は、「全く形勢不利となった用久（持久）が（中略）和与にこぎつけたのは、相良家内の親忠国派の凋落によって、背面において忠国に危機感を与え得た故であろう」としている。相良氏の内訌と島津氏の内訌が実際にどの程度リンクしていたのかは明白ではないが、忠国が「山北四个所一揆」制圧とこれを支援する菊池・相良両氏への攻撃を最優先し、持久方軍事力を取り込むために和睦に踏み切ったとの推測は可能であり、「国一揆」勢力の再結集という外的契機によって、両者の和睦が成立したと考えるべきであろう。

実際、持久は「山北」進攻中とみられる宝徳三年（一四五一）九月、忠国と共に犬追物に興じており[34]、両者は協力して「山北四个所一揆」制圧に当たっていた可能性が高い。この後、「国一揆」方および相良氏の支配下にあった山門院・和泉院・阿久根等は、持久を祖とする薩州家の所領となっている[35]。「山田聖栄自記」（史料①）には、「征伐」された国人の所領は「いつれも此方之跡御料所として御一家・御内に御配分有り、阿久根も此時失われ候」とある。「御一家」とは薩州家の祖島津持久を指していると思われ、「山北四个所一揆」制圧に協力した代償として同氏に割譲されたものと考えられよう。

最後に「国一揆」の崩壊時期について検討する。宝徳二年（一四五〇）一二月五日、島津家老名は伊集院継久に対して牛屎院内の地「五町廿中」の坪付を打渡している[36]。いうまでもなく、牛屎院は「国一揆」の構成員牛屎氏の本拠地である。一方、この地を宛行われた伊集院継久は、永享年間の「国一揆」の中心にあった伊集院熙久の弟でその養子となった人物であるが[37]、永享七年頃までに島津持久の配下となっており[38]、「国一揆」制圧に何らかの功績があり、宛行われたものであろう。つまり、島津氏はこの時期までに「国一揆」方の拠点である牛屎院を制圧・闕所地化し、さらに検注等をおこない、御一家・御内に配分し得る状況になっていたのである。

また、享徳元年（一四五二）、島津氏は薩隅日三ヵ国に対して「算田」をおこない段銭を賦課しており、渋谷一族の所領である祁答院・入来院には御内の町田氏・河上氏・伊地知氏を「奉行」として派遣し、踏出百六十八町八反を検出する厳しい検注を実施している[39]。この「算田」について〔佐川弘一九六四〕は、「恐らく文安元年幕府から令達のあった内裏造営反銭調達の為のもの」とし、「国人層の反抗にあって守護による調達が困難であった」ため「算田は国一揆の鎮圧後実施された」との見解を示している。宝徳二年（一四五〇）四月廿日付の島津忠国宛室町幕府御教書[40]は、造内裏料段銭の未済譴責と早期納入を求めており、これは島津氏による「国一揆」鎮圧という状況を踏まえて出され、「算田」の根拠となったものであろう。つまり「国一揆」の中心メンバーであった渋谷一族も、宝徳二年以前に島津氏の軍事制圧に屈し、島津氏自身による厳しい検注を受け入れざるを得ない状況にあったことがわかる。

さらに宝徳二年（一四五〇）、永享年間の「国一揆」において中心的存在であった伊集院熙久が、島津氏の攻撃をうけ他国に出奔したとされる[41]（『島津国史』など）。伊集院氏は永享八年に島津氏に降り、忠国・持久内訌期には持久方として活動していたが、両者の和睦・「国一揆」崩壊にともない孤立し、征討されるに至ったのであろう。

以上の諸状況から考えるに、文安五年（一四四八）以降、宝徳年間（一四四九～五二）以前に「山北四个所一揆」は島津氏によって制圧され、永享四年以来長期間続いた「国一揆」は完全に崩壊したと判断される[42]。

第二節　薩摩国山北国人の反島津闘争と「国一揆」

一、南北朝・室町初期の反島津闘争

「国一揆」蜂起の契機については、〝対外貿易権の獲得を主眼とした島津氏と伊集院氏の対立〟との見解があることを先に示した。しかしながら前節での検討の結果、「国一揆」の主体勢力は伊集院氏に加えて薩摩国山北の国人をも考慮に入れる必要があり、文安年間の「国一揆」再蜂起（「山北四个所一揆」）については、むしろ後者が中心になっていたことが明らかとなった。

この結論をふまえるならば、「国一揆」蜂起の契機は前記の見解のみでは不十分であり、薩摩国山北の国人について、その結集要因の検討が必要となる。彼らは、南北朝期から戦国期に至るまで断続的に守護島津氏との抗争を繰返しており、同氏の領国支配の大きな障害となっていた。また前節で指摘したように、彼らの背後には肥後の菊池・相良両氏の支援があったことも見逃せない。本節では、彼らがこの時期に「国一揆」を起こした意味を、菊池・相良両氏との関係を視野に入れつつ、南北朝期以降の反島津闘争の流れの中に位置づけていきたい。

なお、本節では、この薩摩国山北の国人を一括して「薩摩国山北国人」あるいは、「山北国人」と呼ぶこととする。厳密にいえば、渋谷一族の支配地域を指す「四ヶ所」は、「山北」とは史料上区別して使用されており、また菱刈氏の所領である菱刈院は大隅国に含まれており、「山北」という薩摩国の一地域名で一括することは不適切かもしれないが、便宜的にこの呼称を使用する。

（1）南九州国人一揆における山北国人

薩摩国山北国人の地域的結集を考える場合、その起源は南北朝期の南九州国人一揆に求められる。この一揆については、〔水上一久一九六九〕以来の豊富な研究史の蓄積があり、現時点での到達点といえるのが〔服部英雄一九八三〕である。服部氏は、永和三年（一三七七）の一揆（服部氏がいうところの第二次南九州国人一揆）のみを対象とした従来の研究を批判し、その前提として正平一六～一八年（一三六一～六三）および正平二三～二五年（一三六八～七〇）に、反島津陣営による宮方国人一揆（第一次南九州国人一揆）が成立していたことを指摘した。この二つの一揆の構成員をみると、正平一六～一八年の一揆は和泉氏・牛屎氏・馬越氏（菱刈氏一族）・肥後芦北七浦衆、正平二三～二五年の一揆は、前者に渋谷一族・球磨郡「一同之儀」（上・下両相良氏などの球磨郡国人が参加）が加わっており、後に「国一揆」の構成員となる薩摩国山北国人の多くが、相良氏とともにこの一揆に参加していることに気付く。山北国人の地域的結集および相良氏との軍事的連携が、この時期に始まることは間違いないだろう。

また、南九州国人一揆を考察する際に見過ごすことができないのが、九州探題今川了俊の政治思想が構成員に与えた影響である。〔川添昭二一九五九・同一九六四〕は、今川了俊発給文書の検討を通じて、了俊が「将軍権力確立のための堅固なイデオロギー武装による名分論的説得」を南九州の国人に対しておこなったことを明らかにした。この「名分論的説得」とは「将軍に対する足利一門・守護大名・国人層の無媒介的な直接の忠」の要請であり、了俊は「国人層を将軍に対する直接の支配＝服従の関係で把握しようとした」のである。つまり、了俊の対南九州国人政策の主軸は彼らの直勤御家人化にあったといえ、この方針は決して了俊の独りよがりには終わらず、実際に南九州の国人たち自身の指向性へと転化していった。

この指向性は、有名な永和三年（一三七七）一〇月二八日付一揆契状案[43]の冒頭に、「為　将軍家御方、一味同心可致忠節候」と明記されていることからもうかがえる[44]。そして、山北国人である入来院重頼が作成したと思われる、明徳三年（一三九二）の起請文土代[45]には、将軍への直接の忠＝直勤御家人化への指向性がより明確に現れている。この起請文は、第二次南九州国人一揆崩壊後の作成で、「内容的には一揆契状であり、一応第二次南九州国人一揆の延長上にあるもの」とされており〔服部英雄一九八三〕、「将軍家を守申へき」「将軍家の御ため」「公方を可守」「公方を仰」といった、公方＝将軍家への奉公を意識した文言が多く散見されるのが大きな特徴である。

この点について〔服部英雄一九八三〕は、「強大な島津氏から自らの所領を守るためには公方に全面的に依存する以外に、渋谷氏には選択の余地がなかった」としている。これは渋谷一族に限らず、山北国人全体に共通する意識であったと考えられ、直勤御家人化が反守護＝反島津闘争を続けていく上での大義名分となっていた。

そして、彼らの直勤御家人化への指向性は、応永二年（一三九五）「小番之衆」への編成という形で実現される。祢寝文書所収の「京都不審条々事書」[46]には、「御所奉公之名字之中ニ、百余人小番之衆とて被書抜、若君御所番帳ニ被書候」とあり、薩摩国山北国人では渋谷氏・牛屎氏・和泉氏が選ばれている。

この「小番之衆」については、奉公衆の成立時期を検討する中で多く取り上げられ、これを奉公衆と見なすか否かで意見が分かれている[47]。この件に関する最新の研究である〔森幸夫一九九三〕によると、「若君御所番帳」とは奉公衆とは別の将軍義持に仕える人々の番帳、「小番之衆」とは「御所奉公之名字之中」から将軍義持番衆に配属替えされたもので、彼らが文安以降の番帳にはほとんど見えないことから、「小番之衆」とは「多分に名誉的な面が大きかった」のではないかとの見解を示している。たとえ「小番之衆」が名誉的なものであったとしても、山北国人にとっては守護島津氏の支配に抵抗するための大義名分を得ることになったと思われる。

南北朝期の二度にわたる反島津方国人一揆は、相良氏（下相良氏）の離脱によって崩壊するが、肥薩隅日国境付近の地域的結集は室町期に入っても断続的に続いていく。この時期の彼らの動向については、すでに〔服部英雄一九八〇〕が、応永～文安における相良氏の対島津政策を明らかにするなかで詳細な検討をおこなっている。細かな政治情勢についてはそちらに譲り、ここでは応永年間におきた九州探題渋川氏と肥後菊池氏の抗争に着目し、薩摩国山北国人の反島津闘争、そして菊池・相良両氏との関係を解明していきたい。

（2）応永四・五年の反島津闘争

応永三年（一三九六）四月、今川了俊に代わって九州探題となった渋川満頼は九州に下向するが、菊池武朝・少弐頼貞はこれに従わず、翌年には探題方と交戦するに至った（川添昭二一九七八a）。総州・奥州両島津家は、探題下向直後に名代を派遣するなど一貫して探題方を標榜し、応永四年（一三九七）一二月には、幕府の探題支援要請[48]に応じて援軍派遣を決定している[49]。一方、肥後相良氏は、〔服部英雄一九八〇〕が指摘したように反探題方の菊池武朝と行動を共にしていることが確認され、この時期島津氏との関係悪化が推測できる。このような状況下で、薩摩国山北国人はどのように行動したのであろうか。

そこで注目されるのが、太秦文書所収の肥後の菊池武朝および相良実長から山北国人である牛屎《うしくそ》氏（高元およびその子元息宛）に宛てられた一連の書状である（年欠一一月二三日付相良実長書状[50]・年欠一一月二五日付菊池武朝書状[51]・年欠一二月八日付菊池武朝書状[52]・年欠二月一八日付菊池武朝書状[53]）。

これらの年代比定であるが、相良実長の家督相続が明徳五年（一三九四）以降であること（実長の父前頼は明徳五年に戦死）と、菊池武朝の家督としての活動が応永一四年（一四〇七）を下限とすることから考えて（川添昭二一九八二〕一四四頁）、応永元年から同一四年頃（一三九四～一四〇七）のものであることは間違いない。また、菊池武朝書状に「凶徒陵難所、依打寄隈牟田城候、日夜合戦無断絶候」あるいは「此時分御方御同心候者之凶徒於當陳退治之事、不可有子細候」[54]とあることから、探題方との合戦が本格化する応永四・五年もしくは同一一・一二年（一四〇四・〇五）のものと推測できる。そして、後述の島津氏による探題方への援軍派遣と、それにともなう相良氏との合戦時期からみて、一連の文書は応永四・五年のものと判断される。

これらの書状の内、応永四年（一三九七）に比定される一一月二三日付相良実長書状を検討したい。

【史料⑦】

追而申入候、御親類中以内談被召置可承候、[D]乍不申島津殿院内内略儀、御油断有間敷候、益〻千秋万勢〱、[A]任御代〻之辻、近年縁中申合候、誠千鶴萬亀目出候、[B]依其儀菊池武朝様御入魂之書状数通被取賛（替カ）候、當家寄之條、吉凶可申談之事、肝要之由候、[C]殊更薩摩之内裁判之儀被仰付候、散〻斟酌令申候、御院内各御分別可承候、万賀、
恐〻謹言、

十一月廿三日　　実長（相良）（花押）

牛屎左近將監（高元）参

御宿所

傍線部Aの「御代〻之辻」とは、先述した南北朝期の国人一揆形成時の関係を指すと考えられ、「近年」更なる

「縁中」＝盟約を結んだのであろう。そして傍線部Ｂのように、相良との盟約を前提として菊池武朝から牛屎氏に対して「御入魂」の書状が出されたのである。探題方との対立・戦闘という状況下、「菊池・相良―牛屎」という同盟が結ばれたことは明らかである。

では、この同盟は双方にとっていかなる意味を持つのであろうか。菊池・相良両氏が牛屎氏に対して期待したものは、傍線部Ｃのように「薩摩之内裁判」であったと考えられるが、具体的には、南北朝期にたびたび一揆を結んで島津氏に抵抗してきた薩摩国山北国人の掌握を意味するのであろう。翌応永五年のものと思われる二月一八日付（牛屎元息宛）菊池武朝書状[55]に、「其境無所残御方同心之間、定可有御悦喜候歟、就其同意、早〻出陣候者、此境凶徒退治不可有幾候」とあることは、牛屎氏を中核とする山北国人の結集がある程度実現していたことをうかがわせる。反探題方の菊池・相良両氏としては、探題方の島津氏の北上は背後を突かれることになり、是非とも阻止する必要があった。山北国人を再度結集させることができれば、北部九州戦線への動員に加えて、島津氏北上の大きな障壁とすることができる。だからこそ傍線部Ｄのように、「島津殿院内内略」＝島津氏による切り崩し工作を相良氏は恐れたのである。

また、山北国人掌握を牛屎氏に依頼した理由としては、まず牛屎院の地理的条件が考えられる。前述のように、当地は薩摩国の最北端にあり、薩日肥を結ぶ街道上に位置する要衝であり、北上を企む島津氏、これを阻止せんとする相良氏、共にまず押さえておきたい地域であろう。もう一つ考えられるのが、渋谷一族の弱体化である。応永二年（一三九五）、九州探題今川了俊が失脚すると、両島津氏は協調して渋谷一族を攻撃し、応永四年までに入来院氏の居城清色城を陥落させている（本書第1部第三章第一節、新名一仁二〇一一）。渋谷氏が息を吹き返すのは両島津氏の対立・抗争期のことであり、この時期山北国人を再結集して島津氏に対抗するような力はなかったであろう。

一方、牛屎氏側の思惑を考えてみたい。南北朝期の第二次国人一揆崩壊後、団結力を失った薩摩国山北国人は、応永二年の了俊失脚により結集軸を失い、島津氏の反撃に直面することとなった。実際、渋谷氏は両島津家の共同作戦により大きな打撃を受けており、牛屎氏としてはこれに抵抗しうる結集軸・後ろ盾を欲していたことは想像に難くない。こうした状況下での相良・菊池両氏の同盟要請は、まさに渡りに船だったろう。ただ、彼らが反探題方を標榜するにあたって問題となるのが、応永二年に実現した直勤御家人＝「小番之衆」としての地位である。探題に刃向かうことによりこの地位を奪われることは、彼らとしては避けたかったに違いない。一一月二五日付の書状において菊池武朝が、「若　公方様可有御申子細候者、就是非可致申沙汰候」と述べているのは(56)、彼らの直勤御家人としての立場を気遣っての発言であろう。

では、この「菊池・相良—牛屎氏＝薩摩国山北国人」の同盟ラインは実際に機能したのであろうか。応永五年（一三九八）二月、探題の要請により派遣された田代清久を「大将軍」とする島津軍は、肥後国河尻（探題渋川満頼の在所、熊本県熊本市）に向けて出航したものの、三月二九日の段階で未だ市来（鹿児島県いちき串木野市）付近で「長々逗留」しており、島津元久は急ぎ山門院《やまといん》まで北上するよう命じている。(57)四月になってもこの状況は変わらず、再び元久は山門院まで北上するよう催促している。(58)領国下の「国之面〻」の参陣遅延が主な原因であるが、牛屎氏を中心とする薩摩国山北国人が菊池・相良方に付いたため、山門院（鹿児島県出水市高尾野町・野田町）の安全が確保できなくなったことも大きく影響しているのであろう。

また、「八代殿」（名和氏ヵ）に宛てた二月二九日付島津元久書状(59)には、田代清久率いる派遣軍への「御扶持」「御指南」の依頼と共に、「次球摩郡事、相良三郎《実長カ》依武朝大綱罷上候之由、風聞候之間、一途為相計、親類美濃守《樺山音久》相副、軍勢差遣候、如此分勢候之間、無勢之至、所存外候」との記述がある。東シナ海を北上する本隊と時を同じくして日向国庄内（都城盆地）から真幸院方面に御一家樺山音久を派遣し、相良氏の背後を突く作戦であろう。この作戦に対し「敵方」＝菊池・相良方は、軍勢を「真幸・栗野両所之間」に集結させる動きを見せている[60]。これは真幸院から菱刈院・牛屎院へのルートを封鎖する動きと考えられるが、この作戦には薩摩国山北国人の協力が不可欠なのはいうまでもない。「敵方」軍勢には山北国人が多く含まれていたと考えるのが自然であろう。その後、両者の間で合戦がおこなわれたかどうかは確認できないが、島津軍の北上をある程度足止めできたことは確かであろう。

以上のように、応永四・五年における薩摩国山北国人の反島津闘争は、立場こそ逆であるが、南北朝期の南九州国人一揆と同じように、九州探題と肥後菊池氏との抗争という外的要因を契機としており、菊池氏、相良氏といった肥後側の勢力からすれば、これもまた南北朝期（探題今川了俊・相良氏）と同じように、島津氏の封じ込め・北上阻止に大きな役割を果たしたのである。

（3）反島津闘争の沈静化

その後も薩摩国山北国人・相良氏による反島津闘争は続いていくが、応永初頭までのような島津氏との直接的な対立は少なく、総州・奥州両島津家の抗争（応永六〜二九年）、あるいは島津元久の後継者争い（応永一九〜二四年）といった島津氏の内部抗争に絡むものがほとんどである[61]。前者については、相良氏・渋谷一族・牛屎氏が概ね総州家方として行動していることが確認できるが、渋谷氏は一族内部でも対応に差があるなど、山北国人による組織的抵抗とは言い難い。後者は、元久の弟久豊が、元久の後継者に決まっていた伊集院氏（初犬千代丸）を鹿児島から追放して家督を継承したことに端を発するものであり、入来院氏・菱刈氏は伊集院方、相良氏は久豊方として行動している。南北朝期以来、一貫して山北国人と共闘してきた相良氏が、奥州家方となった意義は極めて大きい。

〔服部英雄一九八〇〕は、応永二九年（一四二二）に総州家守久が肥前に逃亡した後、奥州家久豊が総州家の本拠であった山門院を相良氏に割譲した件について、「総州家を滅ぼすために必要な相良氏の援を得るため」の譲歩と推測する。その後、相良氏は島津奥州家との関係を強めて「反島津包囲陣中の一国人」から「島津氏の命運を握る存在に上昇」し、その結果周辺国人に優越する存在＝「肥薩国境一帯における最有力大名」となったとしている(62)。首肯すべき見解であろう。ここに薩摩国山北国人は、反島津闘争を続けるための大きな後ろ盾を失ったのである。「島津氏一族の反守護方を帰伏させる応永二九年（一四二二）前後の守護方勢力をみる格好の史料」とされる(63)「福昌寺仏殿造営奉加帳」(64)には、牛屎一族三名・和泉一族五名・渋谷一族三名・菱刈一族三名など、南北朝期以来、反島津闘争の中心にあった山北国人の多くが散見できる。これは彼らがこの時期までに島津奥州家に帰順したことを示している。

以上本項では、南北朝期から応永年間にかけての薩摩国山北国人による地域的結集・反島津闘争を概観し、その結集要因を探ってきた。その結果、彼らの地域的結集は、〝南北朝末の九州探題今川氏対南朝方〟あるいは〝応永四・五年の九州探題渋川氏対菊池氏〟といった北部・中部九州を中心とする争乱、すなわち外的契機によって成立し、反島津闘争（守護支配からの脱却と直勤御家人としての地位の確立）という彼ら自身の目的以外に、相良氏を中心とする肥後側の勢力から島津氏の封じ込め・北上阻止という政治的・軍事的課題を担わされていたことが明らかとなった。当然彼らはこの課題を担う代償として軍事的援助を受けていたのであろうが、肥後側勢力と島津氏との関係が改善されるにともない後ろ盾を失い、島津氏の領国支配に取り込まれざるを得なくなったのである。

二、永享・嘉吉期の北部九州情勢と「国一揆」

前項において、薩摩国山北国人による反島津闘争は応永二九年（一四二二）前後までに終息したことを明らかにしたが、それからわずか十年後の永享四年（一四三二）に「国一揆」が勃発する。最後にその結集要因を、前節で明らかとなった応永年間までの山北国人による反島津闘争の流れの中で推測してみたい。そこで重要となるのが、山北国人の地域的結集に大きな影響を与えてきた北部九州の政治情勢である。

応永末年頃から、九州探題渋川氏と少弐氏の対立に、筑前・博多支配をもくろむ大内氏と、これを支持する幕府が積極的な介入を始め、北部九州は「慢性的な争乱状態」に突入する。(65) 九州の守護勢力は、当初大友氏・菊池氏が少弐方についたが、永享三年（一四三一）一一月以降、筑後国をめぐる対立から菊池氏が幕府・大内方となり、九州には〝幕府―大内―菊池〟対〝少弐―大友〟という対立軸が形成された。島津氏の立場が明確でなく、菊池氏が幕府・大内方であるという違いはあるが、応永四・五年（一三九七・九八）に近い状況が現れたのである。応永四・五年の争乱時に菊池・相良両氏によって動員された薩摩国山北国人が再びその要請を受けた可能性は高く、去就が明らかでない島津氏に対する牽制のために「国一揆」蜂起を促した可能性もあろう。

また、もう一つ注目されるのがこの時期の幕府の政策である。正長二年（一四二九）三月に将軍に就任した足利義教は、従来の遠国融和策を否定して積極的に九州の争乱に介入する。それは大内氏への政治的支援にとどまらず、中国・四国の国人を中心とする幕府軍の動員へと発展した。これは幕府直轄軍たる奉公衆の再編・強化（奉公衆体制の確立）と軌を一にするものと考えられ、この動員は九州の国人にまで拡大される。永享四年一〇月一〇日、山名時熙が三宝院満済に提出した「九州事条々意見」（『満済准后日記』）には、応永二年の「京都不審条々」に「小番之衆」として見える日田氏・田原氏・佐伯氏への動員が提案されており、これについて〔佐伯弘次一九七八〕は、「幕府がかつての事実をふまえて、三氏の在国奉公を期待したのではないか」と指摘している。

前述のように、この時期は奉公衆体制確立の時期に当たる。結果として固定化された「奉公衆」の中にかつての「小番之衆」が入ることは無かったが、この記述は彼らが奉公衆体制に組み入れられる可能性があったことをうかがわせるものではなかろうか(66)。とすれば、これは北部九州に限られるものではなく、同じく「小番之衆」の身分でありながら、守護島津氏の支配下に組み込まれた山北国人にも大きな希望・可能性を与えるものであったと判断できる。すなわち、山北国人は〝幕府―大内―菊池ライン〟に結びついて「在国奉公」することにより、再び直勤御家人としての身分を確保しようと図ったのではないか。

北部九州が二極化しての対立・抗争という応永四・五年に類似した政治情勢のなか、再び直勤御家人として守護島津氏の支配から脱却する可能性を見いだした薩摩国山北国人が、軍事力の確保と島津氏の牽制をもくろむ菊池・相良両氏の要請により再結集し、反島津闘争を引き起こしたということになろう。

つまり、永享四年に始まる「国一揆」は、南北朝期の南九州国人一揆、応永四・五年の反島津闘争と同じく、外的契機によって成立したものと見なしうるのではないか。ただ、これまでの闘争と違う点は、彼らが、硫黄の利権を握る伊集院氏およびその与党と共闘したことにある。その伊集院氏も、本書第2部第二章補論で明らかにするように、幕府宿老山名時熙との連携により幕府との関係強化を指向していたと推測される。幕府と直接結びつこうとしたふたつの勢力が連携したことにより、この蜂起は「国一揆」と称されるような広域的な反守護闘争へと発展していったのである。

おわりに

本稿では、薩摩国において勃発した「国一揆」の実態を検証してきた。この「国一揆」は、永享四年（一四三二）、島津忠国による日向国山東進攻中に勃発した、伊集院氏と薩摩国北部の国人（薩摩国山北国人）を主体とした反守護＝反島津闘争である。当初「国一揆」は島津氏を窮地に追い込むが、永享八年（一四三六）、幕府の介入もあって伊集院氏が脱落し、瓦解するかに見えた。しかし、島津忠国・持久兄弟の内訌もあって、文安年間には山北国人が島津総州家を擁立し、再び蜂起する（山北四ケ所一揆）。最終的には、対立を続けていた島津忠国・持久兄弟が和解して本格的征討をおこない、「国一揆」は宝徳年間までに崩壊し、同時にこれを支援してきた菊池・相良両氏との全面抗争へと発展していった。

「国一揆」の主体勢力のひとつである薩摩国山北国人の地域的結集・反島津闘争の起源は、南北朝期の南九州国人一揆にあり、文化圏・経済圏を共有する肥後相良氏との連携を前提としていた。また彼らは、今川了俊の思想的影響もあって直勤御家人化を指向し、応永二年（一三九五）には「小番之衆」に編成される。そして、この身分こそがその後の反島津闘争の大義名分となった。島津奥州家の薩摩国支配が強まりつつあった応永年間、肥後の菊池・相良両氏は没落した島津総州家を庇護し、九州探題渋川氏との抗争では山北国人を動員して島津氏を牽制するなど、薩摩国との関係を強めていった。このため、山北国人の反島津闘争は菊池・相良両氏の動向に大きく左右されることになる。

永享・文安の反島津闘争も、菊池・相良両氏の動向、すなわち幕府・大内氏との連携、少弐氏・大友氏との対立を契機とし、将軍足利義教の奉公衆再編政策もあいまって山北国人の直勤御家人化指向が再燃し、伊集院氏との連携によって「国一揆」と称されるような広域的闘争へと発展していったと考えられる。

以上の考察により、薩摩国「国一揆」に関する基本的事項は明らかになったと考えるが、伊集院氏と山北国人の連携が具体的にどのようにおこなわれたのか、そして文安年間の肥後侵攻から七年近くもたった康正元年（一四五五）に、なぜ島津氏に対する治罰の御教書が発布されたのか、といった疑問も生じるのであり、今後の課題として残る。

最後に、第一節―二で示した『山田聖栄自記』（史料①）の二つの解釈について、結論を示しておきたい。本稿の結論から考えれば、史料①の傍線部Ｃ・Ｄは「国一揆」征討以外の内容を含んでおり、これらは島津忠国代全体で制圧された国人・地域および合戦を列記したものと判断せざるを得ない。「国一揆」以外の軍事行動とは、守護島津氏の内訌のことと考えられるのであり、次章において、この内訌の実態とその政治史的意味を検討していく。

註

（１）島津忠国は初名を「貴久」といい、「忠国」の名が確認できるのは嘉吉二年（一四四二）一〇月二五日付室町幕府御教書（『旧記前』二―一二八七号）以降であるが、本稿では便宜上「忠国」で統一する。

（２）『宮崎県史叢書三 日向記』（宮崎県、一九九九年）六四頁。

（3）『島津国史』永享四年条。本書は、薩摩藩主島津重豪の命により、藩校造士館の教授山本正誼によって編纂され、享和二年（一八〇二）に完成した、島津氏を中心とする薩摩・大隅・日向三か国の編年史。

（4）島津持久は初名を「好久」といい、「持久」の初見は永享一一年（一四三九）二月一八日付恵燈院宛の寄進状（『旧記前』二―一二一五号）である。後年さらに「用久」と改名するが、本稿では便宜上「持久」で統一する。

（5）『家わけ五』「樺山文書」一〇九号。

（6）『鹿児島県史料集Ⅶ』（鹿児島県立図書館、一九六七年）に、鹿児島県立図書館本と、鹿児島大学附属図書館所蔵旧山田家本を収録している。

（7）『家わけ二』「肝付文書」二四号。なお、本文書は、肝付氏から百引《もびき》（鹿児島県鹿屋市輝北町百引）に関する「御判」について、何らかの質問を受けた山田聖栄による返答とみられる。また、本書状の成立時期は、「前薩州」との表記から、持久が没する長禄三年（一四五九）以降、そして山田聖栄が没する文明一五年（一四八三）以前であろう。

（8）『旧記前』二―一三八〇号。

（9）前註（6）『鹿児島県史料集Ⅶ』の五味克夫氏による解題。

（10）『家わけ五』「樺山文書」一〇八号。

（11）『家わけ五』「樺山文書」一〇〇号。

（12）『続群書類従 補遺一 満済准后日記』下所収。

（13）〔福島金治一九八八a〕は、永享八年（一四三六）八月一〇日付種子島幡時宛島津好久（持久）知行宛行状（『家わけ四』「種子島家譜」九号）に、「薩摩国川辺郡七嶋内伊集院知行分二嶋」とあることから、「伊集院氏が、硫黄を生産する硫黄島を含む川辺郡内の島に強い影響を持っていたと推測しうる」と述べている。伊集院氏が応永一〇年代に河辺郡内の坊津・泊津を掌握していた可能性があることは、本書第1部第三章第二節―二参照のこと。

（14）日明貿易の輸出品として硫黄が重視され、その最大の産地が硫黄島であったことは、〔小葉田淳一九七六〕、〔伊藤幸司二〇一〇〕を参照。

(15)『山口県史 通史編 中世』(山口県、二〇一二年)三八二〜三八四頁。大内盛見が大友・少弐・菊池氏との合戦に敗れ自害する。その後、その後継をめぐって、盛見の甥持世・持盛兄弟の内訌が続いていた。
(16)「御前落居奉書」九六〜九九(桑山浩然校訂『室町幕府引付史料集成』上巻、近藤出版社、一九八〇年)。
(17)『満済准后日記』永享六年正月二〇日条。
(18)「酒匂安国寺申状」および酒匂氏については、〔五味克夫二〇一四b〕が島津家文書所収本の全部を翻刻し、分析を加えている。
(19)中世における薩摩国北部の地域呼称。薩摩山(鹿児島県いちき串木野市薩摩山)より北方を指すと考えられる。
(20)『島津家文書』一一八〇号。
(21)尚古集成館本は、『島津家資料 島津氏正統系図』(島津家資料刊行会、一九八五年)として全文翻刻されている。
(22)『諸氏系譜』三―四三三〜四三四頁。
(23)『家わけ二』「二階堂文書」一〇九号。
(24)二階堂氏は一三世紀中期以降当地を知行していたが、応永一〇年(一四〇三)頃から島津元久と結んだ伊作氏の侵攻をうけて没落、同一三年には阿多郡内に十町を領有するのみとなっていた(『家わけ二』「二階堂文書」一〇〇号)。
(25)加えて、忠長の弟伊忠が、薩摩没落後に京に上って将軍に近侍し、嘉吉の乱で戦死したとの記述も興味深い。伊忠の活動を裏付ける一次史料は存在しないが、将軍に近侍することで、総州家の薩摩国守護復帰を働きかけていた可能性もあろう。伊忠自身は嘉吉元年に戦死するものの、あるいはその子孫なりの将軍に近侍する身内の存在が、後年、菊池氏、相良氏等の支援もあって、忠長支持につながった可能性は否定できないだろう。
(26)『熊本県史料』四所収「犬童文書追加」。
(27)ただ、文安五年と、史料④が発給された康正二年(一四五六)の間には、八年もの年月がある。文安五年以降のある時期がどこまで下るのかが問題であろうが、残存史料が少ないこともあり、これ以上の考察は難しい。
(28)『相良家文書』二三一号。
(29)ただ、「相良氏山門知行以下由緒書」の中には、このほかにも「薩州」という表記があり、いずれも島津薩州家を指していることは確かである。本史料成立時には、島津薩州家が山門院を「押領」したと理解されていたことになるが、これは後述のように「山北四个所一揆」鎮圧後、山門院が薩州家に与えられたためであろう。
(30)『三国名勝図会』巻之一七。『歴史の道調査報告書・第二集―大口筋・加久藤筋・日向筋―』（鹿児島県教育委員会、一九九四年）。
(31) 前出の「相良氏山門知行以下由緒書」。ただ、その時期については、すでに〔服部英雄一九八〇〕が指摘しているように、「山田聖栄自記」のいう応永二九年（一四二二）以降であろう。
(32)『家わけ一』「祢寝文書」二二八・二三〇号など。
(33) 嘉吉二年の持久追討の御教書が入来院氏にも出されているが（『入来文書』「入来院文書」一五一号）、同氏が忠国方として行動したという確証はない。
(34)『旧記前』二―一三四六号など。
(35)「行脚僧雑録」（『旧記前』二―一四九六号）、「雲遊雑記伝」（『鹿児島県史料 旧記雑録拾遺 伊地知季安著作集』六所収）。
(36)『旧記前』二―一三三六号。
(37)『旧記前』二―一三三五号。
(38)『旧記前』二―一一七五号。
(39)『旧記前』二―一四一五号。
(40)『島津家文書』七九号。
(41) 伊集院熙久の出奔は、長禄三年（一四五九）、自身が冠嶽権現に宛てた寄進状に「右、意趣者、敵悉退治為本覆立願如件」とあること（『旧記前』二―一三七八号）や、長禄四年（一四六〇）に島津忠国が伊集院の広済寺（伊集院氏の菩提寺）住持職を安堵していること（『旧記前』二―一三九〇号）から裏付けられる。
(42)「山北四个所一揆」の際、渋谷一族によって擁立された島津忠長は、康正三年（一四五七）までその活動が確認できるが（『家わけ一』「二階堂文書」一〇九号）、結局、系譜中の記述のように「謀略」によって祁答院の虎居川（川内川ヵ）で溺死する。「山北四个所一揆」崩壊後もしばらくの間は渋谷氏によって匿われていたが、島津氏との関係改善でその存在が邪魔になり謀殺されたのであろうか。

(43)『家わけ一』「祢寝文書」三一四号。
(44)この一揆契状について〔服部英雄一九八三〕は、「今川了俊の指導により作成されたもので、契状文言にも了俊の政治理念と方策が投影されている」との従来の研究に疑問を呈し、一揆は「今川了俊からも自立した主体的勢力」であり「一揆契状には彼らの自律的要求が具体的に盛り込まれていた」としている。だとすれば、本契状の冒頭において将軍家への忠誠を誓っている点も単なる了俊の政治理念の投影と考えるべきではなく、一揆側の主体的意思と判断されるのではないだろうか。
(45)『入来文書』「入来院文書」九七号。
(46)『家わけ一』「祢寝文書」四〇五号。
(47)「小番之衆」に関する研究としては、〔佐藤進一一九九〇〕、〔川添昭二一九六四〕、〔福田豊彦一九九五a〕、〔同一九九五b〕、〔五味文彦一九七四〕、〔家永遵嗣一九九五〕、〔森　幸夫一九九三〕などがある。
(48)『旧記前』二―五八七号。
(49)『旧記前』二―六三一号。
(50)『家わけ六』「太秦文書」一五号。
(51)『家わけ六』「太秦文書」一四号。
(52)『家わけ六』「太秦文書」一六号。
(53)『家わけ六』「太秦文書」一二号。
(54)『家わけ六』「太秦文書」一四、一六号。
(55)『家わけ六』「太秦文書」一二号。
(56)『家わけ六』「太秦文書」一四号。
(57)『旧記前』二―六二〇号。
(58)『旧記前』二―六二三号。

(59)『旧記前』二―六一三号。
(60)『旧記前』二―六二四号。
(61)〔服部英雄一九八〇〕四頁の表、〔新名一仁二〇一一〕、本書第1部第三章。
(62)なお、服部氏は、相良氏が周辺国人に優越する存在に上昇した証拠として、応永二七年(一四二〇)に相良周頼(前続)が入来院重頼に発給した名字書出(『入来文書』「入来院文書」一四三号)を挙げている。
(63)〔福島金治一九八八c〕一一三頁。本史料には永享一〇年(一四三八)の年記があるが、福島氏は島津久豊の法名「存忠」があることから、これを応永二三年(一四一六)一二月から同三二年正月の間のものと判断している。従うべき見解であろう。
(64)『旧記前』二―一二一三号、『家わけ九』「志布志野辺文書」一一号。
(65)この時期の北部九州の政治情勢および幕府の諸政策については、〔柳田快明一九八三〕、〔佐伯弘次一九七八〕、〔今谷明一九九四〕に拠る。
(66)九州で唯一固定化された「奉公衆」としてその名がみえる筑前麻生氏について〔川添昭二一九八三〕は、「このとき(応永二年)御所奉公の名字(「小番之衆」)に入れられた可能性は高い」としている。この推測が正しければ、「小番之衆」が永享期の軍事動員によって奉公衆体制に組み込まれる可能性があったことの証左となろう。

第二章　嘉吉・文安の島津氏内訌

はじめに

一五世紀中期の南九州政治史は、〝伊集院氏・薩摩国山北国人を中心とする「国一揆」〟と〝守護島津氏の内訌＝島津忠国・持久兄弟の対立〟の二つの争乱を軸に展開する。この二つの争乱は、守護島津氏が領国支配を確立する上で大きな画期となったと指摘されてきたが、それぞれの争乱については未だ十分な検討がおこなわれず、ややもすれば二つの争乱を同一視する向きもあった。こうした状況をふまえ、第1部第三章では、まず〝伊集院氏・薩摩国山北国人を中心とする「国一揆」〟について検討し、その主体勢力・存続期間について、ある程度の結論を得た。本章ではこの成果をふまえつつ、〝守護島津氏の内訌＝島津忠国・持久兄弟の対立〟について、その実態を明らかにするとともに、この内訌が島津氏領国の政治構造にあたえた影響について考察していきたい。

そもそもこの島津氏の内訌は、永享年間に勃発した薩摩国「国一揆」（本書第2部第一章で検討）への対応をめぐる守護島津忠国とその弟持久の対立に端を発する。(1)先行研究によれば、「国一揆」への対応に苦慮した守護忠国に代わって、弟持久が「守護代」としてこの一揆を鎮圧する。その後、復権を目指す忠国と正式な守護就任を目指す持久との間で対立が生じ、両者をそれぞれ擁立する領国内の御一家・御内・国衆をも巻き込んで、大規模な争乱になったと

【島津氏略系図】

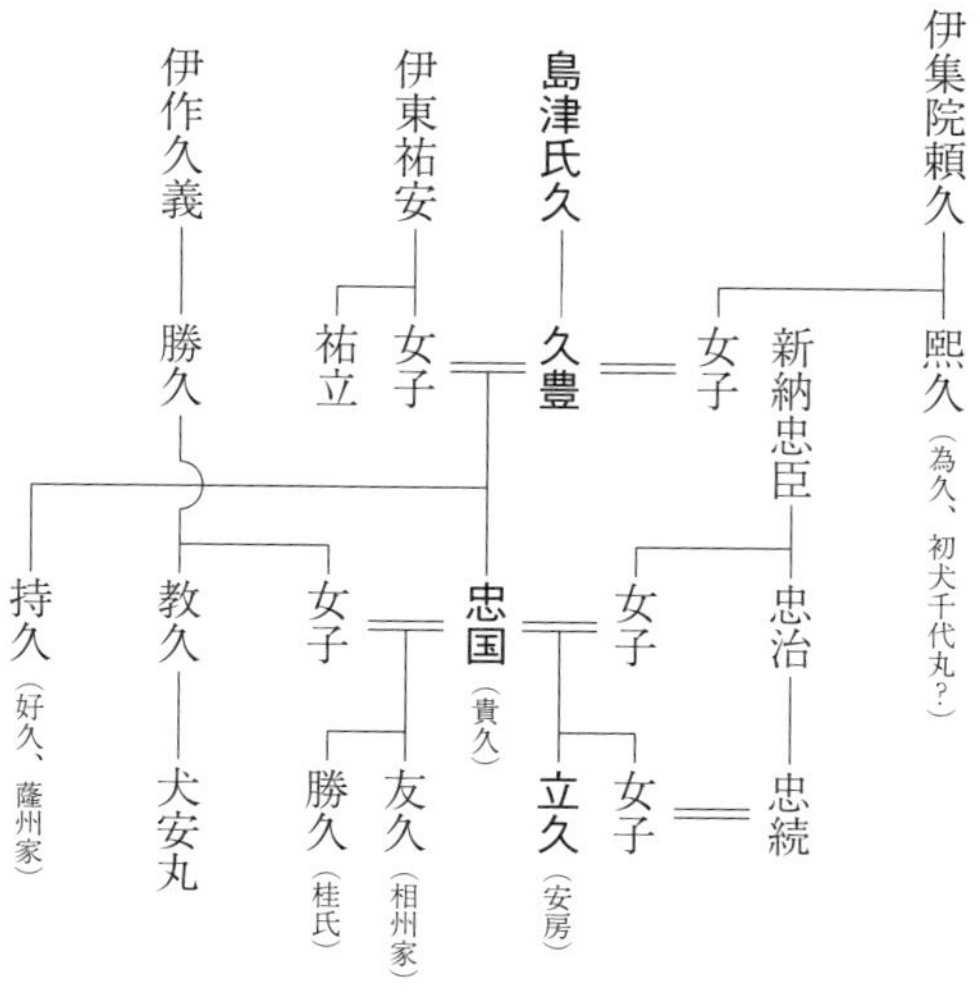

※ゴシックは、「島津氏正統系図」に基づく家督継承者

いう。(2) しかしながら、この内訌に関する研究の多くは近世の編纂物に依拠、ないしはその影響を受けており、持久の地位・権限については論者により見解の相違があるなど、未だ不透明な部分が多い。

また、この内訌に大きな影響を与えたとされるのが大覚寺義昭《ぎしょう》事件である。本件は、将軍足利義教に反旗を翻した弟の大覚寺門跡義昭が、嘉吉元年（一四四一）三月、潜伏先の日向国櫛間《くしま》院（宮崎県串間市）で島津忠国の軍勢に討たれたというものである。先行研究によれば、この事件を契機として復権をめざした忠国は、幕府の支持を背景に持久方を圧倒し、守護支配が忠国のもとに一元化されたという。(3) しかし後述のように、嘉吉二年に出された持久追討を命じる室町幕府御教書（管領畠山持国奉書）は忠国の苦戦を伝えている。加えて、両者の抗争は文安五年（一四四八）まで続いており、必ずしも幕府の支持が内訌の終結に直結したわけではない。だとすれば、いかなる要因で忠国はこの内訌に勝利したのか、内訌終結に向けての動きを慎重に検討する必要がある。

本稿ではこのような研究状況をふまえ、島津忠国から持久への権限委譲と忠国・持久両派の構成・動向に注目し、本内訌勃発の政治的背景と抗争の経過を明らかにしていく。

第一節　内訌の諸前提

一、島津持久＝守護代説の検証

そもそもこの内訌は、永享四年（一四三二）、島津忠国による日向国山東進攻直後に勃発した薩摩国「国一揆」に対応するため、守護島津忠国が弟の持久に守護権限を委譲したことをその遠因としている。まず、この権限委譲、特に持久の地位を明確にしておく必要があろう。

権限の委譲を受けた持久の地位については、近世の家譜・系図類や『旧記雑録』の注記に「守護代」と記されており(4)、これがそのまま定説化していった。自治体史の多くもこれをそのまま踏襲し、福島金治氏も、〈忠国＝守護、持久＝守護代〉説を所与の前提として論を進めている〔福島金治一九七七、同一九七八〕。これに対し、古くは〔高柳光壽一九三二〕が、「永享四年、忠国が守護職を好久《持久》に譲ったという確実なる材料は更に所見なく、（中略）永享四年八月二七日以後嘉吉年間に亘って好久は頻りに知行宛行状を出して居り、忠国もまた好久に劣らず同様にこの事を行って居るのであって、この間忠国が守護を好久に委任して居たとは到底考へ得られない」と指摘している。また、〔郡山良光一九六九〕も、「永享四年以降の忠国と持久の動きからみると、両者は別々に所領を宛行っており、連絡が取れていたとは思われない」と、持久が忠国の指揮下に入っていないことを指摘し、さらに「守護職を持久へ代行させたことは国一揆への対応もさることながら、守護職をめぐる家督相続の紛争から、持久を支持する一家・御内の勢力が優勢で、忠国を鹿児島から追放したのでは無かろうか」と、権限委譲そのものが両者の内訌の結果であるとの見解を示しているのである。

まずは、見解の分かれる〈忠国＝守護、持久＝守護代〉説を検証してみたい。

一般的に、室町幕府─守護体制下の〝守護代〟とは、在京中の守護に代わって在国し（守護代自身も在京する場合があるが）その職務を代行する役職であり、領国支配機構のトップに位置していた。このため〝守護代〟の発給文書には、守護または幕府の命令を遵行する奉書形式のものが含まれるのが一般的であり、当然、守護または幕府の遵行をおこなっていることをもって〝守護代〟と認定される場合も多い。すなわち、ある人物を〝守護代〟と認定するには、同時代の史料にその人物を「守護代」と記したものがあるか、もしくは守護または幕府の命に基づく遵行状・打渡状を発給しているかどうかが必要条件になってくる。

表①・②は、忠国・持久発給知行関係発給文書の一覧である。まず、持久発給の知行関係文書はいずれも書下形式で出されていることに気付く。少なくとも書式上、忠国との間に格差があるとは考えられない。加えて、〝守護代〟特有の遵行状・打渡状も皆無であることが指摘できる。これは、表に収録されていない知行関係以外の文書においても同様である。そして、表①─4・5と表②─3のように、ほぼ同じ時期（永享四年）に同一人物（阿多家久）に対して全く同じ所領（伊作荘大野、田布施高橋、川辺郡田上）を宛行っている事例も見られる。これは、先に発給された忠国の宛行状に基づいて持久が打渡状を発給したとは書式上考えづらく、〔郡山良光一九六九〕が指摘するように、忠国と持久の間に明確な指揮命令系統がなかったことによるもの、あるいは〔高柳光壽一九三二〕が指摘するように、両者がともに阿多氏を味方に付けるべく争い、同氏の要求する所領を与えたと考えるべきであろう(5)。

　以上の分析から、史料上持久を〝守護代〟と認定することはできないのである。そもそも同時代の史料で持久を「守護代」としたものは確認されておらず、少なくとも、持久が室町幕府―守護体制下で一般的に見られる〝守護代〟ではないことは明らかであろう(6)。それでは、忠国から持久に譲られた権限とは何だったのか、権限委譲後の持久は如何なる地位にあったのか、関係史料を検証してみたい。

　この権限委譲について記した、最も信頼の置ける史料である「酒匂安国寺申状(7)」（永享末年頃の成立、本状の作成事情については後述）には、「先年御敵被申候国之めん〳〵の儀更ニくつろかす候之間、若か様ニ御計候ハ、かハるへん（く）もや候しと御了簡候てそ、先国之事好久御計候へ、貴久ハ暫御隠居にて事のやうを御らんせらるへきにて如此御計候処、無幾程面々御方ニ被進候、あひのこり候方にハ御勢を遣候間、南方より牛屎ひかり（し脱カ）四ケ所の中まて御退治候」とある。忠国はしばらく「隠居」し、「国之事」を持久の計らいとしたのであり、自ら守護の地位に留まって、弟を〝守護代〟としたとは読みとれない。

　また、内訌終結からしばらく後のものと考えられる、（年月日不詳）肝付河内守宛山田聖栄（忠尚）書状(8)にも、「先年国一揆之時、忠国へ無事成まてと御談合候て、前薩州（持久）ニ国を為守候へと申時の御判ニて候、忠国為御意、本田信州（重恒）・平田往宗（重宗カ）・筆者・村田肥前守（経房カ）より百引御判好久（持久）預候」とあり、「国一揆」対策のため忠国から持久に何らかの権限委譲がおこなわれたことがうかがえる。なお、これらふたつの史料の筆者である酒匂安国寺と山田聖栄（忠尚）は、次節以降で述べるように持久擁立派の人物であり、これらの史料は内訌当事者の証言として極めて重要である。

　さらに、山田聖栄（忠尚）書状とほぼ同じ時期の成立と考えられる、島津立久（島津忠国の長子。のちに島津本宗家

表①　島津忠国発給知行関係文書

	年	月日	内容	受給者	書止文言	出典
1	応永23年(1416)	9.9	宛行状	祢寝清平	自下地可被領掌之状如件	旧記前2-949、「祢寝文書」213
2	応永24年(1417)	2.6	宛行状	町田飛騨	為料所所宛行處也、然者早任先例、知行不可有相違之状如件	旧記前2-953
3	応永32年(1425)	3.14	寄進状	大慈寺	奉寄進之状如件	旧記前2-1042、「大慈寺文書」15
4	永享4年(1432)	4.20	宛行状	阿多家久(忠清)	為料所可相計状如件	旧記前2-1108
5	永享4年(1432)	6.30	宛行状	阿多家久(忠清)	早任先例、可被領知状如件	旧記前2-1109、「阿多文書」1-1
6	永享4年(1432)	11.3	宛行状	阿多忠清	依忠節當行所也、早任先例、可為領知之状如件	旧記前2-1126、「阿多文書」1-2
7	永享4年(1432)	11.16	宛行状	二宮八郎左衛門	忠節無意篇者當行状如件	旧記前2-1128
8	永享4年(1432)	12.13	安堵状	樺山孝久	早任先例可為領知状如件	旧記前2-1131、「樺山文書」104
9	永享5年(1433)	7.8	宛行状	樺山次郎三郎	早任先例可被領掌之状如件	旧記前2-1142、「樺山文書」105
10	永享7年(1435)	6.9	安堵状	伊地知久安	為由緒所宛行也、其外者闕所次第領掌不可有相違也	旧記前2-1172
11	永享7年(1435)	8.23	宛行状	祢寝直清	早任先例可為領知状如件	旧記前2-1176、「祢寝文書」217
12	永享7年(1435)	12.5	宛行状	祢寝直清	早任先例可有知行之状如件	旧記前2-1180、「祢寝文書」218
13	永享7年(1435)	12.5	宛行状	祢寝直清	早任先例可有知行之状如件	旧記前2-1181、「祢寝文書」219
14	永享7年(1435)	12.15	宛行状	梅北橋野殿	為料所可宛行所也、任先例、可領知状如件	旧記前2-1182
15	永享8年(1436)	1.18	寄進状	大慈寺	奉寄進之状如件	旧記前2-1185、「大慈寺文書」16
16	永享8年(1436)	5.20	宛行状	山田忠尚	為料所所宛行也、早任先例、領知不可有相違状如件	旧記前2-1187、「山田文書」145
17	永享8年(1436)	閏5.20	安堵状	岩下龍圓坊	不可有相違所也	旧記前2-1190
18	永享8年(1436)	閏5.20	寄進状	正八幡宮・澤殿	然早可有彼地知行、仍限永代、奉寄進所如件	旧記前2-1191
19	永享8年(1436)	閏5.20	安堵状	澤殿	以上七町之事不可有相違所也	旧記前2-1189

20	永享８年(1436)	6.8	安堵状	平山	任先例不可有領掌相違之状如件	『帖佐由来考』
21	永享８年(1436)	8.3	安堵状	樺山孝久	任御下文之旨、可被領知之状如件	旧記前 2-1195、「樺山文書」110
22	永享８年(1436)	8.3	安堵状	樺山孝久	早任先例、闕所次第可領知之状如件	旧記前 2-1196、「樺山文書」111
23	永享８年(1436)	8.3	宛行状	祢寝直清	早任先例可被領知之状如件	旧記前 2-1193、「祢寝文書」220
24	永享８年(1436)	8.3	宛行状	祢寝直清	早任先例可被領知之状如件	旧記前 2-1194、「祢寝文書」225
25	永享８年(1436)	9.14	安堵状	入来院重茂	任先例可被領知状如件	旧記前 2-1202、「入来文書」38
26	永享９年(1437)	2.28	宛行状	祢寝重清	早可領知状如件	旧記前 2-1206、「祢寝文書」226
27	永享９年(1437)	5.28	宛行状	阿多亀徳(忠清)	為料所所宛行也、早任先例、可領掌之状如件	旧記前 2-1207、「阿多文書」1-5
28	永享９年(1437)	8.1	宛行状	祢寝重清	仍不可有領掌相違之状如件	旧記前 2-1208、「祢寝文書」227
29	宝徳２年(1450)	8.10	安堵状	羽島豊後守	仍任先例、領掌之状如件	旧記前 2-1334
30	宝徳３年(1452)	6.12	宛行状	(島津)豊後守	引合被申候て可被下者也	旧記前 2-1349
31	享徳２年(1453)	7.12	安堵状	祢寝重清	任先例不可有相違領掌之状如件	旧記前 2-1352、「祢寝文書」233

家督および薩・隅・日三カ国守護職を継承）の覚書とおぼしき史料には、「既永享年中号国一揆、同時蜂起、然間三州守護職譲与舎弟薩摩守用久（持久）、自身出鹿児島之居宅、日州末吉郷隠居候」とある[9]。立久は、守護職そのものが持久に「譲与」され、忠国自身は守護所鹿児島から離れ、日向国末吉郷（鹿児島県曽於市末吉町）に「隠居」したと明言しているのである[10]。当時の立久がまだ乳児である（永享四年生）ことが若干気になるが、前述の「酒匂安国寺申状」の記述とも整合性があり、事実と判断してもよいのではないだろうか。だとすれば、「酒匂安国寺申状」に見える「国之事」とは、「守護職」そのものを意味することになる。

以上、三つの史料から、忠国は「国一揆」への対応のために、守護所である鹿児島を出て日向国庄内に隣接する末吉郷に隠居し、暫定措置

表②　島津持久発給知行関係文書

	年	月日	内容	受給者	書止文言	出典
1	応永33年(1426)	1.26	寄進状	建忠寺	仍寄進之状如件	旧記前2-1056
2	永享4年(1432)	10.11	宛行状	伊作教久	為料所所宛行也、早任先例、不可有領知相違状如件	旧記前2-1125
3	永享4年(1432)	12.7	宛行状	阿多忠清	為料所當行所也、任先例、可令領知状如件	旧記前2-1127、「阿多文書」22
4	永享4年(1432)	12.24	宛行状	山田忠尚	右為料所所宛行也、早任先例、不可有領知相違状如件	旧記前2-1129、「山田文書」143
5	永享5年(1433)	5.19	宛行状	富山殿	為給分所宛行也、早任先例、可領知并先知行代地事、闕所次第可致其沙汰之状如件	旧記前2-1140、「志々目文書」29
6	永享7年(1435)	5.22	宛行状	近間尾張守、近間伊豆守	依為由緒所宛行也、早任先例、不可有相違領知状如件	「千竈文書」10
7	永享7年(1435)	5.24	宛行状	渋谷氏？	不可有相違領知状如件	旧記前2-1169
8	永享7年(1435)	6.9	宛行状	田代清定	不可有相違領知状如件	旧記前2-1171、「田代家文書写」29
9	永享7年(1435)	6.23	宛行状	山田忠尚	為料所々宛行也、早任先例、不可有領知相違之状如件	旧記前2-1174、「山田文書」144
10	永享7年(1435)	6.30	宛行状	伊集院犬子丸（継久）	為料所闕所次第所宛行也者、不可有領掌相違之状如件	旧記前2-1175
11	永享8年(1436)	8.10	宛行状	種子島幡時	為料所所宛行也、早任先例、可令領知之状如件	旧記前2-1198
12	永享8年(1436)	8.10	宛行状	種子島幡時	闕所之時、最前為料所可相計所也、早任先例、不可有領知相違之状如件	旧記前2-1199
13	永享11年(1439)	2.18	寄進状	惠燈院	仍為後代寄進之状如件	旧記前2-1215
14	永享11年(1439)	6.	寄進状	諏方座主律師慶任房	御祈祷大般若経於于御拝殿、可有転読状如件	旧記前2-1217
15	嘉吉2年(1442)	3.17	宛行状	本田殿	為給分所宛行也、早任先例、領知不可有相違状如件	旧記前2-1280
16	嘉吉2年(1442)	3.18	宛行状	山田忠尚	右為料所所宛行也、早任先例、領知不可有相違状如件	旧記前2-1281、「山田文書」146
17	文安元年(1444)	3.8	安堵状	樺山（満久？）	早任先例可令知行者也、仍為後日状如件	旧記前2-1296、「樺山文書」131

ではあったが、持久に「国之事」＝「守護職」そのものを委譲した可能性が極めて高いことが明らかとなった[11]。しかしながら、近世に成立した家譜・系図類では持久の守護職継承は全く無視され、〈忠国＝守護、持久＝守護代〉説が一般化していったのである。

二、内訌の萌芽―ふたつの一揆―

前項では、これまで定説化していた〈忠国＝守護、持久＝守護代〉説が後世の誤解であることを明らかにし、郡山良光説の妥当性を部分的に実証した。続いて本項では、〔郡山良光一九六九〕がいまひとつ指摘している、忠国から持久への権力移行を持久方勢力による政権奪取とみる説について検証してみたい。

郡山氏は、島津忠国の日向国末吉への「隠居」を「守護職をめぐる家督相続の紛争から、持久を支持する一家・御内の勢力が優勢で、忠国を鹿児島から追放したのでは無かろうか」と推測しているが、問題は「持久を支持する一家・御内の勢力」の実体と、両派の対立・抗争の開始時期が明確になっていない点にある。そこで注目したいのが、これまで十分に検討されてこなかった永享六年（一四三四）と同七年のふたつの一揆である。以下、この一揆の分析を通して、上記の疑問を明らかにしていきたい。

（1）永享六年持久擁立一揆

永享六年（一四三四）六月二四日、大隅国人九名（平田重宗、野辺《（深川）》盛豊、石井忠義、肝付《（鹿屋）》兼政・兼直、興長武清、肝付兼元・兼忠・貴重）は、持久方と思われる山田忠尚[12]に契状を提出する[13]。これらの契状はいずれもほぼ同文であり、彼ら一〇名が山田忠尚を中心に「一味同心」して交わしたものと推測され、全員連署の起請文こそ現存しないものの、一揆が成立したと判断される。まずその内の一通、野辺盛豊のものを次に掲げる。

【史料①】永享六年六月二四日付野辺盛豊契状(14)

契約

一仰　好久、雖為世上如何様転変、一味同心御用可罷立事、

一無謂自訴於申、公方於恨申候之者、不可然通雖致催促、無承引ハ、其仁一人於同心ニ可捨事、

一公方より無理之子細一人ニ被仰下者、同心ニ侘申、無承引者、身之大綱と存、相共に可為一味事、

一就境目所務等事、無謂事於他所へ申懸者、是又致催促、無承引ハ、一向に合力申ましき事、

一如此申談候上者、大小事不残心底可申承候、若不慮之有讒者、和讒凶害荒説出来者、直ニ申披キ可承事、

若条々偽申候者、

日本鎮守伊勢天照大神　熊野三所権現、當国鎮守正八幡大菩薩　諏訪上下大明神　天満大自在天神　霧嶋六所権現　新田八幡大菩薩　開門九社大明神　上下大明神御罰ヲ子々孫々可蒙罷候、

永享六年六月廿四日　藤原（野辺）盛豊（花押）

山田（忠尚）殿

一条目では、島津好久（持久）への支持を明記しており、これこそ彼らが「一味同心」するに至った眼目である。二・三条目は「公方」への対応を記し、四条目は彼ら領主間の所領境界争論を契機とした紛争を防ぐための条文である。五条目は、領主間の契状には普遍的な相互不信への対応を記した条文である。

持久が単なる島津本宗家当主の弟という立場ならば、このような契状が交わされる必然性はない。この契状は、まさに先程の「酒匂安国寺申状」に見える、守護忠国の「隠居」、すなわち持久の「国之事」＝守護職継承という事態を受けて交わされたものである。ここで問題となるのは、二・三条目の「公方」が守護忠国を指すのか、あるいは持久を指すのかということである。この点について〔福島金治一九七八〕は、二条目以降の「公方」とは忠国のことであり、「守護代」持久と「公方」＝守護忠国が「厳密に分かたれている」としているが、福島氏の解釈は〈忠国＝守護、持久＝守護代〉説を前提としたものであり、首肯しがたい。むしろ、一条目で持久を「公方」＝守護として擁立することを明確にした上で、二条目以降で「公方」＝守護持久への対応を記していると解釈するのが妥当であろう。いずれにせよ、この一揆が持久支持・擁立を目的としたものであることは明白であり、またこれが忠国から持久への権限委譲直後ではなく、持久の支配が浸透してきたであろう時期に結成されていることこそ重要なのである。

続いて、本一揆構成員の階層に注目してみたい。一揆構成員のうち、石井忠義（大隅下大隅郡）・鹿屋兼政・兼直[15]（大隅鹿屋院）は「御内」、平田重宗（大隅串良院）は「老名」、それ以外の野辺《（深川）》盛豊[16]（大隅深川院）、興長《（吉田氏カ）》武清[17]（大隅吉田院）、肝付兼元・兼忠・貴重《（頴娃）》（兼元＝大隅肝属郡、貴重＝薩摩指宿・頴娃）[18]は、肝付貴重以外大隅国内の「国衆」であるが（括弧内は本拠）、「御一家」に属するものは参加していない。一方、本一揆の中心人物と目される山田忠尚であるが、前出の（年月日不詳）肝付河内守宛書状の差出人であり、大隅国市成（鹿児島県鹿屋市輝北町）を本拠としていた。元々島津氏一族ではあるが、平田重宗をはじめとする老名等とともに本書状中に「御判」の打渡者として見えることから、この時期には御内化して、老名等とともに政権の中枢にあったと考えられる。

また、彼らの本拠地に注目すると、本一揆が大隅国中部および錦江湾沿岸の領主層によって構成されていることに気付く。表②から明らかなように、当初持久の「国一揆」対策は、伊集院氏の基盤である薩摩半島の国人の切り崩しに力点が置かれており、薩摩半島の攻略には錦江湾沿岸を押さえる持久擁立一揆の協力が不可欠だったであろう。特に錦江湾入口の要港・山川を抑える伴姓頴娃氏を取り込んだことは、錦江湾の制海権確保に大きく寄与したに違いない。

（2）永享七年島津忠国・安房擁立一揆

次の史料は、永享七年（一四三五）一〇月一四日、島津忠国と彼を支持する国人一五名との間で取り交わされた起請文である。

【史料②】永享七年十月一四日付島津貴久（忠国）起請文写[19]

証状

一国立栖（柄）談合之時、無贔屓不残心底可承由候上者、愚存も可専順旨事、

一愚意ぉ申出、集義ぉ承、可任多分之儀申事、

一如此申談候上者、申候する儀ぉ何度も可以料（御断）申事、

此條偽申候者、

正八幡大菩薩　天満自在天神、御罰可蒙候、

永享七年十月十二日　　貴久御判

面〻御中

【史料③】永享七年十月一四日付本田重経外一四名連署起請文写(20)

請文

一一味同心可罷立御用事

一意見御尋之時、不残心底可申上事、

一御談合之時、贔屓之子細不可申上事、

右此条〻偽申候ハヽ、

日本国中大小神祇冥道

伊勢天照大神宮　霧嶋六所大権現　正八幡三所大菩薩　諏方上下大明神　天満大自在天神、御罰ぉ各〻之身中ニ

可罷蒙候、

仍起請文如件

永享七年十月十四日

永野殿 助家　殖家 高木殿

本田殿 重経　柏原殿 好資　孝久 樺山殿

財部殿 因盛　廻殿 元政　知久 北郷殿

末広殿 忠勝　かちき殿 親平　忠臣 新納殿

いち、殿 久安　町田殿 一久

税所殿 弥阿

和田殿 正直

まず内容であるが、史料②・③の条文を整理すると、（1）一揆の「面々」の忠国への支持（③の第一条）、（2）

「国立柄」＝領国の存立に関わる重要な政策決定をおこなう談合においては、贔屓無く公正な意見を述べるという意見上申原則の確認（②の第一条）、（3）同じく談合の際には、互いに腹蔵無く意見を述べ合い（②の第一条、③の第二条）、（4）談合における政策決定は「多分之儀」に任せる（②の第二条）、の三点にまとめられる。

つまり本一揆は、忠国への支持と引き替えに、重大な政策決定を忠国と一揆構成員との合議でおこない、しかもその最終決定は多数決でおこなうという、忠国の専断権制限にその目的があると判断される。そして、重要な点は、領国の存立に関わる重要な政策決定をおこなう談合が、忠国を中心に実施されることを認めている点である。この忠国に対する扱いは、守護職を弟に譲った単なる「隠居」へのものではない。これは、忠国を〝守護〟として扱うことを前提としているのであり、本一揆構成員の忠国への支持は、彼を再び〝守護〟として承認することに他ならないのである。

次に、史料③の一五名の構成を確認しておきたい。樺山孝久（日向野々三谷）・北郷知久（日向都城）・新納忠臣（日向志布志）は「御一家」、本田重経は「老名」、末広《（末弘）》忠勝・永野助家・柏原好資（日向柏原別符）・伊地知久安（大隅下大隅郡）・廻元政（大隅下大隅郡）・町田一久は「御内」、財部因盛（大隅財部院）・加治木親平（大隅加治木郡）・税所弥阿（大隅曽於郡）・和田正直（日向三俣院高城）・高木殖家（日向志和地）は「国衆」であり[21]（括弧内は本拠）、地域分布を見ると、日向国庄内（都城盆地）周辺および大隅国衙周辺の領主によって構成されていることが判明する。

先に見た持久擁立一揆と比べると、構成員の分布が忠国の「隠居」地である大隅・日向国境付近に集中している点、樺山・北郷・新納といった有力御一家が名を連ねている点、末弘以下中級クラスの御内を多く含む点などの違いに気付くが、特に注目されるのは、御一家の最有力者樺山氏を含んでいる点である。樺山氏は、鎌倉末以来島津荘に蟠踞する和田・高木両氏等と重層的な婚姻関係を結ぶなどして、日向国庄内地方に隠然たる勢力を誇っており、いわば庄内地方の盟主的存在であった（本書第2部第三章）。本一揆が忠国と国人側どちらの主導によるものか判断しがたいが、樺山氏の存在がこの島津忠国支持一揆成立に大きな影響を与えたと推測される。[22]

その樺山孝久は、本一揆が成立する四ヶ月ほど前、すでに末弘忠勝・島津忠国との間で契状を取り交わしていた。同年六月六日付[23]（樺山→末弘宛）、および同月一二日付[24]（忠国→樺山宛）の起請文がそれである。末弘氏は、日向国庄内に配置された守護島津氏の直臣で「庄内地域の目付のような存在[25]」とも指摘されており、持久への守護職委譲後、庄内に隣接する末吉にあった忠国にとっては側近的な存在であったと考えられる。すなわちこの盟約は、実質的には樺山孝久と島津忠国との間で結ばれたものと判断される。この二通の契状には、いずれも二条目に忠国の長男「安房」（前出の覚書の筆者＝島津立久の幼名）の扱いについて記述が見られる。すなわち、樺山氏から末弘氏宛のものには、「一安房若御之御事、殊以大切存御用可罷立事」、忠国から樺山氏宛のものには、「一安房間之事、可存憑入事」とあり、この盟約の目的が有力御一家樺山氏による「安房」支持確約にあることは明白であろう。すなわち、樺山孝久は忠国とその子安房への支持を誓い、忠国は孝久に対し安房への後見を依頼したのである。

この盟約が結ばれた永享七年といえば、忠国が「国之事」＝守護職を持久に委譲してから三年弱、翌年六月には「国一揆」の中心勢力である伊集院熙久と和睦しており[26]、「国一揆」鎮圧後の政権の枠組みがそろそろ問題になり始めていた時期である。前述のようにこの守護職委譲は暫定措置であり、「国一揆」終息後、持久の権限は忠国に返上されるべきものであったはずである。しかしながら、〔郡山良光一九六九〕が指摘しているように、すでに持久は独自な道を歩み始めており、永享六年には明確に持久支持を打ち出した一揆が成立している。また、後述のように持久自身も明らかに忠国への政権返上を忌避していた。このような状況下、忠国にとっての最大の問題は、持久からの政権奪回＝自身の守護復帰を実現できうるかどうかであった。忠国はこの時期から、領国内の国人等に対して積極的に知行関係文書の発給をおこなっているが（表①）、これは当然守護復帰に向けての多数派工作に他ならない。そんな中、忠国は御一家の最有力者樺山氏の支持を取り付けたのである。

なお、島津忠国には四人の男子がおり、長男は友久、安房（立久）は二男であった。家譜類は、友久が「他腹」、すなわち庶子であったため家督を継がなかったとある（「島津氏正統系図」など）。友久の母は、伊作勝久の娘であり、安房（立久）の母は、新納忠臣の娘である。表②―２からわかるように、友久の叔父にあたる伊作教久（勝久嫡男）は当初から島津持久方であり、一方安房の祖父新納忠臣は、史料③の忠国擁立一揆のメンバーである。両者の立場の違いは明白であり、忠国支持派の新納氏を母とする安房が次期家督に指名されたのであろう。島津忠国の立場からすると、御一家新納氏の血をひく安房を次期家督と指名することで、日向・大隅両国御一家らの支持を得やすくしたのであろう。

史料②・③は、こうした忠国の守護復帰活動の集大成と理解すべきであり、自らの専断権放棄と引き替えに、末弘氏ら御内と樺山氏・新納氏ら有力御一家、そして周辺国衆をも取り込んで、忠国から安房（立久）への権力継承を支持する一揆を結成させたのである。

（３）ふたつの一揆の意義

本項では、永享六・七年に忠国・持久それぞれを支持するふたつの一揆が存在したことを明らかにした。〔郡山良光一九六九〕が指摘したように、かなり早い段階で島津本宗家支持勢力の内部対立が表面化していたようである。ただ、ここで留意しておきたいのは、両派の対立がすぐさま軍事抗争に発展していったわけではないという点である。すでに本書第2部第一章で指摘したように、「国一揆」は永享八年に伊集院氏が島津氏と和睦した後も続いており、結局、「国一揆」の主体勢力が蟠踞する薩摩国「山北」地域を制圧できないまま、持久による軍事行動は終了している(27)。両派が軍事抗争を始めていれば「国一揆」の長期化、ひいては島津氏の領国支配崩壊にも繋がる可能性があった。両派の対立は、「国一揆」鎮圧という本来の目的を達成するまで表面化しなかったのであり、水面下での駆け引き・綱引きが続いていたと見るべきであろう。

また、永享七年の忠国・安房（立久）擁立一揆が無条件で忠国を支持したものではなく、忠国の専断権を大きく制限する内容を含んでいた点、そして永享六年の持久擁立一揆にも、「公方」からの「無理之子細」への対応や領主間相論への対応が明記されている点も無視できない。おそらく両派とも「国一揆」勃発前から忠国の政策決定や領主間の相論裁定に関する専断的対応に何らかの不満を抱いており、これがふたつの一揆の成立に影響を及ぼしたのではないか。だとすれば、郡山氏の〈忠国の「隠居」＝持久方勢力による追放〉説は修正が必要となろう。つまり、忠国の「隠居」は島津本宗家支持勢力分裂の結果ではなく、むしろ多くの支持勢力の総意でおこなわれたのであり(28)、その後の対立は、忠国「隠居」後の政権の枠組みをめぐってのものと考えられる。

すなわち、永享六年に一揆を結成した山田忠尚を中心とする勢力は、「国一揆」鎮圧に成功しつつあった持久を「公方」＝守護として支持・承認し、一方、永享七年に一揆を結成したグループは、当初の予定どおり持久への権限委譲を「国一揆」鎮圧までの暫定的なものと理解し、忠国の嫡男安房（後の立久）への家督・守護職継承を支持していたのではないだろうか。だとすれば、両派とも永享六・七年段階での持久の地位そのものは承認していたことになり、これが両派の対立が軍事抗争に発展しなかった、もうひとつの理由と推測される。

三、「国一揆」の沈静化と持久の家督継承

前項では、ふたつの一揆の存在を明らかにし、両派の対立が忠国「隠居」後の政権の枠組みをめぐるものである可能性を推測した。しかし、一揆成立後の忠国は短期間に数多くの知行宛行・安堵行為をおこなっており（表①）、一揆側の思惑をよそに「国一揆」鎮圧、そして守護職回復にむけて積極的に活動していることがうかがえる。まさにこの時期の島津氏領国は、忠国・持久の二重権力状態にあったのである。

このような状況下、忠国は永享八年（一四三六）六月、「国一揆」主体勢力のひとりである伊集院煕久と和睦するに至る。伊集院氏との和睦は、永享八年六月二四日付の「奥州(忠国)御用ニ罷立」旨を誓った煕久契状によって確認される[29]。この契状は、樺山・和田・高木・祢寝・平山の諸氏宛で出されたものであり、このうち、樺山・和田・高木の各氏は史料③の署名者、すなわち忠国・安房擁立一揆構成員である。さらに、祢寝・平山の両氏も、一揆成立後に忠国から知行宛行を受けていることから、忠国方であることは明らかであり（表①）、特に祢寝氏は、同年八月一〇日には樺山氏と契状を取り交わしており[30]、忠国・安房擁立一揆の追加メンバーともみなされる。つまり、忠国との和睦を意味する伊集院煕久契状は、忠国・安房擁立一揆と交わされたと判断されるのであり、おそらく、伊集院氏との和睦は忠国・安房擁立一揆およびこれに近い立場のものの仲介により実現したのであろう。

また、この契状の内容も注目に値する。伊集院煕久は「今度奥州御用ニ罷立候上者、後々までも以前之御契約、又

者此刻之忠節御忘候者、衆中ニ訴可申候」と、帰順した側としては高飛車な態度に出ているのであり、今回の和睦が対等なものであり、かつ忠国側の事情で成立したことを物語っている。

では、忠国側の事情とは何であろうか。これをうかがえるのが、煕久の契状提出前日に島津持久から樺山孝久に出されたと思われる、次の書状である。

【史料④】年欠六月二三日付島津好久（持久）書状(31)　※傍線は筆者

猶〻自然之時は、依番行通、御無心御座候ハヽ、可目出候、

此間可申通之處、依不輙路次候、無音罷過候、非本意候、兼又兄にて候者伊集院ニ被越候、来廿六日、當所ニ可勢遣之由被申候、仍所〻勢共打寄候、定而可被取陣候哉、異子細之時ハ、可令申候、又不給候ハ所仰候、雖無指事候、遙久不申承候之間、令啓候事候、期後音候、恐〻謹言、

六月廿三日　好久（持久）（花押）

樺山（孝久カ）殿

本状を収録する『旧記雑録前編』には、日付の上に「宝徳元年歟」との注記があるが、「好久」は永享一一年（一四三九）二月までに「持久」と改名しており、本書状もそれ以前のものである。また、傍線部のように「兄にて候者」＝忠国が伊集院に出陣しており、日付からみても伊集院氏との和睦の際の史料、すなわち永享八年のものと判断される。忠国は伊集院氏と和睦すべく同地まで出陣して来たのである。

そして注目すべきは、これから三日後に忠国が「當所」、すなわち持久のもと（おそらく鹿児島）に軍勢を派遣するとの情報が流れている点である（傍線部）。その実否は不明であるが、持久への軍勢派遣の目的が政権の奪回、ある

いは実子安房（立久）への権力譲渡を迫ることにあったことは、これまでの経緯をふまえれば明らかであろう。当然この情報は持久にとって寝耳に水であったはずであり、その真意を確認すべく、親交のあった忠国方の樺山孝久にこのような書状を送ったと考えられる。

以上のように忠国は、忠国・安房擁立一揆の成立を前提として、まず権限委譲の原因となった「国一揆」の沈静化を伊集院氏との和睦により達成する。そして、その足で一気に持久から政権を奪回しようとしたのである。しかし、この時点で両者が交戦した形跡はなく、何らかの事情で直接対決はひとまず回避されたようである。

一方、持久は伊集院氏和睦後さらに薩摩国山北地域へと軍事進攻を続け、同地を完全に制圧することはなかったものの、永享九〜一〇年頃には鹿児島に凱旋している。「国一揆」の一応の終結を迎え、当然、次の政権の枠組みが問題となったはずであるが、持久は兄忠国に権限を返上する気など全く無く、かえって自らの立場を強化する方策に出る。

先程来引用している「酒匂安国寺申状」は、まさにこの時期に成立したものである[32]（五味克夫二〇一四b）。本史料は、すでに隠居していたかつての老名酒匂安国寺—酒匂氏は、鎌倉期以来代々「守護代」や「老名」を務めた譜代被官—が、島津家の歴史、御一家・御内の由緒等に関する島津持久の諮問に答えたものである。その末尾には、現実の政治情勢をふまえた進言が付け加えられており、この時期の持久の動向を知りうる格好の史料である。その最後の部分を掲げよう。

御方中之国面々・御内之人々ニ、はや国之事無為に罷成候へハ、貴久如元かこしまに御座候て国を御計候へと申度候、同心被申候へかしと被仰候へハ、尤可然被存候（由）人々共〈候〉、先ハ此間御ほねおられ候て御対治候間、暫ハ御計こそ可然候へと申されぬ方ハあらしと存候、たとへ此儀候ハす共、貴久《(忠国)》ニ此之由御申候へかし、か様之順次の御計候ハ、貴久も定而しゆんしの御返事被仰候ぬと存候、又者自国他之けんほう《(憲法カ)》のはからひと人にもしらせ
京都及《(迄)》も賢人の名をあけさせ申させ候ハんためニ申入候しか共、御返事たにあつからす候間、不及是非候、

島津持久に対して酒匂安国寺は、「あなた自ら国衆・御内に対し、『国一揆が鎮圧されたからには、忠国に鹿児島に戻って国政に復帰してほしいと申し出るつもりだ。同心して欲しい』と申し出なさい。そうすれば彼らはきっと『（持久が）苦労して（国一揆を）退治なされたのだから、もう暫くは国政を執られてはいかがですか』というに違いありません。もし、彼らがそう勧めなくても、忠国に政権返上を申し出れば、忠国もきっとご遠慮なさるでしょう。加えて、こうした行為は領国内だけでなく他国においても『持久は正しい行いをする人物だ』との評価を高め、更には京都にまでも『持久は賢人である』と名声を轟かせることになりましょう」と諭したのであるが、持久はこれを全く無視したため、再びこの申状で進言に及んだのである。

おそらく持久は、暫定的な「守護」の地位に甘んじることなく、ましてや忠国に政権を返上するつもりも無く、島津本宗家家督を継承した上で幕府からの正式な守護職補任を目指していたのであり、それを見越して島津家の歴史や御一家・御内の由緒を諮問したのであろう。酒匂安国寺もこれを察して、あえてこうした進言をしたのであり、彼が「京都辺及も賢人の名をあけさせ候ハん」と述べたのも、幕府からの守護職補任を意識していたからであろう。

そして実際に、持久は島津本宗家家督の地位を奪取することに成功する。

【史料⑤】永享一一年二月一八日付島津持久証状写(33)

『押札当寺三代仲翁和尚証判守護代薩州持久加判』
（花押）

福昌寺慧（燈脱カ）院各々田畑寄進状
一薩摩国鹿児島郡花棚村之内琵琶田三段、本田安了寄進状、有義天（久豊）御判、
一薩摩国鹿児島郡西田村之内水田五段、益山傑叟寄進状、為二親也、有義天御判、
（中略）
右、彼寄進状者、慧燈院殿義天大禅定門各〻有御判、依寺家回禄彼重書失却、仍為停止萬雑公事諸役等、本寺大壇那持久御判重而取置者也、若後代於彼寺領有違乱時者、以彼状可有沙汰者也、
永亨（享）十一年二月十八日
前惣持中翁老衲誌之　□（朱印）（花押）

本史料は、島津本宗家菩提寺である福昌寺（鹿児島市池之上町）に対して、「本寺大壇那」である持久が、同寺への寄進状（および寄進地に対する諸役免除）の確認のために証判を与えたものである。中略部分には、一・二箇条と同様に七通分の寄進地が書き上げられており、合計九通、内五通に「有義天御判」（義天は忠国・持久兄弟の父久豊の法名）とあり、一通は島津久豊自身の寄進状である。つまり、本史料は久豊による寺領安堵・諸役免除の追認という性格を持っていることがまず指摘できる。

では、なぜ持久は父久豊の寺領確認を再び安堵したのか。これは、父久豊の家督継承を先例としてふまえたものと考えられる。本書第1部第三章で詳細に検討したように、応永一八年（一四一一）閏一〇月ごろ、島津久豊は先代元久が後継指名していた伊集院初犬千代丸から鹿児島を奪還し、強引に島津奥州家家督を奪取した。このクーデターともいうべき強引な家督継承に際して、久豊は史料⑤とよく似た福昌寺領の安堵をおこなっている。[34] つまり、福昌寺領

の安堵とは、菩提寺である福昌寺に同寺大壇那＝島津本宗家家督であることを示し、同時に領国内外に家督継承をアピールする意味合いもあったろう。(35)持久は、このような父久豊の家督奪取の先例をふまえ、福昌寺領の確認・再安堵をおこなったのであり、これは持久による島津本宗家家督継承宣言に他ならないのである。(36)

これに対し、忠国側はどういう対応をとったのであろうか。史料上、忠国および忠国・安房擁立一揆が持久の家督継承に異を唱えた形跡はなく、軍事行動を起こした事実もない。酒匂安国寺が予言したように、「国一揆」鎮圧という実績を前にして承認せざるをえなかったのか、あるいは前項での推測に基づけば、安房（立久）を後継者とすることを条件に、持久の家督継承を認める方向で両派の間に妥協が成立したとも考えられる。ちなみに忠国は、永享九年八月を最後に内訌終結後の宝徳二年（一四五〇）八月に至るまで、知行関係文書の発給を停止している（表①）。両派の妥協成立によって、守護による知行宛行・所領安堵に関する権限が持久に一元化された可能性が高いのではないだろうか。

このように、島津本宗家家督の地位を実力で継承（奪取）した持久であったが、次に目指すのは当然幕府からの守護職補任である。父久豊の場合、初犬千代丸の実家伊集院氏との間で大きな争乱となったこともあり、幕府からの正式な守護職補任は大きく遅れ、家督奪取から一〇年後の応永二八・二九年（一四二一・二二）ごろとみられる（本書第1部第三章第三節―二）。

持久の場合、前記のように両派の軍事衝突は回避されており、家督継承（奪取）後まもなく領国の内外から実質的守護として認識されていたと推測される。つまり、持久としては、正式な守護職補任の前提となる島津本宗家家督継承と一族・被官らによる承認を経て、幕府にこれを認めさせる最終段階を迎えていたことになる。しかし、このような対外的に重要かつ微妙な時期に、島津氏領国の日向国に大覚寺門跡義昭が下向・潜伏し、状況は一転していく。

第二節　内訌の実態

一、抗争の契機としての大覚寺義昭事件

前出の島津立久による覚書とおぼしき史料は、内訌の発端について次のように記している(37)。

　既永享年中号国一揆、同時蜂起、然間三州守護職譲与舎弟薩摩守用久（持久）、自身出鹿児島之居宅、日州末吉郷隠居候、無幾程而悔還彼先約、鹿児島押入之間、用久改居所谷山院、構城郭、既兄弟之成弓矢、争国事十余ヶ年、其間之転変不可勝計候、

隠居した島津忠国が持久から三カ国守護職を悔い返し、守護所鹿児島を奪取したことが事の発端だったようである。その時期を明示する一次史料は現存しないが、先行研究はいずれも大覚寺義昭事件をその契機としている。つまり、忠国は義昭を討ち取った結果、幕府の支持を得て持久方を圧倒したというのである。

一方、両派の軍事抗争に関する初見史料は、嘉吉元年（一四四一）一二月一二日付の室町幕府御教書（管領畠山持国奉書）である(38)。内容は、島津持久とその与党である高木孫三郎（殖家）・市来太郎（久家）の三名に対する追討令であり、有力国人に対し島津忠国への「合力」を命じている。忠国が持久追討にあたって幕府の支持を受けているのは明らかであり、時期から見て、大覚寺義昭事件をその契機としていることもまず間違いない。よって、両派の本格的軍事抗争は、義昭

追討直後の嘉吉元年夏〜秋頃始まったと推測される。

しかし、幕府の支持が忠国に有利な状況をもたらしたというのは事実であろうか。翌嘉吉二年一〇月二五日、再び幕府は治罰の御教書を発布している(39)。これには、「先度被成治罰之處、尚令出張、既陸奥守忠国及難儀云々」とあり、この間幕府の支持を受けた忠国の方が、逆に軍事的劣勢に立たされていたことがうかがえる。実は、御教書が出される三ヶ月前の九月、忠国方の重鎮樺山氏が周辺国人とともに持久方となっており（本書第3部第一章）、二度目の御教書はこうした状況をふまえて出されたものであろう。忠国は幕府の支持を背景に権力基盤を拡大するどころか、旧来からの支持勢力を繋ぎ止めておくことすら出来ない状況に陥っていたのであり、大覚寺義昭事件による幕府の忠国支持と内訌における忠国勝利を安易に結びつけるこれまでの傾向は、再考が求められる。

繰り返しになるが、この時期持久は幕府からの正式な守護職補任を目指しており、その支持を得る必要があった。義昭追討はその絶好のチャンスであり、「国一揆」鎮圧過程で得た軍事指揮権をもってすれば可能なはずであった。しかし結論からいうと、持久は義昭追討において一度も主導権を握ることはなく、逆に忠国が幕府（将軍義教）の絶大なる信頼を勝ち取ることになる。まず、本事件に関する唯一の専論である〔桑山浩然二〇〇六〕を参考にしつつ、義昭追討までの経緯および追討軍の主体を検証してみたい。

永享九年（一四三七）九月に京都大覚寺を出奔して幕府への謀叛が発覚した義昭は、一時土佐に潜伏したのち、日向に下向する。日向下向後まもない永享一一年（一四三九）八月二五日、義昭は忠国方の有力御一家樺山氏に宛てて将軍足利義教追討の檄文を発しており(40)、これは島津氏に義昭追討を命じた（永享一二年カ）六月廿日付足利義教御内書(41)に「大覚寺在所注進并彼状取進之、神妙被思食候」とある内の「彼状」に当たるとされる。また、『建内記』嘉吉元年（一四四一）四月八日条の補書には、「或説、島津庶子注進之間、自京都被仰下之、仍奉誅之、」とあり、この「島津庶子」とは樺山氏を指していると思われる。忠国・安房擁立一揆の中心人物樺山孝久は、義昭の檄文を添えて、義昭が日向国櫛間院（国衆野辺氏の本領）に潜伏していることを通報したのである。義昭追討で忠国が主導権を握った背景として、忠国方御一家による幕府への注進があったことをまず指摘しておきたい。

義昭追討が実行されたのは嘉吉元年（一四四一）三月のことである。三月一三日、潜伏先の日向国櫛間院永徳寺（宮崎県串間市北方）を島津忠国の軍が包囲し、義昭は切腹してその頸は京都へ送られた。この際、包囲軍の中心だったのが新納・北郷・肝付・本田・樺山の五氏である。同年に比定される四月一五日付赤松満政副状[42]に、「五人面々今度粉骨之由、令披露候之間、即被下　御書候、并御釼被遣候」とあるのが彼らであり、彼らに下された義教の「御書」は樺山氏宛と肝付氏宛のものが現在確認される[43]。彼らの内、肝付氏を除く四名は永享七年の忠国・安房（立久）擁立一揆のメンバーであり、忠国自身も櫛間院に隣接する志布志まで進駐して指揮に当たっていた[44]。この義昭追討が忠国主導でおこなわれたことは明白であろう。

一方、持久方もこの追討軍に参加している。永享六年の持久方一揆の中心人物山田忠尚（聖栄）が記した「山田聖栄自記[45]」文明十四年（一四八二）執筆分には、「嘉吉年中之比、大学(覚)寺御門跡様御下向、人不知之処、御跡より尋下人之候而、夫より無隠、依て普光院御所様より上使として御僧下着候て、櫛間に御座有に、大学寺御所御腹めせと申候、其時御カイシャク、鹿屋・牧・恒吉・山田四人候ツレトモ、御親類とて某か役となり、上意頻仰に依而忝も手に懸申訖」とあり、山田忠尚が「御親類」という理由で介錯をおこなったというのである。忠尚（聖栄）は「御親類」と認識されて介錯も務めながら前出の恩賞を受けた五人からは漏れており、しかも鹿屋・牧・恒吉といった本田氏らより一ランク下の御内と同列に扱われていたのである。このような扱いは、忠尚（聖栄）が持久方であったからに他ならず、〝忠国方による義昭追討実行〟という側面が強く打ち出されていたことがうかがえる。

このように、実質的な守護持久は、義昭追討に極めて消極的であったか、あるいは何らかの理由で追討できない状況にあり、「隠居」状態にあったはずの忠国が幕府の追討命令を施行したのである。これにより忠国は、幕府（将軍足利義教）の絶大なる信頼を勝ち取ることになり[46]、おそらくこれからまもなく「悔還彼先約」して守護所鹿児島を奪取し、持久方との全面抗争に突入したのであろう。

二、抗争の展開と終結

前項の考察から、大覚寺義昭の追討は「隠居」していたはずの島津忠国の主導により実行され、これを契機として忠国は持久から守護職を悔い返し、領国を二分する抗争へと発展していったことが明らかとなった。しかしその一方で、忠国が持久から「守護職」を悔い返したのとほぼ同時期に、忠国方の有力御一家樺山氏が、以前から協力関係にあった周辺国人とともに持久方に寝返り、忠国は軍事的劣勢に立たされている（本書第2部第三章）。

嘉吉年間から文安年間の抗争については、文書・記録類ともに残存史料が少なく、両派がどのような構成であったかも含めて不明の部分が多い。本項では、第一節で明らかにしたふたつの擁立一揆のその後の動向に留意しながら、両派の構成を少しでも明らかにし、抗争の経過と終結に向けての動きを検証していく。

（1）持久の基盤＝支持層の変化

第一節で検討したように、永享四年（一四三二）頃、薩摩国を中心とする「国一揆」を鎮圧するため持久は、御一家・御内らの合意の下に、忠国から守護権限の委譲を受けていた。そして、永享六年には、山田忠尚（聖栄）を中心に彼を「公方」として擁立する一揆が成立している。この一揆の構成員は、主に錦江湾沿岸に本拠を有する御内・国衆であり、それは薩摩半島の「国一揆」勢力を鎮圧するために、持久が是非とも掌握しておきたい地域でもあった。

しかし「国一揆」鎮圧後、実際に忠国方と持久方の間で抗争が始まって以降の持久与党は、永享六年段階の持久擁立派とは必ずしも一致しておらず、本一揆が幕府の追討令が出て以降も持久方として機能したのかは不明である。まずは、持久の知行関係文書を整理した前出の表②をもとに、持久が取り込んでいった勢力を明らかにし、永享六年の擁立一揆構成員との差異を検証してみたい。

表②に見える代表的な受給者としては、前出の山田忠尚のほか、伊作・日置両庄を支配する有力御一家伊作氏、種子島およびその周辺の島々を掌握する種子島氏、「国一揆」の中心人物であった伊集院熙久の弟犬子丸（継久）、伊集院氏の被官と思われる阿多氏・近間氏が挙げられる。山田忠尚を除けば、薩摩半島の領主が多いことが特徴として挙げられよう。また、前出の嘉吉元年・二年の室町幕府御教書に島津持久と共に追討の対象として見える「市来太郎（久家）」は、薩摩半島の付け根に位置する市来院（鹿児島県いちき串木野市）を本拠とする国衆である。これら持久与党を概観すると、伊集院氏与党の切り崩しがおこなわれるとともに、海上交通や対外貿易に深く関与している領主を積極的に味方に引き入れていることがうかがえる。[47]

本書第2部第一章で指摘したように、室町幕府は永享四年の遣明船用硫黄の調達を守護島津氏に命じていた。しかし、当時硫黄の産地である硫黄島と要港を抱える薩摩国河辺郡を実効支配していたのは、伊集院氏とその与党であり、「国一揆」勃発と同時に守護島津氏による硫黄調達が困難になっていたのである。幕府は当然この問題を憂慮し、両者に対し和睦を勧告している。島津持久による薩摩半島計略は、当然このような背景でおこなわれたのである。

果たしてこの持久の切り崩し工作は成功し、永享八年に伊集院氏と忠国が和睦して、薩摩半島における「国一揆」は鎮静化するが、これにより、それまで伊集院氏が基盤としていた流通・貿易に関与する薩摩半島の諸領主は、そのまま持久の与党勢力＝権力基盤に転化していったと考えられる。永享年間初頭まで、南九州から朝鮮への使節派遣はほぼ伊集院氏と島津本宗家名義に独占されていたが、永享六年と永享八年の二度にわたり、島津持久名義のものが見える（田村洋幸一九六七）。一五世紀中期以降の『朝鮮王朝実録』に見える遣使記事は「偽使」の可能性が高く、名義人をそのまま本人と見なすことは危険であるが（伊藤幸司二〇〇五）、南九州における朝鮮貿易の窓口となっていた薩摩半島に、島津持久の支配が浸透していたことを裏づける証拠とはなろう。持久は、伊集院氏に代わって薩摩半島諸勢力を指揮下に置く公権力として、「偽使」を仕立てた北部九州の勢力にも認識されていたのである。

一方、永享六年の持久擁立一揆は、その後どういう経過をたどったのであろうか。抗争勃発直前の大覚寺義昭事件における一揆構成員の対応に注目して推測してみよう。

まず、野辺盛豊は、前述のように大隅国深川院を本拠とする野辺氏の庶流であった(48)。大覚寺義昭が潜伏していたのは野辺惣領家が本拠とする日向国櫛間院であるが、義昭をかくまったのが惣領家なのかそれとも庶子家なのかははっきりしない。ただ、野辺氏（おそらく惣領家）は幕府に対して「告文《こうもん》」＝起請文を提出しており(49)、最終的には忠国に従い義昭追討に手を貸したようである。また、内訌勃発後は野辺惣領家が忠国方として行動する一方、庶子家の飫肥氏が持久方として行動していたことが知られる。[50] ただ、盛豊がこれに加わった形跡はない。また、前項で見たように、忠国主導でおこなわれた大覚寺義昭鎮圧には、持久方であった山田忠尚や国衆肝付氏が参加している。山田忠尚は、持久方の中心人物ということもあって冷遇されたようであるが、肝付氏に関しては将軍から直接感状と恩賞を受けるなど、永享七年の忠国方一揆構成員と同様の扱いを受けている。[51] これは、山田氏と肝付氏の領国内における地位と勢力差によるものとも考えられるが、肝付氏がこの段階までに持久方から忠国方へと方針転換していた可能性は高く、内訌が最終段階を迎えた文安年間には、明らかに忠国方として行動している。[52] 一方、山田忠尚は、永享八年の段階で忠国の懐柔を受けているが（表①―16）、持久が幕府の追討令を受けた後の嘉吉二年には、再び持久から知行宛行を受けている（表②―16）。

これ以外の持久擁立一揆構成員の動向は不明であるが、持久が基盤を薩摩半島に移し、大隅国最大の勢力を誇る国衆肝付氏が忠国方となって以降、持久与党としての彼らのスタンスは弱まらざるを得なかったのではあるまいか。そもそも永享六年の一揆は、持久を「公方」として擁立することに最大の目的があったのであり、それは永享一一年の持久による家督継承（奪取）によって達成されている。目的の達成と持久権力の性格の変化により、本一揆は解消に向かったと見るべきであろう。

（２）忠国擁立一揆の展開と抗争の終結

永享七年の忠国・安房（立久）擁立一揆は、いつまで存続したのであろうか。ひとつの節目は、持久擁立一揆と同じく永享一一年頃の持久の家督継承であったろう。持久の家督継承後、忠国の知行関係文書の発給は停止しており、本一揆の抵抗も確認できない。しかし、本一揆の目的は忠国の専断権制限を見返りとする安房（立久）の家督継承にあり、すぐに崩壊することはなかったと考えられる。前節で見たように、大覚寺義昭の追討が本一揆構成員を主体としておこなわれたこともそれを裏づけよう。

しかし、奇しくも忠国が守護職を悔い返すと同時に、本一揆構成員に大きな変化が生じる。永享八年の一揆成立時に大きな役割を果たしたと考えられる、樺山氏とその与党勢力（日向国三俣院を本拠とする和田・高木両氏）の離脱である。これについては本書第2部第三章で詳しく検討するが、忠国擁立派にとって有力御一家樺山氏とその与党の離脱・自立化は、大きな痛手であったことは確かである。この結果、先述のように忠国方は軍事的劣勢となり、嘉吉二年の室町幕府御教書に「既陸奥守忠国及難儀」と記されるまで事態は深刻化する。ここに永享七年の忠国・安房（立久）擁立一揆は瓦解したと見るべきであろう。しかし、文安年間に至ると樺山氏とその与党を除く忠国派によって新たな枠組みが創られ、内訌の終結に向けて大きな役割を果たしていく。

文安三年（一四四六）九月、独自路線を歩んで島津忠国と距離を置いていた樺山孝久は、新納忠治・肝付兼忠・祢寝重清の三氏と「一味同心仁奥州（忠国）之御用ニ可罷立」旨の契状を取り交わし(53)、忠国方への復帰が明らかになる。次いで同月二九日には、忠国から樺山孝久に対し「可成同心思」旨の契状が出され(54)、両者の和睦が成立する。このように樺山氏の復帰は、まず新納・肝付・祢寝の三氏との盟約をふまえて実現しており、彼らが忠国と樺山氏を仲介したことをうかがわせるが、それと同時に、樺山氏復帰の受け皿となった組織の存在が浮かび上がる。

この盟約の前後には、忠国方御一家・国衆間で複数の契状が取り交わされており、右記の三通の他、文安二年一〇月三日に忠国から祢寝重清に宛てたものと、文安三年九月一六日に北郷知久から祢寝重清に宛てたものが現存している。(55)このうち、忠国から祢寝氏に宛てたものには、「可成一味同心思事」といった普遍的な文言の他に、「公事向之時者、就其理次第、可致沙汰事」や「向面〻、不可違法事」といった条文も存在する。祢寝氏を含む複数の人物から成る「面〻」（当然この「面〻」には新納・肝付・北郷の三氏も含まれるであろう）の存在が浮かび上がるとともに、忠国の専断権制限が明確に盛り込まれていることが注目される。

おそらく彼らは、永享七年の時と同様に忠国から一定の譲歩を引き出し、再度忠国擁立一揆を結成するに至ったのであろう。そしてこの一揆が、樺山氏の説得に当たり、あるいは忠国との仲介者となって、同氏の忠国方復帰・忠国との和睦を成立させたのであろう。

また、結果としてこの一揆には、大隅国および日向国西部の有力御一家・国衆の多くが参加することとなり、本内訌は〝薩摩半島を基盤とする持久〟対〝大隅・日向を基盤とする忠国〟という地域間抗争の様相を呈してくる。この地域間抗争は、応永一九年（一四一二）から一〇年間続いた、伊集院氏・島津総州家連合と島津久豊の抗争と同様の対立軸であることに気づく（本書第1部第三章）。やはり、薩摩半島と大隅・日向とでは、領国経営の方針をめぐって利害の対立が生じやすかったのではあるまいか。両地域間の抗争は、広大な島津氏領国の構造的問題といってよく、どちらが主導権を握るか、いいかえればどちらの利害を重視するかが極めて重要であり、それによって政権の枠組みは変化せざるを得なかったといえよう。日向国山東制圧に精力を注いだ忠国が失脚したのも、薩摩半島に基盤をおいた持久が大隅・日向の御一家・国衆と敵対したのも、こうした政治構造に原因があったと推測される。

なお、この再度の忠国擁立一揆の中心的存在と見られるのが新納忠臣・忠治父子である。新納氏は日向国志布志（鹿児島県志布志市志布志）を本拠とし、樺山氏・北郷氏と同じく島津本宗家四代忠宗から分出した有力御一家である。

新納忠臣にとって忠国は娘婿にあたり、孫の忠続は忠国の三女を妻としている（島津氏略系図参照）。当然、永享七年の擁立一揆以来一貫した忠国方であり、忠国の信頼も厚かったと考えられる。加えて、大隅国高山（鹿児島県肝属郡肝付町）を本拠とする有力国衆肝付兼元もまた忠臣の娘婿であり、忠臣の娘が産んだのが、前述の文安三年九月の契状署名者肝付兼忠である。つまり、新納忠治と肝付兼忠は叔父・甥の関係であった。永享六年段階では持久方であった肝付氏が、嘉吉元年の大覚寺義昭追討までに忠国方となったのも、新納父子の存在が大きく影響したであろう。大隅・日向両国にまたがる有力御一家・国衆の結集と忠国からの譲歩引き出し、樺山氏の説得には新納氏の存在が不可欠だったのである。

　この新納氏を中心とする新たな忠国擁立一揆の結成は、内訌の形勢を一変させた。忠国方は持久方勢力を徐々に圧倒し、文安五年（一四四八）には持久を薩摩国谷山に包囲するに至る。前出の立久覚書はこの時の模様を、「如此次第世上依踏直、用久《（持久）》之住城谷山江発向、用久之難儀火急之處、新納近江守忠臣歎一家滅亡之基、依成媒介之忠言、文安五年十月、於當陣令和睦、依之残党之賊徒等、渡押領去私領令降参、」と記している[56]。ここでもまた、新納氏による「媒介」により和睦が成立したというのである。これにより七年にも及んだ島津氏内訌は終息を迎えることになるが、この和睦成立過程を文字通り新納氏の「忠言」と取るべきではない。これは忠国・立久父子からの見方であり、実態は先に成立した忠国擁立一揆の意向による和睦勧告であろう。

　そもそも、この時期に本一揆が樺山氏の忠国方復帰を画策したり、敗北目前の持久との和睦を勧告した背景については、すでに本書第2部第一章で検討している。すなわち、永享末年までに鎮静化していた「国一揆」が、文安年間に入り肥後の菊池・相良両氏の支援を受けて再び薩摩国「山北」地域で蜂起したためである。前節で述べたように、くすぶり続けていた島津本宗家支持勢力内部の対立がすぐさま軍事的抗争に直結しなかったのは、「国一揆」が鎮静化していなかったためである。いいかえれば、嘉吉年間以降の島津氏内訌は、「国一揆」鎮静化という対外的安定を前提としていたのであり、その前提が崩れたため、忠国・持久それぞれを支持する勢力内部で自制機能が働いたのである。

再度の忠国擁立一揆の成立とこれによる敵対勢力との和睦促進は、守護権力への掣肘と対外的危機による領国（島津本宗家を中心とする地域秩序）の防衛という、ふたつの要素を背景としていたのである。

おわりに

以上本稿では、嘉吉～文安の島津氏内訌について、島津忠国から持久への権限委譲と忠国派・持久派それぞれの構成と動向に注目し、その実態を検証してきた。その結果、①従来「守護代」とされてきた持久の地位は、暫定措置ながらも「守護」そのものに他ならず、「国一揆」の一時的終息後は島津本宗家の家督継承（奪取）まで実現していたこと、②内訌の前提として忠国・安房（立久）と持久、それぞれを擁立する一揆が結成されていたが、これは忠国隠居後の政権の枠組みをめぐる島津本宗家支持勢力内部の対立であったこと、③「国一揆」制圧後の持久は薩摩半島を基盤とする地域公権力と化し、大覚寺義昭事件後の軍事抗争は、これと大隅・日向両国を基盤とする忠国権力との地域間紛争の様相を呈していたことなどを明らかにした。

室町期島津氏は幾度となく内訌を繰り返しており、それぞれの内訌は島津氏の領国支配の進展あるいは後退の大きな画期となっている。その意味で本稿が対象とした内訌の意義を考える場合、特に注目されるべきは、ふたつの擁立一揆の存在とその役割であろう。最後にこの点について附言しておきたい。

これまで本内訌は、忠国・持久兄弟の争いによって領国内の国人が二分され、争乱が激化したかのような理解をされていたが、内訌に加わった諸勢力は、単純にどちらかを守護に擁立しようとしていたわけではない。本文でも述べたように、ふたつの一揆はいずれも守護の専断権に制限を加える条項を有しており、この内訌を利用して衆議による守護権の規制・裁判の「公正」化を図ろうとしていることは明白である。

加えて一揆の成立、特に忠国・安房擁立一揆の存在は、忠国・持久の争いを激化させたわけではなく、むしろこれを抑制する機能を有していた。本一揆が結成されてもすぐには軍事抗争に至らなかった点は本文中で述べた。また、永享八年、伊集院氏和睦の際に忠国が一気に持久を討とうとして果たせなかったのも、一揆側の抑制があったからではあるまいか[57]。そして、伊集院氏と忠国、樺山氏と忠国、持久と忠国それぞれの抗争の最終決着・和睦も、忠国・安房擁立一揆、あるいは文安年間に再結成された忠国擁立一揆の仲介により成立している。

ふたつの擁立一揆は、表向き忠国（安房）・持久それぞれを守護として擁立するという目的を有していた。このうち持久擁立一揆は早くに瓦解するが、忠国・安房擁立一揆は最終的に旧持久派を取り込む形で大隅・日向両国の御一家・国衆を結集して、島津本宗家が決定的に分裂し、どちらかが壊滅するという事態を防ぎ、島津氏領国全体の利害調整をおこなうという役割を果たしたのである。文安年間の「国一揆」再蜂起が失敗したのも、本一揆の利害調整が有効に機能した結果であろう。

この後、長禄年間（一四五七〜一四六〇）に至り、本一揆の目標であった安房＝立久による権力継承が実現し、文明初年まで室町期島津氏の最も安定した時期を迎えることになる。その一方で、本内訌の当事者である島津持久は、文安から宝徳年間にかけて忠国による薩摩国山北制圧に協力し、薩摩半島南部の権益に加えて、同国和泉庄・山門院・莫禰院を手中に収めることになる（本書第2部第一章）。この結果、持久を祖とする島津薩州家（代々薩摩守を官途とする）は、御一家中最大の勢力と家格を誇り、近世初頭に至るまで島津本宗家による領国支配の桎梏となりつづけるのである。

註

（1）島津忠国は嘉吉二年（一四四二）頃「貴久」から「忠国」へ、島津持久は永享一一年（一四三九）頃「好久」から「持久」へと改名するが（第2部第一章の註（1）・（4）参照）、本章では便宜上、「忠国」「持久」で統一する。

（2）この内訌に直接関係する先行研究としては、『鹿児島県史』第一巻（一九三九年）、〔稲本紀昭一九六八〕、〔郡山良光一九六九〕、〔福島金治一九七七〕、〔福島金治一九七八〕、〔福島金治一九八八a〕、〔福島金治一九八八b〕、『宮崎県史 通史編 中世』第三章・第三節（福島金治氏執筆、一九九八年）がある。

（3）大覚寺義昭事件についての先行研究としては、註（2）の福島氏・郡山氏の諸論考、『鹿児島県史』のほか、〔桑山浩然二〇〇六〕、〔大田壮一郎一九九九〕、『宮崎県史 通史編 中世』第三章・第五節（永井哲雄氏執筆、一九九八年）がある。

（4）例えば『旧記雑録』所収の「薩州家系図」には、「永享年中奉　忠国公之命、為守護代預政務三年」とある（『旧記前』二―一一三九号）。

（5）〔福島金治一九七七〕は、永享年間の両者の関係について、「大隅守護として貴久、薩摩守護代として好久が機能したのではないか」とするが、両者の間に明確な機能分化があったとは考えにくい。

(6) 島津氏特有の「守護代」の用法については、〔新名一仁二〇一三〕で詳しく検討している。

(7) 本史料の性格・成立時期・史料的価値については、〔五味克夫二〇一四b〕を参照のこと。なお、この論文には「酒匂安国寺申状」島津家文書所収本が全文翻刻されており、本稿引用史料もこれより転載した。

(8) 『家わけ二』「肝付文書」二四号。なお本史料は、肝付氏から百引《もびき》（現鹿児島県曽於郡輝北町百引）に関する「御判」について何らかの質問を受けた山田聖栄による返答であろう。また、本状の成立時期は、「前薩州」との表記から持久没後、すなわち長禄三年（一四五九）以降、そして山田聖栄が没する文明一五年（一四八三）以前であろう。

(9) 『旧記前』二―一三八〇号。本史料の成立時期は、冒頭に「今度對親父忠国不和之儀出来」とあることから、立久が忠国を追放した長禄三年（一四五九）頃であろう。なお、『鹿児島県史料』は本史料を「島津立久譜」と記し、近世の系譜書きと認識しているようであるが、本史料は立久を一人称として書かれており、系譜書きとは考えづらい。加えて「新編島津氏世録正統系図」（東京大学史料編纂所蔵）には本史料が文書として掲載されており、「正文在之」との傍注が付されている。少なくともこの系図が編纂された当時は原文書が存在したのである。また、同じ史料を収録する「新編伴姓肝属氏系譜」にも「立久公御状」との朱書きがある（『家わけ二』二八六頁）。後欠のため書状とは断定できないが、立久自身の筆であることを否定する証拠はない。

(10) このうち、忠国が日向国庄内に隣接する地に移ったことは、京都（幕府）からの使僧到着をしらせた、永享年間のものと思われる年欠八月七日付（樺山孝久宛）北郷知久書状（『家わけ五』「樺山文書」五三号）に、「屋形（忠国）者此間財部より被申候程、京都僧も財部にて可有御見之由被仰候」とあることから裏づけられる。財部は末吉の北側に位置し、日向・大隅両国に跨る地域である。

(11) ただ、いずれの史料も忠国隠居・権限委譲の時期を明記していない。これを示唆する史料としては、永享四年（一四三二）八月二三日付で持久が樺山孝久に対して出した契状がある（『家わけ五』「樺山文書」一〇三号）。本契状は「雖為天下転変、無二可申談事」や「於自今以後、御大事由身大綱と存、就萬事無し違篇可憑存事」等、軍事上の相互扶助を趣旨としているが、「国一揆」勃発当初の五月頃、忠国はこれと同様の趣旨の契状を御内に出しており（『旧記前』二―一一一一、一一一二号）、本契状は守護職委譲にともない、軍事指揮権が持久に移ったために出されたものであろう。つまり、持久への守護職委譲は「国一揆」勃発後まもない永享四年八月頃であると判断される。なお、持久の知行宛行の初見は、これからほぼ二ヶ月後の永享四年一〇月一一日付伊作教久宛のものである（表②—2）。

(12) 持久が権限委譲を受けた直後と思われる永享四年（一四三二）一二月七日、山田忠尚は持久から旧本領である薩摩国谷山郡山田を含む二カ所を宛行われており（表②—4）、早い時期から持久方であったと思われる。

(13) 『家わけ五』「山田文書」一六四・一九九・二〇〇・二〇一号、『旧記前』二—一一五六・一一五八号。

(14) 『家わけ五』「山田文書」二〇〇号。

(15) 『鹿児島県史料』は肝付氏とのみ記すが、「周防守兼政」とあることから、「周防介」「周防守」を代々官途とする肝付氏庶流の鹿屋氏の可能性が高い。なおこの件については、故重永卓爾氏（元都城市教育委員会）のご教示を得た。

(16) 野辺盛豊は、「平氏野辺家系図」（『家わけ七』「野辺文書」二四号）によると当主盛仁の大叔父にあたる人物であり、「福昌寺仏殿造営奉加帳」（『旧記前』二—一二二三号）にも盛在とともにその名が見える。また、「野辺氏系図」（『家わけ九』「志布志野辺文書」三一号）には、「盛豊」の傍注に「依無深川子孫、為深川之養子、相続盛政家」とあり、大隅国深川院を領有する庶子家を相続したことがうかがえる。これは史料①で大隅正八幡宮を「当国鎮守」としていることからも事実とみてよかろう。ちなみに野辺惣領家は、前年の二月二四日に伊集院熙久から深川院内の所領を宛行われており（『旧記前』二—一二三三号）、盛豊は対抗上、持久方となったのであろう。

(17) 興長武清なる人物は、これ以外の史料では確認できない。応永末年頃の史料である「福昌寺仏殿造営奉加帳」には、「興長《(吉田)》兼清」と「興長《(西村)》遺清」の二名が見える。いずれにせよ大隅国人であるが、ここでは一応吉田氏に比定しておく。

(18) 兼元は肝付惣領家。貴重は伴姓頴娃氏の祖兼政の初名である。なお、伴姓頴娃氏については、〔重永卓爾一九八八〕、および『山川町史増補版』第四編「中世の山川」（重永卓爾氏執筆、二〇〇〇年）を参照のこと。

(19) 『家わけ五』「樺山文書」一〇七号。

(20) 『家わけ五』「樺山文書」一〇八号。

(21) 〔福島金治一九八八c〕は、末弘忠勝・町田一久を島津庶家としている（同書一一八頁）。末弘忠勝は『宮崎県史』の福島氏自身の記述から判断して、町田一久は本契状署判者の地域的分布から町田本家ではなく守護家に被官化された庶流と判断して、「御内」とした。

(22) 忠国から守護職を委譲された持久も、真っ先に樺山氏の支持を取り付けるべく起請文を送っている（『家わけ五』「樺山文書」一〇三号）。本書第1部第三章で検討した応永年間における島津久豊による家督奪取に際しても、樺山氏の動向が大きく影響しており、政権の安定には樺山氏の支持が不可欠であったといえる。

(23) 『旧記前』二―一一七〇号。

(24) 『家わけ五』「樺山文書」一〇六号。

(25) 前註（2）『宮崎県史 通史編 中世』（福島氏執筆分）五三二頁。

(26) 『家わけ五』「樺山文書」一〇九号。

(27) なお、持久の軍事行動終了時期は、「酒匂安国寺申状」が永享末年までの成立であること、後述のように、持久の家督継承にともなう福昌寺の寺領安堵が永享一一年におこなわれていることから、永享九～一〇年頃と推測される。

(28) 永享四年八月、樺山孝久は持久からの契状を受け取っており（『家わけ五』「樺山文書」一〇三号）、永享四・五年頃のものと思われる年欠六月二十五日付の樺山孝久宛北郷知久書状（『家わけ五』「樺山文書」一四四号）は、持久の命を「上意」と記している。有力御一家は、この時点では忠国から持久への権限委譲を承認していたことが確認できる。

(29) 『家わけ五』「樺山文書」一〇九号。

(30) 『家わけ五』「樺山文書」一一二・一一三号。

(31) 『旧記前』二―一三三七号。

(32) 本史料の成立時期は、持久の名を「好久」と記していることから永享一一年（一四三九）正月以前、そして本文中の記述から、伊集院氏との和睦・持久の山北地域への軍事活動終了直後のものと考えられる。

(33) 『旧記前』二―一二二六号。

(34) 『旧記前』二―八四九号。

(35) 戦国期以降、島津氏の家督継承儀礼として、福昌寺開祖石屋真梁が読経した「大乗法華壱部」の裏に書かれた家訓相伝がおこなわれていたことが指摘されている（福島金治一九八八ａ）。島津本宗家の家督継承儀礼に、菩提寺福昌寺が組み込まれていることがうかがえよう。

(36) なお、（福島金治一九八八ａ）は本史料を取り上げ、「持久自身は自らを守護の地位に擬する程となっていたとみられる」と述べているが、福島氏はこれに続けて「国一揆の期間、朝鮮貿易を掌握した持久は、一揆が鎮静化した後、守護に自らを擬すように、貴久《（忠国）》は守護職を安定化しえていなかった」とも述べており（同書二三〜四頁）、ここでも〈忠国＝守護、持久＝守護代〉説が貫かれている。ただ、持久を「本寺大檀那」と称しているのはあくまでも福昌寺側であり、持久が自称しているわけではない。本稿ではこの事実を重視し、持久の家督継承・奪取の証とみなす。

また、「新編伴姓肝属氏系譜」（『家わけ二』所収）には、「古祭文云、薩・隅・日三州刺史藤原好久等、永享九年正月二十日、伏値恵燈院義天忠公大居士一十三回忌、辰就當寺集、同門僧侶云々、据此好久《（持久）》、既似墓、奪居守護位、註族博識尓、」（同書二八四頁下段）とある。これが事実であれば、史料④から二年も前に持久は薩・隅・日三州刺史＝守護と自称し、しかも島津本宗家家督として父久豊の十三回忌法要をおこなったことになる。まさにこれは、本系譜編纂者の伊地知季安が指摘するように「守護位」の「奪居」に他ならない。

さらに、史料④は「持久」の初見史料でもある。家督継承にともない「好久」から「持久」へと改名したのであろう。

(37) 『旧記前』二―一三八〇号。

(38) 吉田氏宛（『旧記前』二―一二七三号）、野辺氏宛（『家わけ七』「野辺文書」九号）、樺山氏宛（『家わけ五』「樺山文書」一二九号）、祢寝氏宛（『家わけ一』「祢寝文書」二二八号）の四通が現存。

(39) 祢寝氏宛（『家わけ一』「祢寝文書」二三〇号）、吉田氏宛（『旧記前』二―一二八七号、入来院氏宛（『旧記前』二―一二八八号）の三通が現存。

(40) 『旧記前』二―一二六一号、『家わけ五』「樺山文書」一二三号。本史料の年代比定については、『鹿児島県史』・（桑山浩然二〇〇六）が永享一一年、『宮崎県史 通史編 中世』（永井哲雄氏執筆分）が永享一二年と判断が分かれているが、本稿では最も論理に整合性のある桑山説に随う。

(41)『家わけ五』「樺山文書」一二一号。本史料および同日付の足利義教御内書（「樺山文書」一二〇号）の年代比定は、前出の永享一一年八月二五日付義昭書状との関係から翌一二年のものとする桑山説に随いたい。なお、『旧記雑録前編』も永享一二年に比定している。

(42)『島津家文書』二七四号。

(43)『家わけ五』「樺山文書」一二四号、『旧記前』二―一二六三号。また、これらの五氏に下された太刀の目録が、樺山文書に残されている（「樺山文書」一二五号）。このうち、樺山孝久拝領の太刀「国宗」のみ現存しており（昭和三九年（一九六四）国宝指定）、現在、鹿児島県歴史資料センター黎明館に寄託されている。

(44)前註（2）『宮崎県史 通史編 中世』（福島氏執筆分）五三二頁。

(45)『鹿児島県史料集Ⅶ』（鹿児島県立図書館、一九六七年）所収。

(46)将軍足利義教は、忠国および実際に追討に当たった国人らに対して感状を送っており（『島津家文書』七七・七八号、『家わけ五』「樺山文書」一二四号、『旧記前』二―一二六三号）、このうち忠国宛の一通は義教の自筆であることが確認されている。この感状について〔桑山浩然二〇〇六〕は、「例え感状にしても異例と言ってよい文言を連ねている」、「これだけの言辞を自筆で記したというのは、義教としては異例中の異例と言わねばならないだろう」と指摘している。

(47)市来氏は、伊集院氏と共に応永年間に盛んに朝鮮に遣使していることが知られる（田村洋幸一九六七）。種子島氏は、応永年間に守護島津久豊から硫黄・竹島・黒島の三島を宛行われたものの、忠国によってこれを召し上げられたという（『種子島家譜』）。硫黄の産地に何らかの権益を有していたことがうかがえる。伊集院犬子丸（継久）は、持久から河辺郡内を宛行われていたことが知られ（『旧記前』二―一一七五号）、その兄熙久も持久の軍門に降ったのち、要港坊津を預けられている（『旧記前』二―一一二八四号）。阿多・近間両氏は、ともに河辺郡の万之瀬川流域および河口付近に所領を有する領主である。阿多氏は町田氏の庶流であるが、伊集院氏との関係が深い。応永一八年（一四一一）八月に伊集院氏から阿多郡を「料所」として与えられており（『家わけ七』「阿多文書」一―17号）、応永年間の南蛮船来航（抑留）事件の当事者であることでも知られる（高柳光壽一九三二、黒嶋敏二〇一二b）。一方、近間（千竈）氏は鎌倉期に北条氏得宗被官として河辺郡内の坊津・泊津や硫黄島を含む口五島・奥七島（トカラ列島）を領し、南島交易に関与していたことが指摘されているが（村井章介二〇一三a）、天授元年（一三七五）には伊集院氏から名字状を受けており（『家わけ六』「千竈文書」六号）、同氏の被官となっていたようである。永享年間初頭までの伊集院氏は、これらの諸氏を掌握することにより、河辺郡の要港とこれに連なる諸島を支配していたのであろう。

(48) 前註（16）参照。

(49)『島津家文書』二七六号。この時の「告文」そのものは現存していないが、義昭隠匿に関して何らかの責任を問われ、逆心無き旨の誓紙を提出したのであろう。なお幕府は、この「告文」を忠国の手許で保管するよう命じて返却している。

(50)『家わけ七』「野辺文書」一八号。

(51)『旧記前』二―一二六三号。

(52)『家わけ五』「樺山文書」一三八・一三九号。

(53) 九月一六日付で三氏から樺山氏への契状（『家わけ五』「樺山文書」一三八号）、九月一七日付で樺山氏から三氏への契状（「樺山文書」一三九号）が出されている。

(54)『家わけ五』「樺山文書」一四〇号。

(55)『家わけ二』「祢寝文書」二三一・二三二号。

(56)『旧記前』二―一三八〇号。

(57) 持久が忠国・安房（立久）擁立一揆の中心人物樺山孝久に対して、実否確認の書状を出しているのは（史料④）、樺山氏が仲介役を果たしてくれるのを見越してのことであろう。

補論　大覚寺義昭事件の政治的影響

―島津家文書「年欠卯月一四日付大内持世書状」の意義―

はじめに

一五世紀中期、南九州すなわち薩摩・大隅・日向三か国は、長期にわたる政治的混乱状況にあった。この混乱の主たる原因は、伊集院氏を中心とする薩摩国の有力国人による反守護闘争（国一揆、本書第2部第一章で検討）と、これへの対応をめぐって勃発した守護島津忠国（貴久）とその弟持久（好久）を対立軸とする守護家の内訌（本書第2部第二章で検討）であるが、このふたつの争乱に大きな影響をあたえたのが、嘉吉元年（一四四一）の大覚寺義昭《ぎしょう》事件である。

この事件は、時の将軍足利義教の弟で、大覚寺門跡であった義昭が、永享九年（一四三七）七月に突如京都を出奔し、幕府に反旗を翻したことに端を発する。義教は、大和・伊勢方面の後南朝勢力、あるいは鎌倉公方足利持氏との結託を恐れ懸命に探索をおこなったが、義昭は土佐、ついで日向へと逃亡し、三年後の永享一二年（一四四〇）、島津氏一族の通報により、日向国人野辺氏の本拠地である櫛間《くしま》院（宮崎県串間市）に潜伏していることが発覚する。将軍義教は守護島津氏に義昭の追討を命じ、翌嘉吉元年三月一三日、島津勢に包囲された義昭は、櫛間の永徳寺（宮崎県串間市北方）で自害して果て、その首は京都の義教のもとに送られた。これが事件の概要である(1)。

永享四年（一四三二）以降、島津氏の領国内は「国一揆」の勃発により混乱していたが、守護島津忠国の弟持久が実権をにぎってからは島津方優位となり、義昭潜伏が発覚した頃にはほぼ沈静化していた。それと同時に島津本宗家家督は事実上、弟の持久のものとなっていた。しかし、本事件後、兄忠国は幕府の支持を背景に、権力の回復を図るべく弟持久方との全面抗争に突入していった。さらに、その間隙を突くように、薩摩国北部（山北）では「国一揆」勢力の残党が蜂起し、再び領国内は混乱状態となっていく。

本書第２部第一・二章では、永享・文安の「国一揆」、そして島津忠国・持久兄弟の内訌について、その経過や背景、政治的意義を明らかにしてきたが、いまだはっきりしないのは、大覚寺義昭事件がこれらの抗争に与えた影響である。この事件の直後に、忠国が持久との対決姿勢を明確にしたことだけは確かであるが、それまで劣勢にあった忠国が、なぜこうした決断を下すに至ったのか、幕府の威光が及びにくい辺境の南九州においては、義昭追討の功績による幕府の支持だけでは十分な説明にはならない。補論として、忠国を決起に踏み切らせた要因・政治的背景を、義昭事件直後に周防・長門両国守護大内持世が発給した、島津家文書所収文書の検証を通して解明していきたい。

一、年欠卯月一四日付大内持世書状の検討

大覚寺義昭が、永享九年（一四三七）に京都を出奔して土佐・日向に逃れ、嘉吉元年（一四四一）三月に最終的に

自害するまでの流れについては、〔桑山浩然二〇〇六〕が詳細に検証しており、義昭が日向に潜伏するに至った経緯、そして義昭追討をめぐっての幕府と守護島津氏の交渉について、重要な指摘をおこなっている。

すなわち、義昭は日向国櫛間院の国人野辺《のべ》氏の庇護下にあり、その本拠地近くで自害したが、義昭隠匿の黒幕は島津氏自身であったという。幕府は樺山氏の義昭潜伏の通報をうけて、将軍自ら三通の義昭追討命令を発布したが[2]、島津側はなかなか義昭追討に踏み切らず、三通目の御内書では「於于今延引如何様子細哉」と不信感をあらわにしている。桑山氏はこの点に注目し、『建内記』嘉吉元年四月八日条補書に島津忠国みずから義昭を連れ帰ったとの記述があることもふまえて、義昭保護は日向国人野辺氏の一存ではなく、島津氏の意を承けたものであると判断している。

結局、最初の追討令から九か月も経った嘉吉元年三月、島津忠国の命により義昭追討は実行されたが、その前提として大内持世・将軍側近赤松満政による島津氏に対する説得があり、最終的には幕府と島津氏との間で何らかの合意が成立して、追討が実行されたという。問題となるのは、幕府と島津氏との間で成立した合意の内容である。〔桑山浩然二〇〇六〕はこれについて、「二条実雅および大内持世が保証人に立つ形を取って、島津氏への安全と便宜供与を約束」したと述べており、その史料的根拠とされるのが、島津家文書所収の、嘉吉元年に比定される年欠卯月一四日付大内持世書状[3]である。

まず、宛所を確認しておきたい、原本には「菊池殿」とだけあり、桑山氏はこれを島津家家臣としている。義昭追討についてふれており、最終的に島津家文書に収められていることからこのように判断したのであろうが、はたして妥当であろうか。本状を収録する『旧記雑録前編』には、宛所に「今ノ村田」との傍注が施されている[4]。確かに室町期の島津氏被官には村田氏がおり、本姓は菊池氏であるが[5]、一次史料で村田氏が菊池姓を称したり、宛所が「菊池」

となっているものは確認できない。そもそも、有力守護である大内氏が守護家の陪臣に対して直接書状をだすこと自体不自然である。もし大内氏の意向を村田氏に伝えるならば、陶氏あたりの重臣クラスが伝えるのが一般的であろう。[6]

やはり、本状の宛所は『大日本古文書』の傍注のように、肥後国守護菊池持朝と考えるのが自然である。一五世紀前半、大内氏は将軍義教の代官として、幕府料国化された筑前国への支配を強め、大友氏や少弐氏と対立・抗争を続けていた。当初、菊池持朝は大友・少弐両氏と連携し大内氏と敵対していたが、永享三年（一四三一）には筑後国支配をめぐる対立から大内方となっていた（佐伯弘次一九七八）。菊池氏は大内氏を通じて幕府と結びついていたのであり、この時期大内氏から菊池氏に書状が出されても何の不都合もない。

〔桑山浩然二〇〇六〕は本状を実質島津氏宛と判断し、大内持世が幕府との合意に関する情報を島津忠国に伝えたものと理解したことになるが、これが肥後の菊池氏に宛てたものとなると、おのずとその意義も変わらざるを得ない。この点をふまえつつ、次に史料解釈に入りたい。

まず、本状の全文を掲げる。

大覚寺殿御事、於于日向国櫛間、被召御腹候、彼御頸既到来候、[A]公方様御快然過賢察候、天下大慶此事候、[B]随而嶋津方より　公方様へ、後〻何事にても言上之時者、三条殿に付申候て、可有披露候、[C]我〻にも可申通之旨、自是可申下之由、或方指南候、[D]如何様　上意之趣、存知子細候哉、氏神も照覧候へ、非虚言候、[E]此分いかにも堅固可有御諷諌候、為後日存旨候之間、以誓言申候、恐〻謹言、

卯月十四日　　持世（花押）

菊池殿

冒頭の一文から、本状が大覚寺義昭の首が京都に到着した直後に出されたものとわかる。義昭の首が京都に届くのは、嘉吉元年四月一〇日のことなので[7]、本状も嘉吉元年に比定できる。続く傍線部Aから、「公方様」＝足利義教が首到来により上機嫌であることがうかがえ[8]、こうした状況をつかんでいる大内持世は在京中であろう。

そして傍線部Bから、義昭追討の功により、島津氏から将軍に言上する際には、どんな内容でも「三条殿」＝三条実雅を取次とすることになったと伝える。桑山氏が幕府と島津氏の合意内容と理解したのはこの部分である。氏がすでに指摘しているように、三条実雅とは義教正室尹子の兄であり、将軍専制の性格が強い義教政権後期にあって、三条実雅のような将軍近親者を取次として確保できたことは、守護としての実権を事実上弟持久に簒奪されていた島津忠国にとっては大きな意味を持ったであろう。

続く傍線部C・Dが意味深長であり、解釈の難しい部分である。まずCで、傍線部Bの内容、すなわち島津忠国が将軍義教の厚い信任を得て、三条実雅が取次になったことを「我〻」に周知させるよう、持世が「或方」から指南を受けたとしている。この「或方」について桑山氏は、将軍義教本人しかあり得ないとしている。首肯すべき意見であろう。問題は、「我〻」とはどの範囲を示すのかである。桑山氏は宛所を島津家家臣と判断し、将軍の意向を島津側に周知させたものと理解したようであるが、宛所が肥後国守護菊池氏であるならば、解釈も変わってくる。つまり、「我〻」とは大内氏と菊池氏、あるいは彼らを含む九州の幕府方諸将のことであり、義教としては島津氏への厚遇を彼らに周知させるなんらかの必要性があったのである。さらに、傍線部Dのように、持世はこのことは「虚言」ではないと神に誓ってまで強調し、「上意之趣」＝将軍義教の意向が出された背景をよく理解するよう、強く菊池氏に迫っているのである。

その上で傍線部Eのように、大内持世は菊池氏に対し「堅固」なる「諷諫《ふうかん》」を要請している。桑山氏は先述の宛所の理解を前提とし、この「諷諫」を島津氏に対するものと理解しているが、これは菊池氏に対する要請である。「諷諫」とは「たとえ話をして、遠まわしにいさめること。他のことによせて、それとなくいさめること。」（『日本国語大辞典』）であるが、大内持世は誰に何を諫めるよう、肥後国守護菊池氏に求めたのであろうか。この点について、「上意之趣」決定の背後にある「子細」とともに探っていく必要があろう。

二、一五世紀の菊池氏と島津氏

義昭が自害した嘉吉元年（一四四一）当時、島津氏領国内でもっとも重要な政治的課題は、「国一揆」制圧後の政権の枠組みであった（本書第2部第二章・第一節）。永享年間、「国一揆」への対応に失敗した守護島津忠国は「隠居」を余儀なくされ、軍事指揮権を含む守護としての実権は弟の持久（好久）が掌握していた。ただ、この権限委譲は「国一揆」鎮圧までの臨時的措置であるとの認識が一部にあり、永享六・七年（一四三四・三五）には、島津忠国・持久双方を支持・擁立する二つの一揆が成立している。忠国派は「国一揆」という非常事態の収束を受けて、当然忠国あるいはその嫡子安房（後の立久）を中心とする枠組みを、持久派はこのまま持久を中心とする支配体制を維持し、持久による正式な守護職・島津本宗家家督継承を目指していたと思われる。領国内は二派に分裂していたのであり、持久がこのまま守護職・島津本宗家家督の地位を継承できるか否かという微妙な状況下で、この事件が勃発したことになる。

先述のように、将軍義教による義昭追討命令は、永享一二年（一四四〇）六月から三通出されているが[9]、島津氏の追討がなかなか実行に至らなかった背景に、こうした政治情勢が影響していた可能性は否定できない。実際、正式な守護職就任を目指し、幕府との関係を重視すべきであった島津持久は義昭追討に関与せず、逆に島津忠国の指揮により、忠国派の有力国人五氏（樺山・北郷・新納・本田・肝付）によって追討は実現するのである。義昭そして幕府への対応をめぐって、忠国派と持久派の間でなんらかの駆け引きがあったように思われる。そして、〔桑山浩然二〇〇六〕が明らかにしたように、忠国が幕府との交渉に成功し、大内持世らの仲介によって「合意」が形成され、義昭追討実行、合意内容の履行、菊池氏に対する「諷諫」依頼という流れになっていく。

ここで、大内氏から「諷諫」を依頼された菊池氏と南九州の関係を整理しておきたい。永享の「国一揆」の主要メンバーは、伊集院氏と薩摩国山北の国人であった[10]。後者については、南北朝中期以来、反島津方として一貫して活動しており、九州探題今川了俊と島津氏が対立・抗争を繰り広げた時期には、今川方として隣接する肥後人吉の相良氏と共に南九州国人一揆に加わり、渋谷・牛屎《うしくそ》・和泉の各氏はその功により、在国のまま将軍に奉公する「小番之衆」に選抜されている（本書第2部第一章・第二節）。薩摩国に隣接する肥後国守護菊池氏は、室町期を通してこの山北の国人と近い関係にあり、島津氏との関係は良好ではなかった。

応永三年（一三九六）、今川了俊に代わって九州探題となった渋川満頼は、菊池武朝・少弐頼貞らと対立し、肥後以北で抗争を繰り広げた。これに対し島津氏は、名代を送って渋川氏支持の姿勢を明確にしている。一方、薩摩国牛屎院（鹿児島県伊佐市大口）の牛屎氏は相良氏と共に菊池武朝に味方し、探題方の島津氏を牽制する役割を担っていた。応永五年、島津氏は探題渋川氏の要請をうけて海路で軍勢を派遣するが、薩摩国北部で進軍を阻まれ、陸上から肥後国球磨郡（相良氏の支配地域）を攻略する計画もたてられている。薩摩国山北の国人が、菊池―相良―牛屎のラインで組織化され、島津氏と対立していたことがうかがえよう（本書第2部第一章・第二節）。

応永六年以降、薩摩・大隅両国では、薩摩国守護家である島津総州家と大隅国守護家である島津奥州家が対立・抗争を繰り広げるが、最終的に応永二九年（一四二二）、総州家守久が本拠地和泉郡（鹿児島県出水市）を追われ、薩隅日三か国守護職は島津奥州家によって相伝されていくことになる。没落した島津総州家の一流は肥後に逃れ、菊池・相良両氏の庇護を受けていたが、島津忠国・持久兄弟の抗争が続いていた文安年間（一四四四～四九）、総州家守久の甥にあたる忠氏は永享の「国一揆」構成員であった渋谷氏に擁立され、反島津方一揆（山北・四ヶ所一揆）の盟主となっている（本書第2部第一章・第一節―三）。この一揆の背後には菊池・相良両氏の支持・支援があったと推測され、文安五年以降、一揆鎮圧のため和睦した島津忠国・持久兄弟は、肥薩国境付近の牛屎院制圧の際、相良勢とも交戦し、さらには肥後国内にも進攻し、同国津奈木（熊本県葦北郡津奈木町）において菊池勢とも合戦に及んでいる。この肥後侵攻は、同時期の相良氏内訌に菊池・島津両氏が介入したために起こったものとも推測されるが（服部英雄一九八〇）、両者の対立はその後も続いており、康正二年（一四五六）一〇月、肥後国へ「乱入」した島津忠国に対し、幕府は治罰の御教書を発布している。[11]一五世紀前・中期、島津氏の領国支配の障害であり続けた薩摩国山北の国人に対し、肥後国守護菊池氏は相良氏と共に大きな影響力を有していたのであり、このため島津氏は菊池氏とは対立関係にあったのである。

三、菊池氏「諷諫」の意味

こうした経緯をふまえれば、嘉吉元年（一四四一）卯月一四日付書状で大内持世が菊池持朝に依頼した「諷諫」の内容と対象が推測できよう。すなわち「諷諫」とは、「国一揆」の主要構成員だった薩摩国山北の国人、あるいはこれを支援する相良氏へのもので、守護島津氏、特に忠国への反抗・抵抗を諫めることを意味したのではあるまいか。島津忠国が義昭追討の条件として将軍義教に求めたのは、島津持久に奪われた守護職・島津本宗家家督の地位確認、そして反島津「国一揆」勢力に影響力をもつ菊池氏、そしてその背後にいる大内持世への牽制だったのであろう。そもそも島津忠国が失脚したのは、「国一揆」への対応の失敗から、その政治的・軍事的能力を一族・被官らに見限られてのことであった。島津持久が政権を維持する大義名分である「国一揆」への対応を、幕府・将軍義教との関係強化によって克服することができれば、再び実権を取り戻せると判断したのであろう。

繰り返しになるが、この時期は「万人恐怖」と呼ばれた将軍義教による専制政治がおこなわれていた。それまで「辺疆分治・遠国融和」の基本方針のもと九州情勢に介入してこなかった幕府が、大内氏を通じて筑前国支配を強化するに至ったのも、将軍義教の意向によるものであった（佐伯弘次一九七八、今谷明一九九四、桜井英治二〇〇一）。大内氏は義教との信頼関係により九州経営を継続できたのであり、菊池氏が大内氏と連携したのも、幕府・将軍義教とのルートによって筑後支配を確固たるものにする意図があったのだろう。大覚寺義昭追討により島津忠国は義教の絶大なる信頼を得たのであり、「国一揆」牽制という将軍義教の意向に大内持世は決して逆らうことはできなかったのである。義教の意向には絶対に従わざるをえない事情が、菊池持朝宛書状の「如何様　上意之趣、存知子細候哉、氏神も照覧候へ、非虚言候」との文言からもうかがえよう。

こうして将軍義教の信頼を獲得し、義教―大内―菊池のラインで薩摩国山北の反島津方勢力の牽制に成功したと判断した島津忠国は、嘉吉元年夏頃、守護所である鹿児島を奪回し、島津持久との全面抗争に突入する。しかし、忠国にとって誤算だったのは、嘉吉の乱の勃発と、有力一族の離反であった。

嘉吉元年六月二四日、将軍足利義教は赤松満祐邸にて謀殺されてしまう。同席した大内持世も奮戦むなしく瀕死の重傷を負い、七月二八日に亡くなっている[12]。島津忠国が期待した、将軍義教―大内―菊池のラインによる反島津方勢力への牽制は、その大前提たる人的ルートがわずか二か月で消滅したのである。同年一二月一二日、幕府は南九州の有力国人に対し、忠国に対立する島津持久とその与党への治罰の御教書を出しており[13]、幕府による忠国支持の基本方針は堅持されていると思われるが、戦況は忠国有利とはならなかった。翌嘉吉二年一〇月二五日、幕府は再び治罰の御教書を出すが、これには「既陸奥守忠国及難儀云々」とあり、戦況の悪化がうかがえる[14]。この背景には、有力御一家の一部離反があり（本書第3部第一章）、幕府の支持は必ずしも島津氏一族・被官の結束には結びついていない。

さらに追い打ちをかけるように、文安年間（一四四四～四九）初頭には、「国一揆」の残党である薩摩国山北の国人が再び蜂起する。先述のように、その際擁立されたのは島津総州家の残党であり、背後には肥後国守護菊池氏の支援があった可能性が高い（本書第2部第一章）。義教・大内持世の死と、忠国の軍事的劣勢という状況下、菊池氏から薩摩国山北国人への「諷諫」は完全に反故にされ、「国一揆」の再蜂起に至ったのである。島津忠国のもくろみは悉く外れたことになるが、実際はこの最悪な状況がかえって忠国派勢力の危機感・結束をうみ、文安三年には離反していた御一家樺山氏が忠国方に復帰し、同五年には島津持久と和睦が成立する。忠国・持久兄弟は共同で薩摩国山北の一揆鎮圧にあたり、肥後国内にまで侵攻したことは既述のとおりである。

大覚寺義昭事件を契機として、島津忠国は幕府・将軍義教の個人的ルートを作ることに成功し、将軍の権威によって「国一揆」に掣肘を加え、島津持久からの政権奪回に踏み切らせた。その計画は、その後の意外な展開でもくろみどおりには進まなかったが、結果として忠国権力の安定化をもたらしたのである。

一五世紀の南九州と幕府―むすびにかえて―

一五世紀中期は、南北朝末期以来久しぶりに南九州の争乱に幕府が積極的に関与しようとした、室町期では希有な時期である。中央においては将軍足利義教の専制政治がおこなわれた時期にあたり、幕府は西国・東国の争乱には直接介入しないという足利義持期の「辺疆分治・遠国融和」策が大転換され、奉公衆の整備など、義教が遠国の統治に積極的に乗り出していた時期と一致する（今谷明一九九四、桜井英治二〇〇一）。

この時期、大内氏と少弐・大友両氏の間で泥沼化していた北部九州の争乱に対し、幕府は、永享三年（一四三一）以降、中国・四国地方の国人を大動員している。翌永享四年に幕府宿老山名時熙が三宝院満済を通じて義教に提出した「九州事条々意見」では、足利義満期に編成された小番衆三氏（日田・田原・佐伯）の動員が提案されており、義教もこれに同心している。(15)小番衆とは応永二年の「京都不審条々」(16)にその名が列挙され、在国のまま将軍に奉公することを認められた、奉公衆の前身ともみなされる直勤御家人である。九州では、豊後・日向・大隅・薩摩四か国の「三十余人」が選抜されているが、南九州三か国のメンバーは南北朝後期に守護島津氏と対立し、九州探題今川了俊によって組織化されていた国人たちであり、その多くは一五世紀の争乱においても反島津方となっている。北部九州での動員状況をふまえ、菊池氏・大内氏と連携することにより、再び直勤御家人としての地位・身分を確立し、島津氏権力の相対化、守護支配からの脱却を目指していた可能性は大いにあり得る。

そして、かつての小番衆ではなかったが、南北朝期以来守護島津氏とたびたび対立し、永享の「国一揆」では小番衆系国人らとともに反守護方の中核的存在であった伊集院熙久は、実際に幕府への接近を試みていたことがうかがえる。『満済准后日記』永享四年（一四三二）七月一二日条は、守護島津忠国と伊集院熙久の軍事衝突を伝える初見史料であり、この情報をもたらしたのは、この年八月に迫っていた遣明船舶載用硫黄調達のため九州に下向していた瑞書記という禅僧であった。全国有数の硫黄産地である硫黄島を領国内抱える島津氏は、前年九月に硫黄一五万斤を納入するよう幕府から命じられていたが[17]、硫黄島を含む薩摩国河辺郡は伊集院氏の影響下にあったため、守護島津氏による納入が覚束なくなっていたのである（本書第2部第一・第二章）。こうした事態をふまえ瑞書記は、もし島津忠国側が敗北した場合、前に出した「御教書」（前年九月の奉行人奉書のことか）が「無益」になるとして、伊集院氏に対しても硫黄調達を命じる「御教書」を発給するよう申請するに至る。これに対し満済は、もし伊集院氏に対して「御教書」を発給した場合、単に硫黄調達を命じるだけにとどまらず、庶子である伊集院氏を島津氏惣領として扱うような形になり不都合である（「以庶子被相定惣領様ニ申成候ハムスラント存候」）との見解を示し、将軍義教の側近赤松満政もこれに同意している。結局、同年八月晦日、幕府は「惣領理運様」（惣領が有利となるような）「御教書」を発布することに決し、同年九月五日、島津忠国と伊集院熙久の父頼久、そして薩隅日三か国の人々に対し、停戦を命じる奉行人奉書を作成している(18)。

まるで伊集院氏が勝利するかのような報告をした瑞書記は、永享六年六月、輸出品である硫黄の管理をめぐって不正があったとして流罪に処せられている(19)。その不正とは、「公方物」である硫黄二〇万斤のうち五万斤を、遣明船一艘を派遣した山名氏に横流ししたというものである。幕府宿老でもあった山名時熙（常熙）は、瑞書記の虚言であると陳弁し難を逃れているが(20)、山名氏が瑞書記と連携して、島津氏もしくは伊集院氏から幕府に対して納められたはずの硫黄を流用していた可能性は高い。これより前の永享四年五月、幕閣内で誰を九州探題として下向させるべきか議論となった際、宿老畠山満家は「若山名一家中其器用モ候ヘキカ」と、山名氏から選ぶべきとの見解を示している。山名氏はなんらかのルートで九州情勢に通じていたのであろうか。なお、伊集院熙久の「熙」は伊集院氏の通字ではなく、奇しくも山名氏の通字である。推測の域を脱するものではないが、伊集院氏と山名氏は個別に何らかの関係を有し、山名時熙が偏諱《へんき》を与えたのではないだろうか。このように考えると、「幕府宿老山名時熙―瑞書記―伊集院熙久」というルートが想定され、瑞書記が伊集院氏に利する申請を幕府におこなった理由も明確となろう。満済が危惧した、「庶子を惣領として扱うような事態」そのものが伊集院氏の真の狙いであり、その実現のため、硫黄を餌に瑞書記を通じて幕府宿老山名氏に取次を依頼したのではないだろうか(21)。

結局この野望は、南北朝期以来幕府において守護島津氏の取次をつとめた赤松氏によって阻止されたのであろうが、本稿で明らかにした「大内持世―菊池持朝―薩摩国山北国人」のルートも、「山名氏―伊集院氏」ルート同様、守護島津氏にとっては領国支配を脅かす排除すべきものであったろう。

幕府の権威が辺境中の辺境といっていい南九州にまで及ぶ可能性のあった将軍義教専制期は、反守護・反島津方国人にとっては守護支配から脱却する最大の好機であった。彼らは、そしてこれを阻止しようとする島津氏も、幕府・将軍の支持獲得のため、より強固な、より確実な取次ルートの確保を目指していたのであり[22]、大覚寺義昭事件はこうした特異な政治状況に多大な影響を及ぼしたのである。

註

（1）事件の概要については、〔桑山浩然二〇〇六〕、事件と当該期南九州政治史との関連については、本章第２部第二章、『都城市史　通史編 中世・近世』一九四～二〇〇頁（拙稿）に詳しい。

（2）六月二〇日付義教御内書（『家わけ五』「樺山文書」一二〇・一二一号）、年月日欠義教御内書（「樺山文書」一二二号）。この三通は案文であり、差出・宛所を欠くが、特異な自敬表現から〔桑山浩然二〇〇六〕によって義教の御内書であることが明らかにされた。

（3）『島津家文書』二六六号。

（4）『旧記前』二―一二四七号。

（5）寛永元年（一六二四）の『別本諸家大概記』（『鹿児島県史料集』Ⅵ所収）によれば、村田氏は「菊池領主兵藤四郎経頼五男村田五郎経秀」を祖とする。伊地知季安編「諸家系図」三所収の村田氏系図（『鹿児島県史料 旧記雑録拾遺 伊地知季安著作集三』所収）も同様の記述である。

（6）守護島津氏や島津氏一族、領国内の有力国人に宛てられた大内氏の書状はいくつか確認できるが、大内氏当主が島津氏御内に宛てた書状は確認できない。

（7）『建内記』嘉吉元年四月一〇日条、『師郷記』同日条など。

（8）義教には精神疾患があったとされ〔桜井英治二〇〇一〕一六二頁）、その精神状態は政治的にも重要な問題であった。
（9）前註（2）参照。
（10）中世における薩摩国北部の地域呼称。薩摩山（鹿児島県いちき串木野市薩摩山）より北部を指す。
（11）『島津家文書』一一八〇号。
（12）『山口県史 通史編 中世』（山口県、二〇一二年）三八六頁。
（13）『旧記前』二―一二七三号、『家わけ七』「野辺文書」九号、『家わけ五』「樺山文書」一一九号、『家わけ一』「祢寝文書」二二八号。
（14）『家わけ一』「祢寝文書」二三〇号、『旧記前』二―一二八七号、『入来文書』「入来院家文書」一五一号。
（15）『満済准后日記』永享四年一〇月一〇日条。〔佐伯弘次一九七八〕は、三氏が小番衆であることを指摘した上で、「幕府がかっての事実をふまえて、三氏の在国奉公を期待したのではなかろうか」としている。
（16）『家わけ一』「祢寝文書」四〇五号。
（17）桑山浩然校訂『室町幕府引付集成』上巻所収「御前落居奉書」五二。
（18）桑山浩然校訂『室町幕府引付集成』上巻所収「御前落居奉書」九六～九九。
（19）『看聞日記』永享六年六月一八日条、〔小葉田淳一九七六〕。
（20）『満済准后日記』永享六年六月八日条。
（21）伊集院氏と幕府・幕閣との関係を考える場合、重要になってくるのは、応永一四年（一四〇七）から同一七年にかけての伊集院頼久（熙久の実父）の上洛・在京である。「山田聖栄自記」文明一四年執筆分によると、この上洛は、同一七年の島津元久の上洛を控え、京都で屋形造営にあたるためだったという。この間「御所」（足利義持ヵ）にも拝謁したといい、事実上の在京代官として元久上洛の準備・根回しにあたっていたとみられ、幕閣との間に太いパイプが出来たことは間違いないだろう。伊集院熙久の幕府との交渉も、こうした父の代に築かれた人脈が活かされたのだろう。
（22）当時の幕府における「大名取次制」の重要性については、〔桜井英治二〇〇一〕一四九～一五三頁に詳しい。

第三章　文安元年日向国南部国人一揆の意義

はじめに

一五世紀中頃、南九州はふたつの大きな争乱―永享・文安の「国一揆」と、守護島津氏の内訌―により長期にわたる政治的混乱状況にあった（本書第2部第一章・第二章・同章補論）。この二つの争乱は、永享四年（一四三二）頃から宝徳年間（一四四九〜五一）にかけて約二〇年間断続的に続き（略年表Ⅰ）、結果として、伊集院氏・市来氏といった鎌倉期以来の有力国人の多くが没落あるいは滅亡するなど、領国内の政治構造に大きな変化をもたらした。そしてそれと同時に、守護島津氏の勢力範囲も薩摩国や日向国南部を中心に拡大し、要所の直轄化や有力一族・被官の大規模な所領替えなど、同氏の支配体制も大きな転換を遂げることになる。

この支配体制の変化がもっとも顕著に現れた地域のひとつに、日向国庄内（都城盆地一帯）とその周辺地域がある。この地域では、内訌終結期頃から守護支配が強化され、鎌倉期以来の領主の没落と同時に、守護に近い一族・御内の配置が大規模に展開していった（略年表Ⅱ）。先行研究においても、この時期の支配体制の転換そのものについては指摘されていたが[1]、その原因の解明や、守護島津氏による領国支配全体での位置づけ等は未だ不十分である。

この庄内における支配体制の変化と、ふたつの争乱との因果関係を考える場合、重要になってくるのが、文安元年

【略年表Ⅰ】「国一揆」・内訌の推移

・永享４年（1432）春頃	「国一揆」勃発。
	まもなく島津忠国は「隠居」し、弟持久が「国一揆」鎮圧にあたる。
・永享８年（1436）６月	伊集院煕久、島津忠国と和睦。
	→まもなく「国一揆」も鎮静化
・永享11年（1439）初頭	持久、島津本宗家家督を継承。
・　〃　夏	大覚寺義昭日向国に潜入。
・嘉吉元年（1441）３月	島津忠国、大覚寺義昭を自害させる（大覚寺義昭事件）。
・　〃　６月	足利義教殺害される（嘉吉の乱）。
・　〃　秋頃	忠国と持久が軍事衝突（内訌の勃発）。
・　〃　12月	幕府、島津持久らに対する追討令を発布。
・文安２年（1445）	薩摩国山北国人蜂起。
・文安５年（1448）10月	忠国・持久兄弟和睦（内訌の終結）。
・宝徳年間（1449－1451）	忠国・持久、「国一揆」を鎮圧。

【略年表Ⅱ】内訌終結後の庄内周辺地域の動向

・文安５年（1448）頃	志和池の高木氏滅亡。
	その後、忠国の弟豊久（忠豊）を配置。
・享徳２年（1453）４月	忠国、北郷氏を三俣院高城に移す。
	→和田氏の御内化
・長禄２年（1458）頃	忠国、新納氏に飫肥院を与える。
・長禄３年（1459）以前	忠国、弟有久を梅北城に配置。
・宝徳年間以降	櫛間院の野辺氏没落。
・寛正６年（1465）頃	島津立久、北郷氏を安永城に移す。
	→三俣院高城の直轄化

（一四四四）一〇月に結成された国人一揆である。本一揆は、庄内の有力御一家樺山氏を中核としつつも、日向国「山東」(2)の勢力をも含み込む広域性を有し、その上、領国を二分する内訌の真っ只中にあって、いずれの勢力に対しても距離を置く「中立的な立場」をとったとされる(3)、この地域にあっては極めて異例な存在であった。そして、本一揆崩壊後、構成員であった三俣院を本拠とする和田・高木の両氏が結果として没落・滅亡し、同地域への守護支配が強化されていく。その一方で、それまで島津本宗家の家督をめぐる紛争で常にキーマンとして現れていた樺山氏の影響力が低下していくことになる。

本章では、一五世紀中期における守護島津氏の支配体制の転換と、御一家を中心とする地域秩序の転換を考察する基礎的作業として、文安元年日向国南部国人一揆の構成・目的・政治的背景を明らかにし、この地域において本一揆の結成と崩壊がいかなる意味を持ったのか、明らかにしていきたい。

第一節　文安元年国人一揆の概要

一、一揆の構成

文安元年（一四四四）一〇月、庄内に基盤を置く有力御一家樺山孝久《のりひさ》は、同じく日向国の国衆である伊東祐尭・野辺盛吉・高木殖家・和田正存の各氏と契状を交わす(4)。一〇月一二日と同月一四日に作成されたこれらの契状は、後述のように文言・内容共に共通する部分が多く、五氏の間で同一の趣旨のもとに作成されたと考えてよい。そして、同一の趣旨のもとに複数の領主間で契状が取り交わされている以上、ここに一揆が結成されたと判断できる（呉座勇一二〇一四a）。本稿では、便宜的にこの一揆を「日向国南部国人一揆」と呼んでおきたい。

まず、一揆の構成から確認しておこう。

《樺山孝久》

島津氏御一家樺山氏の当主。応永元年（一三九四）八月、島津奥州家元久から野々三谷城（都城市野々美谷町）とその周辺地域を宛行われて以降、同城を本拠とした。また、本書第3部第一章で明らかにするように、島津本宗家忠宗から分出した他の庶家と同じく、室町将軍家から宛行われた地を名字の地とした可能性が高く、「御教書を対せられ」た特殊な御一家として、領国内では極めて高い家格を誇っていた。島津本宗家家の後継争いにも積極的に介入して自己の立場の保持に努めており、嘉吉の内訌の主役である忠国・持久兄弟の父久豊の家督継承にも大きく尽力している。そして、永享七年（一四三五）には、近隣の北郷氏、和田・高木両氏等と共に島津忠国と契状を取り交わしており、嘉吉元年夏頃までは忠国・安房支持派の中心人物であった（本書第2部第二章）。

《高木殖家》

志和地《しわち》城（都城市上水流町）を本拠とする国衆。『続群書類従』巻一五一所収「菊池系図」によると、肥前高木氏の庶流とされ、実遠のとき日向国高木（都城市高木町）に住したという。同氏は、建武元年七月（一三三四）の「島津庄日向方南郷濫妨狼藉謀反人等交名」[5]に見えることから、日向国守護であった北条氏の被官、もしくは島津荘荘官と推測される。九州探題今川了俊と島津氏の抗争においては、永和三年（一三七七）の南九州国人一揆契状案[6]、応永二年（一三九五）「京都不審条々事書」[7]の小番衆に名を連ねていることから、今川方であったことが知られる。その一方で、

【樺山・北郷両氏略系図】※破線は推定

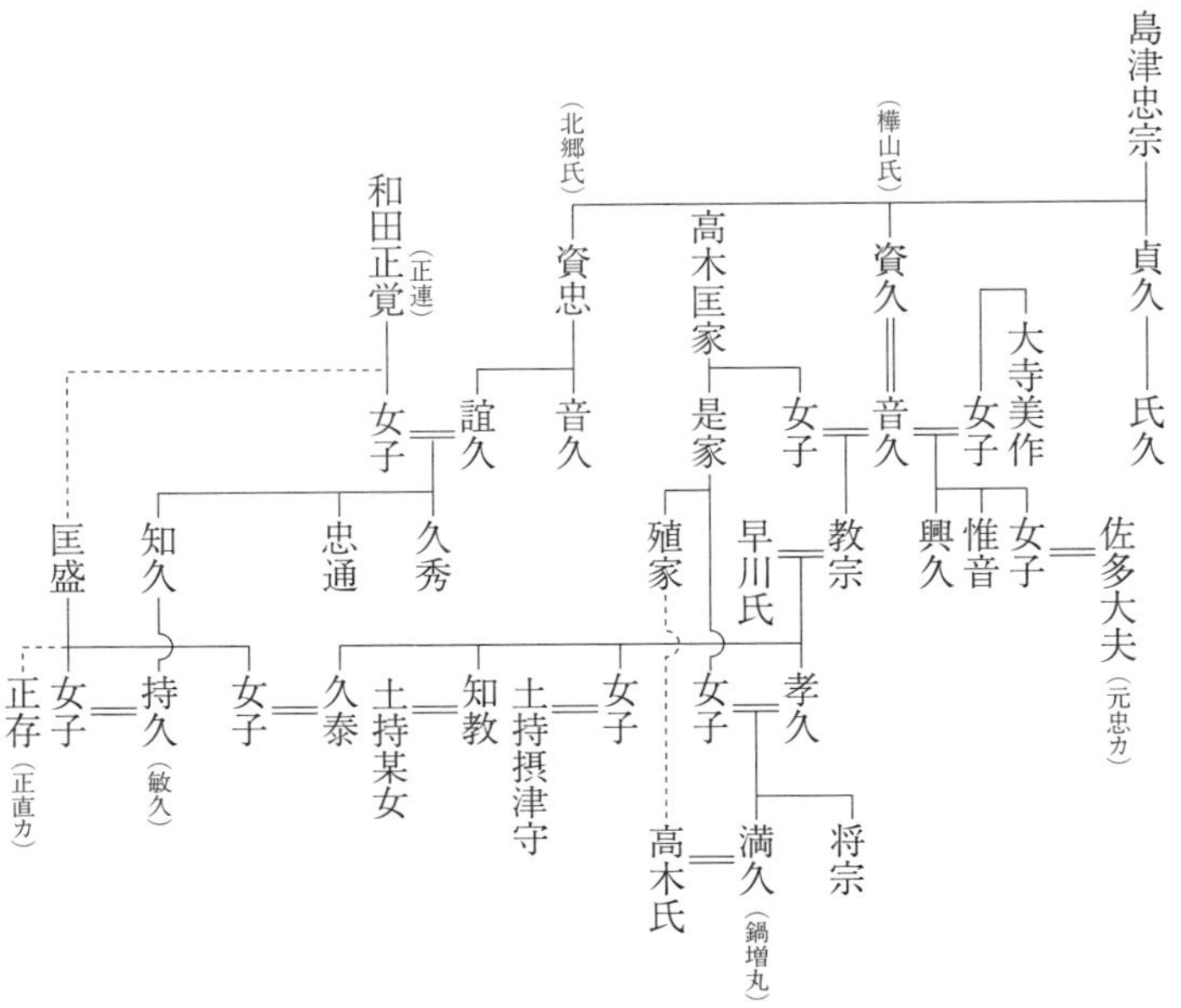

幕府からは相国寺領の押領人として認識されており、一三九〇年代に幕命を受けた島津元久の追討を受けて、その軍門に降った。「山田聖栄自記」[8]には、和田氏と共に「三俣両人」と表記され、南北朝期以降一貫して一体的な行動をとっていたようである。樺山氏とは重層的な婚姻関係を結んでおり、樺山孝久と高木殖家は義兄弟にあたる（略系図参照）。永享四年（一四三二）、討死を覚悟した樺山孝久は、殖家に嫡男の養育を託すほど厚い信頼を寄せていた[9]。

《和田正存》

三俣院高城（都城市高城町大井手）を本拠とする国衆。南北朝期から史料上に現れ、福島金治氏は「鎌倉末期に幕府との関係で三俣院に入部したのかもしれない」とする[10]。『続群書類従』巻一五一所収「菊池系図」は、高木氏と同族とし、高木重兼の弟重久が大江姓和田氏の養子になったとする。同系図は、重久―正連（法名正覚）―正久（法名定覚）―正能（法名玄覚）―正直と続いたとし、このうち正連（正覚）の娘が北郷誼久の室となっている[11]。高木氏と同じく永和三年の南九州国人一揆契状に署判しており、応永二年「京都不審条々事書」に見える小番衆でもある。「山田聖栄自記」には、高木氏と共に「三俣両人」と表記され、一体的な行動が目立つ。北郷氏と重層的な婚姻関係を結んでいるほか、樺山孝久の弟久泰の妻は和田土佐守の娘である[12]。おそらくこの和田土佐守とは、北郷持久の舅和田匡盛であろう。和田正存は、この和田匡盛の親族であり、前出系図の和田正直と同一人物ではないだろうか。

《野辺盛吉》

日向国櫛間院《くしま》（宮崎県串間市）の国衆野辺氏の庶流。応永二九年（一四二二）頃の「福昌寺仏殿奉加帳」[13]に見える「小野盛良」と同一人物とみられるが、本拠地・所領等不明な部分が多い。ただ、盛吉の樺山氏宛契状には、和田・高木両氏の契状には見えない「鵜戸六所大権現」（現在の鵜戸神宮、宮崎県日南市宮浦）が見え、料紙にも同社発行の牛玉宝印《ごおうほういん》が使用されている。そして、和田・高木両氏の神文に見える「霧嶋六所大権現」と、伊東祐堯の神文に見える「妻万五社大明神」（現在の都萬神社、宮崎県西都市妻）が盛吉の契状には記されていない。これらの点から、盛吉が日向国南東部の領主であることは確実であろう。また、応仁年間頃の成立と思われる「野辺盛仁所領目録」には「飫肥院之内所々親類越中入道令押領、島津持久仁同心、仍乱世之間者相違了」とあり[14]、嘉吉・文安の内訌期、惣領家に反して島津持久方となった庶子家が飫肥院を領有していたことが確認できる。あるいは、この飫肥院を領有する庶子家が野辺盛吉ではなかろうか。

《伊東祐堯》

日向国都於郡《とのこおり》（宮崎県西都市鹿野田）を本拠とする伊東氏の当主。島津久豊正室、すなわち島津忠国・持久兄弟の母親は、祐堯の大叔母にあたる。伊東氏と島津氏は、応永年間初頭から山東の領有をめぐって長年衝突を繰り返しており、近いところでは永享四年（一四三二）に都於郡六野原、同六年に木脇において両軍が衝突している[15]。祐堯は、本一揆が成立する直前の文安元年六月、祖父祐立《すけはる》の死去後の混乱を制して家督を相続し（父祐武は早世）、以後、積極的に支配領域を拡大していったことが知られる（新名一仁二〇一四a）。

以上が、樺山文書に現存している契状で知りうる本一揆の構成員である。この内、樺山氏と和田・高木両氏は共に庄内の領主であり、以前からの同盟関係を考えると違和感はない。しかし、野辺氏と伊東氏は、山東あるいは日向南部沿岸部の領主であり、庄内とはかなり距離感がある。加えて、この直前まで明らかに敵対していたもの同士であり、本一揆の特異性を際だたせている。それでは次に、本一揆が結成されるまでの政治動向を確認しておきたい。

二、島津氏内訌と文安一揆の関係

本一揆が成立した文安元年（一四四四）は、嘉吉元年（一四四一）に始まる島津本宗家の内訌のまっただ中であるとともに、薩摩国山北の国人らによる蜂起（「国一揆」の再蜂起）の直前にあたる（略年表I）。

本書第2部第二章で明らかにしたように、島津忠国・持久兄弟の内訌が軍事抗争に発展したのは、嘉吉元年（一四四一）三月の大覚寺義昭事件を契機とする。将軍足利義教に反旗を翻した弟大覚寺門跡義昭の追討に成功した島津忠国は、義教の絶大なる信任を受け、その支持を背景に政権奪回をめざして攻勢に転じた。しかし、忠国はこの抗争において、幕府の支持を受けていたにもかかわらず苦戦を強いられる。その原因のひとつが、樺山氏と和田・高木両氏の離反であった[16]。嘉吉元年九月一二日、樺山孝久は島津持久と「天下雖為転変、為一方可申談事」などを約した契状を交わすと同時に、和田正存・高木殖家両氏とも、「仰　持久、於私者、自然御大事時、身之大綱と存、可罷立御用之事」を旨とする契状を取り交わしており[17]、庄内に樺山氏を中核とする持久方一揆が成立したようである。文安元年の一揆は、この一揆に山東の伊東氏・野辺氏が加わる形で成立したと見ることができよう。

本書第3部第一章で明らかにするように、樺山氏は御一家の中でも高い家格を誇り、本宗家の家督継承に大きな影響力をもっていた。永享年間の忠国・持久兄弟の対立では、明らかに忠国派として行動しており、永享七年一〇月には和田・高木両氏と共に忠国・安房擁立一揆に加わり[18]（本書第2部第二章史料③）、嘉吉元年三月には忠国の命をうけ、義昭追討にも参陣している[19]。一連の内訌において、島津忠国派は大隅・日向両国の有力庶家・御内を中心としており、樺山氏は北郷氏や新納氏と共にその中核的存在であった（本書第2部第二章第一節）。その樺山氏が突然、しかも「三俣両人」を引き連れて離反したことは、忠国派にとって単なる戦力低下以上の深刻なダメージを与えたであろう。

それでは、この突然の離反はなぜ起きたのであろうか。そもそも樺山孝久が、島津持久に対して個人的に反感を持っていたとは考えにくい。持久が忠国に代わって軍事指揮権を掌握した直後と思われる永享四年（一四三二）八月、樺山孝久は持久と契状を交わしており[20]、この時点では持久の〝守護職代行〟に協力的であったとみられる。また、「国一揆」の中心人物である伊集院熙久が島津氏と和睦した永享八年六月には、伊集院に出陣した「兄にて候者」＝忠国が持久の在所を攻撃するとの情報が流れ、事の実否を持久自身が樺山孝久に問い合わせている[21]。永享七年以降、忠国方を標榜する一方で、樺山孝久は持久と何らかの接点をもっていたのである。

樺山氏離反の最大の要因として福島金治氏が指摘するのが、樺山氏と北郷氏・忠国側近との不和、忠国の高木氏追討計画への反発である[22]。根拠として挙げられているのは、義昭追討後まもなく樺山孝久に宛てられた北郷知久契状である。多少難解な内容ではあるが、一揆成立前夜の庄内地方における対立の構図を知りうる貴重な史料なので、大意をつかんでおきたい。

【史料①】永享一三年（一四四一）五月一〇日付北郷知久契状[23]

起請文

右之意趣者、

一去二月十二日　屋形《(忠国)》之御書、末弘方より被遣候ニよて、同十二日払暁ニ志布志へ可参にて候し程ニ、日来も行候時者、和田方《(和田正存)》へ状使者之間にて音信仕候へ共、俄ニ罷立候し程ニ、中郷前田所まて以使者申候、意趣者、志布志より被召候、遅参候よて御意悪候哉、末弘方及御書候、彼御書其方へ被進候間、可有御披見候哉、定明日払暁ニ罷下候、親子共ニ留守之事候、自然之時者預御扶持候者悦喜可申之由、高城《(和田正存カ)》へ心得候て被申候者悦喜候、次ニ志和知《(高木殖家)》之事、菟角巷説申候、如何様候哉、不審候者定而高城ニハ可聞得候哉、左様之時者きかせられ候ハヽ、悦喜可申之由、以陰蜜前田方へ私尋候、此二ヶ条より外ニ別ニ意趣ぉ不申候事、

一屋形今度此堺ニ御上之時、椛山殿《(孝久)》御談合候て志和知へ可有御勢遣にて候通、此辺より申出候之由承候へ共、努ゝ不存知篇目にて候事、

一如此□子細自是申出候者、屋形《(忠国)》へ《(樺山孝久)》濃州之御讒言候之通、我ゝ承候之由候事、人の申候も不承候、心中にも不寄思候事、若此条ゝ偽申候者、

日本国中之大小神祇、殊ニハ（神文省略）各ゝ御罰可罷蒙候、

永享一三年《(一四四一)》辛酉　五月十日　知久《(北郷)》（花押）

椛山殿《(孝久)》

一条目は、この年二月一二日、「屋形」＝忠国からの命令により志布志に出陣することになった北郷知久・持久親子が、下向の途上、中郷の前田氏に言付けた「意趣」を要約したものである。五月のこの段階で三ヶ月も前の「意趣」を改めて記しているのは、この前田氏への言付けが何らかの理由で樺山氏の不審を招き、樺山氏と北郷氏との間に不和が生じたためであろう。なお、二月一二日に前田氏に言付けた内容とは、①志布志遅参のため忠国の機嫌を損ね、忠国側近の末弘氏から催促をうけたこと、②そのため翌日の明け方までに志布志に下向する必要があること、③親子共に留守にするため、もしもの時は支援して欲しい旨、「高城」＝和田氏に伝えて欲しいということ、④「志和知」＝高木氏の離反の噂について、「高城」＝和田氏に問い合わせた上でこちらにも情報を伝えて欲しいということ、以上四点にまとめられる（知久は「二ヶ条」とする）。これらの「意趣」は前田氏に対して「隠蜜」に伝えられたらしく、これもまた樺山氏の不審を大きくしたのであろう。

続く二条目は、契状が作成された五月の状況である。「屋形」＝忠国が近く「此堺」＝庄内に出陣し、樺山氏と談合の上で「志和知」＝高木氏を攻撃するとの計画について、これが北郷氏から提案されたものではないかとの情報があり、知久本人がそれをわざわざ否定している。

最後の三条目は、「濃州之御讒言」を〝樺山孝久（官途が美濃守）自身が忠国に対しておこなった讒言〟と捉えるか、あるいは〝樺山孝久に関する何者かの讒言〟と捉えるかで大きく意味が違ってくる。ここでは後者と捉え、北郷氏が樺山孝久のことを讒訴したのではないかとの疑いを、知久自身が否定したものと理解しておきたい。

総合すると、①大覚寺義昭追討直前の二月、すでに高木氏謀反の噂が立っており、高木氏と重縁関係にあった樺山氏にも疑いがかかっていたこと、②そのため五月には、島津忠国が樺山孝久本人に高木氏追討を実行させるとの計画が持ち上がり、その計画を起案し、樺山氏を陥れようとしていたのが北郷氏であるとの噂があったこと、③このため、樺山氏と北郷氏の間に不和が生じていたこと等がうかがえよう。先述のように、樺山孝久は高木殖家と厚い信頼関係を築いていた。その高木氏を孝久自身が追討することは到底承服できなかったのであり、そのことがこの作戦を画策したとされる北郷氏や忠国側近に対する不審へと繋がっていたのであろう。そしてこの不審は決定的な対立へと発展し、四ヶ月後の九月一二日、樺山・和田・高木各氏による持久擁立一揆の結成へと繋がっていくのである。

ただ、この段階での庄内における対立を、単なる忠国派対持久派の争いで終わらせることは不毛である。それでは永享年間の対立とさしたる違いはなく、守護権力内部での勢力争いと評価されるのみである。一方、樺山氏が忠国派から離反し、和田・高木両氏と共に持久方となった理由を、姻戚関係のみに求めるのもまた一面的な理解であろう。問題は、これが庄内だけの対立にとどまらず、山東の勢力をも巻き込んで、より広域的な、そして政治的中立をうたう一揆へと展開していった点をどう理解するかにある。次節においては、文安元年に取り交わされた契状の分析から、まず彼らが直面していた課題を浮き彫りにしたい。

三、契状の分析

本一揆の契状は、先述のように、伊東氏・野辺氏・高木氏・和田氏から樺山孝久に宛てられたもの各一通が、樺山文書に収録されているのみである（和田氏のものは前書が欠損）。また、伊東氏と野辺氏の契状は、日付が一〇月一四なのに対し、高木・和田両氏のものは一〇月二一日となっている。そして、野辺・高木両氏の契状が条数（三ヵ条）も文言もほぼ一致しているのに対し（欠損しているが和田氏も同文であったろう）、伊東氏のものは条数が二ヵ条多い五ヵ条、そして内容にも若干違いが見られる。ここでは、伊東氏のものと野辺氏のものを代表して紹介し、その内容を検証したい。

【史料②】文安元年（一四四四）一〇月一四日付伊東祐堯契状[25]

契約

右意趣者、

一[A]世上如何様ニ雖為転変、今度一諾申談候衆中御大綱之時者、祐堯身の大事ニ存、我等か大事を皆の御大綱ニ被思召、相互ニ御用ニ可立被立申事、

一[B]弓矢方立、各別ニ心にハよるへからす候、此衆中堅可申談候、縦嶋津殿御兄弟和睦候而、自何方にても御座候へ、此衆中ニ御身上ニ付而も、又我等か身上ニ付而も、無理之子細を被仰懸事候ハん時者、分ミに身の大事ニ存、堅可申談事、

一[C]自然 奥州ニ御用之時者、承候而可申候、又自是持久ニ可申子細候ハん時者、此衆中ニ可申談事、

一[D]自此方向我等ニ列立候て被申通方候共、不可有御拘候、又自其方向此衆中ニ隔候而、我等ニ被申候方候共、御意共放候て申談事有ましく候、殊に自今以後、此衆中御持の御城を、相互ニ忍被忍不可申候、其外小事の和讒等にても候へ、申付事有ましく候事、

一[E]如此申談候處ニ有讒者、不慮の虚事出来事候ハん時者、御意を不被残承、自是も無腹蔵可申披候、か様ニ申定候上者、至子ミ孫ミまて成水魚之思、此衆中無二無三御用ニ立被立可申事、

若此條ミ偽申候者、（中略）

其外六十余州大小神祇、可罷蒙御罰候、仍契状如件、
文安元年十月十二日　六郎《伊東》右衛門尉祐堯（花押）
椛山殿

【史料③】文安元年（一四四四）一〇月一四日付野辺盛吉契状[26]

契約
右意趣者、
一[a]世上如何様ニ雖為転変、今度此衆中一諾申談候上者、孝久《樺山》御大綱之時者、盛吉大綱と存、無二御用ニ可立申事、
一[b]萬一持久・忠国御和睦候而、自何方にても御座候へ、孝久又此衆中ニ無理之子細を被仰懸事候ハん時者、一身之大綱と存、堅可申談事、
一[e]如此申談候之處ニ有讒者、不慮之虚事出来事候ハん時者、不被残御意承、自是も無腹蔵可申披候、か様ニ申定候上者、至子々孫々まて成水魚思、無二無三御用ニ可立申事、
若此条々偽申候者、（中略）
殊者六十余州大小神祇、可罷蒙御罰候、仍契状如件、
文安元年十月十二日　豊後守《野辺》盛吉（花押）
椛山殿御内

史料②の各条には、便宜上A～Eの記号を付し、史料③の各条には、史料②に対応させて小文字でa・b・eとした。A・B・Eの各条は一揆構成員全てに共通する内容であり、C・Dは伊東氏と樺山氏との間でのみ合意された内

容ということになる。

まず、共通するA・B・Eから検討してみよう。

A・aは、「今度一諾申談候衆中」＝本一揆構成員の相互扶助協定であり、相手の大事（大綱）を自分あるいは一揆全体の大事（大綱）と捉えて尽力することがうたわれている。一方、E・eは一揆構成員の相互不信（讒言・噂）への対応を記したものである。いずれも、この時期の軍事同盟的要素の強い一揆契状には多く見られる規定である。

B・bには、「縦嶋津御兄弟和睦候而」あるいは「万一持久・忠国御和睦候而」と、島津本宗家内訌の和睦による終結が想定されており、もし和睦後、持久あるいは忠国から「無理之子細を被仰懸」た場合、構成員が共同してこれに対応していくことが約されている。この条文こそが、福島金治氏が「中立的存在」と評価した部分である(27)。

次に、伊東氏の契状のみに見られるC・Dについてである。

Cは、「もし樺山孝久から奥州（忠国）に対して御用がある場合、伊東祐尭が忠国に取り次ぎ、逆に伊東祐尭から持久に子細がある場合には、「此衆中」に取り次ぎを依頼する」という内容である。ここでの「此衆中」とは、伊東氏以外の構成員である樺山・野辺・高木・和田の各氏を意味しよう。この条文からも、本一揆が嘉吉元年九月の持久方一揆を母体として、これに伊東氏が加わることによって成立したものであることがうかがえる。また、本一揆そのものは「中立的」であるとしても、内部には親持久のグループ（持久方一揆）と親忠国の伊東祐尭という立場の違いがあったことは重要である。おそらく、双方にとって忠国・持久の和睦は好ましくない事態を生じる可能性があったのであり、間近に迫った和睦への対応が、庄内の持久方一揆と伊東氏に手を握らせたのであろう。

Dは、双方の支配領域の安定化を目指した、南九州においては珍しい条文である。「自此方向我等ニ列立候て被申通方候共」とは、〝伊東氏の勢力下の何者かが伊東氏に反旗を翻し、樺山氏に協力を求めても〟という意味であり、逆に「自其方向此衆中ニ隔候而、我等ニ被申候方候共」とは、〝庄内において持久方一揆に対抗し、伊東氏に協力を求めるものがいても〟という意味である。そして、お互いにこうした反乱分子からの協力要請は断固拒否することがうたわれているのであり、被官人に対する調略による相手勢力の攪乱を禁じたものであろう。

続く「此衆中御持の御城を、相互ニ忍被忍不可申候」は、双方の持城に対する「忍」＝諜報活動を禁じたものと推測され、これも相互不信を回避するための重要な協定だったのであろう。これら反乱分子への協力や持城に対する諜報活動は、おそらくこれ以前頻繁におこなわれていたのであり、だからこそ、敢えてこの契状でこのような規定が盛り込まれたと推測される。つまり、これ以前の両者は、こうした行為をおこなうような敵対関係にあったのである。

なお、条文Cに見える伊東氏と樺山氏の立場の違いと、忠国・持久それぞれに対する取次手続については、関連史料が存在する。樺山文書に収録された、三通の樺山孝久宛伊東祐堯書状がそれである[28]。この三通の書状は、いずれも年欠ではあるが、九月二六日・一〇月三日・一〇月八日と日付が近接しており、同一年の一連のものと判断される。

九月二六日付書状には、「就中我〻事、持久ニ可申談之由承候、此段　奥州御逗留之時節候間、難及御返事候」とあり、「我〻」すなわち樺山孝久と伊東祐堯が持久と何らかの談合をおこなうこと、「奥州」＝島津忠国が伊東氏のもとを訪れていること、このため（忠国に敵対している）樺山氏に対して返事をおこなうことが難しくなっていることがうかがえる。伊東祐堯は、忠国の訪問を受けながら、その裏では樺山氏と共に持久との談合を計画していたのである。

続く一〇月三日付書状には、「此番持久ニ申談候へと承候へ共、我〻意趣者、先札ニ細〻申候間、不及重言候」とあり、持久との談合の内容は、事前に伊東祐尭から樺山孝久に細かく伝えられており、祐尭は孝久に交渉を依頼しているようである。先の条文cでうたわれた手続きが垣間見られる。

最後の一〇月八日付書状には、「就中和田・高木方ニ一段申談候子細候処ニ、御意も彼面々御同前ニ御談合之由承候、目出本望候、此如次第、両人方へ巨細申候間、定可被聞召候哉」とある。この「和田・高木方」とはもちろん、一揆構成員の和田・高木両氏のことであり、伊東祐尭が彼らとも談合したいと考えていたところ、樺山孝久の方から彼らを談合に加えたいとの希望が示され、祐尭は喜んで同意すると両氏に伝えたようである。

『都城市史 史料編 古代・中世』は、この一連の文書を、島津立久と伊東祐尭・祐国父子が鵜戸神宮で対面した寛正五年（一四六四）四月以降、持久が亡くなる文明二年（一四七〇）二月以前としているが、この時期すでに高木氏は滅亡しており矛盾が生じる。やはり内容から見て、文安元年一〇月の一揆成立直前のものと見るべきであろう。このように考えると、条文cの内容も、伊東氏の契状と和田・高木両氏の契状が日付が違う理由も無理なく理解できるのではないだろうか。この一揆は、樺山氏を中心とする庄内の持久方一揆を前提としつつも、島津持久への何らかの要請・要求をめぐる樺山氏と伊東氏の交渉が先に存在し、これに和田・高木両氏が加わる形で成立したのである[29]。

つまり、この一揆は「中立的立場」といっても、参加者の政治的立場には違いがあり、その立場の違いを越えて共通の利益を守るために結成されたとみられる。それぞれ忠国派、持久派という枠を越えて、守護家の内訌の影響を受けない〝第三極〟の形成を模索していたとも考えられよう。

以上の検討の結果、条文の内容とその趣旨、一揆結成の直接的経緯は明らかとなった。次に問題となるのは、敵対関係にあった両者が、忠国・持久の和睦という事態に直面して、なぜ第三極の形成を模索しなければならなかったのかという点である。次節では、守護島津氏の庄内進出と御一家樺山氏を中心とする庄内国人の連携、そして彼らと伊東氏の関係を明らかにしつつ、右の問題に迫っていきたい。

第二節　庄内国人の連携と山東権益—文安元年一揆の真の目的—

一、島津奥州家の庄内進出と庄内国人の連携

島津奥州家による庄内進出と、島津氏庶子家の土着が進むのは、観応の擾乱期のことである。

暦応二年（一三三九）八月、日向国大将畠山直顕は、南朝方の拠点であった「兼重城郭」（三俣院高城ヵ）を陥落させ[30]、同氏による山東・庄内両地域の一体的支配が実現していた。しかし、貞和五年（一三四九）九月、足利直冬が九州に下向すると、直顕は直冬方となり、尊氏方の鎮西管領一色氏や島津氏との抗争が始まる（山口隼正一九八九）。日向国内の将軍家領のうち、直義・直冬与党の所職は闕所地化され、足利尊氏や鎮西管領一色氏によって近隣の尊氏方国人に給与された。肥後人吉の相良定頼とその一族に宛行われた、島津荘日向方北郷・三俣院・真幸院・飫肥北郷の各々一部[32]、北郷氏初代島津資忠に宛行われた島津荘日向方北郷[33]、樺山氏初代島津資久に宛行われた日向国臼杵院地頭職・同国宮崎荘地頭職[34]が、現在確認できる（本書第3部第一章、新名一仁二〇〇四）。幕府としては、近隣の有力国人の協力を得て、将軍家領の確保を目指したのであろうが、これはかえってこの地域の争乱を激化させる結果となった。

観応擾乱期における庄内情勢は、史料不足のため不明の部分が多いが、直冬方の畠山氏に代わって、鎮西管領一色氏につながる相良氏の勢力が大きく進出していたようである。一方、大隅国守護島津氏久は、延文元年（一三五六）頃からようやく攻勢に転じ、同四年頃までには大隅半島から畠山氏の勢力を駆逐し、日向国南端（救二院・救仁郷）にまで支配領域を拡大していた（山口隼正一九八九、本書第1部第一章）。なお、一次史料では確認できないが、延文四年一〇月、島津氏久は島津荘日向方南郷の国合《くにごう》（鹿児島県曽於市末吉町）において相良・北原両氏と合戦し、敗退したという(35)。これが事実であれば、この頃までに相良氏の支配が庄内の南部にまで及んでいたことになり、この合戦以降、島津氏が相良氏らと競合・対立しつつ、庄内進出を実現させていったと推測できる。

こうして始まった大隅国守護島津氏久による日向国庄内進出は、観応擾乱期に、足利尊氏・義詮父子、あるいは九州探題から同地域の所職を宛行われていた一族＝北郷・樺山両氏への支援という形をとったと思われるが、その支配の実態は必ずしも明らかではない。両氏の庄内入部と、これへの島津氏久の支援が明確になるのは、永和元年（一三七五）以降の九州探題今川了俊との抗争期である。

応安三年（一三七〇）に今川了俊が九州探題に抜擢された当初、両者の関係は良好であった。応安五年から永和元年にかけて、了俊はたびたび樺山氏の所領安堵申請を幕府に取り次いでおり、応安六年一一月には、穆佐院領家職半済を樺山資久に対し預け置いている(36)。室町幕府としては、了俊に対し、観応擾乱期に押領状態の続いていた山東・庄内の幕府・将軍家領の確保を当然期待していたと推測され、了俊もこの地域の安定化を重視していた。樺山氏を積極的に懐柔したのもこうした意図が背景にあったことは間違いなく、裏を返せば、この時期、樺山氏はすでに庄内に何らかの基盤を確保していたことになる。

しかし、永和元年八月、肥後水島の陣において少弐冬資が了俊に謀殺される事件が起こる。これに怒った島津氏久は領国に戻り、まもなく南朝方に寝返る。これ以降、島津氏は了俊が京都に召還される応永二年（一三九五）まで、断続的に探題方勢力との抗争を繰り広げていくが、その主戦場となったのが庄内の地であった（本書第1部第二章）。

永和二年八月、相良氏らを率いて庄内に出陣した大将今川満範は、三俣院高城（都城市高城町）を拠点とする。[37]ここで注目されるのは、後に樺山・北郷両氏と重層的な姻戚関係を結び強い結束を誇った和田・高木の両氏（以下、三俣両人と呼ぶ）が、探題方として見えることである。三俣両人は、既述のように、もともと三俣院付近に基盤を持つ荘官もしくは北条氏被官だったと思われるが、その後しばらく史料上からは姿を消している。それが再び、今川満範下向直後からその与党として出現するのである。おそらく、肝付―畠山―相良と連携相手を変えつつ、三俣院の実質的支配者として島津氏の進出に抵抗してきたのであろう。そして、今川満範を擁する相良氏らの南下に際し、再びその与党として立ち現れたのであろう。満範にとっても庄内の拠点確保には三俣両人の協力が不可欠であり、高木氏に至っては、満範側近として周辺国人との申次的活動も確認できる。[38]

その後の島津氏と探題方との抗争については、第1部第二章でも詳述したので省略するが、結局今川満範による庄内制圧は、「山東人〻」の非協力的態度もあって、節目となる合戦で敗北を喫し失敗に終わる。一方、島津氏による庄内支配は、嘉慶元年（一三八七）閏五月に島津氏久が没するものの（「島津氏正統系図」）、父の遺志を受け継いだ元久によって着実に拡大・強化されていく。

第1部第二章で指摘したように、明徳二年（一三九一）八月、島津元久は日向国守護として、「押領人」である高木氏（国家ヵ）を排除し、同国穆佐院・三俣院を相国寺雑掌に遵行するよう命じられている。[39]これ以降、島津元久は幕府の遵行命令を大義名分として庄内支配を進めていく。明徳五年三月には、山東から侵攻してきた今川貞兼の軍勢に梶山城（北諸県郡三股町梶山）を攻略されるが、「三俣両人」すなわち和田・高木両氏は、この戦いに島津方として参戦している（「山田聖栄自記」）。この合戦は、これ以前に探題方が三俣院を放棄して山東に退去していたことを前提としており、再び三俣院の奪還を目指して梶山城まで侵攻してきたのであろう。そして、探題方の三俣院放棄により、三俣両人も島津氏の勢力下に組み込まれていったのである。また、同年七月には、相良氏の庄内支配の橋頭堡ともいえる野々三谷城（都城市野々美谷町）が陥落し、南九州国人一揆の中心人物であった相良前頼が戦死している(40)。翌月、野々三谷城は周辺の所領と共に樺山音久に与えられ(41)、以後同城は、一六世紀に至るまで同氏の居城として機能していく。ほぼこの頃までに、島津氏による庄内制圧は完了したと判断してよいだろう。

なお、三俣両人の島津方への転向は、樺山・北郷両氏との関係強化によって実現したとみられる。今川方との抗争期に都城に籠城していた樺山音久は高木氏を室に迎えており、これとの間に生まれた嫡子教宗は、応永元年の野々三谷城攻撃に参戦していたとされる。また、樺山音久の実兄北郷誼久は和田正覚の娘を室に迎えており、これとの間に生まれた男子二人は、応永元年三月の合戦で戦死している。少なくとも一三八〇年代末から九〇年代初頭には、樺山・北郷両氏と三俣院両人との婚姻関係が成立していたことになろう。そして、三俣両人は、一五世紀中期にかけて樺山・北郷両氏と重縁を結び、関係を強化していったようである(42)。

二、樺山氏・三俣両人にとっての山東権益

第１部第三章第二節で明らかにしたように、庄内を制圧した島津奥州家元久は、応永六年（一三九九）ごろから山

東進出を開始する。ただ、これを主導したのは、元久自身というより、日向国志布志の新納氏や、庄内の樺山氏らであった。実際、樺山氏は応永年間（一三九四～一四二八）に多くの山東の所職を宛行われており、(43)応永八・九年ごろとみられる島津久豊の穆佐入城に際しては、樺山音久の二人の子息惟音・興久が随行している。島津奥州家による山東進出は、樺山氏を中心とする庄内国人の軍事力が大前提となっていた。いやむしろ、彼ら自身の主体的意思によって山東進出は進められ、山東権益の確保がおこなわれていたといっていいだろう。

応永一九年（一四一二）九月、島津久豊の留守を狙った伊東祐立《すけはる》の山東進攻に際し、曽井城の救援に向かったのは「北郷・樺山寄々御内勢、三俣両人之衆」であり（「山田聖栄自記」）、結局撤退を余儀なくされるものの、山東権益の確保が庄内の御一家・国衆の連携によってになわれていたことは間違いない。また、応永三〇・三一年（一四二三・二四）、島津久豊による山東河南奪回作戦においては、「真幸・三俣両人之手は須木・肥田木ニ取合、柚木崎・紙屋御用ニ可立由前より被申候、（中略）下ハ田野境ニ和田・高木之寄々地下野臥・山かゝりなれハ、見へ隠れニ火をもふすへなとせは心安ハ候わし」（「山田聖栄自記」）と、三俣両人が後方撹乱に従事していたことがうかがえる。さらに、永享四年（一四三二）の島津忠国の山東攻略作戦に際しては、大敗を喫する河骨合戦前日の七月一三日、樺山孝久が北郷知久・高木殖家や大叔父の梅厳和尚・おとな若衆中に対し、「屋形《忠国》之立御用、捨命」てる覚悟を示し、子息鍋増丸の後事を託している。(44)

これらの事例は、島津氏による山東進攻・防衛・奪回が、常に樺山氏や三俣両人を中核としておこなわれていることをうかがわせる。山東の所領は、守護島津氏にとっての権益である以上に、樺山氏をはじめとする庄内国人にとっての大きな権益、大げさに言えば〝生命線〟だったのではなかろうか。

中世における山東・庄内間流通の実態については全くといっていいほどわかっていないが、樺山文書からは、畿内から庄内への物資流入と職人の往来、樺山氏自身の積極的な貨幣経済への関与（守護や近隣国人への金銭貸し付け）、それにともなう所領の買得といった実態が多少なりともうかがえる。(45) こうした事実は、庄内と他地域との間に何らかの流通経済が存在していたことをうかがわせ、特に畿内方面との交流は山東・庄内間交通を前提としていたと考えるのが自然である。そもそも、庄内は平安末以来の大荘園である島津荘の荘政所所在地であり、政治・経済の中心地であったはずである。一方、山東の大淀川下流域も、八条院領や宇佐八幡宮領が集中している地域であり、生産性の低い日向国内にあっては、庄内とならんで比較的物資の集積しやすい場であったろう。いわば、山東・庄内両地域は、日向国内における二大生産地かつ物資集積地であったと推測されるのであり、加えて南北朝期以降、両地域のほとんどが五山領や将軍家領であったことは、他の経済圏との流通を必然的に生じさせたと考えられる。

このように考えると、樺山氏をはじめとする庄内国人が山東に得た権益とは、所領そのものから得られる諸生産物に加え、流通拠点の確保、ひいては流通経済そのものへの関与を考えねばなるまい。(46) もしこの地域を敵対勢力に掌握されたならば、両地域間の流通経済に深刻な打撃を与え、ひいては畿内との交流・流通へも少なからぬ影響を及ぼすであろう。応永一九年以降の伊東氏南下という事態は、彼らにとって死活問題だったのである。文安元年の樺山・三俣両人と伊東氏の連携も、こうした事態の延長線上で捉える必要があろう。

三、文安元年一揆の目的

ふたたび一五世紀中期の山東情勢に戻りたい。永享六年（一四三四）、島津忠国と伊東祐立の間でいったん和睦が成立したものの、文安元年（一四四四）六月、上洛途上の伊東祐立が播磨国で没すると、ふたたび混乱が生じる。祐立後継をめぐる争いを制した伊東祐尭（祐立の孫）が家督を継承すると、ふたたび同氏による南下政策が始まる。『日向記』によると、文安元年一一月、伊東祐尭は島津持久の同意を得て曽井城攻撃を開始し、翌一二月これを攻略したという。(47)この伊東祐尭による河南攻略は、まさに同年一〇月の日向国南部国人一揆結成直後のことである。一揆の成立とこの事態には、何らかの因果関係があると考えるのが自然であろう。

そこで注目されるのが、祐尭が〝島津持久の同意を得て攻撃にふみきった〟という点である。一揆結成の直前まで祐尭は親忠国派であったが、曽井城を攻撃するには島津持久の同意が必要だった、あるいは持久の同意があれば攻撃できたのである。ここで想起されるのは、祐尭から樺山孝久に宛てられた契状にある「自然　奥州ニ御用之時者、承候而可申候、又自是持久ニ可申子細候ハん時者、此衆中ニ可申談事」との条文である（史料②―C）。おそらく、持久の同意は本契状の規定どおり、樺山氏を中心とする親持久派の取次によって得られたのであろう。

では、なぜ持久の同意が必要だったのだろうか。これを文字通り、〝持久本人の同意（許可）〟と捉えるのではなく、〝庄内の持久方＝樺山氏・三俣両人の同意〟と捉えると理解しやすいのではないか。既述のように、山東河南に多くの権益を持つのは守護島津氏というよりむしろ庄内国人の方であり、伊東氏の河南進出で最も大きな影響を受けるのも彼らである。彼らと一揆を結んだ祐尭としては、彼らの同意無くしては河南の安定的支配は覚束なく、彼らを敵に回しての河南進攻は、応永年間の攻防と同じく反撃を招くだけである。樺山氏・三俣両人の同意を得ることは、持久方一揆の同意を得ることに繋がるのであり、それが『日向記』の記事に反映されたのではないだろうか。

一方、樺山氏らが伊東氏からの申し出（曽井城攻撃許可を含む）を受け入れたのはなぜであろうか。本来ならば、応永年間以来抗争を繰り広げてきた伊東氏の河南侵攻は、全く許されないはずである。

まず考えられるのは、契状にも見える、間近に迫った忠国・持久の和睦という状況の変化である（史料②・③―B・b）。忠国派から持久派へと寝返った形になる樺山氏・三俣両人にとって、和睦後の守護権力下における地位・発言力の低下は否めないところである。特に持久の主たる権力基盤が遠く薩摩半島にあり、樺山・三俣両人以外の庄内・大隅の有力国人のほとんどが忠国派であることは、地域内での孤立を予想させる。忠国と良好な関係を保つ伊東氏との一揆は、和睦後の忠国からの不当な扱いを避けるためにも、有効に機能すると考えたのではないだろうか。契状の条文bの規定は、こうした思惑のあらわれと理解できる。

次に考えられるのが、伊東氏の河南支配をある程度認めることを前提に、自身の山東権益の確保と、山東・庄内間交通の安定化を意図したのではないかということである。結論からいえば、樺山氏・三俣両人は守護島津氏の権力を背景とした、いいかえれば島津氏の所領安堵・保証体制下での山東領有を断念し、伊東氏との連携によってこれを維持しようとしたのではないかということである。このような判断を下した背景を探ってみたい。

年欠八月一七日付島津貴久（忠国）書状[48]は、樺山孝久に対して宛てられたもので、忠国自身の山東奪回への姿勢を知りうる貴重な史料である。まず全文を掲げよう。

【史料④】

D返〻少之所領なと給候て、山東之事永代敵案ニ入候する事、無念至極ニ候之間、無心なから申候、

其後其方向之御事いか様候哉、承度候、抑紙屋方嶋津之依本知行之事、心落にも候ハぬ候由承候、さ様之通定末吉より可被申談候へ共、A乍去親候者よりも、伊東方へ向候て、身之靍執之事ハ御推量もあるへく候哉、今自分誠

紙屋之事相違も候者、須木向之事ハ不及申候、此方向之事も不可有才覚候歟、是まて罷向候なから山東之事を差置、又ハ永代絶望候する事、自国他国之聞得と申、一身の浮沈不可過之候哉、平ニ嶋津事を借給、今度之達本意候者、山東を一圓ニ給候と可存候、御意無子細候者、代之地の事ハ先少も可進之候、若山東之事延引候者、縦寺社領人の本領をも取はなし候ても、代之地之事悉沙汰申へく候、猶ゝ彼在所之事、別而某ニ借給候者、生涯之可為御志候、恐ゝ謹言、

八月一七日　　　貴久（花押）

椛山殿（孝久）

本状の年代は、「貴久」と署名していることから嘉吉元年以前、おそらく永享四年の山東進攻作戦以前のものであろう。主たる内容は、山東攻略の鍵となる紙屋方（柚木崎氏カ）が、庄内島津院内に持っていた知行地を要求しており、その地を当知行している樺山氏に島津院内の地の借用を申し入れたものである。

忠国は、山東攻略を目指す理由を、父の代からの伊東氏との確執としている（傍線部A）。永享四年の山東進攻は、穆佐院から一気に北上し、伊東氏の本拠都於郡を突くという作戦であった（『日向記』）。この進攻ルートの背後を押さえる紙屋は、どうしても味方につけておきたかったのであろう。さらに、これ以前に貴久は山東に進攻しながら、その奪回に至っておらず、今後も失敗が続けば内外の信用が失墜すると述べている（傍線部B）。山東奪回に進退をかける意気込みを示し、所領の借用を懇願しているのである。もし山東攻略が成功すれば「山東一円」を樺山氏に与えると述べ、山東進攻が延引しても、寺社領や他人の本領を召し上げても替地を給与するとまで述べている（傍線部C）。さらに、追而書では駄目押しで、わずかな所領と引き替えに山東が永久に敵（伊東氏）の支配下に入ってしまう

のは無念至極と強調している。文字通り受け取れば、貴久は山東奪回に並々ならぬ意気込みを見せていたのであろう。その結果実施されたのが、永享四・六年の山東進攻であった。山東奪回への強い決意は、前節で見たように、忠国だけでなく樺山氏等自身の意思でもあった。だからこそ、忠国の「山東を一圓ニ給候と可存候」という甘言は孝久を奮い立たせ、彼自身に「屋形《（忠国）》之立御用、捨命候事本望候」といわしめるのである。

しかし、結果としてこの忠国の奪回作戦は失敗に帰し、永享六年、伊東氏からの飯田（宮崎市高岡町飯田）割譲をもって和睦が成立する（『日向記』）。これ以降、守護島津氏を主体とする山東の安定的支配は二度と実現することはなかったのであり、〝山東一円給与〟どころか、庄内国人の生命線ともいえる山東・庄内間の交通路確保すら覚束なくなる危険性が出てきたのである。この実質的敗北ともいえる和睦は、庄内国人の期待が大きかっただけに、山東の所領に対する守護の安堵・保証体制への不信に繋がっていったのではないだろうか。そして、この守護支配への不信こそが、樺山氏・三俣両人を島津持久方へと走らせ、さらには伊東氏との連携による〝第三極〟作りに走らせたのであろう。文安元年の一揆は、山東権益を保証できない守護権力への不信から、敵対勢力であった伊東氏との連携により、〝第三極〟、すなわち守護権力に依存しない新たな地域秩序の形成を模索しようとしたものであった可能性が高い。

そうした駆け引きを背景に、樺山氏らは伊東氏による曽井城攻撃を容認し、それと引き替えに自身の山東権益の確保と、山東・庄内間交通の安定化を目指したのであろう。

おわりに──一揆の崩壊とその影響──

最後に一揆の結末と、その後の庄内・山東における支配体制の変化について整理しておきたい。

文安二年（一四四五）三〜四月、一揆構成員の内、和田正存と伊東祐堯は再び樺山孝久と契状を交わしている[49]。和田氏の契状には、「貴方様不申談候而相計事あるへからす候」、「毎度巷説申候、其時者、申口を相互ニ可申承候」、「世上雖転変候、貴方様を可奉損亡仕たくみを仕へからさる事」といった文言が散見され、一揆結成から一年足らずで早くも、和田氏離反の風説が流れていることがうかがえる。また、伊東氏の契状には、「敵方より此衆中を為被分候、此方向之所領をは其方様心中ニ被計、又其方向の所領を此方ニ被計候共、相互ニ競望を成被成申事あるへからす候事」とあり、おそらく忠国方によって、所領を餌にした一揆の分断・切り崩し工作がおこなわれていることがうかがえる。そして、意外なことに樺山孝久自身がこの調略にのってしまう。

文安三年（一四四六）九月一六日、樺山孝久は忠国方の国人肝付兼忠・祢寝重清・新納忠治と、「一味同心仁奥州之御用ニ可罷立事」を旨とした契状を取り交わす[50]。そして、それから一二日後には、島津忠国から樺山孝久本人に対して「可成同心思」旨の契状が出され[51]、孝久の忠国方復帰が実現する。この調略は樺山氏だけでなく、和田氏に対してもおこなわれたと思われ、文安五年以降のものと思われる年欠一一月一〇日付島津忠国書状では、和田正存に対し「三俣辺就用心」越度ないよう命じており[52]、これ以前に忠国方へ帰順していることがうかがえる。また、忠国の嫡子立久の覚書とおぼしき史料には、「忠国於日州三俣院、語得和田江右衛門尉正友（存カ）、討取高木長門守（是家）、其子被責亡植（殖カ）

家」とあり[53]、『島津国史』はこれを文安五年のこととしている。文安元年に結成された日向国南部国人一揆は、樺山・和田両氏の離脱、高木氏の滅亡により崩壊したのである[54]。

一揆は崩壊したものの、山東河南を攻略した伊東祐堯は、さらに山東支配を強化していく。文安二年九月には土持氏と共に穆佐城を、翌年六月には宮崎（宮崎市池内町）・細江（宮崎市細江）両城を奪取、その翌年一一月には石塚城（宮崎市大字浮田）を入手し、翌文安五年四月には一族が領有していた清武城周辺の所領を併呑したという。おそらく、この時点で伊東氏は山東全域の一円支配に成功したと思われ、庄内進出の可能性まで出てきたのである。前出の年欠一一月一〇日付島津忠国書状に見える「三俣辺就用心」も、こうした状況の反映であろう。本来、山東河南における権益の確保を目指した一揆であったが、その崩壊はかえって伊東氏の山東支配を促進させただけに終わったのである。ただ、島津氏側としてはこの状況を放置するわけにもいかず、後述の薩摩国山北への対応もあって、文安五年九月に不本意な状況のまま伊東氏と和睦するに至る（『日向記』）。ここに伊東氏による山東支配は、守護島津氏によって追認されることとなり、山東は同氏の基盤として一六世紀後半まで機能し続けるのである。

樺山氏を帰参させ、伊東氏との和睦にこぎ着けた忠国は、いよいよ持久追討を本格化させる。ただこの間、文安二年頃から薩摩国山北の国人等が混乱に乗じて再蜂起しており、両方面での戦闘を避けたい忠国方は、文安五年一〇月に持久との和睦を成立させ、山北攻略に全力を注ぐことになる（本書第2部第二章）。

宝徳年間（一四四九―一四五二）に薩摩国山北をほぼ制圧した忠国は、いよいよ庄内における大規模な配置換えに着手する（略年表Ⅱ）。概略を述べれば、高木氏の旧領である志和知、そして中郷の梅北城に忠国の弟が入り、都城、そして後には三俣院が守護直轄領となった。和田氏は、高木氏追討に貢献したものの「国衆」としての身分は失い、守護直轄領たる三俣院高城の「衆」へとその地位を下げている（「行脚僧雑録」[55]）。加えて、隣接する飫肥院には、野辺氏に代わって忠国の嫡男立久の外戚にあたる新納氏が入り、野辺惣領家もまもなく櫛間院から没落したようである。[56]一見、日向国南部への守護支配が急激に進展したかに思えるが、先述のように、山東では伊東氏が着実に勢力を拡大しており、同氏の庄内や飫肥院方面への進攻も可能な状況になりつつあった。

一方、庄内側の盟主であった樺山氏は、享徳二年（一四五三）頃、山之口周辺に新たに所領を得たようであるが、[57]〝第三極〟の形成、すなわち新たな地域秩序形成を目指した一揆の崩壊は、大きな代償をともなうものであった。南北朝末期以来の重縁により厚い信頼関係にあった高木氏を失い、三俣両人との連携による山東・庄内の一体的支配どころか、庄内の盟主としての地位も失う結果となってしまった。また、流通経済に直接関与することによって領主制を展開していた同氏にとって、山東の所領を全て失い、畿内へと続くルートの一部を伊東氏に掌握されてしまったことは、あまりにも大きな痛手であったに違いない。これ以降、樺山氏の島津氏権力内での発言権は徐々に低下し、守護家の家督相続に介入することもなくなるのである。文安年間の樺山氏の動向は、守護島津氏権力からの自立・独立への模索と挫折と評価されるのではないだろうか。

註

（1）一五世紀の庄内およびその周辺地域における動向を記したものとしては、『宮崎県史 通史編 中世』第三章・第三節「樺山・北郷氏等の島津氏一族の領域支配のありかた」（福島金治氏執筆、一九九八年）がある。

（2）鰐塚山以東の意。宮崎平野を指す地域呼称。

（3）『宮崎県史 通史編 中世』第三章・第三節（前掲）。
（4）伊東祐堯契状＝『家わけ五』「樺山文書」一三二号、野辺盛吉契状＝同一三三号、高木殖家契状＝同一三四号、和田正存契状＝同一三五号。
（5）『旧記前』一―一七〇一号。
（6）『家わけ一』「祢寝文書」三一四号。
（7）『家わけ一』「祢寝文書」四〇五号。
（8）『鹿児島県史料集』Ⅶ（鹿児島県立図書館、一九六七年）所収。島津氏庶流の山田忠尚（聖栄）が晩年に記した記録・覚書。文明二年（一四七〇）～同一四年（一四八二）の成立。
（9）『家わけ五』「樺山文書」一〇〇号。
（10）『宮崎県史 通史編 中世』第三章・第三節（前掲）。
（11）『諸氏系譜一』「新編島津氏世録支流系図 北郷氏一流」。
（12）『諸氏系譜一』「新編島津氏世録支流系図 樺山氏一流」。
（13）『旧記前』二―一二二三号、『家わけ九』「志布志野辺文書」一一号。
（14）『家わけ九』「志布志野辺文書」一二三号。
（15）『宮崎県史叢書三 日向記』（宮崎県、一九九九年）六四頁。
（16）『家わけ五』「樺山文書」一二六号。
（17）『家わけ五』「樺山文書」一二七・一二八号。
（18）『家わけ五』「樺山文書」一〇八号。
（19）『島津家文書』二七四号、『家わけ五』「樺山文書」一二四号。
（20）『家わけ五』「樺山文書」一〇三号。
（21）年欠六月二三日付島津好久（持久）書状（『旧記前』二―一三二七号）。『旧記雑録前編』は、本文書を宝徳元年（一四四九）の

ものとするが、島津持久が「好久」と称するのは永享一〇年までであり、少なくともそれ以前のものであることは確かである。そして、忠国の伊集院出陣が記されていること、永享八年六月二四日付で伊集院煕久が樺山孝久等に対して和睦の起請文（『家わけ五』「樺山文書」一〇九号）を提出していることを考え合わせると、永享八年に比定するのが妥当ではなかろうか。

(22)『宮崎県史 通史編 中世』第三章・第三節（前掲）。

(23)『家わけ五』「樺山文書」一一八号。

(24)福島氏は、この条文の「高城」を、樺山孝久（『宮崎県史 通史編 中世』五二一頁）、あるいは守護の直轄地＝末弘氏の持城（同書五三二頁）と理解しているが、ここは素直に「三俣院高城」と捉えて、和田氏のことを指すと考えた。

(25)『家わけ五』「樺山文書」一三二号。

(26)『家わけ五』「樺山文書」一三三号。

(27)『宮崎県史 通史編 中世』第三章・第三節（前掲）。

(28)『家わけ五』「樺山文書」一四六〜一四八号。

(29)これに野辺盛吉がどのように加わるのかが疑問として残るが、直前まで敵対関係にあった樺山氏と伊東氏の仲介役を担った可能性もあろう。応永三〇・三一年（一四二三・二四）、島津久豊が日向国山東に進攻し、山東河南の拠点加江田車坂城を包囲した際、城主伊東安芸守は、飫肥の野辺氏を通じて和睦を提案している（「応永記」本書第1部第三章註（12））。一五世紀前半には、野辺氏が伊東氏と島津本宗家の仲介が出来るような立場にあったことがうかがえる。

(30)康永三年〜四年（一三四四〜四五）頃、山東・庄内平定の功績によるものであろうか、日向国守護職に補任されている（山口隼正一九八九）。

(31)『旧記前』一―二〇六〇・二〇六一号。

(32)『相良家文書』一六一号。

(33)『旧記前』一―二五七七号。

(34)『家わけ五』「樺山文書」一一、一二号。

(35)『旧記前』二―五七～六四号。
(36)『家わけ五』「樺山文書」二一号。
(37)『家わけ二』「祢寝文書」一七七号。
(38)『家わけ二』「祢寝文書」一六七号。
(39)『家わけ五』「樺山文書」三五一号。
(40)『家わけ二』「祢寝文書」一六三号、「山田聖栄自記」。
(41)『家わけ五』「樺山文書」四一号。
(42)なお、樺山氏は高木氏と重縁を結ぶと同時に、教宗の代に土持氏とも姻戚関係を結んでいることがうかがえる（略系図参照）。土持氏は、平安末期以来日向国内に盤踞する国衙在庁系の領主であり、その一族は「土持七頭」とよばれた。樺山氏と姻戚関係を結んだ土持氏がどの一族かははっきりしないが、時期的にみて山東を拠点とするものの可能性が高い。樺山氏の山東河南進出の背景として、在地の土持氏との連携があったことを指摘しておきたい。
(43)『家わけ五』「樺山文書」四五・四七・五五号。
(44)『家わけ五』「樺山文書」九九～一〇二号。
(45)『宮崎県史 通史編 中世』第三章・第三節（前掲）。
(46)樺山氏が給与された所領が、大淀川沿岸、特に穆佐院や大田といった河川・海上交通の結節点に集中していることは、この推測を裏づけよう。
(47)『宮崎県史叢書三 日向記』（宮崎県、一九九九年）六七頁。
(48)『家わけ五』「樺山文書」一一四号。
(49)和田氏の契状は、『家わけ五』「樺山文書」一三六号。伊東氏の契状は、同一三七号。
(50)『家わけ五』「樺山文書」一三八・一三九号。
(51)『家わけ五』「樺山文書」一四〇号。

（52）『旧記前』二―一三三八号。

（53）『旧記前』二―一三八〇号。

（54）忠国が当初から高木氏追討のみを目標にしていたことは、史料①や、嘉吉元年一二月の治罰の御教書（『旧記前』二―一二七三号、『家わけ七』「野辺文書」九号、『家わけ五』「樺山文書」一二九号、『家わけ一』「祢寝文書」二二八号）に、持久与党として「高木孫三郎（殖家）」のみが記されていたことからも明らかであろう。

（55）『旧記前』二―一四九六号、『伊地知季安著作史料集』四「諸旧記」六九号の一。なお、本史料に伊地知季安が独自考証を加えたものが「雲遊雑記伝」（『鹿児島県史料集』XIおよび『伊地知季安著作史料集』六所収）である。

（56）前出の島津立久の覚書に、宝徳二年（一四五〇）以降所領を没収された国人の一人として、野辺氏物領である盛仁の名が見える。

（57）『家わけ五』「樺山文書」三三五号。

第3部 室町期島津氏「家中」の変遷と島津氏領国の解体過程

第一章　日向国人樺山氏の成立過程とその特質
―室町期島津氏「御一家」の由緒と家格―

はじめに

樺山氏は、島津本宗家第四代忠宗の五男資久を祖とする庶子家（御一家）である。一四世紀後半から一五世紀にかけて、島津荘日向方北郷の野々三谷《ののみたに》城（宮崎県都城市野々美谷町）を本拠として積極的な領域支配を展開し、都城盆地北部から「山東」(1)（宮崎平野）南部にかけての広大な領域を影響下におくとともに、薩隅日三か国各地の所領を買得するなど大きな経済力を有していた。また、守護島津氏の権力下においては「御一家」のなかでも特に高い家格を誇り、一五世紀に頻発する守護家の家督相続をめぐる内訌においても大きな影響力を及ぼしていたことで知られる。

同氏については、室町期を中心に四百点を超える家の文書＝樺山文書(2)が現存しており、これらの史料から、守護・周辺国人との関係や所領支配、流通経済との関係、あるいは支配領域内の在地社会の状況等について研究が進められている。(3)南九州の国人領主研究のなかでは、比較的恵まれた状況にあるといえよう。しかし、意外なことにこれまで等閑視されてきたのが、御一家として、あるいは国人としての樺山氏の成立過程、そして守護島津氏権力下における同氏の位置・役割の問題である。

本書第1部第三章、および第2部では、一五世紀前・中期における島津氏の領国拡大過程と、「国一揆」あるいは総州家と奥州家、島津元久・久豊兄弟、奥州家と伊集院氏、島津忠国・持久兄弟の内訌といった紛争・争乱について、その原因と背景、主体勢力の解明を進めてきた。そのなかで浮き彫りになってきたのが、常に争乱の中核にあって島津本宗家当主の擁立を図る有力御一家・御内の存在であり、彼らを島津氏権力内部にどう位置づけるかが重要になってこよう。当然、この問題を解明するためには、有力御一家・御内と守護島津氏＝島津本宗家との関係、特に彼らの領主制の展開に守護権力がどのように関わっていたのか、それとは逆に、守護支配の進展に彼らがどのように関与していたのか分析する必要があろう。

本章はこうした関心から、室町期島津氏の有力御一家樺山氏の成立過程について、特に由緒の地・本領の獲得とその安定化に焦点をあてて考察を加え、守護権力との関係についても明らかにしていきたい。

第一節　代替わりの安堵状の意味

一、島津元久・久豊・忠国三代の安堵状

樺山氏は、一五世紀に頻発する島津本宗家の内訌に積極的に関与し、自己の立場を強化していったとみられ、その過程で本宗家当主からたびたび安堵状・宛行状を受給している。その中でも特に注目されるのが、次に掲げる内容・形式共に類似した三通の安堵状である。本節では、まずこれらの安堵状の分析をおこない、樺山氏と守護島津氏との

関係を考える上での手懸かりとしたい。

【史料①】応永七年（一四〇〇）三月二日付島津元久安堵状[4]

日向国柏杵院上椙（杉）左馬助（朝房）跡、同国宮崎郡内戸次丹後守（頼時）跡事、任御下文之旨、可致領知之状如件、

応永七年三月二日　元久（島津）（花押）

嶋津美濃守（樺山音久）殿

【史料②】応永二〇年（一四一三）四月二九日付島津久豊安堵状[5]

日向国宮崎郡戸次丹後守跡事、任御下文之旨、可令領知之状如件、

応永廿年卯月廿九日　久豊（島津）（花押）

樺山安芸守（教宗）殿

【史料③】永享八年（一四三六）八月三日付島津忠国安堵状[6]

日向国臼杵院上椙左馬助跡・同国宮崎郡之内戸次丹後守跡・大隅国始良西俣地頭代官職事、

任御下文之旨、可被領知之状如件、

永享八年八月三日

陸奥守（島津忠国）（花押）

樺山美濃守（孝久）殿

三通とも、島津奥州家当主から樺山氏当主に宛てられた安堵状であり、いずれも「任御下文之旨」との文言から、前提となる宛行状の存在をうかがわせる。そしてより重要な点は、それぞれの安堵状が発給された時期である。

史料①の応永七年（一四〇〇）は、薩摩国守護家である島津総州家と大隅国守護家である島津奥州家の抗争が本格化した時期であり（本書第1部第三章）、これより一か月程前の二月五日には、奥州家元久の老名平田親宗と樺山音久との間で「仰　公方」旨の契状が交わされている。[7] 当然この「公方」とは元久のことであり、樺山氏が奥州家元久を支持したことにより、安堵状が発給されたと推測される。

続いて史料②の応永二〇年（一四一三）は、島津元久没後の島津本宗家の家督相続をめぐって、元久の弟久豊と伊集院氏が抗争を繰り広げていた時期である。第1部第三章で詳述したように、この抗争は島津元久が没した応永一八年、日向国穆佐院の久豊が長駆鹿児島に駆けつけ、家督継承者に内定していた伊集院初犬千代丸を排除して、強引に家督を継承したことに始まる。久豊は、同年九月には樺山教宗に契状を出して協力を求めており、[8] その教宗も同月末から年末にかけて、他の御一家や御内、国衆と「仰　公方」旨の契状を取り交わしている。[9] 当初から樺山氏は久豊方であり、その家督継承に大きく貢献していたのである。[10] 史料②も、こうした樺山氏の功績により発給されたものであろう。

最後の史料③は、島津忠国と弟持久の対立時に発給されたものである（本書第2部第二章）。本史料発給前年の永享七年（一四三五）六月、樺山孝久は忠国の嫡男安房（のちの立久）の支持を表明するとともに、[11] 一〇月には他の御一家・御内等と共に忠国と契状を取り交わすなど、[12] 明らかに忠国方として行動していた。本史料も前の二通と同じく、内訌時の支持への見返りとして発給されたものであろう。

以上のように、これら三通の安堵状は、いずれも島津本宗家の内訌時に樺山氏が支持・擁立した人物から発給されたものであり、支持・擁立の見返りとして獲得したと判断される。樺山氏が支持・擁立した三氏は、いずれも本宗家の家督継承に成功しており、特殊な状況下ではあるが、一種の〝代替わりの安堵〟とも考えられる。

それでは次に、これらの安堵状の対象地に着目してみたい。まず目立つのは、三通に共通する「日向国宮崎郡内戸次丹後守跡」と、二通に共通する「日向国臼杵院上椙（杉）左馬助跡」であろう。実はこのふたつの所領は、いずれも観応の擾乱期に、樺山氏初代島津資久が宛行われた所領である。前者は、観応二年（一三五一）二月一三日付足利尊氏袖判下文[13]によって、後者は、観応三年四月二五日付足利尊氏袖判一色範氏書下[14]によって、いずれも「為勲功之賞宛行」われたものであり、史料①から③に見える「御下文」とは、この二通の宛行状を意味しよう[15]。

後述のように、南北朝期初頭において島津本宗家の軍事指揮官・代官として活動していた島津資久は、観応の擾乱までに幕府と直接的な繋がりを持つに至り、観応元年には、高師泰から「長門国有光五郎左衛門跡」を施行されるなど、明らかに尊氏方として活動していた[16]。一方、戸次《べっき》丹後守（頼時）と上杉左馬助（朝房）は両者とも直義・直冬方と認定され、宮崎・臼杵《うすき》両郡内の所領が足利尊氏あるいは鎮西管領一色氏によって闕所地化されたのである[17]。山東を中心とする日向国内の荘園の多くは、建武政権期に足利家領（のちに相国寺領や天竜寺領）となっており、尊氏はその確保のために一族の畠山直顕を国大将（のちに守護）として配置した上で、足利一門や有力国人を地頭に補任した（山口隼正一九八三）。しかし、足利直冬の九州下向以後、日向国守護畠山直顕は直冬方となってしまう。尊氏方としては、隣国大隅に基盤を持つ島津氏庶流の資久に、日向国の諸権益確保を期待したのであろう。

二、樺山氏にとっての山東所領の意味

それでは、島津資久による宮崎荘・臼杵荘両所の実効支配は実現したのであろうか。資久とその養子音久（北郷資

忠二男）は、たびたび両所を含む恩賞地の安堵・遵行を鎮西管領・九州探題に求めており[18]、山口隼正氏も「これら両所の現地支配はなかなか困難だった」としている[19]。観応擾乱期の直冬方勢力の隆盛と、その後の今川了俊との抗争を考えたとき、島津資久・樺山音久親子による両所支配は実現しなかったと考えるのが妥当であろう。

さらに、時代が下った史料①から③の時期、両所は樺山氏にとってどのような意味をもつ所領だったのであろうか。はたして安定的支配は実現していたのであろうか。例えば『宮崎県史 通史編 中世』は史料②について、これを島津久豊による山東進攻の恩賞とし、実効性のある安堵と理解している[20]。

第1部第三章で詳述したように、島津奥州家が山東の領域支配を実現するのは応永六年頃のことである。島津氏御一家の主導で山東進攻が実施され、穆佐・池尻・白糸・細江等が「守護領」となったという（「山田聖栄自記」[21]）。その後、山東河南（大淀川南岸）の支配をになったのが、元久の弟で史料②の発給者でもある久豊である。久豊の山東支配は、日向国中部を支配する伊東氏との縁組により、ある程度安定化したと思われるが、久豊が家督継承のため山東を離れると、伊東氏の南下が本格化する。樺山氏は、北郷・和田・高木といった庄内（都城盆地）の諸氏らと山東に駐留し防戦したが、応永一九年（一四一二）の曽井源藤合戦で伊東勢に敗れると、穆佐院からの撤退を余儀なくされ、応永三一年（一四二四）に島津久豊の山東奪回作戦が実施されるまで、山東河南全域が伊東氏の支配下に入ってしまう。

このように、史料①の時期においては、島津氏の山東支配は緒についたばかりであり、日向国北部の臼杵院どころか、「河北」に位置する宮崎荘（戸次丹後守跡）すら掌握できていなかった。そして史料②は、伊東氏の南下によって「河南」までもが失われた時期に発給されたものであり、これも実効支配を意味するものではない。そもそも、跡職の宛行・安堵は南北朝期に多く見られるものである。少なくとも南九州においては、応永年間に入ると「職」による宛行・安堵は一般的ではなくなり、下地そのものを対象とした知行制に変化していくことが指摘されている（稲本紀昭一九六八、福島金治一九八八ｃ）。遠く南北朝中期の跡職を安堵してもらうこと自体が奇異なのである。

以上の考察から、樺山氏が請求した〝代替わりの安堵〟は当知行とは無関係におこなわれたものであり、極めて〝儀礼的・名目的な安堵〟であったと考えられる。つまり、樺山氏は不知行であるにもかかわらず、敢えて「御下文」どおりの跡職の安堵を請求し、島津本宗家当主もそれを承知で安堵したのである。しかし、本宗家の内訌という家督継承者にとっても、それを支持・擁立する者にとっても重大な争乱後に、その見返り・恩賞としておこなわれた〝代替わりの安堵〟が単なる儀礼であるはずはない。敢えて内訌に介入してまで安堵してもらう意義があったはずである。次節では、樺山氏をはじめとする島津本宗家四代忠宗から分出した「御一家」の家格と、それを決定づけた「家」成立の由緒の問題を検討してみたい。

第二節　南北朝期分出御一家の特殊性とその由緒

樺山氏の祖資久が島津本宗家四代忠宗の五男であることはすでに述べたが、忠宗からは他にも四つの庶子家（和泉・佐多・新納《にいろ》・北郷《ほんごう》）が分出しており、いずれも室町期島津氏を支える「御一家」と位置づけられていた。そして注目されるのは、これら忠宗から分出した五氏が、御一家のなかでも特別な扱いを受けていたという点である。

永享末年頃の成立とされる「酒匂安国寺申状」[22]には、次のような記述がある。

【史料④】「酒匂安国寺申状」島津家本　※傍点筆者

一御一家之人々遠近高低むかしよりめしつかハれて候様申候へと承候、雖斟酌候、上意もたしかたく候間申入候、元久常々御物語候しハ御一家之御事も親子兄弟より相別たる間、いつれ高下有へからす候、就中いつミ殿・さた殿・新納殿・北郷殿・樺山殿御事ハ御教書を対せられ候間、果報によりて国をもたれぬにてこそ候へ、我等ニ高下有へからす候、心得候へと玄久《氏久》常ニ仰含られ候よし御物語候し、かやうの儀をもて御了簡あるへく候哉、

島津元久期の老名酒匂安国寺が元久本人から聞いた話によると、「（忠宗から分出した）和泉・佐多・新納・北郷・樺山の五氏は「御教書」を受給しており、「国」（守護職ヵ）こそ獲得することはできなかったが、本宗家との間に身分の上下はない。この旨心得ておくように」と、元久の父氏久が常々いい含めていたというのである。島津元久誕生が貞治二年（一三六三）、島津氏久没が嘉慶元年（一三八七）なので（「島津氏正統系図」[23]）、一三七〇年代後半から八〇年代の逸話であろう。そして、ここにいう「御教書」とは一体何であろうか。少なくとも古文書学上の「御教書」、つまり御判御教書や管領奉書を意味するものではなかろう。結論からいえば、おそらく各氏の本領＝由緒の地に関する将軍（幕府）から直接発給された知行宛行・安堵状のことを意味すると推測される。

一方、これら五氏の名字の地は島津忠宗から譲与されたものとする見解がある。これは、文保二年（一三一八）三月一五日付の島津道義（忠宗）譲状[24]を根拠としていると思われるが、これらの譲状は同日付の島津本宗家貞久宛の譲状を参考にして作成された偽文書であることがすでに指摘されている[25]。

まずは、各氏の名字の地（本貫地）領有の経緯と幕府との関係を明らかにする必要があろう。本節では、まず樺山

氏を除く四氏について考察を加え、「御教書を対せられ候」の意味を明確化しておきたい。

（1）和泉氏

和泉氏は、忠宗二男実忠（忠氏）を祖とし、五氏の中で唯一、本宗家忠宗から相続した所領を名字の地としていた可能性がある。名字の地は薩摩国和泉荘（鹿児島県出水市）であるが、実忠は同地以外にも満家院・給黎《きいれ》院・頴娃《えい》郡を領有していたことが確認されている。これらの所領は、いずれも文永四年（一二六七）一二月、本宗家第二代忠時から庶子の長久に譲られ[26]、長久没後は惣領家に還付された所領と理解される。〔五味克夫一九六四〕は、四代忠宗から実忠の兄貞久への譲状[27]にこれらの所領の記載がないことから、三代久経から忠宗、そして実忠へと相伝されたと推測している。元亨五年（一三二五）の「島津貞久国廻狩供人注文[28]」には「泉殿」が見え、少なくともこれ以前に和泉荘を領有していたことは確かである。

実忠は、建武政権崩壊後いち早く尊氏方として参戦していたと思われ、建武三年（一三三六）三月の筑前多々良浜合戦直後に、斎藤利泰・平兼政・高師泰と共に軍忠の検証をおこなっている[29]。〔羽下徳彦一九六四〕は、この活動をもって実忠を初期段階の侍所奉行人と捉えており、「建武三年尊氏東上に際しての軍監であることを考えると、特に九州豪族の代表として登用されたものと考えられる」としている。実忠の奉行人としての活動はこの時のみであるが、九州の御家人の中から特に選ばれて、初期侍所の構成員として活動していたことは重要であろう。

また、「山田聖栄自記」によると、貞和五年（一三四九）八月、足利直義が逃げ込んだ尊氏邸を高師直・師泰軍が包囲した際、実忠の子忠頼（忠直）は、叔父新納時久と共に密かに尊氏邸へ食糧を届けたという。後述のように、

『太平記』はこの時の直義方として新納氏祖時久の名を挙げており、全くのフィクションとは断じきれない。和泉氏が新納氏共々、この頃までは直勤御家人として京都を中心に活動していたことをうかがわせる。

その後、和泉氏は南朝方となって豊後に没落したらしいが、忠頼（忠直）の子氏儀が本宗家元久から救仁《くに》院・深河《ふかがわ》院に一〇〇町を与えられ、御一家として復帰したと伝えられる（「山田聖栄自記」）。結局、和泉氏嫡流は応永二〇年代に至り絶えてしまい、家の文書は一切現存していないが、観応の擾乱以前の動向から考えると、将軍家（幕府）から直接名字の地「和泉荘」の安堵を受けていた可能性は高い。

（2）佐多《さた》氏

佐多氏は忠宗三男忠光を祖とする。現存史料が少ないため、家成立期の動向については不明の部分が多く、判断は極めて難しい。ただ、鎌倉期から南北朝期にかけて、名字の地である大隅国祢寝院佐多（鹿児島県肝属郡南大隅町佐多）に関して、島津本宗家は何らの所職を有しておらず、忠宗からの相続とは考えづらい[30]。加えて、文和二年（一三五三）五月一一日、足利尊氏は佐多氏初代島津忠光に対し「薩摩国嶋津庄内智覧院郡司四郎忠世跡」を下文によって宛行っており[31]、応永四年（一三九七）九月二〇日には、九州探題渋川満頼が忠光の孫氏義に対し「大隅・薩摩両国本領地」を安堵している[32]。大隅国の本領とは「祢寝院佐多」のことであり、薩摩国の本領とは、尊氏下文によって宛行われた知覧院郡司跡のことであろう。九州探題に対して、幕府以外から宛行われた所領を安堵申請するとは考えにくく、佐多も知覧院と同じく将軍家（幕府）から何らかの形で給与されたと考えるのが自然であろう。

なお、忠光と佐多との関係を示す初見史料は、観応二年（一三五一）一二月一三日付尾張義冬挙状[33]であり、「島津佐多又三郎(忠光)入道子息等」が籠もる「佐多村城」が足利直冬方によって攻め落とされている。島津忠光は、観応年間以前に佐多を宛行われ、「佐多氏」を名乗っていたのである。

（３）新納《にいろ》氏

忠宗の四男時久を祖とする新納氏については、前記二氏以上に将軍家（幕府）との強い結びつきがうかがえる。名字の地「日向国新納院」（宮崎県児湯郡木城町・高鍋町・川南町付近）は、建武二年（一三三五）一二月一一日付足利尊氏下文[34]により「勲功之賞」として宛行われたものである。この下文が発給された建武二年一二月は、中先代の乱鎮圧を名分として関東に下向した尊氏が建武政権に反旗を翻した直後であり、本状発給日の一二月一一日は、足利勢が新田義貞を大将とする追討軍を撃破した竹下合戦の当日である。おそらく「勲功」とはこの合戦のことであり、島津時久は尊氏方として参戦し、その恩賞として新納院地頭職を宛行われたのであろう。ちなみにこの日、兄の本宗家貞久は、未だ建武政権側の侍大将として中山道を進軍中であった[35]。その後、尊氏が入京するまでには足利方となっていたようであるが、足利軍と建武政権の最初の合戦に参加した時久と貞久の差は、極めて大きいといわざるを得ない。

その後も時久は、主に京都にあって足利方として活動していたと思われ、新納院への「濫妨」排除を守護に命じた高師直書状にも「殊忠之仁候」[36]、あるいは「且此仁軍忠候、随而当参奉公之事候」[37]と記されている。また、観応の擾乱では直義方であったと思われ、『太平記』巻二六は、貞和五年（一三四九）八月一二日に「三条殿(足利直義邸)へ参リケル人々」として「島津四郎左衛門尉(時久)」の名を挙げており、先述のように、甥の和泉忠頼（忠直）と共に高師直に包囲された足利尊氏邸に食糧を届けたという逸話も伝わっている（「山田聖栄自記」）。

島津時久はこれより先の文保二年（一三一八）三月一五日、父忠宗から薩摩国宮里郷地頭職等を譲られている[38]。この本宗家から譲与された所領ではなく、敢えて足利尊氏から宛行われた新納院を名字の地とした点に、幕府との直接的関係を重視する新納氏の姿勢が見て取れよう。ただ、島津時久の新納院支配はほとんど実効性のないものであった。時久が京都にあって奮闘している最中、新納院は現地で「違乱」「濫妨」を受けており、不知行状態にあった[39]。家譜類によれば、その後時久は南九州に下向し、薩摩国高江（鹿児島県薩摩川内市）、次いで日向国救二院志布志（同県志布志市）に居住したという。その子実久は、氏久の養子となり、「御名代」として救二院等を領有したというが（『山田聖栄自記』）、和泉氏と同じく、基盤を失って本宗家の庇護を受けたというのが実情であろう。

（4）北郷《ほんごう》氏

島津忠宗六男資忠を祖とする北郷氏も、名字の地は幕府から宛行われたものと判断される。観応二年（一三五一）九月の筑前国金隈合戦の恩賞地について「御下文」の発給を求めた、文和四年（一三五五）三月日付島津氏久代頼兼目安状[40]には、「為彼勲功之賞、所拝領島津庄之内日向方北郷、先立為勲功之賞、伯父尾張守資忠下給御下文之間」とあり、一三五〇年代以前に島津資忠が「島津庄日向方北郷」を「御下文」によって宛行われていたことがうかがえる。「御下文」は現存していないが（拙稿二〇〇四）、「北郷」が将軍家から宛行われたことは、島津荘日向方が建武政権期以来足利家（将軍家）領であったことを考えればほぼ間違いあるまい。島津資忠は、前出の新納時久と違い、主に薩摩・大隅において本宗家の軍事指揮官として活動しており、その恩賞も本宗家の注進によって給与された可能性が高いが、名字の地が幕府からの「御下文」によって与えられた所領であることは新納氏と共通する。

以上、樺山氏と同じく本宗家忠宗から分出した四氏の名字の地について、その由緒と幕府との関係を概観してきた。その結果、新納・北郷・佐多の三氏については幕府から宛行われたものか、その可能性が高いことが明らかとなった。また、和泉・新納両氏については、本宗家と同等、あるいはそれ以上に幕府と密接な関係を有しており、主に京都にあって将軍家の直勤御家人として活動していたようである。しかし、観応擾乱期の混乱の中で両氏とも没落し、島津本宗家の庇護によってようやく所領を確保している。

結局、島津本宗家との連携なくしては領主支配の実現はありえなかったのであり、これこそが「果報によりて国をもたれぬにてこそ候へ、我等ニ高下有へからす候」と氏久にいわしめた背景であろう。そして、彼らと幕府との直接的な関係を示すものこそが、「御教書を対せられ」ているという事実、すなわち名字の地に関する幕府からの安堵・宛行状の存在ということになる。これこそが、島津本宗家の「御一家」としてその権力下に包摂されながらも、将軍直勤の御家人であったという〝特別な家格〟を主張する唯一の根拠であったと考えられる。この点をふまえて、次節では樺山氏の由緒について検討してみたい。

第三節　樺山氏の由緒と国人領主化の契機

一、樺山氏の由緒

樺山氏の名字の地「樺山」（宮崎県北諸県郡三股町大字樺山）は、島津荘日向方三俣院の最南端、島津院の西端に位置する。[41]島津院は古代律令制下の駅の所在地、中世においては島津荘荘政所の所在地とも推定される政治・経済上の要地であり、三俣院も南北朝期において庄内の領有を目指す諸勢力の争奪戦が繰り広げられた歴史を持つ。

一方、樺山氏と「樺山」の関係は、貞治四年（一三六五）閏九月二六日付島津氏久宛行状[42]の宛所に「樺山殿」とあるのが初見史料であり、これ以前に同氏が「樺山」に何らかの関わりを持ち、名字化しつつあったことはまちがいない。しかし、初代資久がどのような経緯で、いつ「樺山」を領有するに至ったのかについては、今もって不明である。[43]まずはこの点から検証してみたい。

樺山氏初代資久が史料上現れるのは建武年間に入ってからであり、建武三年（一三三六）五月の大隅国加瀬田城・野崎城攻めの際、島津方の「大将」であったことが確認できる。[44]また同年二月九日には、島津本宗家貞久から「大隅国始良西俣地頭代官職」を宛行われており、[45]島津資久がこの時期、本宗家の軍事指揮官・代官として主に大隅国内において活動していたことがわかる。

そして、次に確認できるのが、第一節で述べた観応擾乱期の活動である。観応元年（一三五〇）から同三年にかけて、高師泰・足利尊氏・鎮西管領一色範氏の三氏から宛行われた所領は、先述のように、いずれも直冬方に与した諸将の闕所地であった。[46]この時期、幕府領の集中する日向国は、ほとんどの地域が直冬方の守護畠山直顕の影響下にあったと考えられ、尊氏方としては、隣国大隅で活動していた資久に直冬方諸勢力の排除を期待したのであろう。資久が、「樺山」に関する何らかの所職を獲得したとすれば、この時期以外には考えられない。

三俣院・島津院をはじめとする島津荘日向方は、鎌倉末には足利尊氏室登子の兄赤橋守時の所領であり、その縁から建武年間以降、将軍家領・将軍家御台所領になったとされる（山口隼正一九八三）。「樺山」を含んでいたと思われる島津院・三俣院の地頭職が、観応年間以前に誰の領有であったかは確認できていないが、隣接する北郷は上杉朝房が領有しており、観応年間に闕所地化され、その後先述のように北郷氏初代資忠に宛行われている。ちなみに上杉朝房とは、史料①～③に見える「上椙左馬助」、まさにこの人である。朝房はこれ以外にも飫肥北郷・真幸院等に所領を有しており、島津院・三俣院においても何らかの所領・所職を有していた可能性は高い。島津資久の「樺山」領有も、直冬方所領の闕所地化にともなうものではなかろうか。そうでないとしても、「樺山」を含む三俣院・島津院は、南北朝期においては一貫して幕府領か、その影響下にある五山領であり、その所職（地頭職あるいは代官職）を獲得するには幕府の承認が不可欠である。島津資久の「樺山」領有は、観応擾乱期に、幕府領の回復を目指す尊氏方の思惑によって実現したと考えるのが妥当であろう。ただし、それは何らかの理由で明確な宛行状が存在せず、樺山氏の直勤御家人としての由緒を示す「御教書」にはなりえなかったのである。

これに代わって、幕府との直接的な関係を示す「御教書」と認定されたのが、他ならぬ「臼杵院上椙左馬助跡」「宮崎郡内戸次丹後守跡」に関する宛行状（「御下文」）だったのだろう。この両所は、名字の地「樺山」とほぼ同じ時期に、同じような経緯（直冬方所領の闕所地化）で宛行われた所領であり、二通の宛行状にはいずれも足利尊氏の袖判が据えられている。樺山氏の直勤御家人としての由緒を示すには十分過ぎる文書であろう。樺山氏も他の四氏と同じく、家成立の由緒を幕府との関係に求めたのであり、これこそが特別な「御一家」としての家格を維持する根拠だったのである。

このように考えると、史料①～③の〝代替わり安堵〟の意義が明らかとなろう。すなわち、将軍家の「御下文」によって宛行われた所領の安堵は、家成立の由緒＝幕府との直接的な関係を再確認するものであり、それは特別な家格

＝「御教書を対せられ」た特別な「御一家」であることの再確認だったのである。だからこそ、この〝代替わり安堵〟には「任御下文旨」の文言が不可欠だったのであり、その「御下文」どおりの所職名が敢えて記されたのである。

二、樺山氏の国人領主化と島津本宗家

先述のように、樺山氏が〝代替わりの安堵〟を求めた「臼杵院上椙左馬助跡」と「宮崎郡内戸次丹後守跡」は、あくまでも幕府との関係を示す〝由緒の地〟としての意味しかなく、当知行できているわけではなかった。一方、名字の地「樺山」の支配は当初から実現できていたのであろうか。この点に注目し、樺山氏の領主支配の実現と島津本宗家との関係を考察していく。

結論からいうと、当初、樺山氏の「樺山」領有は極めて困難な状況にあったと考えられる。そもそも初代島津資久が「樺山」との接点をもったと推測される一三五〇年代前半は、直冬方の日向国守護畠山直顕とその与党が日向全域に勢力を及ぼしていた時期であり、島津本宗家が守護職を有する大隅国についても、その過半を勢力下に置いていた。島津本宗家が大隅国中・南部から日向国南部にかけての地域を制圧するのは、奥州家初代氏久が南朝方と連携する延文年間に入ってからである（本書第1部第一章）。樺山・北郷両氏による庄内支配が本格化するのもこの頃からであろう(47)。

ただ、この時期に至っても、樺山氏による「樺山」支配を示す史料はない。安定的支配をどこまで実現できていたか甚だ疑問であるが、これを補完する経済的基盤となったのが、樺山氏初代島津資久の養子音久が相続し、安堵された所領である。資久には男子が無く、弟の北郷資忠の子、つまり甥にあたる音久を養子に迎えている。その音久は、

貞治三年（一三六四）七月二五日に実父北郷資忠から「日向国北郷参分壱」を譲与されており[48]、翌年には島津奥州家氏久から「北郷北方内相分壱方」を宛行われている[49]。これ以後、この所領が樺山氏の基盤となるのは確かなようであり、応永一八年（一四一一）閏一〇月二五日付島津久豊安堵状では、「日向国北郷三分一并宮丸名」が「由緒」の地と見なされている[50]。樺山氏は、資久期に「樺山」に関する何らかの権益を有していたと思われるが、音久の養子入りにより、北郷氏からの家産分与と島津本宗家の安堵を受け、本格的な領主制展開の契機を得たと考えられる。

しかし、それからちょうど一〇年後、再び樺山氏は存立の危機を迎える。永和二年（一三七六）に始まる九州探題今川氏との抗争である。この抗争において今川方と島津方との決戦の場となったのが、他ならぬ庄内であった。今川方の大将今川満範は、三俣院に蟠踞する和田氏や高木氏といった旧来からの在地勢力の協力を得て、同地を島津氏攻略の橋頭堡とし、北郷氏の居城都城を断続的に攻撃した（本書第１部第二章）。これに対し樺山氏は、志布志を本拠とする奥州家氏久と連携をとりつつ、北郷氏と共に都城を死守していたようであり[51]、名字の地「樺山」の確保はまたも困難を極めたと思われる[52]。今川方は志布志からの補給路遮断、都城城下の放火、作毛の刈り取りなど、典型的な攻城戦を展開しているが、永和五年（一三七九）三月には、「後巻」に出陣した島津奥州家氏久の軍勢との間で大規模な戦闘に及んでいる（都城合戦）。これらの合戦はいずれも島津方の勝利に終わっており、結局、今川方の庄内完全制圧は実現することなく、一三八〇年代の終わりには庄内からの撤退を余儀なくされている。長期にわたる籠城戦を耐え抜いた北郷・樺山両氏の存在が、島津氏の勝利に大きく貢献したことは間違いないだろう。

一三九〇年代になると、島津奥州家は幕府から相国寺領である日向国穆佐院・三俣院の回復を命じられるなど[53]、日向国に対する公権力行使を追認されるようになる。これを契機として島津奥州家元久は、将軍家領回復を名分として積極的に庄内への進出を始め、明徳三年（一三九二）には三俣院を、[54]翌応永元年七月には、相良氏の庄内支配の拠点野々三谷《ののみたに》城（都城市野々美谷町）を攻略している。[55]そして、野々三谷城攻略直後と思われる八月一五日には、元久から「北郷北方内後交椎屋跡并野々三谷寺跡、両所水田五町」が樺山音久に対して宛行われている。[56]この所領は野々三谷城に付随するものと思われ、家譜類の記載どおり、この時期に野々三谷城とその周辺所領が樺山氏に給与されたのであろう。この野々三谷城は、以後、室町期を通して樺山氏の本拠として機能するのであり、島津奥州家の庄内進出により同氏の所領支配が強化されていったといえるだろう。

以上のように、観応擾乱以降の樺山氏による領主支配は、大隅国守護家である島津奥州家の支援によって確立・維持・展開していったのであり、奥州家の存在無くしては立ちゆかなかったのは事実である。その一方で、奥州家としても、樺山氏の協力が領国支配確立に大きく寄与したことは間違いない。奥州家最大の危機であった九州探題今川氏との抗争期において、結果として樺山氏は当初から奥州家支持を表明し、[57]北郷氏と共に最後まで都城を死守するに至ったが、同氏が今川方に付くという可能性はなかったのであろうか。

今川了俊は、九州下向直後から樺山氏に対し協力を要請していたほか、[58]応安六年（一三七二）には「島津庄内穆佐院領家職半済」を預け置いている。[59]加えて、了俊は樺山氏の所領に関する遵行要求を幕府に取り次ぎ、[60]永和元年（一三七五）には「日向国臼杵院地頭職」を安堵するなど、[61]これまでの探題にはない積極的な懐柔政策をとっている。また、島津奥州家氏久離反直後の永和二年（一三七六）六月には、島津資久・音久父子に対して「為御方致忠節者、本領不可有相違」旨、勧誘しており、[62]樺山氏としてはそのまま奥州家に見切りをつけて探題方となり、直勤御家人化を目指す選択肢もあったのである。[63]

しかし、樺山氏は敢えて島津奥州家との共闘を選択し、「果報によりて国をもたれぬ」という結果を招いたのである。これは、樺山氏だけではなく共に籠城した北郷氏、氏久に随って都城合戦に参戦した新納氏・佐多氏にも共通する部分であり、彼らは直勤御家人化の道をあきらめ、島津本宗家の領国形成へ協力することにより、自らの領主制確立を目指したのである(64)。これは、御一家の島津奥州家（守護島津氏）への依存性を示すと同時に、奥州家側から見れば、御一家が単なる一族・庶子家ではない、大きな権力基盤のひとつとなったことを意味する。島津氏久が嫡男元久にいい残した、南北朝期分出御一家との関係に関する「我等に高下有へからず候、心得候へ」との配慮を示唆する言葉には、ともに苦境を乗り切った島津奥州家と御一家との強い連帯感、一体性が感じ取れる。

樺山氏は、島津総州家を倒して本宗家となった島津奥州家に内訌が起きるたびに、その由緒を示す「御下文」の安堵を求めた。それは島津本宗家継承を目指すものに対し、抗争での支持と引き替えに〝特別な家格〟であることの再確認・承認を求めたのものであり、奥州家の危機を共に乗り越えたという同家と樺山氏の連帯感、一体性の起源・由緒を再確認させるものでもあったろう。島津奥州家の発展、領国支配の進展は、同時に樺山氏の発展にもつながったのであり、一五世紀中期まで、両氏は不即不離の関係にあったといえる。

おわりに

本章では、室町期島津氏の動向を大きく左右した「御一家」と呼ばれる庶子家の実態を解明すべく、樺山氏を事例としてその成立過程を検証してきた。樺山氏をはじめとする島津本宗家四代忠宗から分出した「御一家」は、家成立の由緒を幕府との直接的な関係―内乱期の直勤御家人としての活動、名字の地に関する知行宛行・安堵状の拝領―に求め、その由緒によって本宗家と「対等」に近い高い家格を維持していた。しかし、彼らの〝由緒の地〟のほとんどは、拝領当初から不知行となっていたケースが多く、彼らの領主制確立＝国人領主化は困難を極めた。そのようななか、南九州にあったものは本宗家の支援により本領の確保を実現化し、京都で直接将軍家に奉公していたものはいったん没落し、本宗家から新たな所領を給与されて国人領主化を果たしていったのである。

このように、南北朝期分出の「御一家」は、その由緒に基づく高い家格＝本宗家からの相対的自立と、領主制確立・維持のための守護権力への依存・一体化という相反する二つの性格を有していた。そして、この二つの性格を共存せしめた要因のひとつが、南北朝末期、九州探題今川了俊との抗争における彼らの軍功であった。領国形成初期段階における最大の危機を、南北朝期分出庶子家との連携により乗り切った島津本宗家は、彼らの功績に報いるために本宗家と「対等」な特別な「御一家」として遇したのではないだろうか。ただ、こうした相反する性格はえてしてバランスが崩れるものであり、最終的には本宗家からの完全なる自立・独立を目指すか、あるいは本宗家によって被官化されるかのどちらかの道を進まざるを得ない。樺山氏による〝代替わりの安堵〟申請は、このバランスをとるための方策とも考えられる。

最後に、一五世紀中期の島津本宗家内訌に対する樺山氏の対応について付言しておく。

忠宗分出御一家の特別な家格を強調した「酒匂安国寺申状」（史料④）は、永享末年頃に島津本宗家の家督奪取を目指した島津持久（好久）の諮問によって作成された政策提言という性格を持つ（五味克夫二〇一四b、本書第2部第二章）。このなかで酒匂氏は、御一家や、御内から選出された「老名」といった元久期に確立された家格・先例の維持を強く求める一方、新参被官の重用等の〝家格の崩壊〟を強く憂いている。この時期、元久期以来の家格・先例が崩壊しつつあり、南北朝期分出御一家と御内の同質化、すなわち「家中」としての一体化が進んでいたことをうかがわせる。

そして、この本宗家の内訌のさなか、第2部第三章で検討したように、樺山氏は三俣両人（和田氏・高木氏）、山東の伊東氏、飫肥の野辺氏と一揆を結成し、〝第三極〟形成に動く。こうした動きは、内訌に介入して家督継承者を擁立・支持し、その人物から〝代替わりの安堵〟を獲得するというこれまでの方針の大転換であるとともに、〝守護権力への依存、守護権力との一体化〟という南北朝末期以来の方針そのものの放棄を意味していた。結局樺山氏は、文安三年九月、新納氏らの仲介により忠国方に復帰し、大胆な方針転換は失敗におわる。

この内訌は、文安五年九月に忠国と持久が和睦して終結するが（本書第2部第二章）、これを境に南北朝期分出御一家の立場は明らかに変質していく。島津氏権力内部の家格は、忠国弟を祖とする薩州家や豊州家、立久異母兄を祖とする相州家といった島津名字庶子家を最上位とし、南北朝期分出御一家は島津名字使用が確認できなくなる。加えて、これ以降の本宗家の内訌は島津名字庶子家を主たる当事者としており、南北朝期分出御一家の影響力も低下していった。樺山氏が内訌のたびに獲得していた〝代替わりの安堵〟が、永享八年のもの（史料③）を最後に見られなくなるのも、こうした状況の反映であろう。

註

（1）宮崎市田野町と北諸県郡三股町の境にそびえる鰐塚山《わにつか》より東、現在の宮崎平野を指す地域呼称。
（2）文書類のほとんどは、東京大学史料編纂所蔵となっているほか、一部は、陽明文庫や広島大学文学部に所蔵されている。その多くは、『鹿児島県史料 旧記雑録拾遺 家わけ五』で翻刻されている。
（3）『宮崎県史 通史編 中世』第二章・第二節―二「島津家庶家樺山氏の日向国への進出」（山口隼正氏執筆）は、南北朝期における樺山氏の日向国進出過程と動向を概説し、同書第三章・第三節「樺山・北郷氏等の島津氏一族の領域支配のありかた」（福島金治氏執筆）は、室町期における樺山氏の領域支配、特に京都との商品取引や金融活動、土地集積などの経済活動について細かく分析している。
（4）『家わけ五』「樺山文書」四六号。
（5）『家わけ五』「樺山文書」七九号。
（6）『家わけ五』「樺山文書」一一〇号。
（7）『家わけ五』「樺山文書」四四号。
（8）『家わけ五』「樺山文書」五九号。
（9）『家わけ五』「樺山文書」六一・六二・六九・七〇号。
（10）島津久豊の樺山教宗に対する信頼は極めて厚いものがあった。応永一九年一一月二四日付の教宗宛久豊契状には、「親子の可成思事」とあり（『家わけ五』「樺山文書」七六号）、年欠霜月二二日付の教宗宛久豊契状では、「身のうんをひらき候ハヽ、最前より御志を不忘、力を付申候すると、ふかく大儀と存候へく候」（同九二号）と、自身への支持を求めてかなりへりくだっている。久豊が樺山氏に求めたものは、家督継承への支持だけでなく、経済的支援もあった。応永二三年一二月には、水田一町を質に米一〇石を借用し（同八六号）、同二一年とみられる年欠閏七月九日付教宗宛久豊書状では、南鐐銀二〇〇両目を質に料足二〇貫の借用を依頼している（同九三号）。
（11）『旧記前』二―一一七〇号、『家わけ五』「樺山文書」一〇六号。

(12)『家わけ五』「樺山文書」一〇七・一〇八号。
(13)『家わけ五』「樺山文書」一一号。
(14)『家わけ五』「樺山文書」一二号。
(15)応安二年（一三六九）八月、島津資久は申状を作成し、この両所を含む所領について「早任御下文旨、被成下御教書」よう請求しており（『家わけ五』「樺山文書」二〇号）、山口隼正氏はこの「御下文」が先の二通の宛行状を意味しているとしている（『宮崎県史 通史編 中世』三〇七～三〇八頁）。応永年間以降の「御下文」も同様に理解されよう。
(16)『家わけ五』「樺山文書」一〇号。
(17)「戸次丹後守跡」とは「宮崎庄惣領分地頭職」であることが、観応二年二月一〇日付「戸次守時譲状」（立花文書）から判明する（山口隼正一九九〇）。
(18)『家わけ五』「樺山文書」一三・二〇・二二～二四号。
(19)『宮崎県史 通史編 中世』三〇八頁。
(20)『宮崎県史 通史編 中世』五一八頁。
(21)『鹿児島県史料集Ⅶ』（鹿児島県立図書館、一九六七）に、鹿児島県立図書館本と、鹿児島大学附属図書館所蔵旧山田家本を収録している。
(22)本史料の筆者・酒匂安国寺は、島津氏譜代の重臣酒匂氏の出身であり、島津元久期に老名をつとめた人物と思われる。なお、引用史料は、〔五味克夫二〇一四b〕所収の島津家本である。
(23)尚古集成館編『島津家資料 島津氏正統系図（全）』（島津家資料刊行会、一九八五年）所収。
(24)『旧記前』一―一二三六～一二四〇号。
(25)〔五味克夫一九五九〕、『鹿児島県史料 旧記雑録拾遺 家わけ五』の解題（五味克夫氏執筆）。
(26)『島津家文書』一四一号。
(27)『島津家文書』三九号。

(28)『旧記前』一―一四二〇号。
(29)『旧記前』一―一七九六・一七九七・一八一六・一八一七号。
(30)佐多氏による佐多領有の経緯・実態については、〔江平望一九七六〕が詳細な検討をおこなっている。
(31)『旧記前』一―二四八〇号。
(32)『旧記前』二―五九二号。
(33)『家わけ二』「祢寝文書」八二号。
(34)『旧記前』一―一七五三号。
(35)『太平記』巻一四。〔吉井功兒一九九三〕、〔松本一夫二〇〇七〕。
(36)『旧記前』一―一八二七号。
(37)『旧記前』一―一八二八号。
(38)『島津家文書』一四五号。この譲状は、同日付の新納院を譲られたとする偽文書（『旧記前』一―一二三八号）とは全く別のものである。
(39)『旧記前』一―一八二七・一八二九号。
(40)『旧記前』一―二五七七号。
(41)建久二年（一一九二）の「日向国図田帳写」（『島津家文書』一六五号）と一四世紀の「島津本庄分田数」を比較した〔重永卓爾一九九六〕によると、島津院・北郷の田数は南北朝期以降減少し、三俣院のみ突出した田積となっているという。「樺山」はこの三俣院の田数拡大の結果三俣院に含まれ、本来は島津院に属していた可能性が高い。
(42)『家わけ五』「樺山文書」二九号。
(43)『島津国史』は、観応二年二月一三日の臼杵院地頭職拝領に続いて「復領荘内島津・樺山・早水・寺柱之地」と記すが、根拠は不明である。なお、樺山氏初代資久の動向については、〔江平望一九八九〕に詳しい。
(44)『旧記前』一―一八六五・一九一七号。

(45)『旧記前』一―一七七九号。
(46)『家わけ五』「樺山文書」一〇～一二号。
(47)一次史料では確認できないが、「佐多氏系譜」等によると、延文四年（一三五九）一〇月、本宗家氏久は日向国南郷国合において相良・北原両氏と合戦に及び、これを敗ったという（『旧記前』二―六五号など）。観応擾乱期、相良氏は鎮西管領一色氏から三俣院・北郷内に多くの所領・所職を宛行われており（『相良家文書』一六一号）、実際にある程度支配できていたのであろう。島津氏による庄内支配は、直冬方に加えて相良氏の排除をも必要だったことになる。
(48)『家わけ五』「樺山文書」二八号。
(49)『家わけ五』「樺山文書」二九・三〇号。
(50)『家わけ五』「樺山文書」六七号。
(51)「山田聖栄自記」、『家わけ五』「樺山文書」三五・三七号。
(52)永和三年（一三七七）頃のものと思われる年未詳四月二五日付島津資久（明見）書状（『家わけ五』「樺山文書」三七号）は、小山（都城市高城町小山）に在陣中の資久から都城に籠もる養子音久に宛てられたものである。福島金治氏は本状を以て「晩年の資久は小山に在陣しており、高城に近い小山城は資久の居城となり、高城の九州探題方と対峙していた」としている（『宮崎県史　通史編　中世』五〇八頁）。確かに小山城は、今川満範の拠点三俣院高城の南西約二km、島津院の北端に位置し、高城の今川方に対する抑えの意味があったろう。しかし、同年九月には小山城は今川満範の持城となっており（『家わけ一』「祢寝文書」一八二号）、今川満範下向直後に制圧されたようである。島津資久の小山在陣は一時的なものと解するべきであり、「居城」とまではいえない。また、この時期今川方は「樺山城」を攻撃しており、樺山氏の抵抗活動が続いていることは確認できる（『家わけ一』「祢寝文書」一八二号）。
(53)『家わけ五』「樺山文書」三五一号、『島津家文書』二七三号。
(54)『家わけ一』「祢寝文書」一四五号。
(55)『家わけ一』「祢寝文書」一六三号。

(56)『家わけ五』「樺山文書」四一号。

(57) 永和元年（一三七五）もしくは同二年のものと推定される年欠九月一一日付今川了俊請文（『大分県史料』（10）所収「竹田津文書」）には、「嶋津安芸《(資久)》入道成御敵候之上者、彼仁跡半分事、闕所候哉」とある。いずれの年であれ、かなり早い段階から樺山氏が反今川方＝島津方であったことがうかがえよう。

(58)『家わけ五』「樺山文書」三一・一九号。

(59)『家わけ五』「樺山文書」二一号。

(60)『家わけ五』「樺山文書」二三号。

(61)『家わけ五』「樺山文書」二五号。

(62)『家わけ五』「樺山文書」二六・三四号。

(63) 実際、今川了俊は、国人の守護被官化を強く難じ、反島津方国人の直勤御家人化を強力に推進していた（川添昭二一九五九、同一九六四）。その結果、南九州では多くの国人が、在国のまま将軍家に直接奉公する「小番之衆」に編成されるが（本書第1部第三章）、当然、反探題の行動をとった樺山氏をはじめとする「御一家」はこれには選ばれていない。

(64) 新納氏は、新納院が押領された後、島津奥州家氏久と共に志布志にあったとされる。氏久の子元久が守護所を鹿児島に移した後も新納氏は志布志に残り、この地を拠点として領主支配を展開していく。樺山氏と同じく、奥州家との連携無くしては国人領主化はあり得なかったであろう。また佐多氏も、名字の地「佐多」を祢寝氏に奪われ、幕府から宛行われた知覧院では南朝方の郡司系領主の影響が強く残っており、その確保には奥州家の協力が欠かせなかった。両氏とも、のちに総州家を排除して島津本宗家となっていく奥州家に寄生することにより、国人領主化を果たしたといえる。

第二章　室町期島津氏「家中」の成立と再編

はじめに

一五世紀後半は、「室町幕府―守護体制」をはじめとするさまざまな支配体制、社会構造が、変質・転換していく時期であった。このうち、政治構造の変動を象徴する現象のひとつとされるのが、室町幕府を巻き込む形で全国各地の守護家・有力国人領主家で発生した、家督をめぐる紛争である。これは、史料上「被官人」と称される守護家・国人領主家の一族・被官の台頭・結集により、守護家当主らの親権に基づく家督決定・継承が否定され、「被官人」らによる家督継承の承認、あるいは家督の改替がおこなわれるようになったことに起因することが指摘されている[1]。しかし、そもそも室町期守護家の実態・構造分析は、特に守護家の没落・滅亡による史料の散逸のため、十分な検討がなされているとはいいがたい。その一方で、一六世紀以降台頭する戦国大名・戦国領主家の「家」については、「家中」の成立とその拡大と捉えられ、戦国期権力による「家中」支配の実態解明が着実に積み重ねられていった[2]。

戦国期特有の問題とされてきた「家中」の特質を、「家」内部の一揆的組み替えにあると喝破した〔久留島典子一九九四〕は、そうした「領主の「家」の構造的変化」は室町前期から徐々に進行していたとし、一五世紀前期の小早川氏の一族一揆、益田兼理置文を事例として、自立的庶子家が被官として一元化されるなかで、主人に対して共同で自立的な動きを示すようになり、さらには先述のような家督継承者を被官が共同で推戴する動きが出てくるようになると指摘した。「家中」の形成過程を一五世紀前期にまでさかのぼらせる久留島氏の見解に対しては、「家中」成立をあくまでも一六世紀に求める立場から批判があり（菊池浩幸二〇〇六）、その後、一五世紀における「家」の構造的変化と「家中」成立を結びつける考え方は進展を見ていない。しかし、一五世紀中期に領主の「家」になんらかの構造的変化があったこと自体は広く共通認識となっており、自立的庶子家が「被官」として完全に包摂されるか否か、惣領家との関係の強弱によって「家中」成立の是非を論じることには不毛感が漂う。「家中」の特質を「家」内部の一揆的組み替えとし、一五世紀の「家」構造の変化を重視する久留島氏の視角はいまだ有効ではないだろうか。

本章では、こうした研究状況をふまえ、室町期島津氏＝島津奥州家の構造を、島津氏一族の「御一家」と被官の「御内」に焦点を当て、当主と御内・御一家の関係が、一五世紀の政治的対立・抗争のなかでどのように変化していったのか明らかにしていく。

第一節　室町期島津氏「家中」の形成

一、室町期島津氏権力の特質と権力基盤

室町期島津氏による領国支配の特徴のひとつは、領国形成の端緒となる南北朝後期において、同氏が守護公権に依拠せず独自の論理で領域支配を展開したことにある（本書第1部第一章）。室町期を通して薩摩・大隅・日向三か国守

護職を相伝したのは島津奥州家である。永和元年（一三七五）に始まる奥州家氏久と九州探題今川了俊との対立・抗争により、氏久は大隅国守護職を解任され、島津奥州家は最大の危機を迎える。しかし、〃島津荘を含む薩隅日三か国は島津氏の根本領国である〃という独自の領有観に基づいて領国支配を展開した氏久・元久父子は、今川氏およびこれに与同する反島津方国人を圧倒していく。すなわち、応永一一年（一四〇四）六月に日向・大隅両国守護職を足利義満から安堵されるまで[3]、島津奥州家は独自の論理で日隅両国への支配を展開していったのであり、室町期島津氏の領国支配の基礎は、この時期に形成されたとみられる。

永和五年（一三七九）三月、島津氏一族北郷・樺山両氏が籠もる都城《みやこのじょう》（宮崎県都城市都島町）を包囲した今川満範（了俊子息）率いる反島津方一揆勢を、島津氏久は都城近隣の蓑原で撃破する（本書第１部第二章）。この戦いにおける島津方の陣立てについて、「山田聖栄自記」[4]文明一二年（一四八〇）執筆分は、次のように記す。

三月一日ニ財部ニ取合、御一家御同勢千ニ不足、以上八百計也、月一揆之大将者新納殿一家同心也、杉一揆之大将ニ者本田重親御内一統ニ此手ニ属、爰ニ小一揆と而二百計、氏久御馬廻なり、

約百年後の史料ではあるが、この合戦に関する記述は一次史料と一致する記述も多く、ある程度の信憑性は認められる。島津氏久はこの時期大隅国守護職を剥奪されており、守護公権に基づかない形での動員に応じた純粋たる島津奥州家与同勢力とみられ、総勢八〇〇程度であったという。そして、新納氏を大将とする「御一家」、本田重親を大将とする「御内」、「氏久御馬廻」がそれぞれ部隊編成としての一揆（月一揆、杉一揆、小一揆）を結成して合戦にのぞんだことがうかがえ、島津奥州家が守護公権抜きに動員しうる軍勢の中核部分が、一族と譜代被官によって構成されていたことがわかる。

このうち御一家は、必ずしも島津家から譲与された所領を基盤としていたわけではなく、将軍家への奉公により本領＝名字の地を与えられたものが多い。彼らは直勤御家人として前出南九州国人一揆に参加する選択肢もあったのであるが、敢えて島津方に身を投じて奥州家の危機を救ったのであり、以後、室町期を通して島津奥州家を支える有力一族（御一家）として、その地位を確立していく（本書第3部第一章）。島津奥州家自身も、こうした経緯をふまえて彼ら御一家を一種特種な存在と認識していたようであり、奥州家氏久の子元久は「御一家之御事も親子兄弟より相別たる間、いつれ高下有へからす候、就中いつみ《和泉》殿・さた《佐多》殿・新納殿・北郷殿・樺山殿御事ハ御教書を対せられ候間、果報によりて国をもたれぬにてこそ候へ、我等に高下有へからす候、心得候へ」と、父氏久から常々いい含められていたという[5]。ここに列挙された御一家が、奥州家から一定の敬意を払われていたことがうかがえるが、それと同時に守護家に依存してようやく領主権を確立し得たことも事実である。

本書第3部第一章で明らかにしたように、樺山氏は、観応年間に足利尊氏から日向国内の所領を獲得するが、室町期に入ると応永七年（一四〇〇）には島津元久（奥州家二代当主）、同一〇年には島津久豊（元久弟、同家三代当主）、永享八年（一四三六）には島津忠国（久豊嫡男、同家四代当主）から、観応年間に獲得した〝由緒の地〟の安堵を受けている。島津奥州家の代替わりごとに、将軍家から「御教書を対せられ」ている家格であることを確認させる意味があったろうが、見方を変えれば、本領・名字の地の安堵を将軍家ではなく島津奥州家に求めており、同家の主従制下に入ったと考えられる。

南北朝後期に領国形成を果たした島津奥州家は、鎌倉期以来の譜代被官に加えて、島津荘支配を媒介としつつ、同荘荘官層を被官化していったことが指摘されているが（稲本紀昭一九六八）、これに加えて、本来奥州家からは独立・

自立した存在であった庶子家を権力下に取り込んでいき、同家の権力基盤は確立されていったとみるべきであろう。一族（御一家）と被官（御内）、このふたつの階層が車の両輪となって、島津氏権力基盤の中核をになっていたことをまず指摘しておきたい。

二、島津奥州家の承認過程

応永七年（一四〇〇）、大隅国と日向半国を実質的に領国化した島津奥州家元久と、薩摩国守護島津総州家伊久との確執が表面化し、翌年には両家の軍事衝突に発展していった（本書第1部第三章・第一節）。そのようななか、同年二月五日、奥州家御内で老名の平田親宗は、有力御一家の樺山音久と「仰公方、於私者御大事お存、身之大綱可立御用候」旨を約した契状を取り交わす[6]。この「公方」とは、状況からみて島津奥州家元久を意味することは間違いない。すなわち、総州・奥州両家の対立が表面化するなかで、有力被官と一族が契状を取り交わす＝一揆を結ぶことで奥州家元久の支持・擁立を確認したということになろう[7]。

応永二年（一三九五）の今川了俊解任以降、九州探題の権力は不安定な状況が続いており（川添昭二一九七八a）、当初から独自な論理で領国支配を展開してきた島津氏は、南九州において群を抜いた、他の領主権力を凌駕する公権力（公方）として君臨し得たとみられる。そうした状況下、一族・被官らが島津氏家督の地位を擁立・承認する、すなわち〝下からの公権〟付与という現象が、他地域に先んじて発露してきたとみられる。

このような、奥州家家督の地位を揺るがすような事態が出来した時に出現する有力御一家・御内らの一揆は、一五世紀に入ると常態化してくる。

応永一六年三月二日、足利義持への見参と薩摩国守護職補任（同年九月一〇日）御礼のため、島津奥州家元久が上洛するに際し、留守を守る御一家・御内ら九名が一揆契状を作成する(8)（本書第1部第二章第二節―三に掲載）。内容は、一条目・三条目で、元久の上洛中に一味同心して元久を支持し（「仰　公方」）、二条目で、日向国山東（宮崎平野）の穆佐《むかさ》城にあって元久に対抗する動きを示していた弟久豊への対応を約している。約六〇年ぶりの守護島津氏当主の上洛という事態にあたり、奥州家を支える御一家・御内が一致結束して元久を支持するために一揆を結んだものであろう。

前項で見たように、南北朝期においては一族・被官がそれぞれ部隊編成としての一揆を結成していたことが確認できるが、一四世紀末から、奥州家の非常時に御一家・御内らが一揆を結んで、奥州家当主の支持・擁立を図るようになったのである。これは奥州家の権力構造に起因するとも推測され、特殊な家格であることを認められつつも、奥州家当主と主従関係を結び、その権力下に包摂された有力御一家が、一揆という「対等」な関係で御内と結集して奥州家権力を支えていく体制が、この時期に確立したと判断できる。

こうした一四世紀末から一五世紀初頭に確立した、島津奥州家権力を支える御一家・御内の一揆的結合体を、本章では室町期（守護家）「家中」とよぶこととする。もちろんこの「家中」は、一六世紀の中国地方の国人領主家で特徴的に出現する「家中」とは異質なものである。先述のように、被官らと対等な形で一揆に参加しつつも、一部の御一家は守護家と同格であるとの意識があり、戦国期特有の「家中」のごとく、譜代被官との均質化が厳密に進んでいたとはいえない。しかしその一方で、直勤御家人化の道を敢えて捨て、将軍家から与えられた〝由緒の地〟を含む領主制の根幹たる本領を、守護家たる島津奥州家からの安堵によって保証されるという状況は、守護権力への依存度の高さを意味し、守護被官たる御内との均質化はある程度認められよう。

前出「酒匂安国寺申状」を記した酒匂安国寺は、鎌倉期以来の譜代被官であり、元久期には被官筆頭の老名をつとめていた。しかしある時、日向伊東氏を接待した際、御一家である佐多・樺山両氏が初献を、酒匂安国寺が二献をつとめることになり、安国寺は「御内者之分として御あひ(相)手ニまいり候ハんする事憚入候」として出仕を拒否し、そのまま遁世したという。安国寺は「御内之者ハ御内之者と召つかハれ候へかし」と主張しており、守護家と「身分ニ高下有まし」とされる「御一家」と、守護から「召しつかハれ」る存在である「御内」（守護被官）とは、隔絶した身分格差があるとの考えを持っていたようである。しかし、彼のような認識はむしろ少数派であり、実際は儀礼の場においても、その区別が意識されなくなりつつあった状況がうかがえよう。

一方、室町期「家中」に包摂されない存在として、史料上「国方」「国之面々」「国衆」と称される国人領主が領国内に存在した。彼らの多くは平安期以来の郡司・弁済使、鎌倉期に下向した西遷御家人の系譜をひき、南北朝期以降も島津氏に敵対してきたものが多く、一部は九州探題今川了俊に組織化され、応永二年（一三九五）に在国のまま足利義持に勤仕する「小番之衆」に選抜されている(9)。室町期島津氏にとっての課題は、彼らをいかに懐柔、あるいは解体し、自らの「家中」に組み込んでいくかであったといえる。従来、島津氏領国内の御一家・御内・国衆を一括して、守護島津氏の「家臣団」と見るむきが強かった(10)。一五世紀後半には守護島津氏の存在を認めつつ自立性を保つ方向に転換した「国衆」が多数であったことは間違いないが、これを従属性の強い「家臣」と評価するのは不適切であろう。少なくともこの「国衆」に相対する概念として、守護島津氏と主従関係にあり、その権力下で領主制を展開する存在として、守護家「家中」を位置づけておく。

三、島津久豊の家督継承と「家中」の役割

本書第1部第三章・第三節で詳述したように、島津元久は、実子がありながらこれを出家させ―島津家菩提寺福昌寺第三代住持仲翁守邦―、義弟伊集院頼久の子初犬千代丸を家督継承者に指名して、応永一八年（一四一一）八月六日に没する（「島津氏正統系図」）[11]。元久期の「家中」は、主に大隅国と日向国南部を本拠とする御一家・御内によって構成されていたが、彼らや日向山東穆佐院にあった弟久豊も、この元久の遺志を承認していたようである。

しかし同年九月以降、島津久豊は御内の本田氏・伊地知氏、御一家の佐多氏・樺山氏らの軍勢を率いて鹿児島に進攻。伊集院氏から元久の位牌を奪い、島津奥州家家督を奪取する。同年閏一〇月二日には、前出の山田久興と久豊が契状を取り交わしており[12]、山田氏の契状には「ひとへニ公方ならてたのミ存外無他候」と、久豊を「公方」＝島津本宗家当主と見なしていることがうかがえる。同月二五日に島津久豊から本領や買得地の安堵をうけた樺山教宗も[13]、一一月二日におなじく一族の北郷知久と「仰　公方、一味同心可致忠節事」などを約した契状を[14]、一二月五日には御内の本田元親と「仰申　公方、可致忠節事」などを約した契状を交わしている[15]。これらの「公方」が島津久豊を指すことは間違いなく、島津久豊による家督奪取・継承が、大隅・日向両国を中心とする守護家「家中」の一揆によって支持・承認されたことを意味しよう。

先述の応永七年・応永一六年の二度の「家中」による守護支持・承認一揆は、奥州家の危機に際して元久の「公方」としての地位を確認したものである。これに対し、応永一八年閏一〇月から一二月の一揆は、あきらかに「家中」が前当主元久の遺志に反して、別人（久豊）の擁立を図ったものに他ならない。この家督奪取は久豊の主体的判断があって実現したものであろうが、日向山東から鹿児島への長駆遠征は、大隅・日向を本拠とする「家中」の支

持・協力なしには実現するはずもなく、彼らの積極的な擁立の意志があってこの家督奪取は実現したと見るべきだろう。「家中」がみずからの意志で積極的に守護家家督の改替を図ったという意味では、非常に画期的な事案といえる。

この島津久豊による強引な家督奪取は、伊集院氏・島津総州家といった薩摩国諸勢力との抗争に発展していったが、久豊は応永二四～二八年にかけて抵抗勢力の鎮圧を徐々に進めていった（本書第1部第三章・第三節―二）。これにともない、降伏・和睦した「国衆」らとの契状取り交わしなどの戦後処理が実施されたが、その過程においても「家中」の存在が浮かび上がってくる。

応永二六年（一四一九）一〇月、島津総州家忠朝が守護方と和睦し薩摩国山田永利から撤退する際、「此時節申談候一段之事、聊不可有別篇之儀候」旨などを約した契状を提出しており[16]、その宛先は樺山・加治木・柏原・北郷の四氏宛となっている。樺山・北郷は御一家、加治木・柏原は御内である。つづく応永二八年には、薩摩半島西部の伊作久義が帰順する。同年三月一五日、大寺元幸・柏原好資・伊地知久阿・鹿屋玄兼（以上四名が御内）・樺山幸宗（教宗ヵ、御一家）・平田重宗（御内・老名）の五氏が連署して伊作久義に宛てた契状には、「田布施之事、一円ニ被去給候上者、依今度之儀、屋形之所存一切不可相残候」とあり[17]、伊作氏側から所領田布施（鹿児島県日置市金峰町）が割譲され、守護家「家中」を構成する五名の一族・被官らによって、和睦成立が確認されたとみられる。その上で八日後の三月二三日、島津久豊は連署者のひとり樺山幸宗（教宗ヵ）に対して「伊作殿への身之意趣之事、如此申承候上ハ、自今後、今度之意趣不可相残候」と和睦を承認する旨の書状を出している[18]。さらに同年九月一四日、伊集院頼久との和睦が成立する。この和睦も、伊集院頼久が「可仰屋形之儀事」「於自今以後者、別而御殿人之由を存、無隔心可申承事」などを約する契状を、御一家樺山教宗と交わして成立している[19]。

いずれのケースも、島津久豊と直接和睦する形をとらず、守護家「家中」と契状を取り交わすことで和睦が成立し、最終的に久豊がこれを承認するという形がとられたとみられる。「家中」が敵対勢力と久豊の仲介を図ったとも考えられなくはないが、むしろ和睦が久豊個人との間ではなく、「家中」を中核とする守護家との間に成立するようになったとみるべきだろう。すなわち、島津奥州家当主を「公方」として擁立する「島津家」が、〔桜井英治二〇〇一〕がいうところの〝企業体としての家〟に昇華していったと考える。こうした法人化した守護家においては、もはや当主に独裁的決定権は存在し得ない。和睦成立時の「家中」側契状には、もし讒言・讒者があった場合、「家中」が降伏者の「身之大綱」として対処することが誓われているが、これは降伏後の身の安全を「家中」が保証することを意味し、久豊の専断によって不利益を受けないよう牽制する意味もあったと推測される。久豊の家督継承過程を考えると、こうした「家中」の意向を、久豊も受け入れざるを得なかったであろう。

第二節　一五世紀中期の争乱と「家中」の拡大・再編成

一、永享～文安の政治的混乱と「家中」の動揺

島津久豊の跡を継いだ忠国（初名貴久）の代に、島津氏領国は領国外勢力との紛争、領国内国衆の蜂起（国一揆）、「家中」の分裂抗争と慢性的な争乱状態に突入する。この争乱の最中、守護家「家中」はさまざまな組み合わせで一揆を結成していく（本書第2部第二章）。

まず確認できるのは、永享六年（一四三四）六月、島津忠国の弟持久を支持する一〇名の御内・国衆が契状を取り交わして結成された持久擁立一揆、[20]そして、翌永享七年一〇月二四日、島津忠国と嫡男安房（のちの立久）を支持する御一家・御内・国衆一五名が連署し、島津忠国と契状を取り交わして結成された忠国・安房擁立一揆[21]である。守護島津忠国は、永享四年と同六年の二度にわたって大規模な日向国山東（宮崎平野）進攻＝伊東氏討伐作戦を実行するものの失敗に終わり、かえって忠国の外戚伊集院氏を中心とする薩摩国「国衆」の蜂起（国一揆）という事態を招く。これにより政権担当能力、守護としての器量に疑問符のついた島津忠国は隠居を余儀なくされ、その弟持久が事実上の島津奥州家当主として軍事指揮権行使、給地宛行・安堵行為を展開していく。こうした状況下で結ばれたのがこのふたつの一揆であり、前者は大隅国中・南部の国人を中心に事実上の守護持久を支持し、後者は日向国南部から大隅国衙周辺の国人が「国一揆」の沈静化をうけて、再度忠国とその子安房への家督継承をもくろんで結んだものである。どちらも署判者の多くは御一家・御内といった守護家「家中」の構成員であり、領国内外の紛争の対応が「家中」の分裂という事態を招いていたことがうかがえる。

さらに注目すべきは、いずれの契状にも守護の専断権抑止をうたった条文が入っていることである。永享六年の契状には「公方より無理之子細一人ニ被仰下者、同心ニ侘申、無御承引者、身之大綱と存、相共に可為一味事」とあり、永享七年の島津忠国（貴久）契状には「国立栖《柄》談合之時、無贔屓不残心底可承由候上者、愚存も可専順旨事」「愚意お申出、集義お承、可任多分之儀申事」とある。このふたつの一揆は、守護家当主として忠国・持久いずれを支持するかの対立であったが、同時にこの内訌を利用して、当主の専断権を抑制しようとの意図が感じられる。特に永享七年の契状からは、「家中」による政策決定への関与を強めようとの要求が背景にあるとみられ、隠居中で立場の不利な忠国は、「国立柄談合」について「家中」の意見もふまえ、「多分之儀」、すなわち多数決で政策決定をおこなうことを約するに至っている。

嘉吉元年（一四四一）秋、両派の対立は軍事抗争へと発展する。領国内に潜伏していた大覚寺門跡義昭（尊宥）の追討により幕府の支持を得た忠国は、二度にわたって島津持久らに対する治罰の御教書を獲得したにもかかわらず、軍事的劣勢に立たされていた。さらに、忠国派であった有力一族樺山孝久が姻戚関係にあった近隣国衆とともに持久派に寝返ってしまう。さらに文安元年（一四四四）一〇月、樺山氏ら日向庄内の持久派は、同国飫肥の野辺盛吉、そしてこの争乱の発端ともなった島津氏の仇敵伊東祐堯と契状を交わし、同国南部に大規模な一揆が結成されるに至る（本書第2部第三章）。本一揆は忠国とも持久とも一定の距離を保ち、日向南部に〝第三極〟を築こうとしたものであり、守護家「家中」の分裂どころか、守護島津氏の支配体制そのものを揺るがすこととなった。さらに同時期に、薩摩国では隣国肥後国守護菊池氏と相良氏の支援を受けて、渋谷一族等「国一揆」の残党が再蜂起している（本書第2部一章）。長期にわたる守護家家督をめぐる対立は、「家中」の分裂を招いただけでなく、「家中」構成員の守護権力からの離脱、あるいは守護家に敵対する国衆の領国外勢力との連携という事態を招いたのである。

しかし、ここに至ってようやく「家中」では自浄作用が働き始め、文安三年九月には、後述のように自立の動きを見せていた樺山孝久が守護家「家中」に復帰する。そして文安五年、忠国方の軍勢は薩摩国谷山で敵対する島津持久勢と対峙するが、有力一族新納忠臣が「歎キ二一家滅亡之基一ト、依リレ成スニ二媒介之言一ヲ」、同年一〇月に和睦が成立し[22]、宝徳年間（一四四九～五二）にかけて、忠国・持久が一体となって薩摩国山北の反島津方一揆の掃討が実施されるに至る（本書第2部第二章）。

一連の過程で注目されるのは、「家中」の分裂が起きる一方で、守護家から自立した存在であった国衆の一部が事態の収拾に関与している点である。永享八年（一四三六）六月二十四日、「国一揆」の中心人物である伊集院煕久は、「奥州御用ニ罷立候」旨の契状を出して帰順する。[23] この契状の宛所は、樺山孝久・和田正直・高木殖家・祢寝直清・平山殿の五氏宛であった。前代以来の「家中」構成員たる樺山氏以外は、いずれも本来国衆身分のものたちである。和田・高木の両氏は樺山氏と一五世紀初頭から重縁を結んでおり、その与党と化していたが、祢寝氏は「小番之衆」にも選ばれた反島津方国人として知られる。同氏は文安二年十月、島津忠国と契状を交わし、忠国は「一味同心」とともに「公事向之時者、就其理次第、可致沙汰事」や「向面ミ、不可違法事」を誓っている。[24] 前出の永享年間における守護専断権の規制条文に近い内容であり、「家中」と同様に、守護島津家を支える存在となりつつある状況がうかがえよう。

さらに、同三年九月、祢寝重清は、御一家北郷知久と契状を交わした上で、[25] 新納忠治（忠国の義兄）・肝付兼忠（新納忠治の甥）と共に、守護家から自立する動きを見せていた樺山孝久と契状を取り交わしている。[26] この一揆は「一味同心仁奥州之御用ニ可罷立事」との文言から、樺山氏との和睦＝樺山氏の守護家「家中」復帰のためのものと判断される。先述の伊集院氏の降伏、この樺山氏との和睦ともに、祢寝氏・肝付氏といった大隅を代表する平安期以来の由緒をもつ有力国衆が関与しており、前代久豊期には「家中」のみがになってきた和睦手続きに変化が生じていることになる。あるいは、こうした国衆が守護家からの自立的立場を前提として、敵対勢力と守護家「家中」の中人的役割をになっていたとも考えられるが、先述の祢寝氏と島津忠国との契状を考えると、むしろ「家中」構成員と国衆のボーダレス化と捉えるべきであろう。

樺山氏が国衆であった和田・高木両氏を重縁を結ぶことで取り込んでいったのと同様に（本書第2部第三章）、一五世紀初頭には、新納氏も国衆肝付氏や野辺氏と姻戚関係を構築している（新納氏婚姻関係図）。大隅を根本領国とする島津奥州家政権が安定化してきた一五世紀初頭から、南北朝期には敵対関係であった国衆と「家中」構成員との間で婚姻関係等により関係強化が図られていったのであり、一五世紀中期の争乱という事態に際し、大隅の有力国衆が「家中」と共に守護家を支える存在へと転化していったと考えられる。

このように、一五世紀中期の争乱は、守護家から相対的に自立した存在であった国衆の二極化をもたらしたといえる。ひとつは、「国一揆」を起こした伊集院氏、渋谷一族のように、領国外勢力との連携により守護家の打倒をめざす立場。もうひとつは、守護家「家中」との連携を強め、内訌に乗じて「家中」と共に擁立一揆に加わることで、守護島津氏権力下での存在感・地位を強化しようとする立場である。文安五年の忠国・持久兄弟の和睦、その後の薩摩国「国一揆」の鎮圧により、ようやく安定をみた島津奥州家政権にとって次の課題は、混乱を生じた「家中」の立て直しと国衆への対応であったといえよう。

【新納氏婚姻関係図】

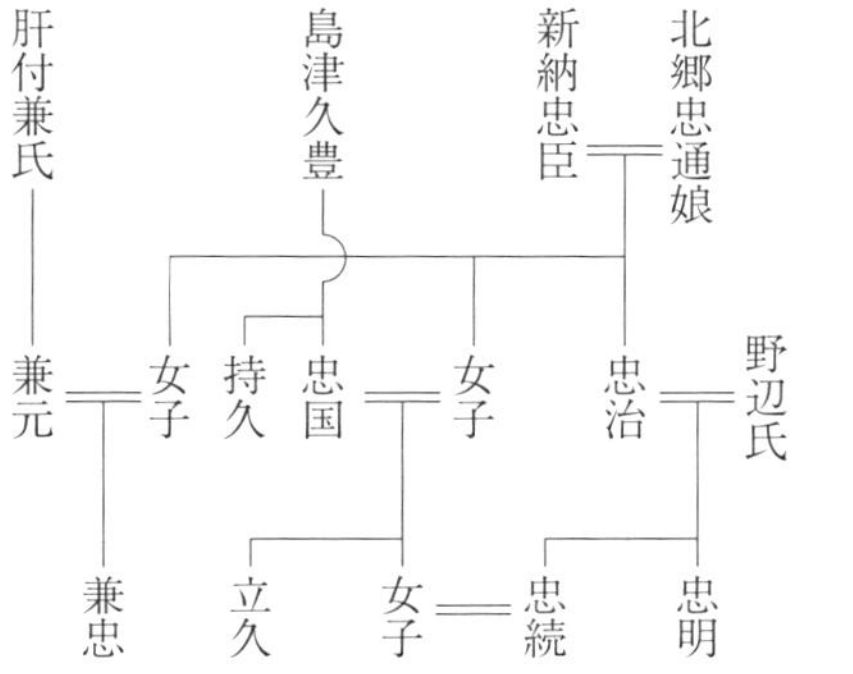

二、島津立久政権の成立

一連の争乱時に結ばれた一揆により、守護島津忠国の専断権は大きく制限されたはずであったが、争乱終結後には、一転して専制的な国衆抑圧政策が実施された。「山田聖栄自記」文明二年（一四七〇）執筆分によると、忠国期の軍事行動により「征伐せらる丶かた〳〵」として、「一家ニは伊集院殿、国方ニおいてハ別府・和泉・平山一族不残、牛山一族悉、坂より上にハ和田・高木・飫肥・櫛間・南郷・梅北、いつれも此方之跡御料所として御一家・御内に御配分有り、阿久根も此時失われ候」とあり(27)、伊集院氏・和泉氏・別府氏といった薩摩国山北・同国南方の国衆、和田氏・高木氏・野辺氏といった日向国庄内から南部にかけての国衆の多くが滅ぼされ、御一家・御内に配分されたという。ここに島津氏領国内の旧「小番之衆」系国衆の惣領家は、そのほとんどが駆逐されたのである。

しかし、こうした強権的政策は「相残一家・国外様之人〻皆以構用心間、所〻荒説無休時候(28)」という状況を生み、長禄三年（一四五九）ごろ、島津忠国は加世田別符への隠居を余儀なくされる。忠国に代わって実質的に家督と守護職を継承したのは、忠国の嫡男立久（幼名安房）であった。

肥後人吉の相良氏の記録には、「長禄二年戊寅之歳、薩摩一同ニテ薩州ヲ屋形ニト被申合候(29)」とあり、忠国を見限った勢力がふたたび「薩州」＝島津持久を擁立する動きをみせていたことがうかがえる。しかし、翌年二月末に持久（用久）は没し(30)、その間隙を縫って忠国の「押込」同然の強制的隠居と立久擁立が図られたとみられる。なお、長禄三年一〇月一九日、立久は御内比志島孫太郎に加冠状を与え、「立頼」と名乗らせている(31)。本宗家家督としての偏諱授与であり、忠国の事実上の追放と家督継承は、同年一〇月以前のことと考えていいだろう。この家督改替も、立久の叔父新納忠治（立久の母の兄）、義弟新納忠続（忠治子息、立久姉婿）、長禄五年に立久と契状を交わしている樺山長久ら(32)、守護家「家中」の主導であることは間違いないだろう。

強権的政策により失脚した忠国に代わって、急遽家督を継承した立久にとって最大の課題は、先の内訌で忠国と争った持久を祖とする島津薩州家、「国一揆」勃発の契機となった薩摩国山北の渋谷一族、日向国山東の伊東氏といった勢力にどう対応していくのか、そして一連の争乱で動揺した守護家「家中」の再構築であった。

　島津薩州家の祖持久は、文安五年（一四四八）に忠国と和睦すると、薩摩国内の「国一揆」勢力の掃討に協力し、伊集院氏の旧領であった同国河辺郡、加世田別符、さらに同国北部の和泉郡・山門院・阿久根の領有を認められ、守護家と並ぶ強大な勢力を確保するに至った。一説には、立久は家督継承にあたり持久の嫡男国久を養嗣子と決めていたという[33]。当初から、最大勢力を誇る薩州家への懐柔策が図られていたのであろう。

　その一方で、敵対勢力への果断な処置も続き、「山田聖栄自記」文明二年（一四七〇）執筆分には、「立久当御代三ヶ国悉以御静謐、御一家・御内・国方一味同前可仰候所也、（中略）此時ニ薩州には市来・羽島・高江・宮郷・高城、坂より上ニハ財部《たからべ》御せいはい（成敗）候、何も御料所となる」とあり、川内川下流域から市来（鹿児島県いちき串木野市）にかけてと日向国庄内財部（鹿児島県曽於市財部町）が守護直轄領となる。そして、寛正三年（一四六二）三月、立久は渋谷某に樋脇《ひわき》の所領を宛行い[34]、たびたび守護島津氏と敵対してきた入来院氏当主重豊と契状を取り交わしている[35]。直接的な軍事力行使と和睦交渉という硬軟両様の施策により、薩摩国の安定化が図られたようである。

　さらに、日向国山東の権益をめぐって争い、樺山氏らと第三極を築こうとした伊東祐堯とは、寛正五年（一四六四）四月に和睦を成立させ、翌年二月には伊東祐堯の娘が立久の室に迎えられ、関係の強化が図られている[36]。伊東氏との和睦成立は、島津氏による山東支配の放棄を意味したが、これは和田氏・高木氏の没落等、庄内における「家中」構成員の発言力低下、薩摩国支配強化への転換が背景にあろう。これらの融和的政策により、島津立久は領国の安定化に成功し、「三ヶ国悉以御静謐」と評される「平和」を島津氏領国にもたらした。

島津立久が没した直後、文明六年（一四七四）八月ごろ作成されたとされるのが「行脚僧雑録」[37]である。本史料は、島津氏領国内の御一家・御内・国衆（国之面々）の名と所領・持城を記したもので、室町期島津氏の「家臣団」構成を知りうる史料として、これまで何度か先学によって分析されてきた（稲本紀昭一九六八、三木靖一九七二、福島金治一九八八c、晋哲哉二〇一二）。ただ、もちろん室町期全体の状況を示すものではなく、あくまでも島津立久期の状況、すなわち大規模な国衆掃討によりそれまでの領主配置が大きく変化した状況を示すものであり、立久政権がめざした領国支配の特徴・方向性は読み取ることができよう。

まずは、薩摩国の北部・南部に数郡規模の所領を確保した島津薩州家をはじめとする、島津姓庶子家の配置である。島平山氏の旧領とみられる大隅国帖佐《ちょうさ》郷・蒲生《かもう》院・横河院・桑西郷の一部（鹿児島県始良市・霧島市の一部）には、島津忠国・持久の異母弟季久（豊州家祖）が配置された。この豊州家領は、北西側が渋谷一族の本拠地祁答院《けどういん》・入来院《いりきいん》と境を接しており、彼らへの牽制、そして大隅国衙を押さえる御内（老名）本田氏とともに、守護所鹿児島の北東ラインを掌握する意図があろう。薩摩半島南部の田布施《たぶせ》（鹿児島県日置市金峰町）には、立久の異母兄友久（相州家祖）が配置された。島津薩州家の拠点のひとつである河辺郡・加世田別符に隣接しており、同家を牽制する意図があることは明らかであろう。また、日向国庄内の三俣下城（宮崎県都城市高城町）には忠国・持久の末弟豊久[38]が、同じく庄内中郷の梅北（同市梅北町）には、豊久の兄有久の子忠徳が配置された。豊久は、後述する守護直轄領三俣高城とともに山東の伊東氏への抑えとして配置されたものであり、忠徳は後述する守護直轄領都城・末吉とともに、北郷氏・樺山氏といった、これまで守護家の改替を図ってきた有力御一家への牽制として配置されたのであろう。このように、島津薩州家、渋谷一族、伊東氏、北郷氏、樺山氏といった強大な御一家・国衆への牽制を目的とし、忠国・立久の近

親者に一郡・一荘規模の所領を与えて、島津名字庶子家が設定されたのである。(39)

一方、鎌倉初頭に分出して以来、薩摩国伊作《いざく》荘を本拠として一定の勢力を保ってきた有力御一家伊作氏は、長禄二年（一四五八）に当主犬安丸が夭折したため、立久の弟久逸が養嗣子となったものの、国衆野辺氏の旧領である日向国櫛間《くしま》院（宮崎県串間市）に移封されている。鎌倉期以来の御一家本領の移封は、立久政権がいかに強大な権力を保持していたかを物語ろう。

有力御一家の移封という点では、日向国庄内の北郷義久が、永和年間（一三七五〜七九）以来、一貫して同氏の居城であった都城から安永（都城市庄内町）に移封されているのも注目される。寛正五年（一四六四）の和睦以降、伊東氏との境目となった庄内（都城盆地）は立久政権が重視した地域であり、北部の三俣院、南部の中郷・南之郷・財部院らが悉く守護直轄領と化しており、その一環として北郷氏の移封も実施されたとみられる。立久の義兄新納忠続が要港外之浦・油津を抱える日向国飫肥《おび》を領有するに至ったことは例外としても、鎌倉・南北朝期分出の庶子家、すなわちこれまで守護家と同格との意識をもっていた有力御一家の勢力が衰退し、本領・本拠からの移封あるいは近隣への守護直轄領の設定が実施されているのは特筆に値する。そして、こうした方針からは、従来「家中」を守護被官とともに構成し、守護家を支える存在であった御一家を、相対化する意図も感じられよう。

こうして有力御一家・国衆の力が削減される一方、大きく拡大したのが守護直轄領である。「行脚僧雑録」において、「御手持之御城柱」と「地名＋衆」と記された部分がそれである。これらは戦国期島津氏の軍事・行政システムである「地頭衆中制」（桑波田興一九五八）の原初形態とされ、(40)「御手持之御城柱」がのちの地頭、「衆」が地頭配下の衆中にあたり、直轄領に守護被官が配置されていたことを意味しよう。

「御手持之御城柱」としては、日向国三俣高城の新納越後守（忠親カ）、同国末吉の宮丸氏（知教カ、樺山氏庶流）、薩摩国牛山の伊集院三郎左衛門尉（継久、伊集院熙久の弟）、同国串木野の河上将監（忠塞、川上氏庶流）を列挙する。いずれも御一家の庶流出身のもので、立久期以前に守護被官となったものである。譜代被官たる「御内」出身者は含まれず、新たに抜擢されたのであろう。配置された場所は、いずれも忠国・立久期の国衆抑圧政策により闕所地化された要地である。

さらに、「御手持之御城」の四か所を含む一二か所に「衆」が列記されている。守護所鹿児島と谷山・大隅国末吉（鹿児島県曽於市）・姫木（同県霧島市）は、旧来からの直轄領とみられるが、前記四か所と薩摩国水引・市来・隈城が新たに守護直轄領となった地域、さらに都城と伊作は御一家を移封して直轄化した地域である。これらの要地に配置された「衆」＝守護被官の構成については、すでに先学によって整理が試みられている（稲本紀昭一九六八、三木靖一九七二、福島金治一九八八c、晋哲哉二〇一二）。特に注意すべきは、「衆」の所属と彼らの名字の地は必ずしも一致せず、御一家の庶流、あるいは駆逐された国衆の一族・被官らしき名字が散見される点である。忠国・立久期の急進的な軍事行動により多くの国衆が排除され、旧来の御一家も弱体化していくなか、その被官人たちの多くは、新たに領主となった島津名字庶子家あるいは守護家に取り込まれ、特に後者が「衆」として要地に再配置されたのである。

この「御手持之御城柱」と「衆」の配置こそが、立久政権による領国支配の新機軸であり、新たな守護被官編成、すなわち「家中」の拡大・再編成が実施されたとみられる。つまり、室町期「家中」は、従来の御内を軸としつつも、守護家と同格の意識をもつ南北朝期以来の有力御一家の影響力を削減しつつ、飛躍的に拡大した守護直轄領を基盤とする「城柱」・「衆」に編成された、新たな被官層によって再編成されたのであり、永享～文安の相次ぐ争乱によって瓦解しかけた、島津本宗家を中心とする領国支配体制の再構築が図られたのである。

室町期島津氏の知行宛行状発給状況を分析した〔福島金治一九八八b〕は、文明期を境にして守護が直接発給する知行宛行状から、守護被官である老中が連署する坪付打渡状へと転換していくことを指摘した（同書六〇〜六二頁）。後者は前出の守護直轄領を知行対象にしたものであったといい、それ以外の御一家・国衆の本領安堵については守護の直接発給を否定するものではないが、「家中」の拡大・再編成が老中を中心とする官僚機構の整備を促し、〝法人としての島津家〟という性格がより強くなった結果、必然的にこうした状況が出現したのであろう。

十数年におよぶ争乱は、新たな島津名字庶子家の創出と「家中」の拡大・再編を軸とする島津立久政権を生み出し、室町期島津氏の全盛期といってもよい安定期を出現させたのである。

おわりに

本章では、室町期島津氏＝島津奥州家の領国支配を支えた「御内」（被官）と「御一家」（一族・庶子家）の集合体を、守護家「家中」と捉え、その形成過程と変化を明らかにしてきた。

島津奥州家の祖である氏久は、父貞久から大隅国守護職を譲られ、領国形成を開始する。しかし、永和元年（一三七五）に九州探題今川了俊と対立し、同国守護職を解任されると、多くの反島津方国人による組織的抵抗もあって、領国支配の危機を迎える。しかし、島津氏久・元久父子は、守護公権に基づかず、〝島津荘を含む薩隅日三か国は島津氏の根本領国である〟という独自の領有観に基づいて領国支配を展開した。この領国支配の危機を救った人的基盤が、島津奥州家の被官である「御内」と、南北朝期に分出した大隅・日向両国の一族「御一家」である。

　このうち御一家は、南北朝期においては足利将軍家の直勤御家人として行動しているものも多く、本貫地（名字の地）は将軍家から宛行われ、安堵されていた。しかし、九州探題今川了俊との抗争期に、彼らは敢えて探題方ではなく島津奥州家と共闘する道を選択し、同家の危機を連携して乗り切ることに成功する。そして、彼らは、領国内での特別な家格を保証してもらうことと引き替えに同家の主従制下に入ったのであり、御内と共に島津奥州家を支えていく存在となっていった。その過程で、老名など有力御内と同質化して「対等」な一揆的結合を築くようになる。こうした一揆的結合体は、守護家「家中」と称しうるものであろう。そしてこれは同時に、守護家たる島津奥州家が、この「家中」を中心として一種の法人（企業体としての家）へと昇華していったことを意味する。

　この「家中」を構成する御内と御一家は、応永七年（一四〇〇）の総州家との対立、同一六年（一四〇九）の島津元久・久豊兄弟の対立、同一八年（一四一一）の島津久豊による家督継承と、奥州家の危機・紛争時に、一揆契状を交わすことで結束して特定の人物を支持・擁立する動きをみせている。このうち、応永一八年の島津久豊による家督継承は、前当主島津元久の後継指名を否定し、大隅・日向を基盤とする「家中」構成員が主体的に久豊を擁立した一種のクーデターであり、〝守護家当主らの親権に基づく家督決定・継承の否定〟、〝被官人らによる家督継承の承認、家督との改替〟という一五世紀に全国的にみられる現象が、島津奥州家でも生じたことを意味する。

　そして、こうした「家中」による島津奥州家当主の改替という動きは、より積極的に当主の専断権否定、重要政策決定時の「家中」による「多分之儀」重視といった要求を突きつけるようになり、それは永享年間の島津忠国・持久兄弟の対立時の、それぞれの擁立一揆で明確となった。ただ、この一五世紀中期における、薩摩国「国一揆」、忠国・持久兄弟の内訌、日向国南部における〝第三極〟形成を目指した一揆の成立という一連の争乱は、それまでの島津氏領国内の政治構造・秩序を大きく転換させることとなった。すなわち、平安期あるいは鎌倉期以来各地に盤踞していた有力国衆の多くが没落・滅亡したのである。この有力国衆の掃討を強権的に主導した島津忠国は、長禄三年（一四五九）に「押込」に近いかたちで隠居させられ、代わって忠国の嫡男立久が家督を継承する。

島津立久は、父忠国と同様に国衆領の制圧を進めると同時に、それまで長きにわたり対立関係にあった入来院氏、日向伊東氏といった有力国衆と和睦し、守護家に比肩する勢力を持つに至った島津薩州家を懐柔するなど、宥和政策を進めて領国の安定化を図った。その一方で、奥州家家督の改替を図って当主の専断権を制限するようになり、内訌による分裂や、離脱で動揺した「家中」の再編を断行する。具体的には、鎌倉・南北朝期分出の「御一家」の一部を転封させることでその発言権を弱め、忠国・立久近親の一族を闕所地化した国衆領・御一家領に新たに配置し、島津薩州家などの有力国衆・御一家を牽制する。さらに、薩摩国牛山、串木野、日向国末吉、三俣院高城といった境目や要地を守護直轄領として、のちの「地頭」につながる「御手持之御城柱」を配置して支配を強化する。そして、守護直轄領には、没落した国衆・御一家の親類・被官を守護家「家中」に組み込み、「衆」として配置している。すなわち、それまで「家中」を構成していた旧来の御内・御一家を解体して、新たなる「家中」を編成すると同時に、彼らを新たに守護直轄領となった要地に配置することで、有力御一家・国衆への牽制、守護権力の強化、領国支配の強化を図ったのである。

この結果、島津立久は、室町期島津氏のなかでもっとも安定した政権を築き、文明六年（一四七四）四月に立久が四六歳で没するまでの一五年間、全国各地が応仁・文明の大乱で混乱するなか、島津氏領国はつかのまの「平和」を迎えたのである。

註

（1）こうした動向を分析したものとしては、〔桜井英治二〇〇一〕、〔山田邦明二〇〇八〕がある。
（2）その端緒的研究としては、〔松浦義則一九八〇〕、〔池享一九九五ａ〕がまず挙げられる。
（3）『島津家文書』六九号。
（4）『鹿児島県史料集Ⅶ』（鹿児島県立図書館、一九六七年）所収。山田聖栄は一五世紀の島津奥州家重臣。当該部分は、文明一二年（一四八〇）八五歳の時に記したことが奥付からうかがえる。
（5）「酒匂安国寺申状」（五味克夫二〇一四ｂ）。酒匂安国寺は島津元久の重臣（老名）であり、同書は永享年間（一四二九～一四四一）の終わり頃に記されたものとされる。
（6）『家わけ五』「樺山文書」四四号。なお、旧稿において本状を「一五世紀の島津氏領国で多く見られる「仰　公方」文言の初見」としたが、島津元久を「仰 公方」ぐ事例は、明徳四年（一三九三）七月二九日付の樺山音久宛本田忠親契状（『家わけ五』「樺山文書」三八号）が初見である。ここに訂正してお詫びする。
（7）国人領主間の契状取り交わしで一揆が成立することについては、〔呉座勇一二〇一四ａ〕を参照のこと。呉座氏は、こうした個別領主間で交わされる一揆契状を「交換型一揆契状」と定義している。
（8）『家わけ五』「山田文書」一二九号。
（9）『家わけ一』「祢寝文書」四〇五号。
（10）〔稲本紀昭一九六八〕、〔三木靖一九七二〕は、文明六年（一四七四）の「行脚僧雑録」記載の領主を「室町期島津氏の家臣団」と捉えている。筆者もかつてこうした研究に引きずられ、一五世紀段階の守護島津氏領国下の一族・被官・国衆を包括する概念として「家臣団」という言葉を用いたことがあるが（第2部第二章旧稿）、誤解を招く不適切な用法であり撤回する。
(11) 尚古集成館本が『島津家資料 島津家正統系図（全）』（島津家資料刊行会、一九八五年）として刊行されている。
(12) 『家わけ五』「山田文書」三〇一、一三二号。
(13) 『家わけ五』「樺山文書」六七、六八号。
(14) 『家わけ五』「樺山文書」六九号。
(15) 『家わけ五』「樺山文書」七〇号。
(16) 『家わけ五』「樺山文書」八九号。
(17) 『島津家文書』五九九号。
(18) 『島津家文書』五九七号。
(19) 『家わけ五』「樺山文書」九〇号。
(20) 『家わけ五』「山田文書」一六四、一九九、二〇〇、二〇一号。
(21) 『家わけ五』「樺山文書」一〇七、一〇八号。
(22) 『旧記前』二―一三八〇号。
(23) 『旧記前』二―一一九二号。
(24) 『家わけ一』「祢寝文書」二三一号。
(25) 『家わけ一』「祢寝文書」二三二号。
(26) 『家わけ五』「樺山文書」一三八、一三九号。
(27) 「坂より上」とは、現在の霧島市国分敷根にある亀割坂より東を指し、大隅中部から日向国南部を指す。
(28) 『旧記前』二―一三八〇号。
(29) 「相良氏山門知行以下由緒書」（『相良家文書』二三一号）。
(30) 『諸氏系譜三』「新編島津氏世録支流系図 薩州用久一流」。

(31)『旧記前』二―一三八二号。
(32)『家わけ五』「樺山文書」一四一号。ちなみに、樺山長久は孝久嫡男、幼名鍋増丸。
(33)「御当家始書」(五味克夫「伊地知季安関係史料」〈『鹿大史学』二五、一九七七年〉所収)。
(34)『旧記前』二―一四〇三号。
(35)『入来文書』「入来院家文書」三一号。
(36)『宮崎県史叢書三 日向記』七八頁、『旧記前』二―一四二六号、一四二七号。
(37)『旧記前』二―一四九六号。『鹿児島県史料 旧記雑録拾遺 伊地知季安著作集六』所収「雲遊雑記伝」は、「行脚僧雑録」に伊地知季安が独自に考証を加えたものである。
(38)「行脚僧雑録」には「伯耆守久豊」とあるが、前出「雲遊雑記伝」において伊地知季安は、「按ニ、久豊ハ豊久ヲ上下ニ誤タルト見ヘタリ」としている。父と同じ名を名乗るとは考えづらいので、季安の説に従う。
(39)〔福島金治一九八八c〕は、薩州家が初代持久・二代国久と守護家の家督継承候補になったこと、相州家忠良の子貴久が守護家を継承したことをふまえてか、「島津名字は伝統継受の意識を有する守護職継承可能な家で、在地の名字を名乗る庶家はその可能性をもたなかった」と推測した(同書一二九頁)。しかし、相州家による守護家継承は簒奪に近いものであり(本書第3部第三章)、豊州家が家督継承にからんだ形跡もない。この時期に分出された島津名字庶子家が、近世における徳川御三家・御三卿のような役割を期待されていたかは疑問が残る。
(40)伊地知季安著「雲遊雑記伝」(『伊地知季安著作史料集六』所収)、〔稲本紀昭一九六八〕、〔三木靖一九七二〕、〔晋哲哉二〇一二〕。

第三章　室町期島津氏領国の解体過程

はじめに

室町期守護領国の解体とは、すなわち戦国的状況の出現であり、戦国大名を中心とする新たな秩序形成に向けての転換期・移行期間といえよう。それでは、南九州における戦国期の始期とはいつか。一般的には、応仁・文明の乱（一四六七～一四七七）による慢性的戦乱状況の全国への拡大、明応の政変（一四九三）に象徴される幕府（室町殿）権威の失墜あたりが、戦国期の幕開けとして理解されているようであるが、九州に関しては戦国大名の成立時期も含めて、十分な検証が進められてきたとはいいがたい。

畿内近国あるいは中間地域に関しては、「戦国期守護論」を提唱した〔今岡典和・川岡勉・矢田俊文一九八五〕が、室町期から戦国期へと転換する画期を「室町幕府―守護体制」の変質・転換期である一五世紀半ばに求めて以降、応仁・文明の乱前後の政治情勢、権力秩序の変遷を重視する見解が増えつつある。

たとえば、〔有光友學二〇〇三〕は、一五世紀半ば以降の東国から九州にかけての争乱状況をふまえた上で、「戦国時代の様相は応仁・文明の乱以前から生じていた」とし、戦国の始期について、嘉吉元年（一四四一）の嘉吉の乱を大きな節目とする見解を示している。また、〔渡邊大門二〇一一〕は、戦国期の現出を「室町幕府や守護という既成秩序の崩壊」に起因するものとし、一五世紀半ば以降の幕府を中心とした政局を概観しつつ、旧態依然とした勢力が醜態をさらけ出すなかで、新たに守護代層が台頭。こうした新興勢力が将軍や守護と競い合うことによって、徐々に戦国という時代が形成されると見通した。その上で、こうした過渡期である一五世紀半ばから後半にかけての時代を「室町期的戦国時代」と仮称している。

このように、近年の研究では、室町期から戦国期への移行期ともいえる一五世紀後半から一六世紀初頭の政治情勢やその諸条件を解明することが、戦国期という時代の特性、あるいは戦国期特有の新たな権力秩序の成立を明らかにする前提となりつつある。

一方、島津氏領国の薩摩・大隅・日向三か国については、戦国始期をかなり遅くみる見解が続いてきた。戦前に編纂された『鹿児島県史 第一巻』（一九三三年）は、第四編「守護時代」を鎌倉幕府の成立から室町末まで、続く第五編「分国時代」を大永六年（一五二六）一一月、守護島津勝久（忠兼）が島津相州家貴久を養嗣子に迎えた時から書き起こしている。戦後の『鹿児島市史Ⅰ』（一九六九年）は、第三章「室町時代の鹿児島」を永正五年（一五〇八）守護島津忠昌の自害で終え、続く第四章「戦国・織豊期時代の鹿児島」を忠昌自害から書き起こしている。どちらも一六世紀前半の守護家の混乱状況から島津相州家が守護家を継承（簒奪）していく過程を戦国始期とみているようであり、のちに近世大名になっていく島津相州家の台頭＝戦国大名化を重視する立場であり、『島津国史』をはじめとする近世薩摩藩の史書の影響を受けている印象は否めない。

本章ではこうした研究状況をふまえ、室町・戦国移行期ともいえる一五世紀後半から一六世紀初頭における政治過程の分析から、守護家「家中」を軸とする室町期島津氏の権力・政治構造がどのように変質・解体し、戦国的状況が出現していったのか明らかにしていく。

第一節　一五世紀後半の争乱とその背景

一、文明八・九年の争乱

第3部第二章で明らかにしたように、一五世紀中期の争乱は、平安・鎌倉期以来の由緒を持つ国衆の滅亡・没落をもたらし、守護島津氏（島津奥州家）を軸とする新たな支配秩序・政治構造を誕生させた。つまり、島津忠国を強制的に隠居させた島津立久は、没落した国衆の所領と被官らを吸収して守護直轄領と新たな守護家「家中」を構築するとともに、旧来の御一家・国衆牽制のため、一郡から数郡規模の島津名字庶子家を成立させた。この再編された守護家「家中」・直轄領と島津姓庶子家が、車の両輪として守護家を支えるというのが、島津立久の政権構想であったとみられ、この体制は十数年間におよぶ、かつてない安定期を島津氏領国にもたらす。

全国的には、一五世紀半ばごろから守護家当主の一族・被官による改替が頻発し、守護権力・権威の低下、守護代層の躍進といった現象を生じさせ、戦国期へと突入していくが（久留島典子二〇〇一、渡邊大門二〇一一）、島津氏領国の場合、一五世紀中期の争乱は守護家たる島津奥州家の没落へと直線的には結びつかず、むしろ奥州家権力の一時的安定化をもたらしたのである。これこそが当該期南九州政治史の大きな特徴であり、他地域にくらべて戦国的秩序の形成が立ち後れたかのように見える要因となったのではないだろうか。しかし、この急激な守護権力の強化と支配秩序の変動は、島津立久の死去を契機として、守護島津氏による領国支配の解体・崩壊へとつながっていく。

文明六年（一四七四）四月、島津立久が没する（「島津氏正統系図」[1]）。近世末に薩摩藩の史家伊地知季安によって記された「御当家始書」[2]によると、生前、立久は薩州家持久の嫡男国久を養嗣子としていたが、市来龍雲寺の喝食となっていた立久の嫡男忠昌（初名武久）が元服して、守護家家督を継承したという。この忠昌の代に、島津氏の領国下では争乱が慢性化していき、そのなかで忠昌は永正五年（一五〇八）に自害して果てる（「島津氏正統系図」）。この自害の背景も含めて、忠昌期は南九州における戦国始期を考える上で重要な時期と考えられる。しかし、この時期は極端に一次史料が少ない時期であり、これまで十分な検証がおこなわれてきたとはいいがたい。

忠昌期に頻発する紛争の前提としてひとつ指摘しておきたいのは、文明三年（一四七一）から同八年にかけて断続的に続いた桜島大噴火である[3]。この噴火では桜島で多くの死傷者が出ただけでなく、桜島の北東方向、すなわち大隅国衙周辺から都城盆地方面に大量の降灰をともなう被害をもたらした。この噴火による堆積物は、「文明ボラ」[4]と呼ばれ、現在の霧島市福山町から曽於市、都城市にかけて、三〇～五〇cmほど堆積しており、考古学では絶対年代を示す層位として知られる。その被害は甚大であったと推測され、特に農業など生産活動を直撃し、生活基盤を失った在地では、逃散や治安悪化が発生したと推測できる。この噴火災害直後に最初の争乱が勃発しており、この争乱で主たる戦場となった地域のうち、大隅国衙周辺と日向国庄内（都城盆地）は降灰による被災地とも重なる。噴火被害による農村の荒廃と、それにともなう生産力低下・政情不安・治安の悪化が、紛争の背景にあった可能性は極めて高い。

こうした自然災害に端を発する政情不安のなか、前出「御当家始書」によれば、文明八年（一四七六）正月ごろから謀叛の噂がたち、翌月から争乱となったという。当初、守護島津忠昌に反旗を翻したのは、薩州家国久、豊州家季久・忠廉父子、島津豊久（日向三俣下城）、相良為続（肥後人吉）、菱刈道秀《氏重》、平山忠康（季久次男）、渋谷四氏（入来院、祁答院、高城、東郷）だったという。反守護方に地域的なまとまりはなく、薩隅日三か国と肥後南部に広がっている。主戦場も各地に広がり、大隅国衙周辺、薩摩国牛山（同県伊佐市大口）、同国加世田（同県南さつま市）、同国指宿《いぶすき》、同国満家院、大隅国吉田（鹿児島市北部）、日向国三俣下城（宮崎県都城市高城町）と、三か国全域に点在している。

このうち、大隅国衙周辺と薩摩国牛山の攻防については、反守護方の豊州家季久から相良為続に宛てた書状が五通あり(5)、その概要がつかめる。豊州家季久の狙いは、大隅国衙を支配する守護家老中本田氏を倒し、その周辺に分布する守護直轄領を押さえることにあった。季久は、本田氏と対立する大隅正八幡宮社家とともに子息忠廉・平山忠康を宮内（霧島市隼人町）、敷根（霧島市国分敷根）に出陣させ、守護直轄領の曽於郡《そのこおり》（橘木城）、本田氏の本拠清水城（霧島市国分清水）を攻撃した。さらに、肥薩隅国境付近を拠点とする菱刈氏を通じて、肥後人吉の相良氏に大隅への出陣を求めている。この時期、相良氏は永留相良氏に家督が移り、姻戚関係にあった菱刈氏と連携して薩摩国進出を狙っていた(6)。さらに、この争乱が勃発する前年の文明七年一〇月、相良為続は薩州家国久・豊州家忠廉・平山又六《忠康カ》と笠懸を挙行しており(7)、薩州家・豊州家の二大島津氏庶子家との連携が図られていたことがうかがえる。

文明八年八月、薩摩国牛山の島津三郎左衛門尉（伊集院継久カ）が菱刈氏を攻撃したことを契機として、相良氏が薩摩に進攻し、翌月には牛山の拠点である長峯城を攻略している。この相良氏の南下を豊州家は積極的に支援しており、豊州家勢も長峯城攻略に参加していた。相良氏の牛山攻略を支援し、その見返りに大隅国衙制圧への協力を求めたようである。大隅国衙周辺、薩摩国牛山ともに守護直轄領あるいは守護被官の所領であった。豊州家も相良氏も、これら守護支配の拠点の制圧を目指して連携を図ったとみられる。相良氏の牛山領有は、薩摩半島で守護方と対峙中であった薩州家国久も承認し、これによって守護家は薩摩国北部の支配権を失ったのである。一方、大隅国衙周辺の戦況は詳らかではないが、牛山での攻防戦頃から豊州家は日向国の伊東・北原両氏との連携も模索しており、日向国庄内の守護方一族を牽制するためか、伊東祐堯・祐国父子の庄内出陣を相良氏に報じている。

その日向国庄内（都城盆地）も、主戦場のひとつであった。島津立久期に庄内北部の三俣下城（都城市高城町）に配置された島津豊久（島津久豊五男、立久の叔父、義岡氏祖）は、この争乱において反守護方だったといい、守護方の樺山・北郷両氏の攻撃対象となったようである。島津豊久の目的も、相良氏や豊州家同様、守護直轄領である三俣院の制圧にあったと推測できる。そして、先述の伊東祐堯・祐国父子の三俣高城出陣は、豊州家と連携する島津豊久支援を名目におこなわれたとみられ、これが一六世紀前半まで断続的に続く、伊東氏の庄内進出の嚆矢となってしまう。本来、守護家との敵対が想定される有力一族・国衆への対応のために配置された島津名字庶子家が、逆にその国衆らと結託して守護家に反旗を翻し、守護直轄領とこれを基盤とする「家中」と敵対する事態となったのである。

反守護方の庄内における守護直轄領制圧は、樺山・北郷両氏の抵抗により失敗に終わったようであるが、この年六月、一時守護直轄領となっていた都城がふたたび北郷氏に返還されている[8]。反乱が広域的に広がるなか、南北朝期分出庶子家の勢力抑止のため設定された直轄領が、有名無実化していった状況がうかがえよう。

薩摩牛山、大隅国衙、日向庄内いずれのケースも、守護直轄領とこれを統治する守護被官が攻撃対象となっており、この争乱の実態が島津氏一族やこれと連携する有力国衆と、守護家「家中」の抗争であったことが推測できる。日向庄内の場合は守護方の勝利に終わったものの、これに功績のあった北郷氏の都城復帰により守護家「家中」による直接支配自体は大きく後退したとみられる。

戦局は終盤、守護方不利のまま進む。一時、薩摩半島での戦闘で守護方は薩州家勢を斥け、文明八年（一四七六）三月にいったん和睦が成立したものの、その後、守護方の中心であった相州家友久が薩州家側に寝返り、争乱は長期化していった。翌文明九年三月、豊州家勢は守護被官の所領である大隅吉田、薩摩満家院に進攻し、守護島津忠昌が派遣した老中村田経安の軍勢を撃破している。守護所鹿児島への進攻も時間の問題であったとみられるが、同年四月、薩州家国久・豊州家季久と守護忠昌とで和睦が成立し、争乱は終結する。そして、この和睦直後に、守護忠昌と島津氏「一家中」との間で最初の契状が取り交わされる。

二、島津氏「一家中」一揆の成立—守護家「家中」と「一家中」の対立—

文明八・九年の争乱の終結後、文明九年（一四七七）四月と同一二年（一四八〇）一〇月の二度にわたり、島津氏領国では守護島津忠昌と島津氏「一家中」による契状取り交わし、すなわち「一家中」一揆が成立している。このうち文明一二年の契状[9]については、「国之政道」を守護と「一家中」が「申談」て判断することや、意志決定は衆中の「過半之宜」でおこなうことを明記して守護の専横を排除している点や（福島金治一九八八c）一二八頁）、構成員が広域的であり「四辺郷境論、百姓逃散、夜討山賊」への対応を記すなど「領域支配のための広域領主連合といった側面」（久留島典子二〇一二）一〇五頁）が重視されてきたが、必ずしもこの時期の島津氏領国内政治史に位置づけられてはいない。そもそも「一家中」とはいかなるまとまりなのか、そして、先行する文明九年の契状も含めて、なぜ「一家中」のみが結束して守護を規制する「広域領主連合」が成立するに至ったのか、分析が必要である。

（1）文明九年四月「一家中」一揆

先述の争乱が終結した直後の文明九年（一四七七）四月一九日、守護島津忠昌と島津氏「一家中」の間で契状が取り交わされる。(10) 時期的にみて、和睦と同時に作成されたみるべきであろう。「一家中」の署名者は、相州家友久、伊作久逸、薩州家国久、豊州家忠廉、佐多忠山、島津忠徳、新納忠続、加治木満久（豊州家忠廉弟）、樺山長久、北郷義久の一〇名であり、全員が島津氏一族、そして守護方・反守護方双方が参加している。

前書の内容は、一条目で「武久《忠昌》於一味同心可仰申事」と、忠昌（初名武久）を一致して守護と仰いでいくことを誓い、二条目では「一家中・御内・国方、可為無事事」と、一族・守護被官・国方（国衆）の和平を説く。署判者の構成と、二条目で「御内」（守護被官）・「国方」（国衆）と明確に分離されていることから、この「一家中」が島津氏一族のみに限定されていることは間違いなく、御一家と御内によって構成される一五世紀前半までの守護家「家中」とは明らかに異質なまとまりである。

足かけ二年に及ぶ争乱の終結をうけて作成された契状ではあるものの、島津氏領国を構成する島津氏一族（一家中）・被官（御内）・国方（国衆）全体の「無為無事」（融和）を説きながら、署名者が「一家中」のみというのは不自然な感がある。第3部第二章で明らかにしたように、一五世紀前半においては、争乱終結後の和睦に際し、敵対勢力と守護家「家中」との間で契状が交わされるのが一般的であった。「一家中」のみが署名する本契状は、島津氏領国内の争乱終結過程では異質な感がある。こうした異質な契状が作成された背景としては、やはり文明八・九年の争乱そのものの性格が影響しているのではなかろうか。つまり、この争乱が島津姓庶子家・国衆らによる守護直轄領攻撃・奪取を目的とし、彼らと守護家「家中」との抗争という様相を呈していたことを考慮すべきと考える。

この和睦成立前年の文明八年、「一家中」の構成員である北郷氏は立久期に移封されていた安永から、旧来の居城都城に復帰している。これについて「島津尾張守資忠一流系図」（都城市教育委員会蔵）は、「文明八年丙申六月廿一日、去安永而徒都城、従守護方末弘十郎三郎並城衆渡之」と記しており、文明六年（一四七四）成立の「行脚僧雑録」[11]に都城衆と見える守護被官末弘氏から、城と「衆」が北郷氏に引き渡されたことが知られる。島津豊久・伊東父子との戦いの恩賞として返還されたのか、あるいは混乱に乗じて接収されたのかはっきりしないが、庄内における守護方の拠点である都城と、「家中」によって編成された「都城衆」は、再び北郷氏のものとなったのである。北郷氏はこの争乱において守護方として行動したが、その目的は旧領を回復することにあったとみていいだろう。

第3部第二章で明らかにしたように、永享から文安の争乱後、守護島津氏の支配領域は飛躍的に拡大し、国境等要所に直轄領と守護被官を配置するなどして、守護家「家中」の再編に成功する。これにより守護権力は強化され、老中を中心とする守護被官＝守護家「家中」そのものの権力も増大したとみられる[12]。こうした守護被官層の台頭・地位向上は、島津氏一族の相対化にもつながっていった。文明一二年（一四八〇）四月、日向櫛間の伊作久逸は、「雖世上如何様転変候、無二申談、御屋形武久之御所、一篇可仰申事」、「就　公私、一段無等閑可申承候、然者、可任御指南事」などを約した契状を交わしている[13]。ただ、その宛所は守護島津忠昌ではなく、その老中村田経安・平田兼宗となっている。守護家家政機関のトップであった老中が、〝法人としての守護家〟の代表として立ち現れ、島津氏一族と対等以上の立場に上昇していたこと示そう。こうした状況を打開し、島津氏領国内での地位向上を旧来からの島津氏一族は意図していたはずであり、それが文明九年の「一家中」一揆の成立へとつながっていったのだろう。彼ら

「一家中」の狙いは島津立久期に急激に拡大された守護直轄領であり、それを基盤とする強大化した守護家「家中」の影響力削減にあったのだろう。そしてこうした「一家中」の狙いは、続く文明一二年の契状でより明確となる。

（2）文明一二年一〇月の「一家中」一揆

文明一二年（一四八〇）一〇月二〇日、守護島津忠昌と島津氏「一家中」との間で再び契状が交わされる(14)。〔久留島典子二〇〇二〕は、戦国大名の成立を「一族分裂から脱却し各地域の核となっていく」過程として捉えるなかで、その失敗例としてこの一揆契状を紹介した。この時期、一族が分裂と敵対を繰り返すなかで、これを克服するため、「超越した権威・価値」として「惣領家当主武久《忠昌》」を持ってくることで結集の核としようとしたが、現実には反目と分裂を続け合い、戦国大名化に失敗したとの評価である。ただ、久留島氏の評価は、前提となる当時の島津氏領国内の政治史が十分にふまえられておらず、なぜこの一揆が一族一揆の形をとるのか、そもそも守護忠昌が「超越した権威・価値」たり得る存在と認識されていたのかといった疑問が残る。

まず「一家中」の契状案(15)を掲げよう。

一A御当家或者被引縁者、或者依年来之知音、動背守護之下知、国家以及動乱度〻事、先祖以来口惜題目候、仍此番一家親類以一味同心之儀、一偏ニ仰　武久《忠昌》御成敗之儘、各可進退事、

一B雖為親子兄弟年来之知音、対　武久有存非儀族時者、依為旧好、再往可加教訓、若違背其儀者、直申入御成敗之儀、可致奔走事、

一C依三ヶ国代〻伝変《転》候、成敵成御方、近所他方私ニ雖挿宿意、於此一筆以後者、不存旧悪、可為武久御為題目之

時者、従前〻捨鬱憤、相互一味同心ニ可有扶助事、

一D 一家一味同心之談合之以後、萬一不慮之子細出来、於一家中有不和之儀時者、自余之一家応一大事、武久受御意相償、内外可存無為無事之儀事、

一E 寄〻之所領依相交、有四辺郷境論、百姓逃散、夜討山賊時者、相互ニ決断候而、可有其沙汰事、

一F 一家中如此申談候上者、談合之時不残心中可申出候、縦又雖非愚意、可同衆中之儀過半之宜事、

一G 如此申談候衆中ニ、自然従　屋形も、無理之子細欲仰懸時者、相共ニ侘事可申事、

右此条〻偽申候者、

御神名

文明十二年十月廿日　(相州家)相模守友久
(薩州家)薩摩守国久
(伊作)式部太輔久逸
(豊州家)修理亮忠廉
(佐多)下野守忠山
(新納)近江守忠続

「一家中」署名者は、相州家友久、薩州家国久、伊作久逸、豊州家忠廉、佐多忠山、新納忠続の六名である。文明九年の和睦成立時の「一家中」契状と比べると、豊州家の一族や日向庄内の樺山・北郷両氏が外れている。なお、豊州家忠廉は、先の争乱で反守護方の中心人物であった季久の嫡男である。

【系図①】島津氏「一家中」婚姻関係図

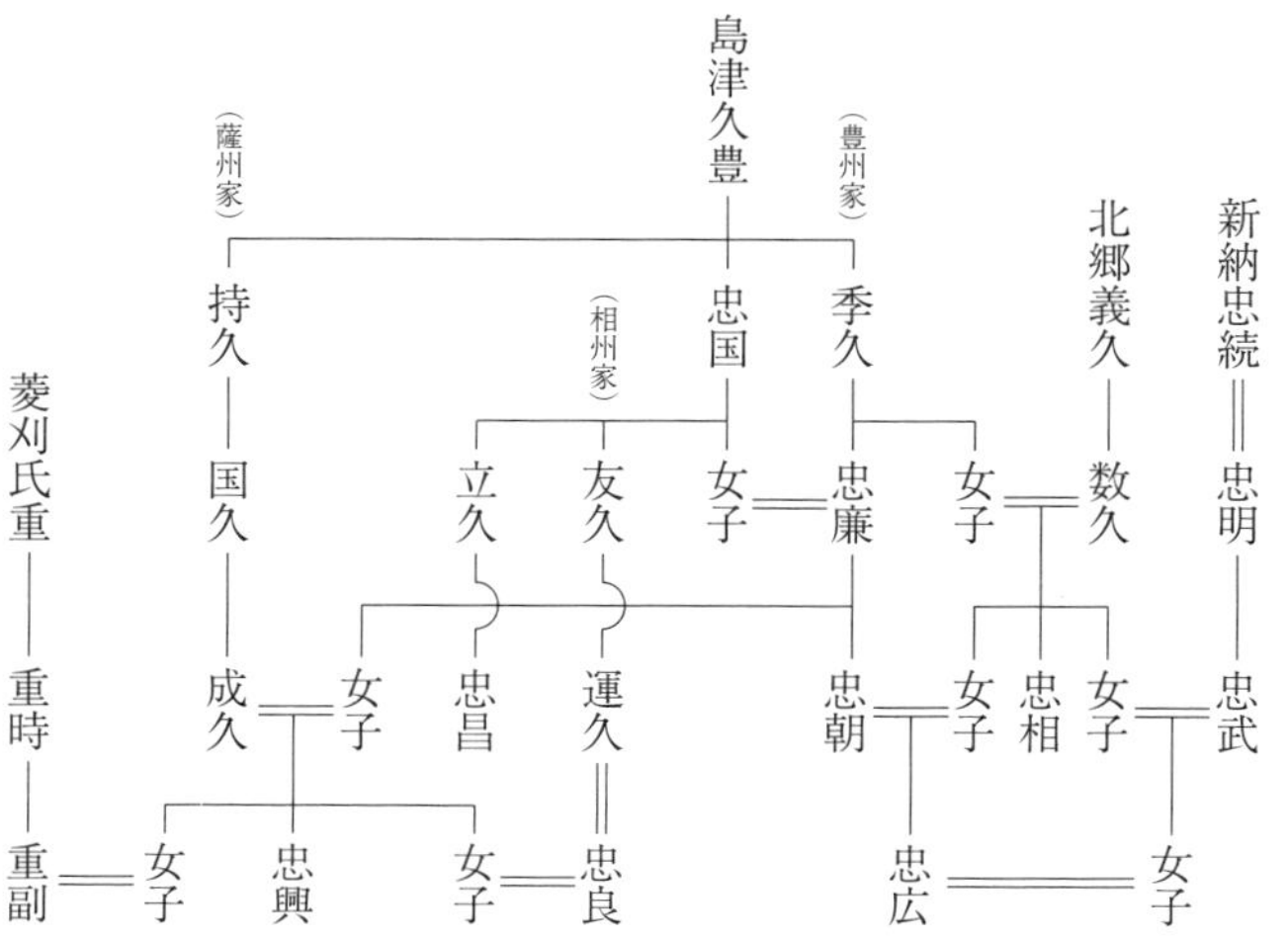

Aは、「一家親類」が一味同心して守護である忠昌の「成敗」＝支配に従うことを誓ったものである。「国家」がたびたび「動乱」に及んだ背景として、「縁者」や「年来之知音」の影響により、「守護之下知」に従わないものが出てきたことを指摘している。そして、Bでは、こうした動乱の原因となった「親子兄弟、年来之知音」で、今後守護忠昌に「非儀」に及ぶものがあれば教訓を加え、それでも背けば成敗するとしている。その上で、Cでは、これまでの「宿意」「旧悪」「鬱憤」を捨て、守護忠昌のために一味同心することを誓い、Dで、「一家中」で不和が生じても守護忠昌の「御意」をうけて「無為無事」を図ることがうたわれている。

この時期、「一家中」を構成した島津氏有力一族は、それぞれ婚姻関係等により近隣勢力との関係を取り結んでいた（系図①）。文明八・九年の争乱でみられる島津豊州家と大隅正八幡宮社家との連携、豊州家・薩州家と菱刈氏との連携等を考えると、こうした地縁的結合が薩隅日三か国全域で生じており、その結果、守護家への求心性が低下し、それぞれの一族・守護被官の「縁者」との関係により構築された地域秩序が、守護支配の相対化につながっていったとも考えられよう。こうした姿勢が、守護家にとっては「非儀」にあたるのであろう。また「年来之知音」とは、本一揆成立の前提となる文明八・九年の争乱を考えると、数年来、島津名字庶子家や「国衆」と連携し、守護家直轄領に進攻してきた肥後人吉の相良氏、日向山東の伊東氏らが念頭にあるのではないだろうか。このように、有力一族と「縁者」によって形成された地域秩序と、彼らと「年来之知音」（外部勢力）との関係が、守護島津氏を頂点とする支配秩序に動揺をもたらした要因のひとつであると、少なくともこの一揆契状署名者は自覚していたのである。

続くEでは、「一家中」間の「四辺郷境論」（所領相論）、「百姓逃散」、「夜討山賊」への断固たる処置、Fでは、談合時「過半之宜」で意志決定をおこなうこと、「屋形」＝守護忠昌から「無理之子細」があれば一家中で「侘事」することを規定している。〔久留島典子二〇一一〕は、E・Fについて、「領域支配のための広域領主連合といった側面が意識されている」と、その画期性を指摘する（一〇五頁）。広域性という点では、一五世紀中期の守護家家督をめぐる内訌でも薩隅日三か国にまたがる一揆契状が結ばれており、その中ではすでに多数決による意志決定、守護の専断権制限規定が盛り込まれている（本書第2部第二章）。中世後期の一揆契状に特徴的な、百姓逃散・夜討山賊といった領域支配に関する規定については、「対農民支配の動揺」が原因ともされるが（石井進一九七二）、南九州の場合、文明三年（一四七一）から同八年にかけての桜島大噴火とそれにともなう政情不安・治安悪化が、社会問題化していたことが背景にあろう。

この「一家中」一揆は、島津氏有力一族による守護家「家中」の相対化、そして自然災害による領国全体の混乱という現状をふまえてのものであり、各庶子家の自立性、家と所領の保持を目的としつつも、あえて守護家を中心とした「島津家」への結集をうたったものと理解される。ただ、疑問がのこるのは、なぜ守護忠昌のもとに、島津氏一族だけが「一家中」として結集しなければならなかったのかである。

続いて、同日付で作成された、守護忠昌から「一家中」への契状案(16)を分析する。

一[a]当家代〻心〻而、入他之手裏、国之成敗不事行候之条、古今非案之処、此番驚(警カ)合一家、以一味同心之談合、打非可助理御心中共承知候、偏ニ諸天之加護候、然者武久も一味同心ニ可申談事、

一[b]就大小事、此御旁不申談候而不可相計候、若有急速之事時者、於以後可申披事、

一[c]於国之政道者、守先規、一家中申談、可致其成敗事、

一[d]至一家親類・国方・内之者、及有存非儀族時者、再三可加催促、若無承引者、一家中談、可致其沙汰事、

一[e]一家親類一味同心ニ不引親類兄弟縁者、我〻ヲ可有扶助、専一之御談合、代〻ニ無比類候、如然御心中之時者、偏親与可憑存事、

右此条〻偽候者、

御神名

文明十二年十月廿日　武久(忠昌)

aで「一家中」結集への謝意と賛意を示し、bでは、大小にかかわらず政務は「一家中」に報告して決定すること、さらにcでは、「国〻政道」について「先規」を守り、あくまでも「一家中」と談合の上で決定することを誓っている。その上で、dでは、「非儀」に及んだ「一家親類・国方・内之者」に対しては「一家中」と談合の上対処すること、eでは、一味同心して「親類・兄弟・縁者」の影響を排除し、この一揆との談合、相互扶助を誓っている。

前出「一家中」契状が、「一家親類」の「一味同心」を強調し、守護家への結集を強調するのに対し、この契状からは「一家中」への強い配慮・気遣いが感じられ、なぜ「一家中」という枠組みでの一揆結成に至ったのか、その真の目的が透けて見える。すなわち、「一家中」側の目的は、「老名」を中心とする守護被官の影響力排除にあったとみるべきであろう。先述のように、先の争乱における反乱側の攻撃目標は、守護直轄領とこれを基盤とする守護被官、すなわち拡大・再編された守護家「家中」であった。表向き守護忠昌の「御成敗」を尊重しつつも、実際は守護忠昌に対する老中らの影響力を排除し、守護の政策決定における「一家中」の主導権を確保する意図があったのである。また忠昌も、先の争乱をみずからの力では鎮定・終息できなかったことから、領国の安定化を図るためには「一家中」側の意向を汲んで、政権運営における「一家中」の優位性と、これへの配慮を明言せざるを得なかったのであろう。

つまり本一揆は、守護を「超越した権威・価値」として、その下に結集することを目的としたものではなく、守護を頂点に戴きつつも、あくまでも政権運営の主体が「一家中」にあることを明確化することが目的だったのである。いいかえると、「御輿」としての守護はかつぐが、守護権力の強化は許さない。つまり守護家当主の〝象徴化〟といってもよく、〝ゆるやかな連合体としての島津家〟[17]とでも表現される政治体制への転換を目指したものと理解されよう。もちろん、これは島津立久がめざした、守護家「家中」の拡大・再編を前提とする守護権力強化とはまったく逆の政権構想であり、守護を中心とする領国の枠組み維持と引き替えに、大きな方針転換を迫ったことになる。

本一揆成立の翌月、守護島津忠昌は渋谷一族（祁答院氏カ）と契状を交わしている。[18]忠昌の契状には、「不被引縁者親類・年来之知音、可有御志之通承候、大慶候」との文言があり、前出の「一家中」契状との類似性が確認できる。

一見すると、「一家中」が迫った守護権限の強化から有和政策への転換を受け入れた結果のようにもみえるが、翌年六月、同じく渋谷一族の入来院重豊と取り交わした契状[19]からは、若干異なる状況がうかがえる。この契状は、入来院氏が「如前〻無二二御屋形御用一罷立、余儀を存まじき事」を誓ったのに対し、忠昌が「我等も世中雖如何様之子細候、無二二可申談事」と返しているのが主旨である。ただ、入来院重豊契状の宛所は、忠昌本人ではなくその老中村田経安になっており、「私之心中再三村田殿二申入候、其外之儀不可有候事」との条文もある。この入来院氏との同盟は、政策決定への関与を求めた「一家中」の主導ではなく、「一家中」が排除を求めた守護家「家中」トップの老中によるものとみるべきだろう。忠昌の契状に「対我〻、弥御叮嚀之由承候」とあるが、この「我〻」とは忠昌を含む「一家中」ではなく、村田氏ら守護家「家中」を中心とする守護家を指すのであろう。

「一家中」を中心とする政権運営を目指した文明一二年の一揆成立後も、老中を中心とする守護家「家中」は依然として政権の中枢にあり続け、守護忠昌を強く規制し続けていたのである。当然、「一家中」と守護家「家中」には軋轢が生じていたはずであり、この軋轢がさらなる争乱を引き起こしていく。

三、文明一六・一七年の争乱

「一家中」との一揆成立により、「無為無事」を図った守護島津忠昌であったが、この融和路線はわずか数年で破綻し、文明一六・一七年（一四八四・八五）、またもや大規模な争乱が勃発する。[20]争乱の原因は、日向飫肥《おび》の新納忠続と同国櫛間《くしま》の伊作久逸、ふたりの有力一族の不和にあり、文明一六年一〇月、新納氏が守護島津忠昌に伊作家の移封を申し入れたことに端を発するという。[21]この頃のものと思われる、島津忠昌契状案[22]には、「忠続（新納）御近所与申、対我等無余儀時者、無二無三ニ被仰談、一段可為甚深之由承候、尤簡要之子細候、然者、自今以後、御大事をハ身之大事与可存候、如此申談候之處、対忠続候而、久逸野心之時者、忠続ニ可致同心候、忠続又対久逸野心之時者、久逸ニ同心可申候、就小節不和之儀出来候ハん時者、承分、某可致催促事」との条文が見える。これより先に、新納忠続から何らかのアプローチがあったものの、基本的に忠昌は中立の立場をとり、どちらか「野心」を現した方を討伐するとの方針を示している。積極的に守護として事態の収拾を図ろうとの意図は感じられない。しかし、伊作氏が新納氏を攻撃するに至り、ようやく守護忠昌は、伊作氏追討を日向庄内、大隅の国人らに命じ、伊作氏の居城櫛間城を包囲したという。これに対し伊作氏は、日向山東の伊東祐国に支援を求め、同年一一月末、伊東祐国は新納忠続の居城飫肥城（宮崎県日南市）を包囲するに至る。こうして、事態は伊東氏対島津氏の全面抗争へと発展していった。

　こうして日向南部の情勢が悪化するなか、薩摩・大隅国境付近でも争乱が勃発する。後世の記録ではさまざま経緯を記すが、結果的には豊州家忠廉、忠廉の弟加治木満久、菱刈氏、東郷氏、入来院氏、吉田氏らが結託して守護家に反旗を翻し、大隅国衙周辺、薩摩国川内川流域、同国郡山などで守護方との戦闘があったという。争乱の中心には文明八・九年の争乱と同様に島津豊州家があったものの、先の争乱で反守護方であった島津薩州家・相州家は守護方として行動しており、反守護方劣勢の内に和睦の気運が高まる。文明一七年閏三月、今回の争乱に関与していない肥後人吉の相良長輔（長毎）の仲介により、守護島津忠昌と豊州家忠廉らの和睦が成立する。この和睦の背景には、前年末、新納氏救援のため飫肥に出陣した守護家近親の島津伯耆守（豊久カ）・守護被官末弘忠直らが敗死し、伊東氏による飫肥攻略が現実味を帯びてきたこともあろう。

　文明一七年に比定できる閏三月二四日付の新納忠明宛島津忠昌書状[23]には、「江州（新納忠続）之難儀一家滅亡之基候」と、伊東氏の飫肥進攻に対する強い危機感がうかがえるものの、豊州家との戦闘において、守護家が積極的に討伐に乗り出した形跡はない。和睦も、相良氏の仲介により、島津薩州家国久と豊州家忠廉の会談が実現して成立したといい（「薩隅日内乱記」、「文明記」）、一連の争乱終息に守護家の積極的関与は垣間見られない。先述のように、そもそも新納・伊作両氏の不和に対する不充分な対応がこうした結果をもたらしたのであり、守護家の求心力低下は明白であった。

薩隅国境での争乱終結により、ようやく伊東氏の飫肥進攻に反撃する体勢が整った守護方は、同年六月、守護島津忠昌が病を押して日向国末吉までみずから出陣し、島津薩州家・豊州家、樺山氏・北郷氏ら日向庄内勢、肝付氏・祢寝氏・種子島氏ら大隅勢、そして村田経安ら守護被官、守護島津氏配下の主要一族・守護被官・国衆が結集して飫肥近郊で伊東勢と対峙した。同月二一日、伊東祐国率いる伊東勢本隊と合戦となり、双方共に多大な死傷者を出しつつも、伊東祐国の戦死により、島津勢は辛くも飫肥を死守したのである[24]。

この争乱は、島津氏一族間の内訌に端を発し、日向山東の伊東氏の介入を招いて泥沼化するも、逆に対外的危機感から、「一家中」と守護家「家中」が結束して、早期の内訌収束と伊東氏の排除に至ったのである。領国外勢力の介入を契機として内訌が収束するというパターンは、一五世紀前半の「国一揆」の際にもみられたが（本書第2部第二章）、終結過程における守護家の主体性欠如、求心力低下が白日の下に曝されたのである。

この争乱により、先の「一家中」一揆は崩壊したかにも思われるが、その根底にあった〝有力一族がお互いに牽制しつつ合議・多数決によって領国全体の政策決定をおこなう〟という方針は維持されたのではないだろうか。「一家中」契状でうたわれた「無為無事」が重視され、島津豊州家に「教訓」が加えられて和睦が成立し、「一家親類、一味同心之儀を以て」忠昌を仰ぐ体制は、最終的にどうにか維持されたといえよう。

この争乱後、ふたたび大規模な所領替えが実施される。伊東氏敗北後に降伏した伊作久逸は、本貫地である薩摩国伊作（鹿児島県日置市吹上町）に戻され、[25]文明一八年（一四八六）一〇月には、豊州家忠廉が「日向国飫肥院南北一円・同櫛間院一円」（宮崎県日南市・串間市）を宛行われ、大隅国帖佐《ちょうさ》から移封される。[26]飫肥の新納忠続は、日向国救仁院志布志（鹿児島県志布志市）に戻り、飫肥の替地として隣接する救仁郷（鹿児島県大崎町）、末吉・財部（同県曽於市）を与えられたとされる。[27]この日向国南部を中心とする所領替えは、二度にわたる争乱に関与した島津豊州家を遠ざけ、新納氏と伊作氏を引き離す意図はあるものの、懲罰的意味合いは少ない。農業生産力は大隅帖佐に劣るものの、飫肥・櫛間の経済的利益は計り知れない。この時期、東九州沿岸の海上ルートは遣明船航路あるいは琉球との交易・交渉ルートとして大きく脚光を浴びつつあった（小葉田淳一九三九、荒木和憲二〇〇六）。飫肥院の油津《あぶらつ》・外之浦《とのうら》、櫛間湊はこの東九州海上ルート上の要港であり、その確保のため新納・伊作両氏は配置されていたとみられる。前出両氏の不和も、この権益をめぐる争いであった可能性があり、これに介入して飫肥に進攻した伊東氏の狙いも、要港確保にあったことは間違いないだろう。こうした要地への配置を懲罰とはいいがたく、やはり島津薩州家・豊州家らを中心とする有力一族間の思惑と、南下政策をとる伊東氏への対応から、島津豊州家の移封が決定したとみるべきであろう。

この争乱は、領国内諸勢力間の境界・権益をめぐる紛争において、守護権力がもはや調停者たり得ないことを示すとともに、島津薩州家・豊州家・相州家といった有力一族のパワーバランスなくしては、領国内の「平和」が保たれないこと、伊東氏のような領国外勢力に対抗しうる軍事的主体は、守護家ではなく有力一族にあることを示したのであり、守護家の存在意義をより一層小さくしていったことは間違いない。

争乱終結後の文明一八年閏一一月二六日、忠昌は大隅清水の本田兼親からの起請文提出をうけ、「先年之一乱」における守護家への敵対行為を許している[28]。このなかで忠昌は、「於自今已後、　正宮　霧島も御照覧候へ、聊不可有等閑候、弥被調大隅国中之儀、可被抽忠節之事専一候」と、かなりへりくだった姿勢をとりつつ、「大隅国中」の支配を依頼している。本田氏は鎌倉期以来の守護家の譜代被官であり、南北朝期には大隅守護代となり、国衙掌握のため同地に配置され、室町期には老名を代々つとめた一族である[29]。こうした有力被官の敵対行為に対し、守護忠昌はこれを許すことしかできなかった。「大隅国中」の安定化には、たとえ敵対しようが本田氏の「忠節」に期待するほかなかったのである。先に見た有力一族島津豊州家への処置といい、和平実現のために守護ができることとは、有力一族・被官の敵対行為を許し、彼らのさらなる権益拡大をずるずると追認するしかなかったのであろう。

一五世紀後半、島津氏領国においては島津名字庶子家を中心とする「一家中」一揆が結成され、守護権力を換骨奪胎する方向で〝ゆるやかな連合体としての島津家〟ともいうべき支配秩序・政治体制を目指していく。一方、立久期に拡大・再編された守護家「家中」とその基盤たる守護直轄領は、二度にわたる文明年間の争乱により、徐々に「一家中」や国衆によって侵食され、解体へと向かっていく。

「一家中」一揆そのものも、文明一六・一七年の争乱によって瓦解したかにみえるが、戦後処理を細かに検証すると、文明一二年の「一家中」一揆契状が志向した支配秩序は維持されていったことがうかがえる。この「一家中」の権益確保、守護権力介入阻止を軸とする支配秩序こそが、南九州における戦国始期の状況であったとみられるが、そうしたなかで、守護島津氏はいかなる存在意義があったのであろうか。文明一六・一七年の争乱は、伊東氏の飫肥進攻という外的要因を契機として一族間の紛争が終結を迎えた。対外勢力の進攻という事態に際しては、「先祖以来口惜題目」という内向きの論理が優先され、守護家のもとで一致結束していく動きが加速したのである。こうした動きから考えるに、対外的な「島津家」の代表、「一家中」結束の象徴的存在として、少なくとも一五世紀末までは守護家の存在意義があったとみていいだろう。

第二節　室町期的秩序の崩壊と島津相州家政権の成立

一、守護家「家中」の崩壊と守護島津忠昌の自害

文明の争乱終結から八年後の明応三年（一四九四）夏、守護島津忠昌は肝付兼氏討伐の軍を起こし、同氏の本拠高《こう》山《やま》城（鹿児島県肝属郡肝付町）を包囲する。これに対し、肝付氏に与同する志布志の新納忠武、都城の北郷数久、祁《け》答院《どういん》重度、祢寝茂清、真幸の北原兼蔵は、結託して守護家からの離反を決し、新納・北郷両氏は庄内における守護方の拠点梅北城（宮崎県都城市梅北町）を、祁答院氏は大隅蒲生城（鹿児島県姶良市蒲生町）を攻撃するなどして、またたくまに戦火は大隅・日向各地に拡大していったという。[30] さらに、反守護方に呼応するかたちで伊東越前守祐夏（当主尹祐《ただすけ》の叔父）率いる伊東勢が、山東から庄内に再び進攻して守護直轄領の三俣高城を攻撃し、同年六月には城主新納越後守（忠親カ）が討死にしている。[31] 守護忠昌の国衆への対応を発端に反守護方が蜂起し、それに介入する形で日向山東の伊東氏が進攻してくるというパターンは、文明年間の争乱と全く同じである。そのたびごとに、反守護方は守護直轄領あるいは守護家に近い島津姓庶子家を攻撃し、守護支配の拠点を侵食していく。今回も庄内南部の拠点た

る梅北城が北郷・新納両氏によって攻略され、最終的に明応四年一一月、守護忠昌は伊東尹祐に「三俣千町」を割譲することで和睦を成立させている(32)。これにより、守護家は立久期に確保した庄内における守護直轄領のほとんどを失うこととなり、以後この地域では、三俣に進出した伊東氏、野々三谷城の樺山氏、都城の北郷氏、南之郷・中郷を制した新納氏、そして北部から進出をうかがう北原氏らによる、長期にわたる対立・抗争が繰り広げられることになる。「閑暇吟」はこの争乱の原因について、「島津忠昌公任雅意、凶悪過法、失苦言、用甘語」と忠昌の守護としての器量に問題があったとしている。忠昌の守護としての資質については検証できないが、ここに至り、忠昌が有力一族・国衆だけでなく、守護被官からも信頼を失いつつあったことは間違いない。明応四年四月、忠昌の要請を受けた島津豊州家忠朝は、譜代被官で老中の平田兼宗の居城串良《くしら》城（鹿児島県鹿屋市串良町）を攻略し(33)、さらに同年七月、忠昌は同じく譜代被官で老中の村田経安を謀殺している(34)。譜代被官で代々老名・老中をつとめる平田・村田両氏が守護家「家中」から排除されたことは、守護家「家中」そのものの瓦解を意味しよう。

　こうした状況下、守護島津忠昌が、軍事行動、紛争調停、領国外勢力との交渉にあたって頼りとしたのは、守護被官・国衆の個人的「忠節」であった。

　明応四年（一四九五）、加治木久平謀叛の際のものと思われる肝付兼固宛島津忠昌書状には、「横河へ敵出張候之処、早〻依被馳向候、得勝利候之通注進候、毎度之儀神妙之至候、於弥彼堺之事、憑入候之外無他候」とあり(35)、同時期とみられる肝付兼固宛忠昌書状にも、「殊近所之事候、丁寧之由承候、喜悦無申計候、於弥憑入候」とある(36)。肝付兼固は、国衆肝付氏の庶流で、守護家の被官となり大隅国溝辺（鹿児島県霧島市溝辺町）に配置されていた人物である。同時期には、大隅国市成（同県鹿屋市輝北町）の被官山田忠豊に対しても、「忠節之至無比類候、於子〻孫〻不可有忘却候、弥憑入候[37]」、和睦した新納忠武に対しても「仍従最前可預奔走之由承候、喜悦御近所之事候、弥憑入候[38]」と、懇願するような姿勢が目立つ。

さらに、明応年間、国衆菱刈重時に対しても、「依不慮之儀、遙久敷不申通候之条、心外候、一刻之事者尤候、於于今者我〻難儀候、以前之如筋目被成御志候者、於以後モ不可有忘脚候」との書状が出されており[39]、守護家の苦境を率直に吐露して、その「御志」にすがっている。そこまでして守護忠昌が菱刈氏に求めたのは、同氏と姻戚関係にある肥後人吉相良氏への仲介であった。この書状と同じ年のものとみられる菱刈重時宛忠昌書状は、明応三年以来関係が悪化していた北郷忠相、そして伊東尹祐との和平交渉について、相良長輔（長毎、伊東尹祐の妹を室とする）への書状「伝達」を依頼しており[40]、和睦に向けて相良氏から伊東氏への何らかの働きかけを期待していたことがうかがえる。前出の明応四年の和睦は、こうした国衆の「御志」によって実現したものであった。

このように、一五世紀末期の守護家は、個別領主の「忠節」「御志」に「憑入」ことでしか政権運営を図れないという厳しい状況にあり、もはや守護権力の失墜は領国内外の誰の目にも明らかであった。

こうしたなか、明応の政変以後、各地を転々としていた足利義尹（義材・義稙）が、明応八年（一四九九）末に大内義興の本拠周防国（山口県東部）に下向する[41]。同年一二月二三日、大内義興は菱刈重時・新納忠武に対し、義尹下向を伝えるとともに「一段之抽忠節」よう求めている[42]。同内容の書状は、翌年正月一一日に入来院重聡・祢寝重清宛のものも確認でき[43]、この時期、南九州各地の有力領主に対して出されていたと見られる。このうち、菱刈氏と新納氏宛のものには「巨細対伊東大和守(尹祐)被仰下候之条、御相談可然候」、入来院氏と祢寝氏宛のものには「為続(相良)無等閑之由候、祝着候、毎事可申談候」とあり、島津氏領国内の島津氏一族・国衆に対し、日向山東の伊東尹祐、肥後人吉の相良為続を取次として、直接この書状が届けられたことがうかがえる。将軍・管領からの軍事動員は、守護島津氏を通して伝達されるのが筋であり、この伝達ルートは守護島津氏の領国支配権を全く無視したものに他ならない。

大内氏は、相良氏や伊東氏を通じて島津氏領国の混沌とした状況を知った上で、領国内諸領主の直接把握を図ったのであろう。特に伊東尹祐は、足利義尹から偏諱を拝領しており[44]、あきらかに日向国守護職獲得を視野に入れての動きであろう。そしてこの協力要請は、飫肥の島津豊州家忠朝にも出されたようであり、明応九年六月に忠朝から大内義興に出された返書が確認できる[45]。これには、「御内書頂戴於身過分至極候、忝畏入候」とあり、足利義尹から直接豊州家に対し御内書が発給されたとみられるが、これへの「御請」（請文）については、「陸奥守《忠昌》申合、諸家従是可進上仕旨存候」と記しており、豊州家としての請文提出を拒否し、守護家が諸家と協議した上で提出するとしている。この時期同家は、対琉球通交に関して大内氏と密接な関係を築いてはいたが、擬似的とはいえ「室町殿」からの動員要請という重要案件について、守護島津氏の存在を無視した手続きには抵抗があったとみえる。

このように、まだ一部には〝ゆるやかな連合体としての島津家〟を維持する動きも残っていたとみられるが、守護島津忠昌は軍事力行使による守護権威の維持にこだわった。永正三年（一五〇六）八月、忠昌は肝付兼久討伐のためふたたび大隅に出陣するが、肝付兼久に新納忠武が一味したことで失敗に終わる。この失敗ののち忠昌は、「恥二衆眼一、心憤塞レ胸、朦不レ霽」という現代の鬱病に近い症状に陥り、永正五年二月一五日に自害して果てる[46]。原因はともかく、守護家当主の自害という事態は、島津氏領国における守護権威の失墜を象徴する、衝撃的な出来事であった。

二、地域ブロックの形成と島津相州家の位置

永正五年（一五〇八）の島津忠昌没後、守護家家督は豊後国守護大友政親の娘を母とする長男忠治が継承した。しかし、忠治は永正一二年（一五一五）に二七歳の若さで没し、その跡は弟忠隆が継承するものの、これも同一六年に二三歳で没し、末弟忠兼（のちの勝久）が最終的に家督を継承する（「島津氏正統系図」）。このように、忠昌以降、守護家当主が三代にわたって不可解な死を遂げ、守護権力の回復を図れないまま、忠兼（勝久）の代に島津奥州家の領国支配は終焉をむかえる。この間、領国内では紛争が慢性化し、『島津国史』永正七年条は「是歳薩隅日三州大乱」と記し、『鹿児島県史』も忠治から勝久の三代を「島津氏歴代の間に於ける暗黒時代」と評している。ただこうした紛争状況は、文明年間以降一貫して続いているものであり、忠昌の自害によって出現したものではない。

明応三年（一四九四）と永正三年（一五〇六）の、二度にわたる島津忠昌の肝付氏討伐が失敗に終わったのは、新納氏ら近隣の島津氏一族らが肝付氏支持にまわったためであった。このように一五世紀末以降、島津氏領国では領外勢力も巻き込む形で領主間のあらたな枠組みが形成され、守護家からの自立、守護家を牽制する動きを強めていく。こうした動きは、島津氏の内訌が続いていた一五世紀中期の日向国南部ですでに確認できるが（本書第2部第三章）、争乱が慢性化してくる一五世紀末以降、本格化していったと思われる。

争乱の慢性化から約半世紀後の天文一八年（一五四九）から翌年にかけて、島津氏一族の島津豊州家・北郷氏と肝付氏、祁答院氏との間で契状が取り交わされ、大名権力としての地位を確立しつつあった島津貴久との仲介が図られる[47]。こうした動きをふまえて〔岸田裕之二〇〇三〕は、「大隅や日向に所領を有する島津氏一族の豊州家や北郷氏が、島津氏一族という輪と、大隅・日向の国衆連合という輪の両方に属し、それゆえに島津氏と国衆間の紛争調停機能を

負うとともに、両者を取り次ぐ役割を果たして」いたと指摘した。岸田氏のいう「国衆連合」の定義や対象は不明瞭であるが、守護家とその一族という軸とは別に、地域的に隣接する領主間でなんらかの政治的まとまり、枠組みがあったこと自体は事実であろう。そして、この枠組みは一六世紀中期になって初めて成立したものではなく、その淵源は一五世紀末にまでさかのぼると思われる。ただ、文明年間の「一家中」一揆や天文年間のような契状は現存せず、婚姻関係や紛争時の連携から類推できるのみであり、「一揆」や「連合」といった明確な組織体とまではいえない。本稿では、こうした婚姻関係を軸とした地縁的・政治的なまとまり、枠組みを、〝地域ブロック〟と呼んでおきたい。まずは、各地域の〝地域ブロック〟を検出する。

(1) 薩摩国山北

薩摩国山北、すなわち現在の薩摩川内市以北の地域は、南北朝期にはすでに隣国肥後人吉、あるいは葦北地方との連携がみられ、一五世紀中期の「国一揆」にも影響を与えており(本書第2部第一章)、文明年間にはまた別の形でまとまりを見せてくる。先述のように、文明七年(一四七五)一〇月、薩州家国久や豊州家季久は人吉の相良為続と犬追物や笠懸に興じており[48]、翌年勃発した争乱では、相良氏と共同して薩摩国牛山の守護直轄領侵攻を図っている[49]。彼らを仲介したのは大隅最北端の菱刈《ひしかり》院を本拠とする、相良為続の舅にあたる菱刈氏重(道秀)であった。この氏重は、娘婿相良為続の父長続による人吉相良氏家督の簒奪に協力するとともに、島津忠国・持久の内訌時には持久方に組みし、相良氏・薩州家両方に顔の効く人物であった[50]。その後も菱刈氏は、娘を相良氏一族に嫁がせるなど重縁を結ぶ一方、島津薩州家、渋谷一族の東郷氏から室を迎えつつ、隣国肥後では、阿蘇大宮司家当主で一時同国守護菊池氏当主

【系図②】菱刈氏婚姻関係図

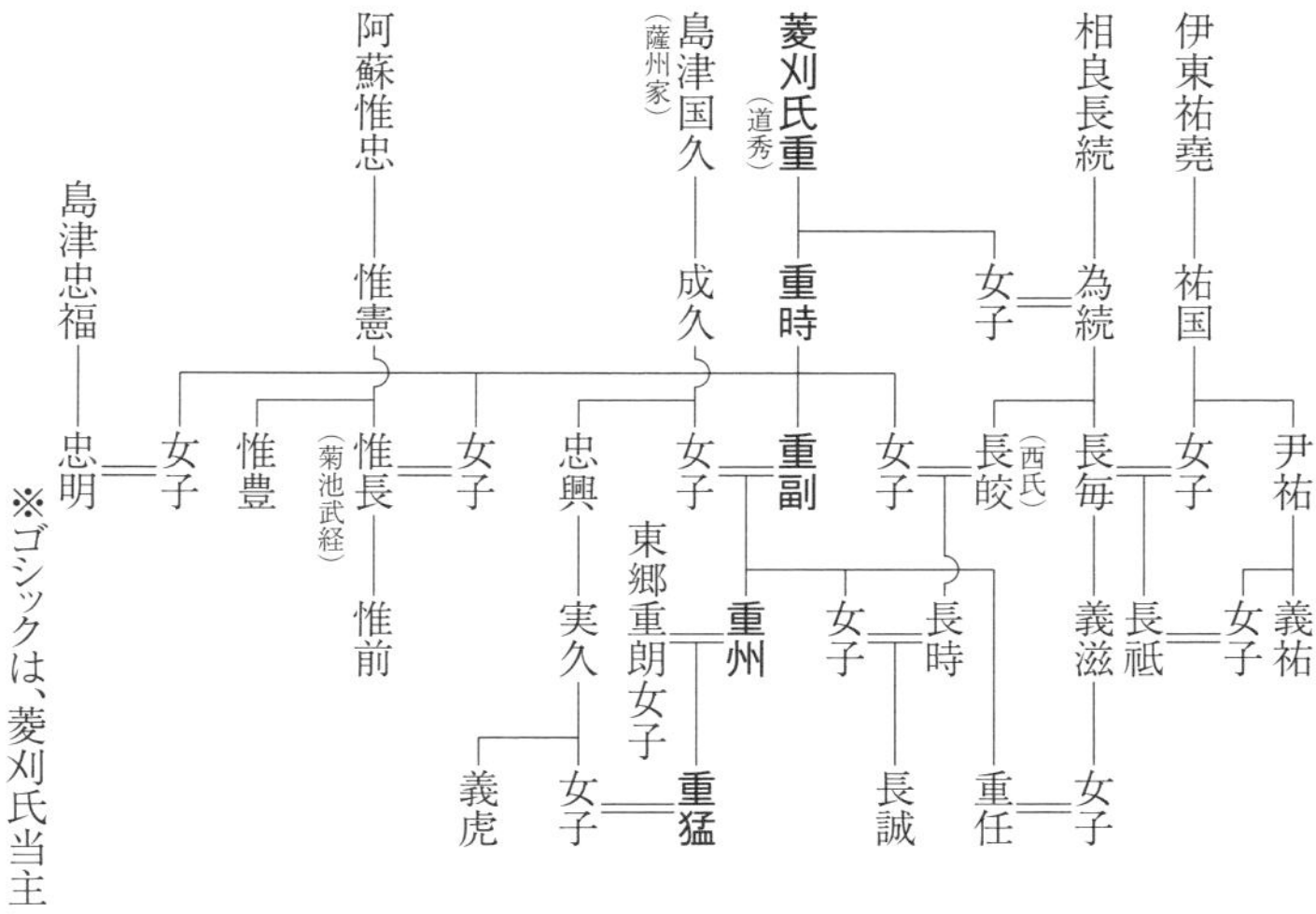

にもなった阿蘇惟長（菊池武経）とも婚姻関係を結んでいる。また、相良為続の嫡男長毎は、島津氏の仇敵伊東尹祐の妹を室としており、一六世紀初頭には、菱刈重副・相良長毎・島津薩州家忠興・島津忠明（薩摩国牛山城主）・菊池武経・伊東尹祐という薩摩北部から肥後・日向にかけての有力領主が、菱刈氏の婚姻関係を軸に義兄弟となるという状況が生まれたのである（系図②）。

文明一五年（一四八三）、相良為続が八代古麓《ふるふもと》城（熊本県八代市）を攻撃した際、菱刈氏重（道秀）をはじめとして薩州家・豊州家・渋谷一族らが援軍を送っているのは[51]、こうした関係を前提とするものであろう。また、明応八年（一四九九）三月、相良為続は菊池能運らに敗れ、この機に乗じて薩州家忠興が相良領の水《みな》俣《また》（熊本県水俣市）に侵攻する。この時相良氏は薩摩国牛屎《うしくそ》院を島津側に割譲して和睦するが、これも為続の甥で薩州家忠興の義弟でもある菱刈重副の仲介が想定される。永正元年（一五〇四）二月、為続の跡を継いだ長毎は再度八代支配を実現するが[52]、その背景には、広域的な婚姻関係成立による国境の安定化があったと考えられる。このように、紛争の絶えない肥薩隅の国境付近にお

【系図③】北郷・新納・島津豊州家婚姻関係図

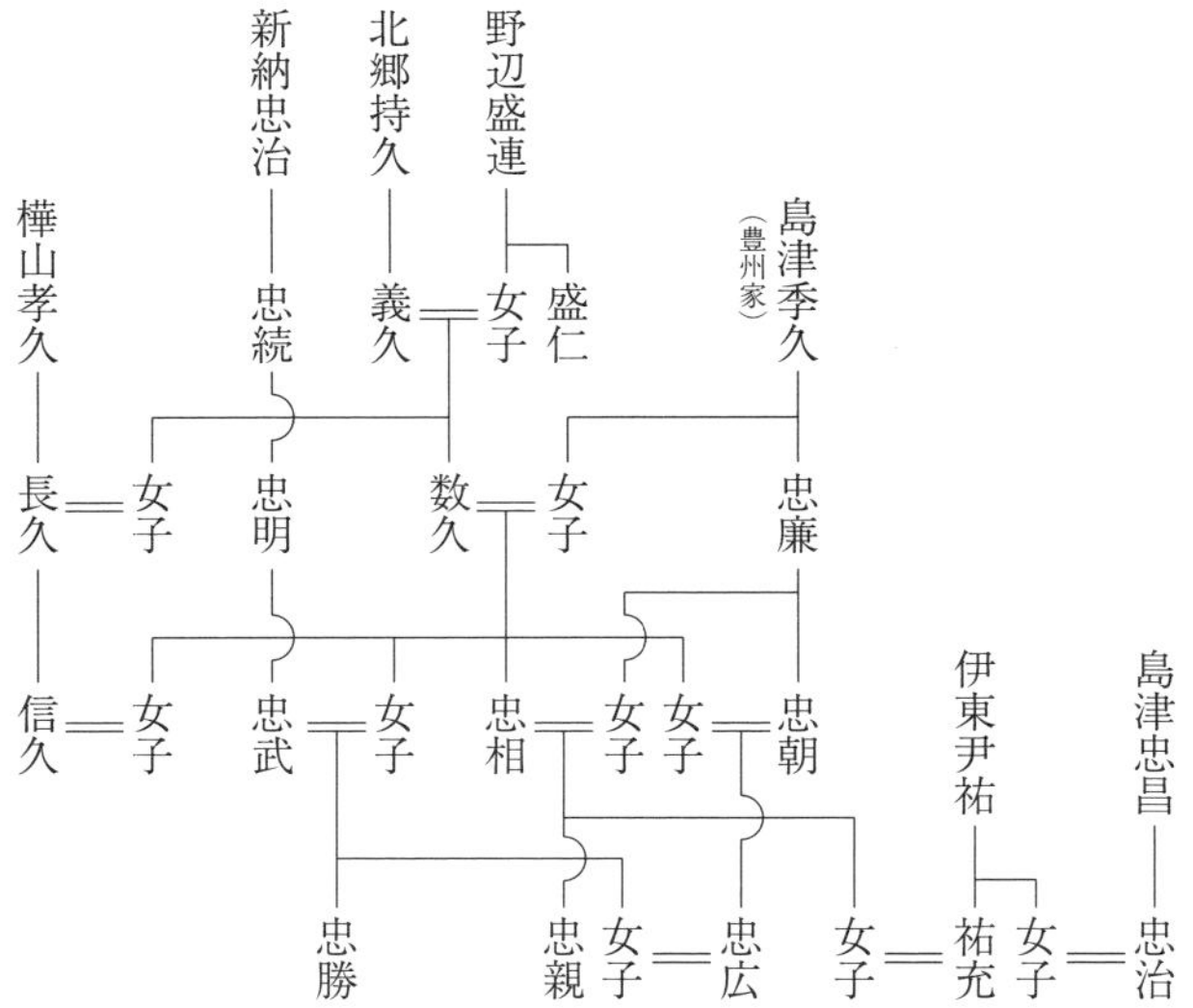

いて、婚姻関係を前提とする同盟関係がひろく構築され、ある程度の地域秩序の維持が図られていたとみられる。

（2）日向国南部

日向南部においても、婚姻関係に基づく広域的な同盟関係が成立している。日向南部最大の穀倉地帯である庄内（都城盆地）にとって、日向灘に面する志布志や飫肥・櫛間は外港的役割をになっており、両地域の連携は古くから重要であった。一五世紀前半には都城の北郷氏一族が志布志の新納忠臣に嫁いでおり、櫛間の野辺盛連の娘は北郷義久の室となっている(53)。こうした広域的婚姻関係は、一五世紀末から一六世紀初頭にはさらに拡大し、都城の北郷数久は、志布志の新納忠武と、飫肥・櫛間を領する島津豊州家忠朝に娘を嫁がせ、さらに数久の嫡男忠相は、忠朝の妹を室に迎えている。それぞれに嫁いだ娘は順調に嫡男を産んで、次世代の北郷忠親・新納忠勝・豊州家忠広は血の繋がった従兄弟同士となり、さらに豊州家忠広は、新納忠勝の妹を室としている。このような婚姻関係を軸に、都城・志

【系図④】新納氏・肝付氏婚姻関係図　※破線は推定

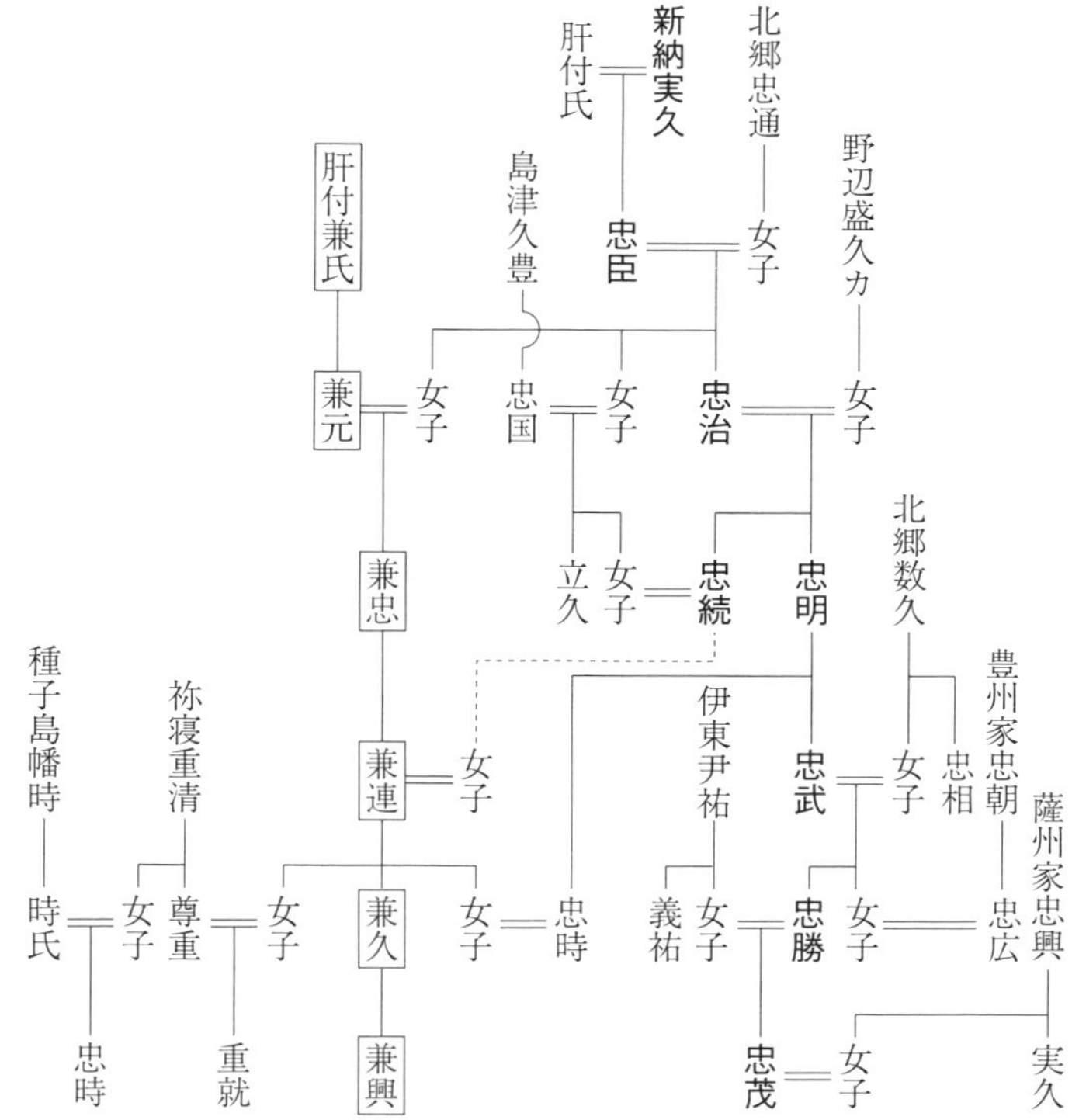

※ゴシック体は新納氏家督、□は肝付氏家督

布志・飫肥の三地域間に同盟関係が成立したのである（系図③）。北郷・新納の両氏は、明応年間には反守護島津忠昌の立場をとり、庄内進出を図っていた山東の伊東尹祐とも連携して、庄内における守護直轄領を併呑している。一方、島津忠昌は明応四年（一四九五）に伊東尹祐と三俣院割譲を条件に和睦を成立させ、忠昌自害後に跡を継いだ長男島津忠治は、永正九年（一五一二）に伊東尹祐の次女を室に迎えており、[54]守護家は庄内支配に見切りを付けて伊東氏と単独講和を結んだとみられる。これに対し、守護家と袂を分かった北郷・新納の両氏は、三俣院進出を果たした伊東氏と直接対峙することとなり、沿岸部で伊東氏と競合する島津豊州家とともに、この地域ブロック単独で伊東氏の侵攻に対応せざるを得

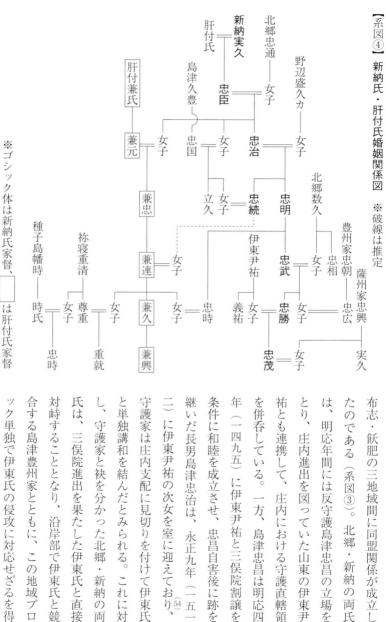

ない状況に至っている。

（3）大隅国南部

北部で庄内、東部で櫛間と境を接し、北郷氏・豊州家と地域ブロックを形成した新納氏は、西部で接する大隅半島の領主とも連携を強めていった。新納氏は南北朝後期、二代実久のとき日向国救仁院志布志（鹿児島県志布志市）を本拠としており、この実久は室を肝付氏から迎えている。肝付氏は、大隅国肝付郡高山城（同県肝属郡肝付町）を本拠とする平安末以来の島津荘荘官系の有力国衆であり、南北朝期には反島津方＝南朝方の中心として最大の抵抗勢力であった。一五世紀前半には新納忠臣（実久嫡男）のふたりの娘が守護島津忠国、そして肝付氏当主兼元に嫁いでおり、同氏が守護家と肝付氏を結びつける役割を果たしていたとみられる。さらに一五世紀後半には、肝付兼連が新納氏を室としており[55]、兼連の娘は新納忠明の二男忠時の室となっている。忠明の長男忠武は、先述のように北郷数久の娘を室としており、肝付兼連のもうひとりの娘は、肝付氏とならぶ大隅半島南部の有力国衆祢寝尊重の室となっている。また、祢寝尊重の妹は種子島時氏の室となっており、一六世紀初頭には、新納忠武・肝付兼久・北郷忠相・豊州家忠朝・祢寝尊重・種子島時氏という日向南部から大隅南部にかけての有力領主が、義兄弟の関係となっていたのである。前出の明応三年（一四九四）と永正三年（一五〇六）の二度にわたる守護島津忠昌の肝付氏追討に、大隅・日向の一族・国衆が協力せず、逆に守護家に反旗を翻すに至ったのは、こうした婚姻関係に基づく地域ブロックが形成されていたためと考えていいだろう。

【系図⑤】島津薩州家・相州家婚姻関係図

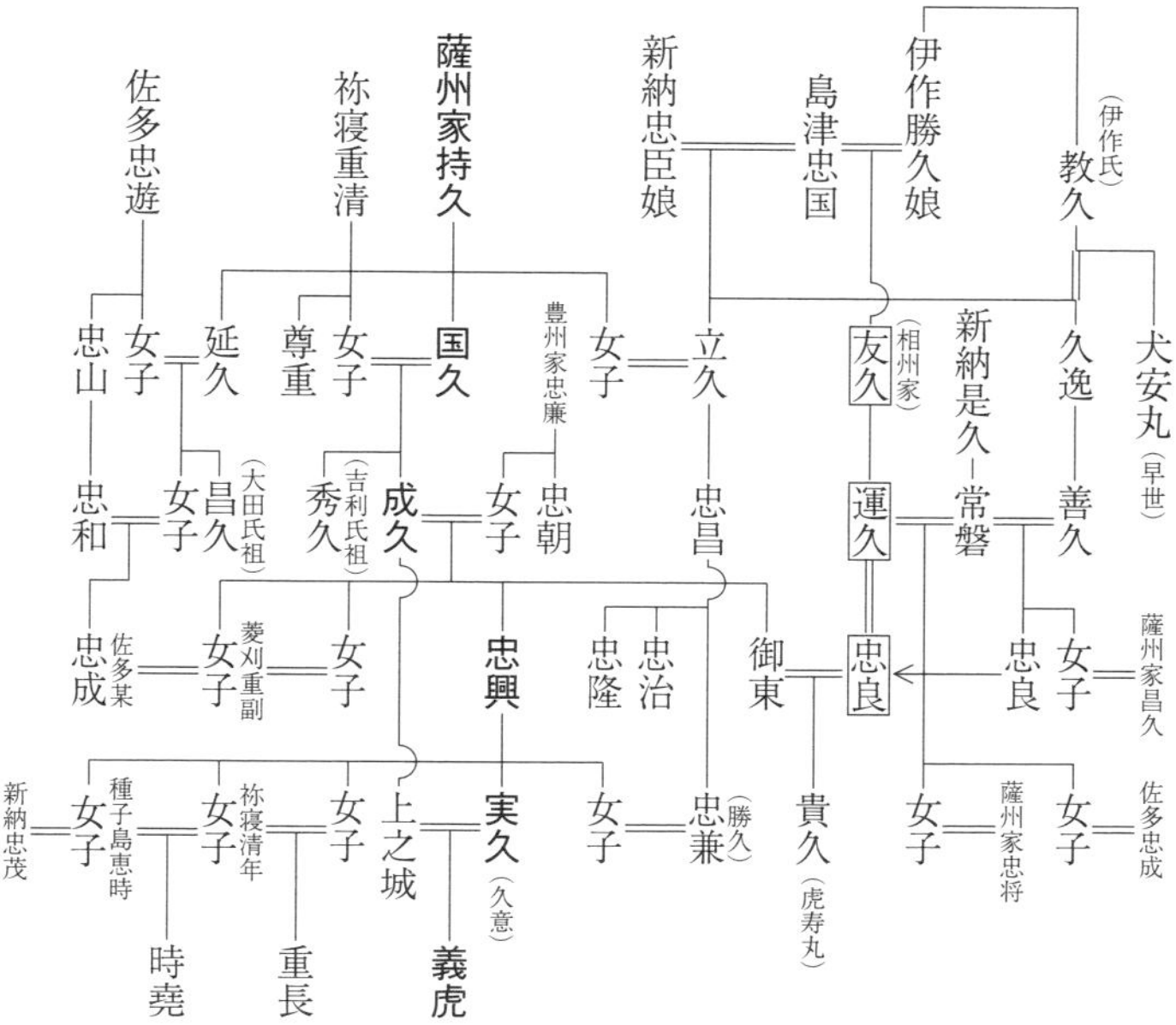

※ゴシック体は薩州家家督、□は相州家家督

（4）島津薩州家と相州家

このように、現在残された史料からは三つの地域ブロックが検出でき、守護家の相対化が進んでいったとみられる。そして、この三つの地域それぞれと何らかの関係を有していたのが島津薩州家である。薩摩国和泉（鹿児島県出水市）を本拠とする同家は、薩摩国山北において菱刈氏を軸とした地域ブロックに入る一方、一五世紀末の当主国久は大隅南部の祢寝尊重の妹を室とし、その子成久（重久）は豊州家忠朝の妹を室としている。一六世紀に入ると、成久の娘は菱刈重副、薩摩半島南部知覧の佐多氏、そして島津相州家忠良に嫁ぎ、忠良室は、永正一一年（一五一四）に戦国島津氏の祖となる貴久を産んでいる。薩州家のもうひとつの基盤は、薩摩半島の河辺郡・加世田別符（同県南九州市、南さつま市）にあり、この地域でも、薩州家を盟主とする地域ブロックの形成を目指していたのであろう。さらに成久の嫡男忠興の娘は、守護家当主忠兼（勝久）、祢寝清年、種子島恵時、新納

忠茂に嫁ぎ、忠興嫡男実久は、守護家当主や大隅・日向南部の有力領主と義兄弟の関係となったのである。後年、薩州家実久が守護家忠兼（勝久）からの家督継承を図り、また有力領主がこれを支持するに至った背景として、強大な経済力・軍事力とともに、こうした領国全体におよぶ血縁関係があったことを指摘しておきたい。

一方、この薩州家のライバルとなり、後にこれを凌駕していく伊作《いざく》氏・島津相州家は、一五世紀末〜一六世紀初頭における勢力はさほど大きなものではなかった。伊作氏は、鎌倉初頭の分出以来、薩摩国伊作荘（鹿児島県日置市吹上町）を本拠とする島津氏庶子家である。長禄二年（一四五八）、当主犬安丸の早世により断絶の危機を迎えたが、家臣が守護家当主忠国の三男久逸を強引に養嗣子として家統を維持した。しかし、まもなく久逸は守護家によって国衆野辺氏の旧領である日向国櫛間院に移封され、伊作は守護直轄領となる。そして、伊作氏の所領であったとみられる田布施・阿多・高橋（同県日置市市金峰町）は、伊作氏の血をひく忠国の庶長子友久―母は伊作勝久の娘―に与えられ、島津相州家が成立する。これは伊作氏の縁者であることに加え、要港坊津等を含む河辺郡、中世前期以来の物資集散・交易拠点とされる万之瀬川河口南部[56]を領する島津薩州家への抑えとしての意味があったろう。その後、文明一七年（一四八五）、飫肥の新納忠続との抗争に敗れた伊作久逸は、ふたたび伊作へと戻されるが、明応三年（一四九四）、久逸の嫡男善久が奴僕に殺され、同九年には久逸自身が薩州家忠興と加世田城主忠福の争いに巻き込まれ、戦死する（「島津氏正統系図」）。

伊作善久の遺子忠良（明応元年（一四九二）生）は、母新納是久の娘（常磐）が相州家運久（初名忠幸、友久嫡男）に再嫁するにともないその養嗣子となり[57]、伊作氏と相州家は事実上一体化して、伊作から万之瀬川北岸に至る薩摩半島西部の有力領主となる[58]。伊作久逸・善久父子は島津薩州家との連携を模索していたようであり、善久の娘（忠良同母姉）は、河辺城主だったとされる島津薩州家昌久（薩州家国久甥）に嫁いでいる。また先述のように、忠良は薩州家成久の娘（御東）を室とし、家督継承後まもない永正一一年（一五一四）には、嫡男虎寿丸（のちの貴久）が誕生している。そして、忠良の異父妹（相州家運久と常磐との間の女子）も、一人は薩州家一族の島津忠将の室、もう一人は河辺郡東隣の知覧領主佐多忠成の室となっており[59]、薩州家を盟主とする地域ブロックの一翼をになう存在といった感が強い。その一方で、忠良の養父相州家運久は、守護家を頂点とする秩序においては特殊な地位を占めていた。

　永正一〇年（一五一三）前後のものと思われる「忠治様御代御寄合座躰」[60]は、豊州家忠朝の仲介により、それまで出仕停止となっていた新納忠武や北郷氏等が一同に鹿児島に参上した時の記録であると同時に、守護家の正月儀礼の記録とも理解されている〔福島金治一九八八c　一二三五頁〕。守護島津忠治との和解を果たした豊州家忠朝、新納忠勝は、守護被官平田右馬助（職宗カ）・池袋氏（宗政カ）とともに正月朔日から忠治と対面しているが、相州家一瓢（運久）は、正月二四日になってようやく鹿児島に出仕するに至る。その時の様子を本史料は、「同廿四日ニ、一瓢様当所へ御出頭、中途まて打迎、御屋形様《（忠治）》より河上兵部少輔、豊州より本田名字の方、新納江州より恒吉名字方、小野まて此人数被参候」と記しており、一瓢の鹿児島（清水城）出頭に際し、守護家当主らがわざわざ迎えを城下近郊の小野村まで派遣しており、かなりの気遣いが見て取れる。この時一同が寄り合った際の相州家一瓢の座躰は、豊州家忠朝より上座、御屋形様（忠治）と隣り合う位置となっている。さらにこれとほぼ同時期、入来院氏が忠治と対面した際の座躰も、豊州家忠朝よりも上座、一族中もっとも上位に位置している[61]。

　戦国期の毛利氏「家中」構造を分析した〔矢田俊文一九九八〕は、同氏の「家来」を「正月儀礼に参加するもの」と定義し、独自に正月儀礼をおこなう存在である「国衆」と区別した。こうした理解が当時の武家社会で一般化できるとすれば、豊州家や新納氏に比べて相州家の地位は一段高いものであったといえる。そうした相州家の家格の高さが、鹿児島出仕時の対応、座躰にも現れているのであろう。

そもそも、相州家一瓢（運久）の父友久は、「他腹」であったため家督を継承しなかったとされるものの（「島津氏正統系図」）、守護島津立久の兄であり、本書第2部第二章で分析したように、当時の政治的事情―伊作氏を母とする友久が避けられ、新納氏を母とする立久が擁立された―で、家督を継承できなかったに過ぎない。文明八・九年、同一六・一七年の争乱時においては、おおむね守護方の立場をとり、守護島津忠昌を防衛する役割をになっている。守護家の相州家に対する配慮と信頼感が、友久の子一瓢（運久）にも受け継がれ、若い守護家当主忠治の後見人的立場にあったとも推測される。こうした特殊な地位が、後年相州家忠良・貴久父子の立場にも影響したとも考えられよう。

三、守護島津氏包囲大連合の成立

領国内各所での〝地域ブロック〟の形成は、守護直轄領の解体とこれを基盤とする守護被官の自立化を促進したとみられる。例えば、立久期に守護直轄領となった串木野《くしきの》（鹿児島県いちき串木野市）には、守護被官川上忠塞が「御手持之御城柱」として配置されていたが、その孫忠克は娘が薩州家実久の室となっており、串木野衆ともども薩州家配下となったとみられる。また、永正一六年（一五一九）一一月には、守護直轄領の大隅国曽於郡《そのこおり》（同県霧島市国分重久）において、守護被官とみられる伊集院尾張守が新納忠武の支援を受けて「謀叛」を起こし、翌年守護島津忠兼みずから出陣してこれを降したという[62]。これもまた、地域ブロックを形成し守護家を相対化する新納氏が、守護被官の取り込みを図ったケースとみられる。こうして徐々に守護家の権力基盤は縮小していき、「三州大乱」と称されるような状況は混迷の度合いを深めていく。

最初に大きな争乱状況に突入したのは、日向伊東氏の進出を許した庄内である。明応四年（一四九五）の守護家との和睦により、三俣進出を果たした伊東尹祐は、庄内での軍事行動を活発化させ、永正元年（一五〇四）には梶山《かじやま》城（宮崎県北諸県郡三股町）を攻略。さらに同一七年（一五二〇）には、真幸《まさき》院の北原久兼と連携して志和池・野々三谷といった樺山氏領への攻勢を強めていき、これに抗しきれなくなった樺山長久・広久父子は、翌年五月、南北朝末期以来の本拠野々三谷を北郷忠相に譲渡し、大隅国堅利小田（鹿児島県霧島市隼人町）への退去を余儀なくされている[63]。

こうしたなか、渋谷一族の祁答院嵐浦（重武）と庄内進出を図る北原久兼は、二月七日と八日に肝付兼興に書状を送り、領国内の情勢について細かく記している[64]。本状を収録する『旧記雑録前編』は、大永四・五年に比定するが、この二通と同じく肝付兼興宛で、内容も重複する三月一七日付名和武顕書状[65]が、永正一七年（一五二〇）に比定できることから[66]、この二通も同年のものと判断される。このうち、祁答院嵐浦書状には極めて興味深い条文が見える。

（前略）
一金吾江連〻被仰合候由承候、近来可然候、
一初千代殿様へ御音信之通承候、是又肝要存候、
一鹿児島辺之躰者、当時相聞候分者、其方偏御誘候之由、申散候、新納殿其方御隔心被相成候由可然之由、御校量共候なる、定被聞召及候らん（後略）

『旧記雑録前編』の傍注どおり、「金吾」は島津相州家忠良（当時二九歳）、「初千代殿」は島津薩州家実久（当時九歳）のことである[67]。相州家忠良と弱冠九歳の薩州家実久が島津氏領国内の実力者と認識され、肝付兼興が二人と好を

【系図⑥】永正一七年大連合関係図

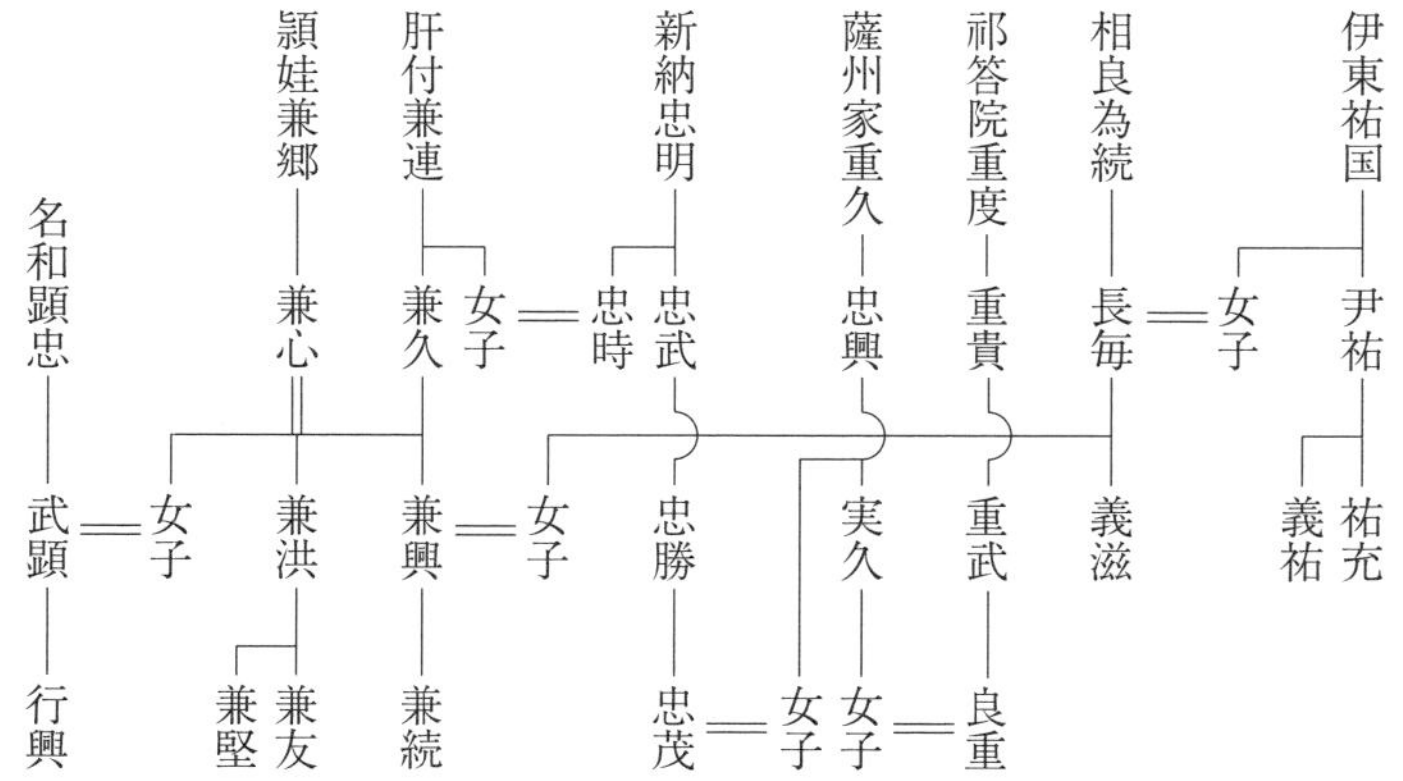

通じることを「可然」、「肝要」と評しており、領国内最大勢力を誇る薩州家とともに、相州家忠良の権勢が特に強まっていたことがうかがえる。その一方で、前年永正一六年の守護島津忠隆死没にともない、島津本宗家家督を継承した島津忠兼（のちの勝久）への配慮は微塵も感じられない。

そして三条目にあるように、鹿児島辺＝守護家周辺では、肝付氏を取り込んで新納氏との関係を切り崩し、新納氏を孤立させようとの意図があり、祁答院氏が警戒している様子がうかがえる。先述のように、肝付氏と新納氏は重縁を結んでおり―新納忠勝は肝付兼興の甥―、加えて兼興の室は肥後人吉の相良長毎の娘であり、兼興の妹は相良長毎の養女として肥後宇土の名和武顕の室となっている(68)。また、祁答院嵐浦書状や義弟名和武顕の書状には、肝付兼興の弟兼洪が薩摩半島南端の領主頴娃《えい》兼心の養子となったことを祝う内容が記されている(69)。前守護島津忠隆の早世、頴娃氏の養子だった島津忠兼の島津本宗家家督継承という不安定な時期を狙って、肥後南部の相良氏・名和氏、薩摩半島南部の頴娃氏、そして大隅南部の肝付氏、日向国の伊東氏・北原氏という島津氏領国内外の有力国衆が、婚姻関係・養子縁組みに基づく大連合を形成していたことがうかがえる。この年、伊東尹祐と北原久兼が連携して庄内への攻勢を強めていったのは、こうした大連合を背景とするものであったといえよう。

これに対し、北郷氏の盟友豊州家忠朝は、翌大永元年（一五二一）八月、豊後守護大友親敦（義鑑）に対し「無事之調法」を伊東尹祐に対し「助言」するよう求め、大友氏もこれに応じて使僧定恵院を派遣している(70)。これより先、豊州家忠朝は、永正一〇年（一五一三）に帰朝した第一六次遣明船（二号船）の警固に深く関与し、派遣主体の細川氏や警固役の大友氏に〝貸し〟をつくっていたことが指摘されている（橋本雄二〇〇五）。さらに、伊東氏の庄内進攻が本格化していた永正一六年には、第一七次遣明船派遣が決定し、豊州家忠朝は細川高国・大内義興両氏から協力を要請されている(71)。こうした立場を利用して豊州家は、大連合を前提とする伊東・北原両氏の庄内進攻に対抗しようとしていたことがうかがえる。ただ、この和睦交渉は難航し(72)、大永三年一一月、日向国北部の土持氏に対しても伊東氏への圧力を要請している(73)。そのなかで忠朝は、「仍尹《伊東》祐父子去月初荘内越山候、然者新納忠勝一味之現形候」と述べており、北郷氏・豊州家と同盟していた新納忠勝が寝返り、伊東尹祐の「一味」となっていることがうかがえる。

新納忠勝は伊東尹祐の娘を室としており（系図④参照）、永正七年（一五一〇）には、これとの間に嫡男忠茂が誕生している(74)。また、先述のように新納氏は、永正一六年に大隅曽於郡《そのこおり》への進出を図って守護家と敵対しており、翌二月にはすでに庄内志和池・山田への進出を図る北原久兼と内通していた(75)。この頃までに、肝付氏を中心とする大連合に参加し、北郷・豊州家との同盟を解消するに至ったのであろう。

前出の土持氏宛書状で豊州家忠朝は、「庄内落去候者、我等亦難儀必然覚候」と吐露しており、まさに危機的状況に陥っていた。しかし、大永三年（一五二三）一一月、北郷氏領の野々三谷城（都城市野々美谷町）攻略のためみずから出陣していた伊東尹祐は、同城近くの陣中で頓死してしまう[76]。これにより伊東氏の庄内進攻は停止し、翌年五月に北郷氏との間に和睦が成立する。さらに八月には、北郷忠相の娘が伊東尹祐の跡を嗣いだ嫡男祐充に嫁ぎ[77]、庄内はとりあえずの安定をみる。

一方、これを好機とみたのか、大永三年一二月、守護島津忠兼は新納氏討伐のため、老中伊地知重周らを大隅国に派遣する。しかし、同国月野（梘野、鹿児島県曽於市大隅町）で大敗を喫し、伊地知重周は戦死する[78]。さらに新納勢は、翌大永四年に豊州家領の串良院（同県鹿屋市串良町）へ侵攻し、これを忠朝から割譲されると、そのまま肝付兼興に譲渡し、両家の結束を図っている[79]。

大永三・四年という時期は、伊東氏当主の急死により守護島津氏包囲網ともいえる大連合の一角が崩れつつも、守護家による巻き返しも失敗に終わり、いわば南九州全域が膠着状態となった時期であったといえる。そして、大永五年（一五二五）十月には、領国内最大勢力である島津薩州家の当主であり、相州家忠良の義弟、守護忠兼の舅にあたる忠興が没する[80]。相次ぐキーパーソンの死没という〝政治的真空状態〞が出現するなか、このタイミングで、奥州家から相州家への政権交代が開始される。

四、相州家による政権奪取と家督継承戦争の勃発

大永六年（一五二六）一一月、守護島津忠兼は伊集院にて相州家忠良と会談し、忠良の嫡男虎寿丸（当時一三歳）を養子に迎えたとされる[81]。さらに、翌大永七年に比定される、年欠六月一六日付豊州家忠朝書状（土持右馬頭宛）には、「鹿児島家督之儀、相州嫡男虎寿丸殿江被相譲、忠兼事者、去卯月中旬之比、薩州伊作院隠居候」とあり[82]、同年四月、

忠兼が奥州家家督を虎寿丸（元服して貴久と名乗る）に譲り、自身は伊作に隠居したことがわかる。

しかし、この家督継承と忠兼の隠居は、忠兼の本意ではなかった。忠兼（勝久）代における守護家老中の変遷を分析した〔山口研一一九八六〕は、忠兼の父忠昌やその後の忠治・忠隆代の老中が大永年間初めまでにほとんど退き、忠兼が家督を貴久に譲った大永七年までに新たな老中が登用されていることを明らかにした。さらに、忠兼から相州家忠良への養子縁組み要請が、新たに登用された老中によっておこなわれていることから、この家督継承が新たな老中の主導で実施された可能性を指摘している。島津忠兼から貴久への家督継承は、新老中を中心とした守護被官による「主君押込」、あるいはクーデターに近い政権奪取であったというのが実態のようである。そして、この政権奪取の背景には、永正年間にはすでに領国内で島津薩州家とならぶ勢力を誇っていたとみられる、島津相州家忠良の積極的関与があったと考えるのが自然であろう。

政権奪取以前、おそらく大永三年前後のものと思われる、年欠九月二一日付相州家忠良宛島津忠兼書状には、「我〻若輩之事候、毎〻被加御思案、万端可預御指南事、憑存候外無他候」とあり[83]、忠兼が相州家忠良の「指南」に頼っている状況がうかがえ、実際「敵」が鹿児島近郊の吉田に迫った際は、「金吾之衆」がこれに対応している[84]。守護所鹿児島の防衛を相州家忠良がになっており、こうした関係から相州家主導で新たな老中が登用されたのであろう。

貴久の家督継承前後、忠良は貴久（虎寿丸）の室に、島津氏包囲大連合の一角をになう肝付兼興の娘を迎えるとともに、忠良の長女（御南）を兼興の嫡男兼続の室としている[85]。また、大永六年には、忠良二女（御隅）が大隅生別府《おいのべっぷ》（霧島市隼人町小浜）の樺山信久の嫡男善久の室となっており、大隅溝辺（同市溝辺町）の肝付兼演には、同年一一月の虎寿丸の養子入りが忠兼から報告されている[86]。さらに、翌大永七年二月には、相州家忠良・樺山信久・肝付兼演の三者で契状が取り交わされ、[87]同盟が成立している。守護忠兼の後見人的立場で守護所鹿児島周辺を掌握した相州家忠良は、大連合の一角が崩れ、膠着状態にあった状況を好機として、明応年間以来守護家と対立してきた肝付兼興を婚姻関係によって取り込み、大隅国衙周辺と境を接する樺山・肝付両氏とも同盟して、政権奪取に成功したとみられる。

しかし、この相州家による政権奪取は、領国全体の支持を得るには至らなかった。前出の大永七年（一五二七）に比定される六月一六日付土持右馬頭宛島津豊州家忠朝書状には、「曽於郡衆中対城柱思案相違候歟、新納・北郷方入計略之案裏、近日去渡候、依此時之変化、守護譜代之家人等、亦寄〻少〻新納忠勝随逐候」とあり、さらに「薩摩南方辺者鹿児島雖義絶、互戦防等之事者、当時無之候歟」とも記している。[88]大隅国衙周辺では、前年に忠兼から本田兼親に安堵された大隅曽於郡城[89]（霧島市国分重久）の衆中が、新納・北郷両氏を引き入れ、[90]さらに守護被官が新納忠勝配下となっている状況がうかがえ、[91]薩摩南方、すなわち河辺郡・加世田別符の薩州家や頴娃氏は、相州家による政権奪取を認めず、合戦にはならないまでも「義絶」状態となっていることがうかがえる。

そして同年五月、弱冠十六歳の島津薩州家実久は、相州家政権打倒のため伊集院に侵攻する。これは、伊作に隠居したはずの奥州家忠兼と結託しておこなわれたようであり、六月二六日、忠兼は実久の助けにより守護所鹿児島に復帰する。[92]そして、〔山口研一一九八六〕が指摘するように、同月一七日付の新田八幡宮宛願文に「三州太守」と記して守護職復帰を宣言し、[93]翌年には「勝久」と改名する。島津本宗家家督の座を悔い返された貴久は、相州家の旧領田布施に退去し、伊作の父忠良と共に逼塞を余儀なくされる。相州家忠良による政権奪取は完全に失敗に終わったのであり、島津貴久が軍事的に薩州家に対し優位に立つのは、これから一二年後の天文八年（一五三九）ごろ、領国内の有力一族・国衆らが貴久を「守護」と承認するのは、十八年後の天文一四年ごろとされている。[94]

おわりに

本章では、室町期守護家「家中」の解体過程と、島津氏領国における戦国的状況の出現過程を、政治史的視点から分析してきた。一般的に戦国的状況は、一五世紀後半の守護代層の台頭を前提として、守護家家督の改替とそれにともなう内紛が慢性化することにより出現することが多いとされるが、島津氏領国の場合、一五世紀の守護家家督をめぐる争乱はいったん終息し、島津立久の登場により、有力一族の融和と守護権力の強化を基調とする安定政権が確立し、拡大・再編された「家中」が出現する。南九州における戦国的状況は、文明六年（一四七四）の島津立久死没後にようやくあらわれてくる。すなわち、①守護権力強化を図った島津立久政権の終焉とその反動、②文明三～八年の桜島大噴火による政情不安、③島津氏一族を中心とする政権運営と守護権限の縮小を目指す「一家中」一揆の成立、以上の三要素を背景として出現したとみるべきであろう。

この結果、有力一族や国衆は、島津立久期に拡大した守護直轄領とこれを基盤とする守護家「家中」を徐々に侵食していき、広大な島津氏領国には、婚姻関係を前提とする〝地域ブロック〟とでもいうべき、いくつかの政治的枠組み、政治勢力が誕生する。そして、それぞれの内部で、あるいは伊東氏・相良氏といった領国外国衆とも同盟と対立を繰り返しつつ、新たな秩序形成を模索していった。そんななか台頭したのが、守護家を凌ぐ勢力を誇る島津薩州家と、守護家との緊密な関係を有し、伊作氏とも一体化した島津相州家であった。一方、島津氏領国の周辺部に盤踞する、北薩の祁答院氏、南薩の頴娃氏、大隅の肝付氏、日向南部の新納氏、肥後の相良氏、日向国の伊東氏・北原氏らは、永正一七年（一五二〇）から大永三年（一五二三）にかけて、守護島津氏包囲網といえるような大連合を結び、守護家に近い勢力や守護直轄領への進出を図っていった。

そのようななか、大永六・七年（一五二六・二七）、島津包囲網の一角が崩れるという政治的空白を狙い、島津相州家が守護被官の一部と結託して島津奥州家忠兼（勝久）から政権を奪取するも、これは広い支持を得ることなく短期間で瓦解する。こののち、島津薩州家も奥州家最後の当主勝久を追放し、日向・大隅の有力一族らの支持を受け、一時的に「守護」と認識されていた時期もあったことが指摘されているが（山口研一一九八六）、結局この政権も短期間に終わっている。両家とも、地域ブロックの盟主的存在のままで長期安定政権を築くこと、大名権力化していくことは困難だったのである。

従来、南九州戦国期における重要な画期とみられていた、大永六・七年の島津相州家による政権奪取は、奥州家政権が名実共に終焉をむかえたことを象徴する事象であり、近世大名島津家の正統性の原点としての意味はあったのだろうが、所詮は地域ブロック盟主間の抗争のひとこまに過ぎない。永正五年（一五〇八）の守護島津忠昌の自害も衝撃的な事象ではあるが、これ以前から地域ブロック形成と守護家の相対化は進んでいた。今後は最終的に大名権力化していく島津相州家が、既存の地域ブロックをどう取り込んでいったのか、あるいはどう解消していったのか、その過程をより明確化していく必要があろう。

註

（1）尚古集成館編『島津家資料 島津氏正統系図（全）』（島津家資料刊行会、一九八五年）所収。

（2）五味克夫「伊地知季安関係史料」（『鹿大史学』二五、一九七七年）所収。

（3）この噴火については、『都城市史 通史編 中世・近世』（都城市、二〇〇五年）コラム⑤「文明の桜島大噴火」（拙稿）で整理している。

（4）「ボラ」とは南九州の方言で、火山噴出物に由来する軽石などの地層のこと。

（5）『相良家文書』二二三〜二二七号。

（6）『菱刈町郷土史 改訂版』二六一〜二六二頁（拙稿）。

（7）『相良家文書』二三二号。

（8）「島津尾張守資忠一流系図」（都城市教育委員会所蔵）。

（9）島津忠昌から「一家中」宛は、『島津家文書』一四一二号、「一家中」から忠昌宛は、『旧記前』二―一五三六号。

（10）「一家中」から島津忠昌宛は、『島津家文書』三三六号。島津忠昌（武久）から「一家中」宛は、『島津家文書』三三七号（同月二一日付）。

（11）『旧記前』二―一四九六号。『鹿児島県史料 旧記雑録拾遺 伊地知季安著作集六』所収「雲遊雑記伝」は、「行脚僧雑録」に伊地知季安が独自に考証を加えたものである。

（12）室町期島津氏当主は有力御一家の娘を母とするものが多く、元久・久豊は伊集院氏、忠国・持久は佐多氏、そして島津立久は新納氏を母としたが、忠昌の母は御内の梶原弘純の娘とされる（「島津氏正統系図」）。加えて、忠昌の養母となったとみられる島津立久の側室は老名村田経安の妹であった（『旧記前』二―一七二二号）。忠昌の養育と補佐は、おのずと村田氏をはじめとする御内によってになわれていたであろうし、権力行使にあたっても彼らの発言力が増し、その地位も向上していったと推測される。

（13）『島津家文書』六〇四号。

（14）この契状について〔福島金治一九八八ａ〕は、「この時期の守護は一族の一揆体制の承認の上に成り立つ状態になっていた」とするが（二八頁）、これまで明らかにしたように、室町期島津氏が一族・被官の一揆によって承認される状況は一五世紀前半にまでさかのぼり、文明年間特有のものではない。

(15)『旧記前』二―一五三六号。
(16)『島津家文書』一四一二号。
(17)〔山田康弘二〇一一〕は、戦国時代の将軍と大名の関係について、「将軍から補完されつつも将軍によってその挙動を完全には規律されていない状況を「ゆるやか」と表現」し、相互補完関係にある将軍と幕府の総体としての幕府を、「ゆるやかな連合体としての幕府」と定義している（一〇〇〜一〇三頁）。これと同様な関係が守護家たる島津家に成立したとみるべきであろう。
(18)忠昌の契状は『旧記前』二―一五三八号。渋谷氏側の契状は現存しない。
(19)忠昌の契状は『入来文書』「入来院家文書」四三号。入来院重豊の契状は『旧記前』二―一五四五号。
(20)この争乱については、天文二四年（一五五五）成立の「薩隅日内乱記」（太宰府天満宮本と水戸彰考館本の二冊の写本が確認される）、慶長一二年（一六〇七）成立の「文明記」（東京大学史料編纂所蔵島津家本、鹿児島県立図書館本など複数の写本が現存）に詳しい。いずれも後年の編纂物であり、一次史料で裏づけがとれる部分は少ない。
(21)前掲「薩隅日内乱記」、「文明記」ともに争乱の発端を両氏の不和とする。
(22)『島津家文書』六〇一号。
(23)『旧記前』二―一六一〇号。
(24)『宮崎県史叢書三』（宮崎県、一九九九年）所収『日向記』卜翁本第三「飫肥御発向事」、「於飫肥祐国御戦死事」。
(25)『諸氏系譜三』「新編島津氏世録氏流系図 伊作氏一流」。
(26)『家わけ六』「黒岡文書」二号、『旧記前』二―一六五四号。
(27)『諸氏系譜一』所収「新編島津氏世録氏流系図 新納氏一流」。『旧記前』二―一六六〇。
(28)『旧記前』二―一六五九号。
(29)室町・戦国期の本田氏については、〔五味克夫一九七四〕、〔林匡二〇〇五〕、〔拙稿二〇一三〕に詳しい。
(30)この争乱については「閑暇吟」（『旧記前』二―一七三〇号）による。同史料は、奥付によると明応四年（一四九五）六月に「安楽之二廿子」によって記されたという。

(31)『旧記前』二―一七二六号。
(32)前出『日向記』卜翁本第三「尹祐庄内三俣知行事」。
(33)『旧記前』二―一七三四号。
(34)『本藩人物誌』(『鹿児島県史料集一四』鹿児島県立図書館、一九七三年)、『伊地知季安著作史料集三』「諸家系図」三。
(35)『旧記前』二―一七三三号。
(36)『旧記前』二―一七三九号。
(37)『家わけ五』「山田文書」一四八号。
(38)『旧記前』二―一八〇二号。
(39)『旧記前』二―一六三三号。菱刈氏関係の年代比定・史料解釈については、拙稿「戦国の争乱―菱刈氏と島津氏の抗争―」(『菱刈町郷土史 改訂版』第四篇・第四章、二〇〇七年)参照のこと。
(40)『家わけ七』「菱刈文書」一号―11。
(41)『山口県史 通史編 中世』(山口県、二〇一二年)四二八～四二九頁。
(42)『家わけ七』「菱刈文書」一号―9、『旧記前』二―一八九〇号。
(43)『入来文書』「入来院家文書」一四四号、『家わけ一』「祢寝文書」一四七号。
(44)前出『日向記』卜翁本巻三「祐邑生害并野村乱事」。
(45)年欠六月六日付大内義興宛島津忠朝書状写(『防長風土注進案一二 山口宰判 上』四二頁)。
(46)「島津氏正統系図」、『旧記前』二―一八一二号。
(47)『旧記後』一―二六三四～二六四〇、二六四四、二六四八号。
(48)『相良家文書』二三一、二三二号。
(49)『相良家文書』二三三～二三六号。
(50)『菱刈町郷土誌 改訂版』二五六・二五七、二六一・二六二、二八六・二八七頁。

(51)「沙弥洞然長状写」（『相良家文書』三一九号）、〔鶴嶋俊彦一九九五〕。
(52)『八代日記』（東京大学史料編纂所蔵影写本は、『八代市文化財調査報告書 第二〇集』〈八代市教育委員会、二〇〇三年〉の付録資料編として翻刻・刊行されている）、〔鶴嶋俊彦一九九五〕。
(53)『都城市史 通史編 中世・近世』一五一頁掲載図。
(54)「南家伊東氏藤原姓大系図」（『伊東市史 史料編 古代・中世』所収）、『日向記』卜翁本第三「犬追物数ヶ度興行事」。
(55)「肝属氏系図文書写」所収「伴家系図」（『家わけ二』二二頁）。
(56)〔江平望一九九二〕、〔市村高男二〇〇三〕、〔柳原敏昭二〇一一〕など。
(57)「島津氏正統系図」、『諸氏系譜三』「新編島津氏世録支流系図 忠良」。
(58)忠良の家督継承時期については諸説あるが、養父相州家運久は、永正一〇年（一五一三）八月には入道して「一瓢」と名乗っており（『旧記前』二—一八四二号）、これ以前に忠良に家督を譲ったとみられる。
(59)「島津氏正統系図」、『諸氏系譜三』「新編島津氏世録支流系図 薩州庶子吉利氏」。なお、「島津氏正統系図」は、忠良妹の嫁ぎ先である「島津治部少輔忠将」について、「忠良二男、垂水家祖」と註釈を付すが、この忠将とは島津薩州家国久の四男秀久の子で、子孫は吉利氏を称している人物である。
(60)『旧記前』二—一七九一号。
(61)『旧記雑録附録』一—六三一号。
(62)『旧記前』二—一九一七・一九二一・一九三〇・一九三一号。
(63)『諸氏系譜二』「新編島津氏世録支流系図 樺山氏一流」など。
(64)『旧記前』二—一九九八、二〇〇四号。
(65)『旧記前』二—二〇〇五号。
(66)本状には、「菊池重治可為在隈部覚悟候、但必定之義難計候」とあり、永正一七年（一五二〇）二月、豊後守護大友義鑑の弟重治が菊池氏家督を継承して肥後入国を果たした直後の状況（『新熊本市史 通史編第二巻中世』四六三〜四六五頁）が記されている。

(67) 忠良の養父運久は永正一〇年には入道して「一瓢」と号しており、同一三年八月の犬追物手組に見える「島津三郎左衛門尉」は忠良に比定できる(『旧記前』二―一八八〇・一八八一号)。「金吾」(衛門府の唐名)が忠良であることは間違いないだろう。薩州家実久の幼名が「初千代」であることは、『本藩人物誌』(『鹿児島県史料集一三』所収)による。

(68) 「肝属氏系図文書写」所収「伴家系図」(『家わけ二』二二頁)。

(69) 顕娃兼心は、当初養嗣子に守護島津忠昌の三男忠兼(のちの勝久)を迎えていた。しかし、永正一六年(一五一九)、実兄忠隆死没のため、忠兼は島津本宗家家督を継ぎ、顕娃氏を去る(「島津氏正統系図」)。このため、肝付兼洪が新たに養子に迎えられたとみられる(『山川町史 増補版』第四編中世の山川、二〇〇〇年、重永卓爾氏執筆)。

(70) 『旧記前』二―一九五七、一九五八号。〔長田弘通一九九一〕、『都城市史 通史編 中世・近世』一九四〜一九六頁。

(71) 『旧記前』二―一九一三〜一九一六、一九二六号。〔伊藤幸司二〇〇三〕、〔小山博二〇〇四〕。

(72) 『旧記前』二―一九六四号、〔長田弘通一九九一〕。

(73) 『旧記前』二―一九八五号。

(74) 「諸氏系譜一」「新編島津氏世録支流系図 新納氏一流」。

(75) 『旧記前』二―一九九八号。

(76) 『日向記』卜翁本巻第四「尹祐野々美谷頓死事」。なお、現在その陣跡には、翌大永四年(一五二四)に家臣荒武氏が建立した供養板碑が残っている。

(77) 『日向記』卜翁本巻四「祐充公家督婚礼付犬追物事」。

(78) 『旧記前』二―一九九〇〜一九九二、二一一〇号。

(79) 『旧記前』二―一九九三、一九九七号。

(80) 『諸氏系譜三』「新編島津氏世録支流系図薩州用久一流」。

(81) 『旧記前』二―二〇三五・二〇五四号。相州家忠良の娘婿樺山善久(玄佐)が記した「樺山玄佐自記」にも、時期は不明確ながらも虎寿丸を養子にしたとの記載がある。『旧記前』二―二〇五二号は、無年号ながらも虎寿丸が養子入りした際の史料と思われ、祖父一瓢（運久）にともなわれて鹿児島入りしたことがうかがえる。
(82)『旧記前』二―二〇一〇号。
(83)『島津家文書』一―二二号。
(84)『旧記前』二―二〇五三号。
(85)「伴家系図」（『家わけ二』二四～二五頁）。
(86)『旧記前』二―二〇五四号。
(87)『家わけ五』「樺山文書」一六五～一六七号、『旧記前』二―二〇八一号。『旧記雑録前編』所収の肝付兼演契状の宛所は「石坂殿」となっているが、その「正文」は樺山氏によって相伝されており、実質的には樺山氏に宛てられたものであろう。なお、樺山信久から忠良への契状は、忠良を「相州」（相模守）と記した初見史料でもある。
(88)『旧記前』二―二〇一〇号。
(89)『旧記前』二―二〇五一号。
(90)北郷・新納両氏による曽於郡奪取については、従来大永六年（一五二六）五月のこととされてきた。しかし、本状の年代比定から大永七年のことと判明するのであり、関連史料の年代比定訂正が必要となろう。
(91)同年のものとみられる六月一一日付新納氏重臣隈江匡久書状には、「去九伊地知方・梶原方・池袋方以同心、垂水ニ被相動候」とあり、錦江湾沿岸部御内の新納氏への「同心」が確認できる（『旧記前』二―二〇三三号）。
(92)「貴久記」（『旧記前』二―二〇九一号）、前掲「樺山玄佐自記」。
(93)『旧記前』二―二一〇〇号。
(94)相州家権力の確立過程については、〔山口研一一九八六〕以降、〔西森綾香二〇〇六〕、〔大山智美二〇〇九〕、〔小瀬玄士二〇一三〕など、研究成果が増えつつある。

終章　室町期島津氏領国の政治構造と「守護」

はじめに

本書では、室町期島津氏権力を、戦国期島津氏の〝未熟な前段階〟ではなく、室町期固有・独自の権力として正当に評価し、ひいては、「室町幕府―守護体制」の周縁・あるいは枠外にある「遠国」九州の「守護」が、いかなる意味をもつのかを明らかにするための基礎的作業として、南北朝期から戦国初頭における島津氏領国の政治構造分析を、複雑な政治情勢の解明とともにおこなってきた。最後に、本編で得られた成果を整理し、室町期島津氏領国における「守護」とはいかなる存在であったのか、現時点での見解を示しておきたい。

第一節　室町期島津氏領国の政治的画期・時期区分

一四世紀中期に形成がはじまり、一六世紀初頭に崩壊した室町期島津氏領国を、政治史の視点から時期区分すると、次の四期に整理できる。まず、それぞれの画期を指摘した上で、島津氏領国の形成から解体までの流れを概観しておく。

Ⅰ期　観応擾乱期（一三五〇年代）～九州探題今川了俊の解任（一三九五年）
Ⅱ期　九州探題今川了俊解任～島津久豊期（一四二〇年代）
Ⅲ期　薩摩国「国一揆」勃発（一四三二年）～島津立久死没・忠昌家督継承（一四七四年）
Ⅳ期　文明の争乱勃発（一四七六年）～島津相州家忠良の政権奪取（一五二六・二七）

Ⅰ期は、〝室町期島津氏領国形成期〟と位置づけられる。

南朝方（征西将軍宮方）の圧倒的優位、足利尊氏方の鎮西管領一色氏の軍事的劣勢という状況下、老齢の父島津貞久に代わって大隅国支配を任された奥州家祖氏久による領国形成は、当初困難をきわめた。しかし、軍事指揮権を軸とする守護公権ではなく、島津荘預所という立場に基づく同荘大隅方支配権と、島津氏一族でありながら宮方の中心的存在であった伊集院忠国と姻戚関係を結ぶことで大隅半島進出を果たした島津氏久は、守護職を持たない日向国南部にまで進出する。その過程で、譜代被官に加え、守護所鹿児島周辺の領主および島津荘荘官系領主を被官（御内）化して、領国支配の基盤を確立していく。

そのようななか、永和元年（一三七五）に九州探題今川了俊と対立し、大隅国守護職を剥奪されたことは、奥州家にとって大きな転機となった。もともと守護公権に依存しない領国形成をおこなっていた奥州家は、了俊によって組織化された反島津方国人一揆との長期にわたる抗争を乗り切っていく。その原動力は、それまで形成してきた直属被官たる「御内」と、本来足利将軍家に直勤し、名字の地を直接宛行われていた「御一家」とよばれる島津氏庶子家であり、奥州家当主氏久・元久父子と「御一家」・「御内」の強固な関係が築かれていく。

Ⅱ期は、〝島津氏領国の確立・拡大期〟であると同時に〝室町期「家中」の確立期〟でもある。

応永二年（一三九五）、島津氏による領国形成の最大の障壁となっていた今川了俊が九州探題を解任されると、伊集院氏を外戚とする島津元久による領国拡大が急速に進んでいく。南北朝期における特殊な条件下で形成された独自の領国支配論理、領有観は、庶子家である「御一家」にも共有され、その主導により日向国山東（宮崎平野）への進出を果たす。一方で、伊集院氏や伊作氏との同盟関係に基づき、薩摩半島にも進出していた元久は、協調関係にあった薩摩国守護家の島津総州家と対立していく。日明通交実現を目指していた足利義満は、応永一一年（一四〇四）、奥州家元久に大隅・日向両国守護職を「安堵」して奥州家による両国支配を追認し、南九州の安定化を図る。さらに足利義持は、同一六年（一四〇九）、元久を薩摩国守護職に補任し、以後薩摩・大隅・日向三か国守護職は、島津奥州家によって相伝されることになる。

この間、奥州家を支えてきた大隅・日向両国の「御一家」・「御内」は、島津総州家との対立・抗争、あるいは応永一六・一七年の島津元久・久豊兄弟の対立時に、「御内」・「御一家」相互間、あるいは「御内」・「御一家」が連署して「仰　公方」旨の一揆契状を作成し、結束して奥州家当主を支えていく体制を構築していく。この同質化した「御内」・「御一家」は、守護家たる奥州家権力を構成する「家中」として一括して捉えうる存在となったとみられる。そして、応永一八年に島津元久が没すると、この守護家「家中」が結束して後継の伊集院氏を排除し、元久と対立していた弟久豊の擁立、奥州家家督奪取に成功する。この「家中」主導のクーデターは、伊集院氏と島津総州家を結びつけ、一〇年近い争乱を引きおこすが、結果としてこの争乱の過程で島津総州家は没落して、薩摩国全域が島津奥州家の勢力下に入り、同家が島津本宗家としての地位を確固たるものとする。

Ⅲ期は、長期の争乱による〝島津氏領国の政治構造転換期〟であり、〝室町期「家中」の拡大・再編期〟である。Ⅱ期の最末期、島津久豊は日向国に基盤をもつ「御一家」の要請もあり、同国山東奪回に乗り出す。久豊の跡を継いだ忠国も、大規模な山東進攻をおこなうが、その間隙を突いて、永享四年（一四三二）、薩摩国山北国人と伊集院氏らが「国一揆」とよばれる反守護闘争を起こし、十数年におよぶ争乱がはじまる。この抗争は、Ⅱ期にもみられた、薩摩国を基盤とする勢力と、大隅・日向両国を基盤とする「家中」による地域間抗争に、島津忠国・持久兄弟の内訌という要素も加わり、守護家「家中」の分裂を引きおこしてしまう。この「家中」の分裂・抗争にともない結ばれた一揆契状には、守護家当主の専断権制限の条項が現れたほか、「御一家」の一部には、守護家の内訌そのものから距離をとり、領国外勢力である伊東氏と〝第三極〟の形成を目指すものが現れるなど、守護家の権力基盤たる「家中」は大きく動揺する。

文安年間の「国一揆」再蜂起という外的要因により、ようやく「家中」の分裂と守護家の内訌を収束させた島津忠国は、領国全域で大規模な掃討作戦を展開し、平安末・鎌倉期以来の由緒をもつ有力「御一家」、「国衆」の多くを没落させる。この強権的施策は反発を招き、忠国は嫡男立久によって強制的に隠居させられるが、家督を継いだ立久は、残った有力「国衆」との融和を図る一方で、守護家の支配強化を推し進める。つまり、没落した「国衆」の闕所地を守護直轄領化、あるいは近親者に与えて新たな庶子家を立てるとともに、Ⅱ期に確立した「家中」のうち、外戚新納氏以外の「御一家」の影響力を排除する一方で、没落した諸勢力の一族・旧臣を直臣化して「家中」の再編・拡大を図ったのである。この新たな守護家「家中」を軸とする領国支配秩序は、他地域が「応仁・文明の乱」で混乱するなか、室町期島津氏領国で最も安定した十数年にわたる「平和」をもたらす。

Ⅳ期は、〝室町期島津氏領国の解体期〟であり、南九州における戦国始期とも位置づけられる。

島津立久が確立した守護家「家中」を軸とする領国支配秩序は、文明六年（一四七四）に立久が没したことと、同時期の桜島大噴火による政情不安が重なり、動揺していく。すなわち、Ⅲ期後半に新たに分出した島津氏庶子家らと、再編された守護家「家中」との対立が生じ、伊東氏や相良氏といった領国外勢力も巻き込んで、文明八年（一四七六）に領国全体で争乱が勃発する。この争乱の終結後には、島津氏庶子家のみによって構成される「一家中」一揆が結成され、「一家中」を軸とする領国経営が模索されるが、その後も守護家「家中」と、島津氏「一家中」の対立は続き、頻発する争乱の過程で、後者が前者を徐々に切り崩し、領国内の要所に配置されていた守護直轄領も、有力庶子家や「国衆」らによって侵食され、守護家の権力基盤そのものが縮小・弱体化していった。

打ち続く争乱に守護家が有効な対応・対策が打てないなか、島津氏庶子家や「国衆」らは、姻戚関係を軸とした「地域ブロック」というべき政治的枠組みを形成し、守護家に依存しない独自の地域秩序を模索していく。こうした「地域ブロック」の盟主的存在として頭角を現したのが島津薩州家忠興・実久父子であり、これとは逆に、守護家の庇護者・指南役として薩摩半島で確固たる地位を築いていたのが、島津相州家運久・忠良父子であった。

永正五年（一五〇八）に守護島津忠昌が自害すると、その跡を継いだ長男忠治が永正一二年（一五一五）に早世し、さらにその弟忠隆も同一六年（一五一九）に早世し、「国衆」頴娃氏の養子だった末弟忠兼（のちの勝久）が島津本宗家を継承する。そして、この権力の空白期に、領国内の「地域ブロック」を横断する形で、姻戚関係を軸とする有力「国衆」らによる大連合が成立する。肥後の相良・名和両氏、薩摩の祁答院氏・頴娃氏、大隅の肝付氏、日向の伊東・相良両氏（のちには新納氏も）らが手を結んだこの大連合は、守護島津氏を包囲する形となり、特に日向の諸勢力は、庄内（都城盆地）の北郷氏と飫肥の島津豊州家攻略を目指していた。しかし、大永三年（一五二三）、伊東尹祐が頓死するとともに、守護家島津忠兼の肝付氏討伐も失敗に終わり、両勢力による対立・抗争は膠着状態に陥る。

そして、このタイミングで、島津相州家忠良による一種のクーデターが実施される。すなわち、大永六年（一五二六）、忠良と守護家老中の連携により、相州家忠良の嫡男虎寿丸が本宗家忠兼の養嗣子となり、翌年、本宗家家督が虎寿丸改め貴久に譲られ、忠兼は隠居に追い込まれる。しかし、この政権奪取はあまり多くの支持を得られず、忠兼自身の「悔返」と島津薩州家実久の介入により、相州家忠良・貴久父子は一時的逼塞を余儀なくされる。これ以後、相州家・薩州家・奥州家三家による三つ巴の争い（家督継承戦争）が、天文八年（一五三九）ごろまで続いていった。

第二節　室町期島津氏領国の特質と政治構造

一、独自の領国観と御一家・御内

室町期島津氏権力最大の特質は、独自の領有観に基づく領国形成と主従制構築にある。

南北朝中期、九州南端という地理的条件もあり、幕府や九州探題からの軍事的支援が得られないという状況下で、島津奥州家の領国形成は始まった。さらに、南北朝末期の九州探題今川了俊との対立・抗争のなかで、島津奥州家は、守護公権に依存せず、〝島津荘を含む薩隅日三か国は島津氏の根本領国である〟という独自の領有観に基づき、領国支配を展開していった。幕府も、日明通交の早期実現という思惑もあり、応永年間に入るとこの論理に基づく島津奥州家の領国支配を追認し、応永一六年（一四〇九）には、同家による薩摩・大隅・日向三か国守護職統一が実現する。

この一五世紀初頭までの島津奥州家による領国形成を支えたのは、大隅・日向両国の御内・御一家である。御内のうち、譜代被官は鎌倉期以来、島津氏の家産に依存する存在であったが、南北朝期に被官化された鹿児島周辺や大隅半島の領主は、本来御家人や北条氏被官、島津荘荘官であった（稲本紀昭一九六八）。また、御一家もそのほとんどが、島津本宗家からの所領譲与ではなく、足利将軍家への奉公により名字の地（本貫地）を与えられた直勤御家人であった（本書第3部第一章）。しかし、彼らは九州探題今川方との抗争期において、将軍への「直接の忠」を説く探題今川了俊には与せず、守護職を剥奪されながらも、独自の領有観に基づいて本領安堵、給地宛行をおこなう、島津奥州家独自の領国支配論理を受け入れるとともに、敢えて同家に直勤御家人の証《あかし》である名字の地の安堵を求め、その主従制下に入る道を選択したのである。室町期島津氏による領国形成は、その当初から室町幕府・将軍家を相対化しつつ、独自の主従制を構築しながら進められていったのであり、〝擬制的島津荘支配権〟とでもいうべきロジックのもとに、薩摩・大隅・日向三か国の封建領主として振る舞ったのである。

ただ、それは、室町幕府・足利将軍家との決別・敵対を意味するものではない。永和元年（一三七五）以降の九州探題今川了俊との抗争期においても、一貫して島津氏は将軍家への忠節を誓っており、九州探題を介さず直接幕府と交渉して幕府への帰順、守護職復帰を図ろうとしていた（川添昭二一九六四、本書第1部第二章）。今川了俊の九州探題解任後、総州・奥州両島津家は、後任の探題渋川満頼に名代を送り、軍事的支援もおこなっている（本書第2部第一章）。そして、日明通交実現を目指す足利義満との駆け引きにより、島津奥州家が三か国守護職統一を果たすのである。

なお、島津奥州家を支えた御一家は、足利将軍家から名字の地を与えられたという「由緒」の優位性は主張しつつも、島津奥州家の主従制下に入ることで自らの領主権を確立し得たという意味で、御内と同質化していったとみられ、それは島津総州家や、奥州家元久・久豊の対立時における一揆形成を通じて「家中」の形成へと結びついていった。

二、守護島津氏と国衆の関係

平安・鎌倉期以来の由緒をもつ島津氏領国内の国衆は、島津氏の領国形成にどのように反応したのか、また島津氏権力はどう対応したのか。島津氏の領国形成が進むなか、彼らにはふたつの選択肢があった。ひとつは、前出島津氏独自の領国支配論理を認めた上で、その権力下において自立性を保っていく立場。もうひとつは、島津氏の支配を拒否し、幕府や九州探題、あるいは領国外諸勢力との連携により抵抗を続けていくという立場である。

国衆の多くは、観応の擾乱や今川了俊との抗争期において反島津氏の立場をとり、応永二年（一三九五）に直勤御家人たる「小番之衆」に編成されたものも多い（本書第2部第一章）。ただ、大隅・日向の国衆に関しては、前節の時期区分Ⅱ期において、奥州家「家中」を構成する御一家との姻戚関係等により、同家と良好な関係を築くようになり、前者の立場を選択するものが多かった。樺山氏や北郷氏との重縁により与党化していった三俣両人（高木氏、和田氏）、北郷氏や新納氏と姻戚関係を結んだ野辺氏や肝付氏がその代表である。また、姻戚関係こそないものの、奥州家当主や御一家との契状取り交わしにより、相互にその立場を承認しているものとして、祢寝《ねじめ》氏や北原氏、種子島氏などが挙げられる。彼らは、本領・本貫地の安堵を守護島津氏に求めてその主従制下に入ることはないものの、給地を宛行われ、契状を交わすことで守護島津氏の権力下に包摂される存在となっていった。

彼ら大隅・日向の国衆のうち、肝付・野辺・飫肥《おび》・蒲生・北原・加治木の各氏は、御一家の樺山・北郷両氏、御内の阿多氏・平田氏とともに、応永一七年（一四一〇）六月、島津元久の上洛に同行し、足利義持への見参を果たす(1)。その際、肝付氏は河内守、野辺氏は薩摩守、飫肥氏は伊豆守、蒲生氏は美濃守、北原氏は左馬介、加治木氏は能登守の官職を得ているが(2)、これは彼ら国衆が、幕府の直勤御家人ではなく守護島津氏の権力下にあり、任官も守護家の吹挙によっておこなわれることを、国衆自身、そして幕府に対して明示する意味合いがあったとみるべきであろう。

一方、あくまでも守護島津氏の支配に抵抗を続ける国衆も、Ⅲ期途中まで多く見られた。その代表的存在が、入来院氏・祁答院《けどういん》氏といった渋谷一族、牛屎《うしくそ》氏、和泉氏、菱刈氏といった薩摩国山北に盤踞する国衆である。彼らは、南北朝期に南朝方、あるいは今川方として島津氏の領国支配に抵抗し続けた勢力であり、本来大隅国守護家であった島津奥州家にとっては、もっとも懐柔しづらい存在であった。加えて、応永年間に総州家と奥州家の対立が表面化し、奥州家が薩摩国守護職を兼務すると、総州家とも連携して抵抗している。さらに、彼らは肥後の菊池氏・相良氏といった島津氏領国外勢力とも結託しており、北部・中部九州の政治情勢にも連動していた（本書第2部第一章）。

守護島津氏（島津奥州家）が、〝擬制的島津荘支配権〟という内向きのロジックで領国支配を展開し、その権力下に国衆をも組み込もうとしたのに対し、これに徹底抗戦する立場をとる国衆は、九州探題今川了俊の置き土産ともいうべき、将軍への「直接の忠」、すなわち直勤御家人としての立場を楯として対抗していった。こうした抵抗勢力に対して守護島津氏は、Ⅱ期において島津総州家を薩摩国から駆逐して、薩摩国守護家・島津本宗家としての地位を確立し、Ⅲ期では、大覚寺義昭事件を逆手にとって幕府や大内氏に接近し、外部勢力の影響・支援の排除を図り、最終的には渋谷一族や菱刈氏を除く、ほとんどの国衆を滅ぼすことに成功している。

三、守護島津氏権力の地域的二元性―薩摩と大隅・日向の地域間対立―

Ⅱ期の前半（島津元久期）における島津奥州家の薩摩国進出を支えたのは、薩摩半島を本拠とする鎌倉初期分出の御一家、伊集院氏と伊作氏であった。特に、伊集院氏は、Ⅰ期において島津奥州家と重縁を結んで同家の大隅半島進出を支援しており、奥州家当主を頂点とする主従制下で「家中」を構成する大隅・日向の御一家とは異なる立場で、守護島津氏権力の一翼を担う存在であった。Ⅱ期前半の島津奥州家権力は、外戚伊集院氏を中心とする薩摩を基盤とする勢力と、大隅・日向を基盤とする勢力によって構成されており、それぞれの地域によって支えられる二元性を有していたといえる。Ⅱ期初頭の薩摩半島進出と島津総州家との抗争を主導したのは前者、すなわち薩摩を基盤とする伊集院氏らであり、結果として薩摩・大隅・日向三か国守護職を統一する原動力になったといえる。加えて、伊集院氏と伊作氏は、島津奥州家と結託することで薩摩半島南部への進出を果たし、伊集院氏は島津総州家が領していた薩摩国河辺郡の要港坊津・泊津（鹿児島県南さつま市坊津町）を、伊作氏は二階堂氏が領していた同国阿多郡（同県日置市金峰町）を掌握する。いずれも、琉球あるいは中国大陸へとつながる海上流通の拠点であり、特に坊津・泊津を含む河辺郡の掌握は、薩摩半島南方の硫黄島（同県鹿児島郡三島村）で産出する硫黄の確保につながり、日明通交・勘合貿易を開始した足利義満との交渉に大きく寄与したと考えられる。

三か国守護職補任による領国の拡大は、奥州家権力における伊集院氏の影響力を増大化させ、総州家との関係悪化も相まって、島津元久の後継＝養嗣子に伊集院氏の嫡男を迎えるという事態を招く。島津奥州家と伊集院氏の一体化、見方を変えれば、伊集院氏による島津本宗家の乗っ取りであった。応永一八年（一四一一）の元久没後にこれを阻止して元久の弟久豊を擁立したのは、大隅・日向を基盤とする御一家・御内、すなわち守護家「家中」であり、その後、久豊を担ぐ「家中」と、島津総州家と結託した伊集院氏・伊作氏との間で激しい争乱が続いた。つまり、この争乱は、守護家の家督をめぐる争いであると同時に、守護島津氏権力の地域的二元性に起因する主導権争いであり、それは地域間抗争の様相を呈したのである（本書第1部第三章）。この抗争は、守護家「家中」の擁する島津久豊の勝利に終わるが、伊集院氏とは和睦し、再び婚姻関係を樹立したこともあって、守護島津氏権力の地域的二元性はそのまま継続していった。

そして、この権力の二元性に起因する守護権力内部での主導権争い、地域間抗争は、Ⅲ期に入って再燃する。それが、永享四年（一四三二）に始まる「国一揆」と、島津忠国・持久兄弟の内訌である。Ⅰ期と同じく、「国一揆」は伊集院氏の主導で始まったが、その鎮圧過程で同氏は没落し、その基盤は島津持久によって継承される。その持久の島津本宗家家督継承により、再び守護島津氏権力内部の主導権争い・地域間抗争となったのが、忠国・持久兄弟の内訌である。さらに、この二つの争乱の過程で、日向国南部に第三極形成の動きが起きるなど、守護家「家中」の分裂・動揺も生じる。結果として、守護家内訌の止揚と、薩摩国山北の国衆制圧により、守護島津氏権力は再び強化されていったが、島津持久は薩摩国北部と薩摩半島南部の広大な領域を所領として認められ、島津薩州家を立てる。後述のように、これを牽制するために新たな庶子家も立てられるが、結果としてこうした大規模庶子家の創出が、戦国の争乱につながる新たな対立を生んでしまう。

四、島津立久政権の評価

Ⅲ期前半の長期にわたる争乱を鎮静化させたのは、長禄三年（一四五九）頃、強権的施策により領国内の動揺をまねいた父島津忠国を強制的に隠居させて家督を継承した島津立久であった（本書第3部第二章第二節）。島津立久政権は、応仁・文明の乱により全国が争乱状態に突入するなか、十数年におよぶ「平和」を島津氏領国内に実現した。その意味で、室町期島津氏のなかでもっとも安定した政権を築いたといえる。島津立久政権の特徴は、領国外勢力、残存国衆との融和を基調としつつも、父忠国の強権的な国衆追討政策の成果を利用し、守護家当主の改替や権限規制を図ってきた鎌倉・南北朝期分出御一家の影響力を弱め、守護支配の強化を実現したことにある。具体的には、大量の没収地を近親者に与えて郡単位の所領をもつ新たな庶子家を創出するとともに、国境や政治的・経済的要地を直轄化して守護領とし、そこに新たに御内に取り込んだ没落国衆の親類・被官を「衆」として配置することで、守護家「家中」の拡大・再編をおこなったのである。

この立久政権が構築した支配体制は、約百年後の戦国期島津氏によって継承される。すなわち、島津相州家貴久・義久の領国経営の基軸は、「地頭衆中制」の構築にあり、要地の直轄領化とそこへの直臣（地頭・衆中）の配置により、強固な領国支配を実現した（稲本紀昭一九六八、福島金治一九八八c）。この地頭と衆中の関係は、島津立久政権が構築した「御手持之御城柱」と「衆」の関係に相似しており、要地の直轄領化とそこへの直臣配置という支配モデルは、立久政権に淵源が求められよう。島津立久の構築・志向した支配体制は、立久没後に崩壊したため、「未熟」と評価されるが、それは結果論に過ぎない。その方向性は、戦国期島津氏＝島津相州家貴久・義久が目指すべき領国経営の先例となったのであり、室町期島津氏による領国支配の完成形態・到達点として評価されるべきであろう。

しかし、島津立久が構築した支配体制は、文明六年（一四七四）の立久死没直後から、忠国・立久近親者が立てた庶子家を中心とする「一家中」一揆によって否定されていく。すなわち、Ⅳ期に入ると、この「一家中」と拡大・再編された守護家「家中」の対立・抗争のなかで、室町期島津氏権力は弱体化していき、戦国的状況が出現していくのである。

第三節　室町期島津氏と室町幕府との関係

前節では、室町期氏島津氏の領国形成が、当初から室町幕府・将軍家を相対化しつつ、独自の主従制を構築しながら進められたことを指摘し、幕府との遠心性を強調してきた。その一方で、九州探題今川了俊の解任以降において、幕府と守護島津氏が緊密な関係を構築するケースも、事例は少ないものの確認できる。こうした事例をもって、室町期島津氏が「室町幕府―守護体制」に包摂されているかのような、あるいは幕府の出先機関である九州探題渋川氏が島津氏領国に対しても一定の影響力・支配権を行使できていたかのような言説も近年見受けられる。本節では、こうした事例を検証し、室町期島津氏と幕府の関係・距離感について整理しておきたい。

一、室町期島津氏と「室町幕府―守護体制」

かつて、『都城市史 通史編 中世・近世』（都城市、二〇〇五年）の第一編第一章第二節―一「島津忠久と「御所」をめぐる伝説」において、島津氏祖忠久の源頼朝落胤説の成立背景について記したことがある。源頼朝落胤説が初めて登場する「酒匂安国寺申状」、「山田聖栄自記」が、いずれも一五世紀中・後期に成立したことから、落胤説誕生の背景に、この時期の守護島津氏＝島津本宗家の特質である幕府の相対化と地域封建権力化があったと指摘した。すなわち、この時期に「島津本宗家が三か国守護職を自家の「家職」と認識し、幕府を相対化していくなかで、始祖忠久を源頼朝の落胤とし、自らが地域封建権力として正当な血筋と由緒をもつことをアピールしていく必要性があったのだろう」とし、応永三二年（一四二五）三月の島津忠国による源姓使用をその傍証とした（同書一七～一八頁）。

これに対し、島津氏の源氏姓・藤原姓使用、由緒創設の背景を分析した〔水野哲雄二〇〇八〕は、拙稿を「室町幕府と島津氏の関係について、特に儀礼的側面において、一五世紀の島津氏が中央からの求心構造の埒外に存在したと評価するのは不適切」と批判する。そして、島津忠国による源姓創設・使用は、「武家社会の伝統的家格秩序の頂点に存在する源氏将軍足利氏の権威」に対する求心性によるものであり、島津氏自らの意志により室町将軍を中心とする武家社会の儀礼的秩序へと包摂されていく過程で生じたものと結論づけている（一六四～一七〇頁）。

確かに、島津忠国は自らの復権に大覚寺義昭事件を利用し、幕府（将軍足利義教）に接近して「国一揆」を牽制し、弟持久に対する治罰の御教書を獲得していたことは、第2部第一章・第二章の考察からも明らかであり、幕府の権威を利用しようとしたのは確かである。前出『都城市史』において、室町期島津氏の幕府相対化、地域封建権力化と源姓使用を安易に結びつけたことは不適切であり、撤回したい。しかし、「一五世紀の島津氏が中央からの求心構造の埒外に存在したと評価するのは不適切」という批判、「島津氏自らの意志により室町将軍を中心とする武家社会の儀礼的秩序へと包摂されて」いたとの理解は、首肯できない。

水野氏は、応永一七年（一四一〇）に島津元久が上洛して足利義持と対面したことを指摘した上で、「この上洛について、福島金治は『島津氏が室町幕府の守護の在京原則策の一翼に入っていくことを意味するものであった』と評価している（筆者注―福島金治一九八八ａ）。結果的に島津氏当主の在京は恒常化しないものの、当主自身の上洛と将軍への謁見を通して幕府と島津氏との関係が、より親密な段階へと進展したことは確かであろう」としている（一六八～一六九頁）。引用する福島金治説は、室町期島津氏を「在京守護」とみなすものであるが、水野氏も認めるように、島津氏の在京は恒常化しない。島津元久の上洛は応永一七年六月から九月までのわずか三か月であり、その後島津本宗家当主の上洛は、島津義久が豊臣秀吉に臣従した後の天正一五年（一五八七）まで、一七〇年以上も確認できない。京都に屋形を築いたことと、わずか三か月の上洛をもって「在京原則の一翼」に入ったとみなすとは、「在京守護」の概念を根底から覆す暴論といわねばならない。今さらいうまでもないが、室町期島津氏が「在京守護」と位置づけられないことは明白である。

それではなぜ、島津忠国は幕府に接近し、関係強化を図ったのであろうか。

前節でも指摘したように、南北朝期末の今川了俊との抗争以来、反島津氏の立場をとる国衆は、島津奥州家の独自かつ内向きの領国支配論理に対抗すべく、幕府あるいは九州探題との直接的結びつきを大義名分とした（本書第２部第一章・第二章）。第１部第三章で検討した応永年間における島津久豊と島津総州家・伊集院頼久との抗争においても、総州家が久豊の「不義」と薩摩国守護職安堵を訴え、九州探題を通じて幕府に訴状を提出したことが指摘されている(3)。

そして、永享四年（一四三二）に始まる「国一揆」は、足利義教期における「辺彊分治・遠国融和」政策の転換と九州情勢への積極的関与が背景にあり、その中心人物である伊集院煕久が幕閣に働きかけ、守護職補任も視野に入れつつ幕府法廷に持ち込もうとしていたことも指摘してきた（本書第２部第一章、第二章補論）。こうした動きを押さえ込むためには、必然的に幕府への接近が必要だったと考えられる。加えて、永享末年、島津氏領国には、兄足利義教に反旗を翻した大覚寺義昭が潜伏しており、その追討のために幕府側（大内持世、赤松満政）から積極的に島津忠国に接近してきたことは、既述のとおりである（本書第2部第二章、同補論）。忠国の源姓使用の背景にある幕府への接近は、「国一揆」への対応という忠国の思惑と、幕府側の思惑がたまたま一致したことによって生じた現象であり、嘉吉の乱による断絶もあって、実際に幕府への接近が忠国の復権に功を奏したわけでもない。両者の親密な関係は、この時期の特殊な条件下で一時的に生じたものであり、その後永続的に続いたとは考えにくい。

次に室町期島津氏と幕府との接点が表面化するのは、文明三年（一四七一）のことである。この年一〇月一五日、幕府侍所所司赤松政則の被官で侍所所司代の浦上則宗は、島津立久の在京代官とみられる五代友平に対して書状を送り(4)、「日向国事、如何様ニ伊東方訴訟候共、不可有御承引候、若左様之御沙汰候者、当方懸身候て、相支可申上候間、可御心安候」と伝えている。「日向国事」について、日向伊東氏（祐堯ヵ）が幕府（管領細川勝元ヵ）に訴えたようであるが、浦上則宗はこれを全力で阻止すると述べている。この「日向国事」を、『史料綜覧』（一九三八年）や『鹿児島県史』第一巻（一九三九年）は、日向国守護職とし、伊東祐堯が同国守護職補任を幕府に求めたと理解している。

伊東氏の日向国守護職補任要求は南北朝期にまでさかのぼり、嘉慶二年（一三八八）に比定される二月一八日付の今川了俊書状(5)には、同国山東の有力国人である伊東・土持の二氏が守護職を望んでいることが記されている。同国守護職補任は、伊東氏にとって悲願だったのだろう。島津忠国による山東進攻直後の文安元年（一四四四）六月、祐堯の祖父伊東祐立は、上洛の途上、播磨国で渡河中に落馬して没している(6)。島津氏との関係が不安定な時期の上洛は、幕府との直接交渉を推測させる。この祐立没後の同族内の争いを制して家督を継承した孫の祐堯が、再び幕府に働きかけ、父祖以来の悲願である日向国守護職補任を企んだのであろう(7)。島津立久は、文明元年九月に東軍の管領細川勝元から、西軍大内政弘に与する肥後の菊池重朝攻撃を依頼されているが[8]、これに応じた気配はない。にもかかわらず、二年後に伊東氏の訴訟が表面化すると一転して幕府に接近し、代々島津氏と幕府の取次をつとめた赤松氏の被官であり、幕府内で大きな発言権をもった浦上則宗[9]に対応を依頼し、これを阻止したのである。

このように、室町期島津氏は、幕府の補任権とは関係なく、薩隅日三か国守護職を根本領国・家職と理解していたが、その一方で、反島津氏・反奥州家勢力が幕府に接触して守護職改替を狙おうとした際には、幕府に接近してこれを全力で阻止しようとしたのである。いわば、領国防衛のための場当たり的対応であり、これを「幕府への求心性」、「在京守護化」と理解するのは早計であろう。

二、幕府の対外交渉・貿易と室町期島津氏

前項では、島津氏領国内の抵抗勢力、あるいは領国外の勢力が幕府と結びついた際の守護島津氏の動きを指摘した。今ひとつ、島津氏が幕府と接点を持ったのが、日明・日琉通交等、対外関係で何らかの問題が生じた時である。

室町期島津氏＝島津奥州家は、その地理的条件もあって、南北朝期以来対明、対琉球通交・貿易を指向しており、要港の掌握、主要輸出品である硫黄の産地掌握により、幕府をはじめとする他の外交権・貿易権掌握を図る勢力に対してイニシアティブを持っていたことは確かである。〔伊藤幸司二〇一〇〕は、応安八年（一三七五）、足利義満最初の遣明使派遣に際し、無文梵章を硫黄使節として島津氏久のもとに派遣したことを指摘している[10]。その島津氏久が居城をおいた日向国救仁院志布志（鹿児島県志布志市志布志）は、黒潮に面した鎌倉期以来の要港として知られる。第1部第三章第二節で指摘したように、島津氏久は、義満の遣使直前の応安七年六月、僧道幸を使者として明に派遣して

いる。この入貢は却下されるものの、この船には志布志大慈寺の二世住持剛中玄柔の弟子一〇名が同乗しており、彼らは「大蔵経」二部を持ち帰って、大慈寺と京都東福寺に施入している(11)。こうした経緯をふまえ、応永一一年(一四〇四)五月に正式に明の永楽帝から冊封された足利義満は、同年六月、島津総州家伊久と同奥州家元久の抗争調停に乗り出すとともに、元久の大隅・日向両国守護職を安堵したのであり、これによって倭寇の鎮圧と、日明通交権の独占を図ろうとしたのであろう。

おそらくこの頃、足利義満は島津元久に遣明船舶載用に硫黄の調達を命じたようであり、硫黄二万五千斤が上納されたことを謝する義満御内書が残っている(12)。時期ははっきりしないものの、応永一〇年前後には島津元久が硫黄を調達できる状況にあった、つまり硫黄の産地である硫黄島(鹿児島県鹿児島郡三島村)を含む、十二島を掌握していたことをうかがわせる。しかし、これは島津奥州家自身が、十二島を含む薩摩半島南側の海域やこれに隣接する要港を直接支配できていたことを意味するものではない。特に、硫黄島にも近接する薩摩半島南端の要港坊津・泊津は、応永年間初頭までは島津総州家の支配下にあったが、第3章第二節で指摘したように、総州・奥州両家の抗争時に、奥州家元久に与する伊集院氏によって坊津・泊津を含む河辺郡が制圧されたとみられる。島津元久による硫黄調進は、元久の外戚伊集院氏の薩摩半島南部制圧によって実現したとみるべきであろう。このため、伊集院氏と島津奥州家が敵対関係に転じると、奥州家のイニシアティブ・優位性は低下するのであり、薩摩半島の要港と十二島付近の制海権をめぐって、熾烈な抗争が繰り広げられることになる。

応永一八年(一四一一)閏一〇月ごろ、島津久豊が兄元久の養嗣子伊集院初犬千代丸を排除して、島津奥州家家督を奪取すると、初犬千代丸の実父伊集院頼久は、島津総州家久世と結託して十年に及ぶ抗争が始まる(本書第1部第三章第三節）。この間、薩摩半島西岸には、南蛮船が来航している。〔黒嶋敏二〇一二b〕は、応永二三年（一四一六）と同二六年の二度、南蛮船が万之瀬川河口付近に来航していることを確認した上で、九州探題渋川氏が特権的に有する「九州に着岸した外国船への警固権」を行使し、来航先である薩摩国阿多郡の阿多氏に命じて南蛮船を博多に廻航させたことを指摘した。南蛮船の博多廻航をになった阿多家久は、町田氏の庶流であるが伊集院氏に通じており、応永一八年八月に伊集院頼久から阿多郡を「料所」として宛行われている。[13]そして黒嶋氏は、この博多廻航に際して、島津久豊と抗争中の島津総州家が、九州探題を通じて幕府に対し、島津久豊の「不義」（総州家久世の謀殺）を訴え、総州家久林（久世の遺児）への薩摩国守護職安堵を求めたことを指摘している。[14]また黒嶋氏は、この時期足利義持は明と断交していたが、明との交易の代わりに南蛮貿易が唐物流入ルートとして機能していたと指摘している。総州家・伊集院氏連合が、南蛮貿易ルートを重視する幕府・九州探題に接近し、島津久豊に対抗しようとしていたのであろう。

しかし、当然のことながら、島津久豊はこの要地の制圧をめざす。応永二五・二六年（一四一八・一七）ごろであろうか、久豊は数百艘の兵船で阿多家久領に進攻し、来航していた南蛮船の奪取を図っている。[15]同二八年九月に伊集院頼久と和睦した久豊は、その前後に万之瀬川河口付近を含む薩摩半島南部の制圧を進め、南蛮、対明貿易の拠点となる要港を支配下に収めたとみられる。前出〔黒嶋敏二〇一二b〕は、応永二六年に来航した南蛮船の博多廻航が遅延している理由を、「島津久豊による探題命令のサボタージュと南蛮船拘留」としている。これは、いくら九州探題渋川氏が「外国船への警固権」を主張しても、実際に南蛮船の来航地を掌握している領主の協力がなければ、貿易の実現は難しかったことを示していよう。

さらに、〔佐伯弘次二〇一〇〕は、永楽一六年＝応永二五年（一四一八）六月以降、日本から帰国した明使呂淵が、島津存忠（久豊）の庇護を受けて帰国し、久豊の使者は「日本国王使」として接遇されたこと、そして翌年七月、再び来日した呂淵が島津氏の使者一六名を連れていたことを指摘している。これは、島津久豊が伊集院氏や島津総州家勢力を圧倒して薩摩半島南部を制圧する時期と一致する。

足利義持が朝貢を拒否し、日明関係が悪化するなか、薩摩半島の要港を制する伊集院氏は、島津久豊牽制の手段として南蛮船の博多廻航を利用しようとしたのである。一方、伊集院氏との抗争に勝利してこの地域を制圧した島津久豊も、南蛮船を抑留し、独自ルートで明との通交・交易に乗りだす動きをみせて、幕府や九州探題を牽制し、応永二八・二九年ごろの薩隅日三か国守護職安堵を勝ち取ったのであろう。久豊は兄元久と同様、対外貿易権を利用して、幕府との駆け引きに成功したのである。

前項において、領国内の抗争の視点で検証した、一五世紀中期における島津忠国の幕府への接近についても、日明貿易にからむ要港支配の影響が指摘できる。第2部第一章、第2部第二章補論で明らかにしたように、永享四年（一四三二）に始まる「国一揆」では、硫黄島と坊津・泊津を支配する伊集院熙久が、復活した永享度遣明船用の硫黄を楯に島津本宗家と対抗し、硫黄使節瑞書記とその背後にいる山名時熙と結んで幕府との直接交渉に持ち込もうとしていた。その伊集院氏を駆逐した島津持久、そして持久と対立する島津忠国両者とも、久豊期に南蛮船来航地を支配し、その博多廻航をになっていた阿多氏に泊津を与えるなどして懐柔を図り（本書第2部第二章表①・②）、持久は自身の指揮下に入った伊集院氏に対し、要港坊津を預けている(16)。

日明貿易に不可欠な硫黄の産地・積出地であり、南蛮船の着岸地でもある南九州沿岸部は、守護島津氏をはじめとする南九州の領主にとって大きな利権地帯であると同時に、幕府やその出先機関である九州探題にとっても重要な地域であった。このため、反島津本宗家（奥州家）の立場をとるもの、あるいは本宗家家督の簒奪を図ろうとするものは、この地を掌握することで幕府の支持を得ようとした。これに対し島津本宗家も、この地を押さえて幕府に対するイニシアティブを誇示し、自らの薩隅日三か国に対する支配権―その具現化したものが「守護職」―を幕府に認めさせたのである。

しかし、一五世紀末期の有力庶子家の離反と要地に配置された守護直轄領の蚕食により、守護島津氏＝島津本宗家による要港・海域支配権は大きく後退し、有名無実となっていく（拙稿二〇〇六）。幕府や大内氏、細川氏といった琉球貿易を指向する領国外勢力は、守護家ではなく直接要港・海域を支配する島津豊州家や種子島氏といった勢力と直接交渉するようになり（伊藤幸司二〇〇三）、また、要港・海域を支配する諸勢力自身も、独自に琉球との通交を実現していった（屋良健一郎二〇一二、村井章介二〇一三b）。それは結果として、守護島津氏の権威・存在意義の低下と「地域ブロック」形成を促進し、戦国的状況を出現させる一因ともなったのである。

おわりに―室町期島津氏領国における「守護」―

守護職の特定の氏族への固定化と家産化・家職化は、一五世紀の「室町幕府―守護体制」下でも生じた全国的現象であった。〔田沼睦一九七六〕は、守護家の譲状に「守護職」が現われるようになることから、守護職は一五世紀初頭までには実質的に「相伝之職」となっていくと指摘し、〔今谷明一九九四〕は、一五世紀には守護職の相伝と世襲が定着し、幕府の吏務観から変じて守護自らの家職意識が牢固となってくると指摘した上で、守護職は「上古の吏務」から相伝世襲の〝藩王〟的封建諸侯へと変貌したとまで述べている。

一方、室町期島津氏は、一四世紀中期に領国形成を開始した時点ですでに、薩摩・大隅・日向三か国守護職を幕府（将軍家）が改替可能な「上古の吏務」とは認識していなかった。島津本宗家にとって薩隅日三か国守護職は、源頼朝に補任されて以来、島津氏の本領島津荘支配権に包摂されるものであり、鎌倉期において「先代」（北条氏）によって不当に召し上げられていたものの、室町幕府（足利将軍家）はこれを安堵するのが当然という前提にたっていた（本書第1部第一章）。つまり、領国形成の初発の段階から、「守護職」への認識が、「室町幕府―守護体制」下の一般的な守護とは異なっていたとみられる。そして、この独自の領有観、守護観を基に、室町期島津氏の領国支配は展開されていった。

一方、このロジックを真っ向から否定し、将軍家そしてその「分身」たる九州探題への「直接の忠」を説いて、島津氏の領国支配拡大を阻止しようとしたのが、今川了俊であった。しかし、今川了俊の対南九州政策は破綻し、一五世紀初頭までに足利義満・義持父子は、島津奥州家の独自の領有観、守護観に基づく領国支配を、島津元久への三か国守護職の安堵・補任という形で追認してしまう。

また、島津奥州家による三か国守護職の一括世襲は、一五世紀初頭の段階では固定化したものではなく、薩摩国守護職は島津総州家に戻る可能性もあったが、結局幕府は、日明通交・南蛮貿易でイニシアティブをとった島津久豊に三か国守護職を安堵し、その嫡男忠国にもその継承を許したことで、世襲化が固定化していったのである。

この間、室町期島津氏独自の領有観、守護観に基づく領国支配論理を受け入れ、これを支持することで領国支配を支えてきたのが、御一家・御内によって構成される室町期「家中」であった。この独自の領有観、守護観が、薩隅日三か国内における非島津荘域への進出の大義名分となり、室町期「家中」構成員にとっても各々の支配領域拡大、領主権確立の前提となったのである。その意味では、彼ら「家中」にとって守護島津氏は、九州探題や反島津方勢力と対抗するための〝旗頭〟であり、主従制の頂点にたつ存在でもあった。幕府の相対化から領国形成を開始した島津氏やその「家中」にとって、「守護」とは幕府による補任を必要条件とするものではなく、鎌倉期以来の「家職」との認識であり、幕府への求心性は極めて弱かった。島津氏領国における「守護」とは、下からの支持・要請に基づくものであり、このため、守護家を支える御一家・御内による一揆的結合による守護承認（「仰　公方」）という行為が一四世紀末から現れ、「家中」の形成を促したのである。一五世紀前半に、その「家中」による守護家家督の改替や、守護家当主の専断権制限、当主と「家中」の合議による政策決定といった現象が現れるのも、当然の帰結といえる。「戦国大名」を、「幕府から相対的に自立した地域封建権力」と規定できるのならば、序章で紹介した福田豊彦氏の「九州のばあい、なにも守護領国といわなくても直接戦国大名にしていい」という見解は、少なくとも島津氏に関しては、「言い得て妙」なのではないだろうか。

これに対し、室町期島津氏の領国支配に敵対する勢力は、今川了俊以来の手法を継承し、幕府や九州探題と直接結びつくことで、島津氏独自の領国支配論理に対抗しようとした。室町期島津氏の領国拡大過程は、こうした敵対勢力を屈服させるとともに、彼らと幕府・九州探題とのパイプを断ち、独自の領有観、守護観に基づく秩序のなかに包摂していく過程であった。それは、一五世紀前半の争乱を終息させ、多くの反島津方勢力が滅亡・没落した時点で達成される。この争乱後に家督を奪取した島津立久に対し、幕府が守護職補任をおこなった形跡は認められない。これは、島津氏側が補任を幕府に求めなかったためであり、それは幕府を利用する反島津方勢力が領国内から消滅したことの反映とも考えられよう[17]。

敵対勢力の出現のたびに結束していた守護家「家中」は、敵対勢力を駆逐して成立した島津立久政権によって拡大・再編され、守護権力の強化に寄与した。それは、十数年におよぶ「平和」を領国内にもたらすが、島津立久が没したのちの文明年間以降、新たな対立・抗争が生じていき、島津氏領国は戦国の争乱に突入していく。この新たな対立・抗争は、一五世紀前半までの〝島津氏独自の領国支配論理を支持する勢力〟と〝幕府・探題に結びつこうとする勢力〟という対立軸ではなく、相良氏や伊東氏といった領国外勢力も巻き込んで複雑な様相を呈する。一五世紀末の争乱の多くは、要地に配置された直轄領と「家中」を擁する強大化した守護権力そのものを攻撃対象とし、地域分割が進んでいったのである。しかし、こうした抗争を制して、新たな支配秩序の樹立を目指した島津薩州・相州両家は、どちらも島津本宗家家督の継承を図り、有力庶子家による承認によって「守護」としての地位を確保しようとした（山口研一一九八五、同一九八六、西森綾香二〇〇六）。

少なくとも戦国初期段階においては、島津氏領国の再統合は、「守護」を中心とする旧来の政治構造の再構築という形をとったとみられる。今後は、戦国期の地域統合、戦国期島津氏の領国形成がなぜこのような形をとったのか、そしてこのような旧来の支配秩序・政治構造の克服過程において、「守護」そのものの性格がどのように変化していったのかを明らかにしていく必要があろう。

註

（1）『旧記前』二―八〇〇号。
（2）『山田聖栄自記』文明一四年（一四八二）執筆分。
（3）『旧記雑録附録』一―二一四号、『島津家文書』六二三号、〔黒嶋敏二〇一二b〕六〇～六二頁。
（4）『島津家文書』三三二号。
（5）『家わけ一』「祢寝文書」一五一号。
（6）『日向記』卜翁本巻三「祐立疣河落水事」。
（7）なお、この「訴訟」より三年前の寛正二年（一四六一）三月二五日付で伊東祐尭に宛てられた、足利義政御内書とみられる文書が、『日向記』卜翁本巻三「三ヶ国家人ノ御教書賜事」に収録されている。『日向市史 通史編』（二〇一〇年）第二編第二章第一節にて福島金治氏は、本文書を「実際に発給されたもの」と評価している。しかし、書式の面からみて明らかに本文書は偽文書であり、永禄三年（一五六〇）頃に伊東氏が作成したとみられる（宮地輝和二〇一二）。
（8）『島津家文書』八〇号。
（9）浦上則宗の幕府内での地位・立場は、〔水野恭一郎一九七五〕を参照のこと。
（10）『島津家文書』六六号。
（11）『宮崎県史 通史編 中世』四〇七～四一〇頁、上田純一氏執筆。
（12）『島津家文書』六七号。
（13）『家わけ七』「阿多文書」一―17号。
（14）年欠二月二四日付芥川愛阿書状写（『旧記附録』一―二一四号）、年欠卯月一五日付芥川愛阿書状（『島津家文書』六二二号）。
（15）『家わけ七』「阿多文書」一―12号。
（16）『旧記前』二―一二八四号。
（17）領国外では、第三節で指摘したように、伊東氏による日向国守護職補任を求める動きが確認できる。

【参考文献一覧】

荒木和憲二〇〇六「一五・一六世紀の島津氏―琉球関係」(『九州史学』一四四)

有光友學二〇〇三「群雄の台頭と戦国大名―東国を舞台として―」(同編『日本の時代史12　戦国の地域国家』吉川弘文館)

家永遵嗣一九九五「室町幕府奉公衆体制と「室町殿家司」」(同著『室町幕府将軍権力の研究』東京大学日本史学研究室、初出一九九〇年)

池　享一九八五「大名領国制の展開と将軍・天皇」(『講座日本歴史四 中世二』東京大学出版会)

池　享一九九五ａ「戦国大名権力構造論の問題点」(同『大名領国制の研究』校倉書房、初出は一九八三年)

池　享一九九五ｂ「大名領国制試論」(同著『大名領国制の研究』校倉書房、初出は一九八八年)

石井　進一九七二「家訓・置文・一揆契状」(『日本思想大系 中世政治社会思想 上』岩波書店)

伊東守道二〇一〇「天正期島津氏の領国拡大と足利義昭の関係」(『九州史学』一五七、のちに拙編『薩摩島津氏』戎光祥出版、二〇一四年に再録)

伊藤幸司二〇〇三「大内氏の琉球通交」(『年報中世史研究』二八)

伊藤幸司二〇〇五「日朝関係における偽使の時代」(『日韓歴史共同研究報告書(第2分科篇)』)

伊藤幸司二〇一〇「硫黄使節考―日明貿易と硫黄―」(『アジア遊学』一三二)

稲本紀昭一九六八「中世後期島津氏の権力構造」(『史林』五一―三、のちに拙編『薩摩島津氏』戎光祥出版、二〇一四年に再録)

市村高男二〇〇三　「一一～一五世紀の万之瀬川河口の性格と持躰松遺跡」（『古代文化』五五―一二）
市村高男二〇〇五　「戦国期の地域権力と『国家』・『日本国』」（『日本史研究』五一九）
今岡典和・川岡勉・矢田俊文一九八五　「戦国期研究の課題と展望」（『日本史研究』二七八）
今谷　明一九九四　「一四―一五世紀の日本―南北朝と室町幕府―」（『岩波講座日本通史』第九巻、のちに同著『室町時代政治史論』塙書房、二〇〇〇年に再録）
江平　望一九七六　「南北朝・室町初期の佐多氏」（『知覧文化』一三）
江平　望一九八九　「鎌倉・南北朝期の樺山氏文書について」（『鹿児島中世史研究会報』四六）
江平　望一九九一　「中世加世田別府史」（『笠沙町郷土誌』上）
江平　望一九九六　「島津本荘から大宰府への道」（同著『島津忠久とその周辺』高城書房出版、初出は一九九五年）
大田壮一郎一九九九　「大覚寺門跡と室町幕府―南北朝～室町期を中心に―」（『日本史研究』四四三）
大山智美二〇〇九　「戦国大名島津氏の権力形成過程―島津貴久の家督継承と官途拝領を中心に―」（『九州大学大学院比較社会文化学府　比較社会研究』二五、のちに拙編『薩摩島津氏』戎光祥出版、二〇一四年に再録）
長田弘通一九九一　「天正年間以前の大友氏と島津氏」（『大分県地方史』一四三）
小山　博二〇〇四　「室町時代の島津氏の渡唐船警固について」（高橋啓先生退官記念論集『地域社会史への試み』）

笠松宏至一九七九　「中世闕所地給与に関する一考察」（同著『日本中世法史論』東京大学出版会）
勝俣鎮夫一九九四　「一五―一六世紀の日本―戦国の争乱―」（『岩波講座日本通史』第一〇巻、のちに同著『戦国時代論』岩波書店、一九九六年に、「戦国大名「国家」の成立」と改題の上再録）
川添昭二一九五九　「室町幕府成立期における政治思想―今川了俊の場合―」（『史学雑誌』六八―一二）
川添昭二一九六四　『今川了俊』（吉川弘文館）
川添昭二一九七八ａ　「渋川満頼の博多支配及び筑前・肥前支配」（竹内理三博士古稀記念会編『続荘園制と武家社会』吉川弘文館）
川添昭二一九七八ｂ　「九州探題の衰滅過程」（『九州文化史研究所紀要』二三）
川添昭二一九八一　『中世九州の政治と文化』（文献出版）
川添昭二一九八三　「室町幕府奉公衆筑前麻生氏について」（同著『九州中世史の研究』吉川弘文館）
川添昭二一九八一　「鎮西管領斯波氏経・渋川義行」（渡辺澄夫先生古希記念事業会編『九州中世社会の研究』第一法規）
川添昭二一九八八　「南九州経営における九州探題今川了俊の代官」（『鹿児島県史料旧記雑録月報』一〇）
川添昭二二〇〇三　「連歌師朝山梵灯の政治活動」（同著『中世九州の政治・文化史』海鳥社）
川岡　勉一九九三　「室町幕府―守護体制の成立と地域社会」（『歴史科学』一三三）
川岡　勉二〇〇二　「室町幕府―守護体制の権力構造」（同著『室町幕府と守護権力』吉川弘文館）
菊池浩幸二〇〇六　「国人領主のイエと地域社会」（『歴史評論』六七四）

岸田裕之二〇〇三　「統合へ向かう西国地域」（有光友學編『日本の時代史12　戦国の地域国家』（吉川弘文館）
工藤敬一一九九八　「中世の真幸院と肥後球磨郡」（『宮崎県史しおり』通史編・第三回）
久留島典子一九九四　「領主の一揆と中世後期社会」（『岩波講座日本通史　中世三』岩波書店）
久留島典子二〇〇一　『日本の歴史13　一揆と戦国大名』（講談社）
黒嶋　敏二〇一二a　『日本史リブレット81　一揆の世界と法』（山川出版社）
黒嶋　敏二〇一二b　『中世の権力と列島』（高志書院）
桑波田興一九五八　「室町幕府と南蛮―〈足利の中華〉の成立―」（『青山史学』三〇）
郡山良光一九六八　「戦国大名島津氏の軍事組織について」（『九州史学』一〇、のちに福島金治編『戦国大名論集16　島津氏の研究』吉川弘文館、一九八三年に再録）
桑山浩然二〇〇六　「大覚寺義昭の最期」（同著『室町幕府の政治と経済』吉川弘文館、初出一九九一年）
郡山良光一九六八　「島津氏における領国形成の課題」（『鹿児島中世史研究会報』一五、のちに拙編『薩摩島津氏』戎光祥出版、二〇一四年に再録）
郡山良光一九六九　「室町時代の鹿児島」（『鹿児島市史』第三編・第三章）
呉座勇一二〇一四a　「奉納方一揆契状と交換型一揆契状」（同著『日本中世の領主一揆』思文閣、初出は二〇〇七年）
呉座勇一二〇一四b　「親子契約・兄弟契約・一揆契約」（同著『日本中世の領主一揆』思文閣、初出は二〇〇七年）
呉座勇一二〇一四c　「南北朝～室町期の戦争と在地領主」（同著『日本中世の領主一揆』思文閣、初出は二〇一一

小瀬玄士二〇一三　「『島津家文書』所収「年中行事等条々事書」をめぐって」（遠藤基郎編『生活と文化の歴史学2年中行事・神事・仏事』竹林舎）
小葉田淳一九三九　『中世南島通交貿易史の研究』（日本評論社）
小葉田淳一九七六　「中世における硫黄の外国貿易と産出」（同著『金銀貿易史の研究』法政大学出版局、初出一九三三年）
五味文彦一九七四　「在京人とその位置」（『史学雑誌』八三―八）
五味克夫一九五九　「大隅の御家人について」（『日本歴史』一三〇）
五味克夫一九六四　「薩摩国守護島津氏の被官について」（『鹿大史学』一二）
五味克夫一九六九　「薩摩国伊集院の在地領主と地頭」（竹内理三博士還暦記念会編『荘園制と武家社会』吉川弘文館）
五味克夫一九七四　「島津忠治と調所氏・本田氏・入来院氏」（『鹿児島中世史研究会報』三三）
五味克夫一九八三　「「山田家文書」と「山田聖栄自記」補考」（『鹿大史学』三一）
五味克夫二〇一四a　「総州家島津忠朝について二、三の覚書」（拙編『薩摩島津氏』戎光祥出版、初出は一九八四年）
五味克夫二〇一四b　「南北朝・室町期における島津家被官酒匂氏について―酒匂安国寺申状を中心に―」（拙編『薩摩島津氏』戎光祥出版、初出は一九八三年）

佐伯弘次一九七八「大内氏の筑前国支配―義弘期から政弘期まで―」（『九州中世史研究』第一輯）
佐伯弘次二〇一〇「応永の外寇と東アジア」（『史淵』一四七）
佐川　弘一九六四「中世入来院領における在地構造の変質（上）・（下）」（『史学雑誌』七三―四・五）
佐久間重男一九九二「明初の日中関係をめぐる二、三の問題」（同著『日明関係史の研究』吉川弘文館、初出一九六六年）
桜井英治二〇〇一『日本の歴史12 室町人の精神』（講談社）
佐々木潤之介一九七〇「統一政権論の歴史的前提―その整理・ノート―」（『歴史評論』二四一、のちに『戦国大名論集1 戦国大名の研究』吉川弘文館、一九八三年に再録）
佐藤進一一九七一『増訂鎌倉幕府守護制度の研究―諸国守護沿革考証編―』（東京大学出版会）
佐藤進一一九八三『日本の中世国家』（岩波書店）
佐藤進一一九八八『室町幕府守護制度の研究 下―南北朝期諸国守護沿革考証編―』（東京大学出版会）
佐藤進一一九九〇「室町幕府論」（同著『日本中世史論集』岩波書店、初出一九六三年）
重永卓爾一九八八「頴娃城の破壊を難ず―南薩の名城跡を護るために―（上）（中）（下）」（『南九州文化』三五・三六・三七）
重永卓爾一九九六「島津本荘島津院・北郷の開発と日置氏」（『南九州文化』六七、六八）
柴田博子二〇一二「『長門本平家物語』硫黄島配流道行き説話の研究状況」（『宮崎県地域史研究』二六）
島田宏三一九六二「島津庄日向南郷に於ける建武元年北条氏残党について」（『史創』五）

杉山　博一九六七「守護領国制の展開」（『岩波講座 日本歴史』中世三）
晋　哲哉二〇一二『島津氏の研究―守護領国期を中心に―』（ジャプラン）
須田牧子二〇〇五「書評 川岡勉著『室町幕府と守護権力』」（『史学雑誌』一一四―一）
関　周一二〇〇二「唐物の流通と消費」（『国立歴史民俗博物館研究報告』九二）
高柳光壽一九三二「応永年間に於ける南蛮船来航の文書について」（『史学雑誌』四三―八、のちに『高柳光壽史学論文集 上』吉川弘文館、一九七〇年に再録）
田中健夫一九七五『中世対外関係史』（東京大学出版会）
田沼　睦一九七六「室町幕府・守護・国人」（『岩波講座日本歴史』中世三）
田村洋幸一九六七『中世日朝貿易の研究』（三和書房）
鶴嶋俊彦一九九五「戦国相良氏の八代支配と城郭形成」（『ひとよし歴史研究』八）
遠山茂樹一九五一『明治維新』（岩波書店）
外山幹夫一九八三『大名領国形成過程の研究』（雄山閣出版）
中島丈晴二〇〇七「今川了俊の軍事動員と所務沙汰訴訟」（『歴史学研究』八二九）
永原慶二一九七五「大名領国制の史的位置―研究史的検討」（『歴史評論』三〇〇、のちに同著『戦国期の政治経済構造』岩波書店、一九九七年に再録）
永山修一一九九九「日向国の官道」（『宮崎県史 通史編 古代2』特論一）
新名一仁二〇〇四「北郷氏の由緒に関する基礎的考察―島津庄日向方北郷の拝領・都城築城の時期をめぐって

新名一仁二〇〇六 ―」（『宮崎県地域史研究』一七）
新名一仁二〇一一 「三宅国秀・今岡通詮の琉球渡航計画をめぐる諸問題―南九州政治史の視点から―」（『九州史学』一四四）
新名一仁二〇一三 「南北朝・室町期における渋谷一族と島津氏」（小島摩文編『新薩摩学8 中世薩摩の雄 渋谷氏』南方新社）
新名一仁二〇一四a 「中世島津氏「守護代」考」（『宮崎県地域史研究』二八）
新名一仁二〇一四b 『日向国山東河南の攻防―室町時代の伊東氏と島津氏―』（鉱脈社）
西森綾香二〇〇六 「中世後期島津氏の研究状況」（拙編『薩摩島津氏』戎光祥出版）
新田一郎二〇〇一 「戦国期島津氏の家督継承争いについて―豊州家島津氏を中心に―」（『宮崎県地域史研究』一九）
野崎道雄一九八〇 「中世から近世へ」（『新体系日本史2 法社会史』山川出版社、Ⅱ中世―第5章）
羽下徳彦一九六四 「島津総州家考」（『千台』八）
橋本　雄二〇〇五 「室町幕府侍所考―その一 初期の構成―」（『白山史学』一〇）
橋本　雄二〇一〇 「永正度の遣明船と大友氏―警固・抽分・勘合から―」（同著『中世日本の国際関係―東アジア通交圏と偽使問題―』吉川弘文館）
「対明・対朝鮮貿易と室町幕府―守護体制」（『日本の対外関係4 倭寇と「日本国王」』吉川弘文館）

服部英雄一九七八「空からみた人吉庄・交通と新田開発」（『史学雑誌』八七―八）
服部英雄一九八〇「戦国大名相良氏の誕生」（『日本歴史』三八八）
服部英雄一九八三「相良氏と南九州国人一揆」（『歴史学研究』五一四）
林　匡二〇〇五「戦国期の大隅国守護代本田氏と近衛家」（『黎明館調査研究報告』一八）
原　昭午一九七五「兵農分離と幕藩制」（『大系日本国家史 3近世』東京大学出版会）
平出真宣二〇〇七「戦国期政治権力論の展開と課題」（中世後期研究会編『室町・戦国期研究を読みなおす』思文閣出版）
福島金治一九七七「室町・戦国期島津氏の領国支配機構」（『九州史学』六三）
福島金治一九七八「室町・戦国期島津氏の領国支配と国人」（『九州中世史研究』一、文献出版）
福島金治一九七九a「室町・戦国期島津氏の家臣団編成について」（『日本歴史』三七三）
福島金治一九七九b「戦国大名島津氏と老中」（『九州史学』五八、〔福島金治編一九八三〕に再録）
福島金治一九八〇「戦国大名島津氏と地頭」（『九州中世史研究』二）
福島金治編一九八三『戦国大名論集16 島津氏の研究』（吉川弘文館）
福島金治一九八八『戦国大名島津氏の領国形成』（吉川弘文館）
福島金治一九八八a「戦国大名島津氏の家督継承と守護職」（同著『戦国大名島津氏の領国形成』吉川弘文館）
福島金治一九八八b「戦国大名島津氏の領国支配機構」（同著『戦国大名島津氏の領国形成』吉川弘文館）
福島金治一九八八c「戦国大名島津氏の家臣団編成」（同著『戦国大名島津氏の領国形成』吉川弘文館）

福島金治一九八八d「室町・戦国期島津氏の知行制について」（同著『戦国大名島津氏の領国形成』吉川弘文館）
福田豊彦一九九五a「室町幕府の奉公衆（一）」（同著『室町幕府と国人一揆』吉川弘文館、初出一九七一年）
福田豊彦一九九五b「室町幕府の御家人と御家人制」（同著『室町幕府と国人一揆』吉川弘文館、初出一九八一年）
古野　貢二〇〇三「書評　川岡勉著『室町幕府と守護権力』」（『ヒストリア』一八七）
本郷和人一九九八「『満済准后日記』と室町幕府」（五味文彦編『日記に中世を読む』吉川弘文館）
松浦義則一九八〇「戦国期毛利氏「家中」の成立」（広島史学研究会編『史学研究五十周年記念論叢　日本編』福武書店）
松岡久人一九六六『大内義弘』（人物往来社、二〇一三年に戎光祥出版から復刊）
松岡久人一九七三「南北朝室町期石見国と大内氏」（『広島大学文学部紀要　日本・東洋』三二―一）
松本一夫二〇〇四「南北朝期九州守護の闕所地処分権について」（『国史学』一八四）
松本一夫二〇〇七「天皇方としての島津貞久」（『日本歴史』六八四）
三木　靖一九七二『戦国史叢書一〇　薩摩島津氏』（新人物往来社）
水野恭一郎一九七五「赤松被官浦上氏についての一考察―浦上則宗を中心に―」（同著『室町時代の政治と文化』創元社）
水野哲雄二〇〇八「島津氏の自己認識と氏姓」（九州史学研究会編『『九州史学』創刊五〇周年記念論文集　上　境界のアイデンティティ』岩田書院）
水上一久一九六九「南北朝内乱に関する歴史的考察―特に薩摩・大隅地方について―」（同著『中世の荘園と社

会』吉川弘文館、初出一九五五年）
宮地輝和二〇一二「中世日向伊東氏関係文書の基礎的研究」（『九州史学』一六四号）
村井章介一九九九『中世日本の内と外』（筑摩書房）
村井章介二〇〇三『日本の中世10 分裂する王権と社会』（中央公論新社）
村井章介二〇一三a「中世国家の境界と琉球・蝦夷」（同著『日本中世境界史論』岩波書店、初出は一九九七年）
村井章介二〇一三b「古琉球をめぐる冊封関係と海域交流」（同著『日本中世境界史論』岩波書店、初出は二〇一一年）
森　幸夫一九九三「室町幕府奉公衆体制の成立時期について」（『年報中世史研究』一八）
矢田俊文一九九八「戦国期毛利氏権力における家来の成立」（同著『日本中世戦国期権力構造の研究』塙書房、初出は一九八二年）
柳田快明一九八三「室町幕府の北九州支配―十五世紀前半の筑前国を中心に―」（木村忠夫編『九州大名の研究』吉川弘文館、初出一九七六年）
柳原敏昭二〇一一「中世前期南九州の港と宋人居留地に関する一試論」、「補論」（同著『中世日本の周縁と東アジア』吉川弘文館）
山口研一一九八五「織豊期島津氏の権力構造―御一家衆北郷氏を題材として―」（『史友』一七）
山口研一一九八六「戦国期島津氏の家督相続と老中制」（『青山学院大学文学部紀要』二八、のちに拙編『薩摩島津氏』戎光祥出版、二〇一四年に再録）

山口隼正一九八三「前期室町幕府による日向国「料国」化」（同著『九州中世の政治社会構造』吉川弘文館、初出一九七五年）
山口隼正一九八九『南北朝期九州守護の研究』（文献出版）
山口隼正一九九〇「宮崎荘地頭戸次氏のこと」（『宮崎県史しおり 史料編 中世1』）
山田邦明二〇〇八「一五世紀の人々、その思考と行動」（『日本史研究』五四六）
山田康弘二〇一一『戦国時代の足利将軍』（吉川弘文館）
屋良健一郎二〇一二「中世後期の種子島氏と南九州海域」（『史学雑誌』一二一―一一）
吉井功兒一九九三『建武政権期の国司と守護』（近代文芸社）
吉田賢治二〇一〇「室町幕府による都鄙の権力編成」（同著『室町幕府軍制の構造と展開』吉川弘文館、初出は二〇〇七年）
若山浩章一九九九「戦国末期の宮崎城下の町―上井覚兼在城時を例にして―」（『宮崎県地方史研究紀要』二五）
渡邊大門二〇一一『戦国誕生―中世日本が終焉するとき―』（講談社現代新書）

【初出一覧】

序章―本書の目的と諸前提―（新稿）

第一部　島津奥州家による領国形成とその特質

第一章　南北朝期島津奥州家の大隅・日向進出とその論理―奥州家独自の領有観形成―（原題「南北朝期島津奥州家の日向国進出―その過程と歴史的意義―」地方史研究協議会編『南九州の地域形成と境界性―都城からの歴史像―』雄山閣、二〇一〇年）

第二章　康暦・永徳期の南九州情勢（原題「康暦・永徳期の南九州情勢―無年号文書の年代比定を中心に―」『市史編さんだより　都城地域史研究』一〇号、二〇〇四年）

第三章　応永期における島津奥州家の領国拡大と政治構造（新稿）

第二部　一五世紀中期の領国内争乱とその影響

第一章　永享・文安の薩摩国「国一揆」―薩摩国山北国人の反島津闘争―（原題「永享・文安の薩摩国「国一揆」について―薩摩国山北国人の反島津闘争―」『九州史学』一二二号、一九九九年）

第二章　嘉吉・文安の島津氏内訌（原題「嘉吉・文安の島津氏内訌―南九州政治史上の意義―」『史学研究』二三五号、二〇〇一年）

補論　大覚寺義昭事件の政治的影響（原題「大覚寺義昭事件の政治的影響―島津家文書「年欠卯月一四日付大内持世書状」の意義」『鹿児島地域史研究』四号、二〇〇七年）

第三章　文安元年日向国南部国人一揆の意義（原題「文安元年日向国南部国人一揆の意義―守護島津氏・庄内国人

による山東進出とその挫折―」『都城市史編さんだより 都城地域史研究』九号、二〇〇三年）

第三部　室町期島津氏「家中」の変遷と島津氏領国の解体過程

第一章　日向国人樺山氏の成立過程とその特質（原題「日向国人樺山氏の成立過程とその特質―室町期島津氏「御一家」の由緒と家格―」『宮崎県地域史研究』一六号、二〇〇三年）

第二章　室町期島津氏「家中」の成立と再編（原題「室町期島津氏「家中」の成立と崩壊―南九州における戦国的状況の出現過程」第一章・第二章『日本史史料研究会論文集2　戦国・織豊期の西国社会』日本史史料研究会企画部、二〇一二年）

第三章　室町期島津氏領国の解体過程（原題「室町・戦国移行期における南九州情勢」『九州史学』一六二号、二〇一二年、および「室町期島津氏「家中」の成立と崩壊―南九州における戦国的状況の出現過程」第三章、前出）

終章　室町期島津氏領国の政治構造と「守護」（新稿）

あとがき

一九九四年、鹿児島大学法文学部人文学科に南北朝期の島津氏一族に関する卒業論文を提出してからちょうど二〇年が経過し、この間、細々ながら続けてきた室町期島津氏に関する研究をようやくまとめることができた。

鹿児島大学では、古代史の厖尾達哉先生、中世史の柳原敏昭先生、近世史の原口泉先生と、京大・東北大・東大三大学出身の先生からバランスよく様々な教えを受けた。厖尾先生からは文献史学における実証とはなにか、柳原先生から中世史の基礎知識と研究手法を、原口先生からフィールドワークの重要性を学び、南九州各地の史跡を一緒に回らせていただいた。南九州を離れても地理感・土地感を失わなかったのは、このときの経験が大きかったように思う。

大学院は広島大学に進み、移転直後の東広島市で九年間も暮らし、遅々として進まない学園都市の形成過程を眺めていた。この間、教育学部の下向井龍彦・中山富広両先生や、文学部国史学研究室助手の長谷川博史先生、そして頼祺一・小池聖一両先生をはじめとする広島大学五十年史編集室（現広島大学公文書館）の方々には大変お世話になり、また多くの先輩、同期、後輩の皆さんに、物心両面でいろいろと助けていただいた。この場を借りて深く感謝申し上げたい。

お世話になった先輩方のなかで特に印象深いのが、広大中世史ＯＢで早稲田大学教育学部の故外園豊基先生である。進学当初から広大中世史の〝非主流派〟であった私の身上を先生はいつも気にかけてくださり、学会等でお目にかかるたびに相談に乗っていただいたり、「大家」とよばれる研究者をご紹介いただいたりした。先生に最後にお目にかかったのは、二〇〇八年早稲田大学で歴史学研究会大会があった時である。近くの蕎麦屋でお昼をご馳走になり、ご著書『戦国期在地社会の研究』（校倉書房）を頂戴した上で、「おまえも早く単著を出せ」と叱咤激励を受けたのを記憶している。ご存命中にまとまった研究成果をお目にかけられなかったことが悔やまれる。

研究面で最も大きな影響を受けたのは、服部英雄先生（九州大学大学院比較社会文化研究院教授）であろう。卒業論文執筆時に、先生の出世作「南九州国人一揆と相良氏」（『歴史学研究』五一四号、一九八三年）に出会い、強い衝撃を受けた。この論文は、南北朝後期の南九州国人一揆契状を丁寧に解釈し直し、政治的背景をふまえつつ、当時固まりつつあったこの一揆への評価を一八〇度ひっくり返したものである。いつか自分もこんな鮮やかに通説をひっくり返す論文が書きたいと思ったのが、研究者を目指すきっかけの一つであった。それまで十分に検討されていなかった島津氏領国内の一揆契状を分析し、前後の政治情勢をふまえてその意義を見いだすという、本書の骨格をなす研究手法は、この論文との出会いが大きく影響している。

鹿児島大学在籍中から現在に至るまで、最も大きな学恩を受けているのが、五味克夫先生（鹿児島大学名誉教授）である。先生は私が大学に進学した年に定年を迎えられ、直接大学で指導を受けた経験はないのだが、卒業論文執筆時から様々なアドバイスや資料のご提供を受け、都城市史編さん担当時代には、一緒にお仕事もさせていただき、ご迷惑をおかけしつつも学ばせていただいた。また、抜刷を送るたびに最初にお返事を頂戴するのは先生であり、鹿児島県史料の解説等でもたびたび拙稿をご紹介いただいている。大学院進学が決まった際、先生からお譲りいただいた『鹿児島県史料　旧記雑録前編』は、今でも私の書斎の手の届く位置にあり、日々学恩を感じながら研究を続けている。先生のご健勝を祈念しつつ、この場を借りて深く感謝と御礼を申し上げる。

二〇〇三年に宮崎に戻ってからは、『都城市史』、『菱刈町郷土誌改訂版』の編纂に関わり、近年は地元宮崎市の歴史資料館に勤務することで、専門分野以外の知識と経験を得つつ、貴重な史料と多くの人々と出会っている。おかげで研究そのものも、多少は広がりが出たのではないかと思う。特に、『菱刈町郷土誌改訂版』では、分不相応にも中世編のすべてを私一人で書くことになった。中世前期の記述などは今読み返すと恥ずかしい限りであり、地域の皆さんにはご迷惑な内容を残してしまったが、肥薩隅日の境界に位置する伊佐地方の中世史を通観してまとめあげるという作業は貴重な経験となり、その後、自らの研究をまとめていく大きな契機となった。これまで出会った関係者・職場の皆さん、調査先の皆様方に感謝申し上げたい。

しばらく停滞の続いていた戦国島津氏の研究は、近年若手研究者が次々と論文を発表し、活況を呈するようになった。私が研究をはじめた一九九〇年代から比べると、研究水準は他の大名権力に接近しつつあるだろう。是非室町期島津氏についても、本書をたたき台として研究が進展することを期待したい。

末筆となったが、お忙しいなか遠く宮崎までお越しいただき、学界では無名の私に単著刊行をご提案いただいた戎光祥出版社長伊藤光祥氏、『薩摩島津氏』(シリーズ・中世西国武士の研究第一巻)に続いて編集をご担当いただいた丸山裕之氏、そして校正をお手伝いいただいた後輩の岩川拓夫氏(尚古集成館学芸員)に深く御礼申し上げ、結びとする。

二〇一四年八月

新名一仁

【著者略歴】

新名一仁（にいな・かずひと）

1971年生まれ。鹿児島大学法文学部卒。

広島大学大学院文学研究科博士課程前期修了。

広島大学大学院文学研究科博士課程後期単位取得退学。

現在、鹿児島大学非常勤講師、宮崎市きよたけ歴史館学芸員。

著書に、『日向国山東河南の攻防―室町時代の伊東氏と島津氏―』（鉱脈社、2014年）、『薩摩島津氏』（戎光祥出版、2014年）、『菱刈町郷土誌 改訂版』（共著、菱刈町、2007年）、『新薩摩学８ 中世薩摩の雄 渋谷氏』（共著、南方新社、2011年）がある。

装丁：川本　要

戎光祥研究叢書　第3巻

室町《むろまち》期《き》島津《しまづ》氏《し》領国《りょうごく》の政治《せいじ》構造《こうぞう》

二〇一五年一月二八日　初版初刷発行

著　者　新名一仁
発行者　伊藤光祥
発行所　戎光祥出版株式会社
東京都千代田区麹町一―七
相互半蔵門ビル八階
電　話　〇三―五二七五―三三六一㈹
ＦＡＸ　〇三―五二七五―三三六五
印刷・製本　モリモト印刷株式会社

http://www.ebisukosyo.co.jp
info@ebisukosyo.co.jp

ISBN978-4-86403-137-0

索引（50音順）

【人名】

あ行

か行

さ行

た行

な行

は行

ま行

や行

ら行

わ行

【研究者名】

あ行

か行

さ行

た行

な行

は行

ま行

や行

わ行